미켈란젤로 부오나로티 2

미켈란젤로 부오나로티 ②

조반니 파피니 지음 · 정진국 옮김

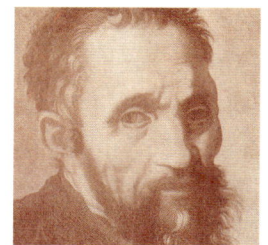

글항아리

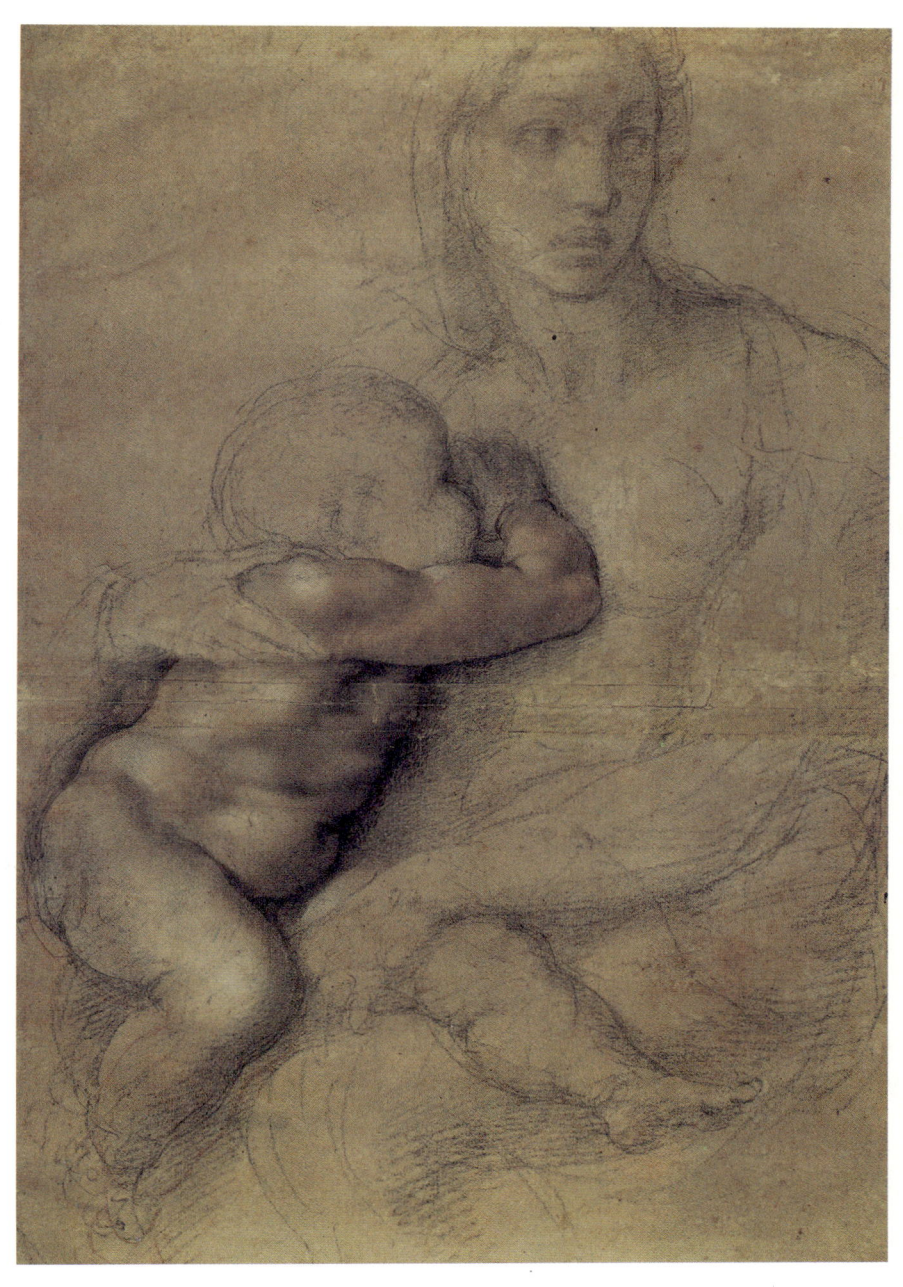

미켈란젤로의 「성모와 아기」는 그가 가장 소중히 여기던 주제였다.
특히 선과 음영에서 포동포동한 아기의 부피감을 강조하는 조각가의 눈이 두드러진다.

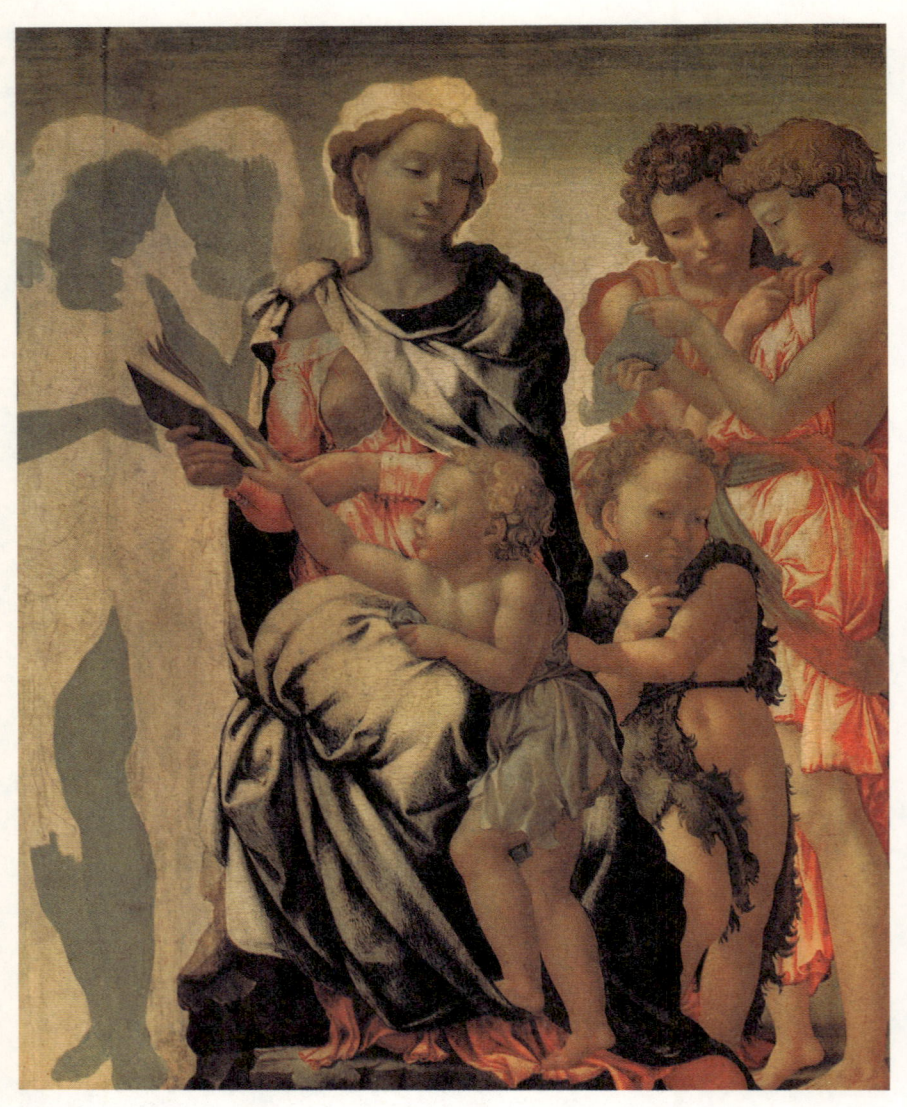

1497년쯤에 그리다 만 「맨체스터 마돈나」에서는 성모의 손에 들린 책을 붙잡으려는
아기 예수의 동작이 재미있다. 여기에서도 옷주름 등 장식 요소의 표현은 초기 조각에서 다루던 식으로
부피감을 우선시하는 태도가 드러난다.

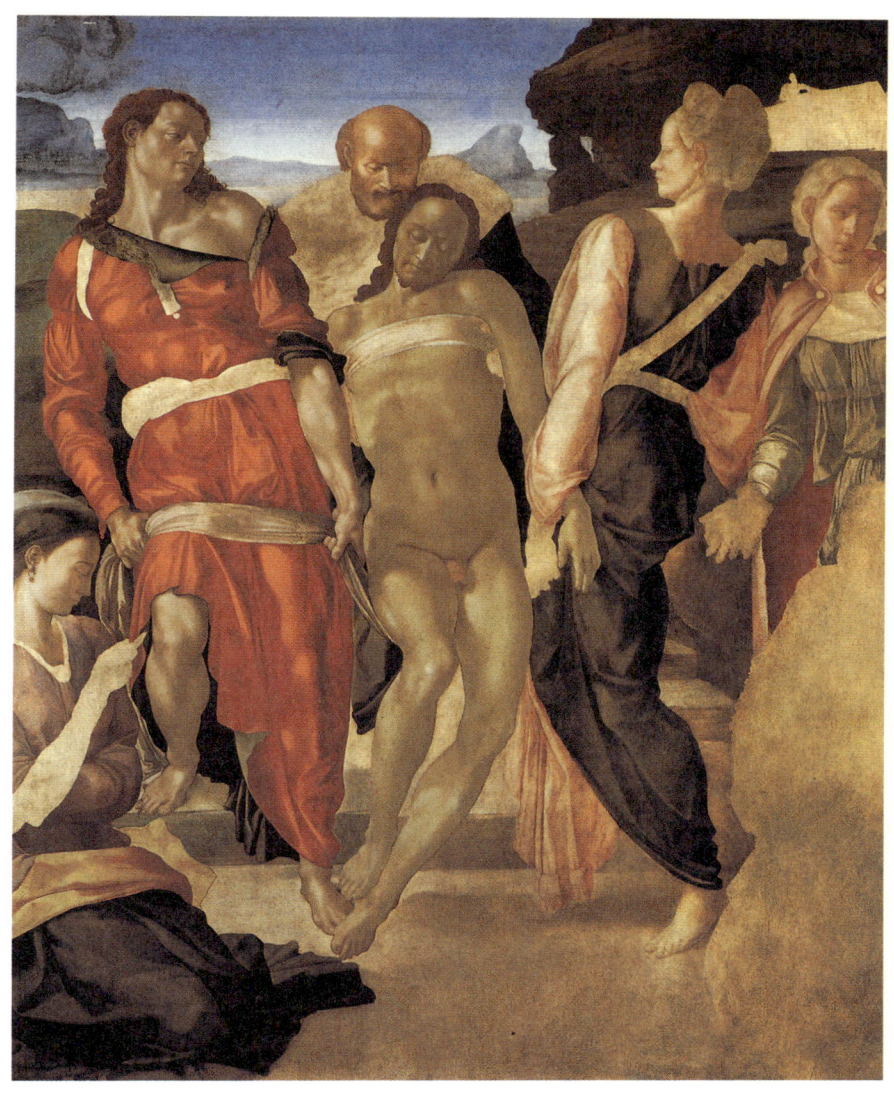

미완성 작품은 종종 화가의 의도와 수법을 더 잘 이해할 수 있는 훌륭한 기회를 준다.
런던 내셔널 갤러리에 있는 「매장」도 마찬가지다. 제작 연도를 둘러싸고 논쟁이 줄을 이었던
이 작품은 고대 그리스의 라오콘 군상의 영향을 분명히 보여준다.
따라서 그 군상이 로마에서 발굴된 1506년 이후의 것이라는 주장이 설득력 있게 들린다.
예수를 떠받치는 니고데모 역을 맡은 모델은 둥근 채색화 「성가족」의 중심인물이었다.
매장의 주제를 횡와상 등으로 눕히지 않고 엄숙하게 수직으로 일으켜 세워 비장미를 더한 거장의 발상도
탁월하기는 마찬가지다.

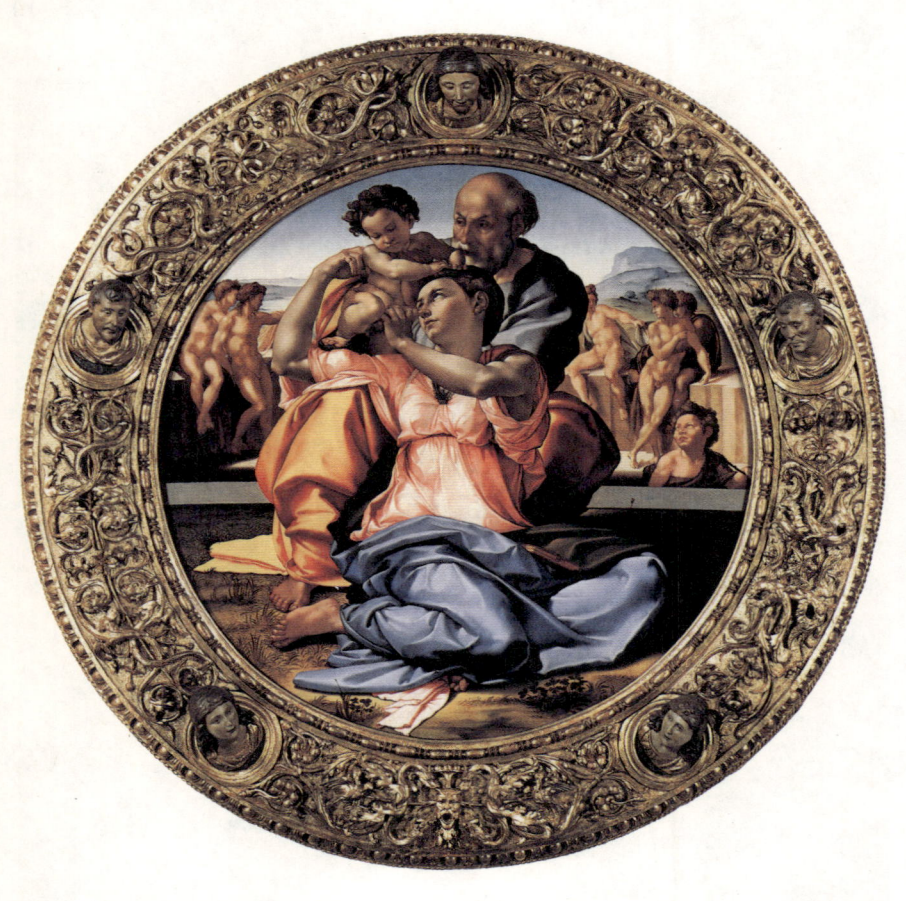

둥근 판자에 그린 「성가족」은 미켈란젤로의 극히 드문 타블로로서 더욱 유명하다. 우피치 미술관에
걸려 있는 이 작품에서 후경의 인물들은 흐릿한 윤곽으로 전경의 성가족을 더욱 두드러지게 한다.
여체의 풍만함을 드러내는 성모의 옷주름은 일찌감치 그다음 세대의 바로크 스타일을 예고하듯 소재에
얽매이지 않는 자유로운 공상에 넘친다.

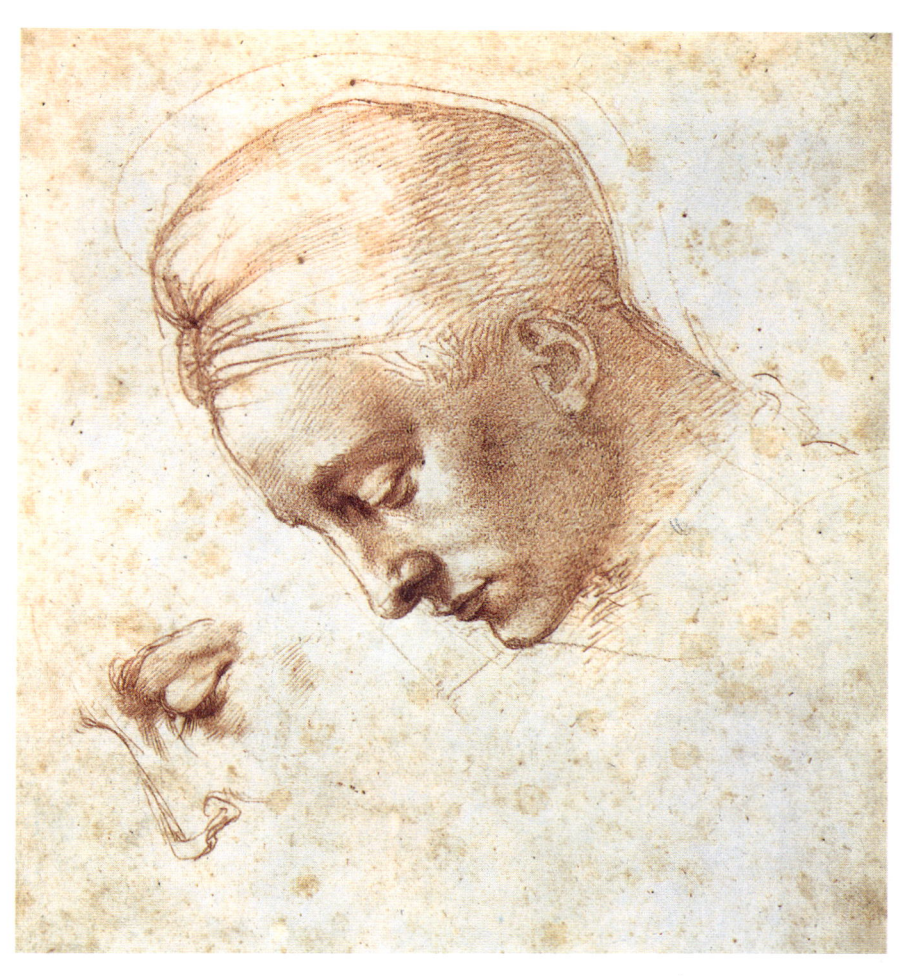

「레다의 얼굴을 위한 습작」은 붉은 색연필로 그렸다. 거장의 완숙기에 그린 이 소묘는
화실의 조수를 모델로 삼았을 것으로 짐작된다. 목덜미에 희미하게 남자의 저고리 깃이 보이기 때문이다.
눈을 크게 반복해 그린 이 우아한 연필화는 초기의 소묘와 크게 달라진 모습이다.

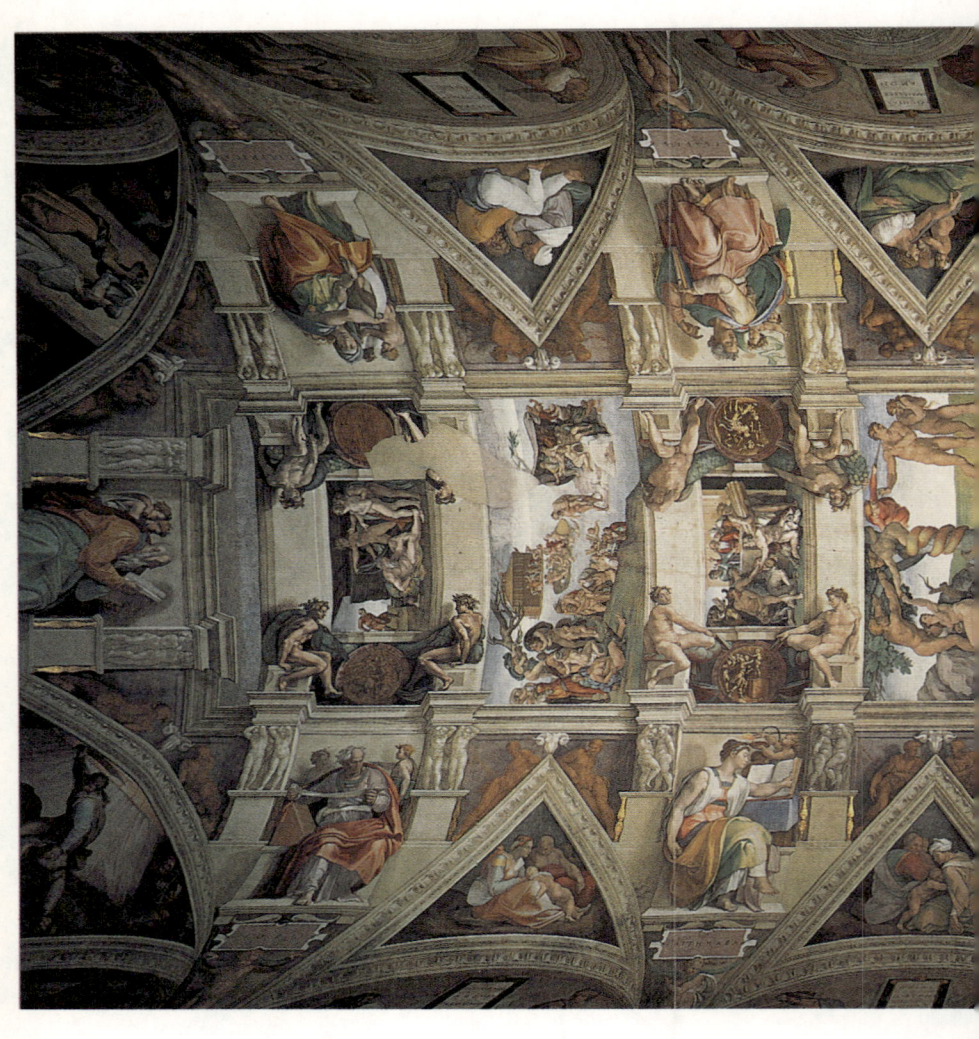

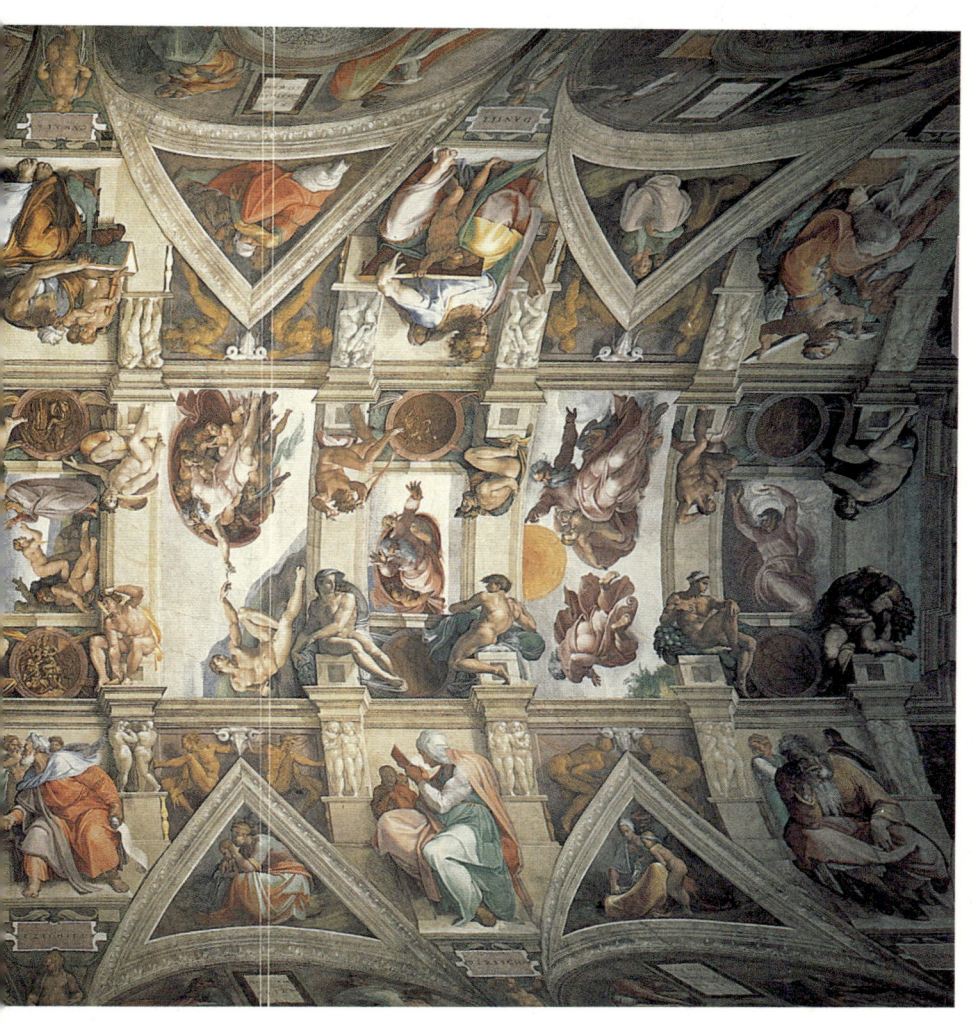

성모승천을 기념하려고 식스투스 4세가 건립한 시스티나 예배당 천장화를 그릴 때 미켈란젤로는
마지막 부분부터 거꾸로 그려나갔다. 그래서 그림의 제작 순서는 창세기의 흐름과 역행한다.
1508년부터 5년간의 고투 끝에 마무리한 대작이다.

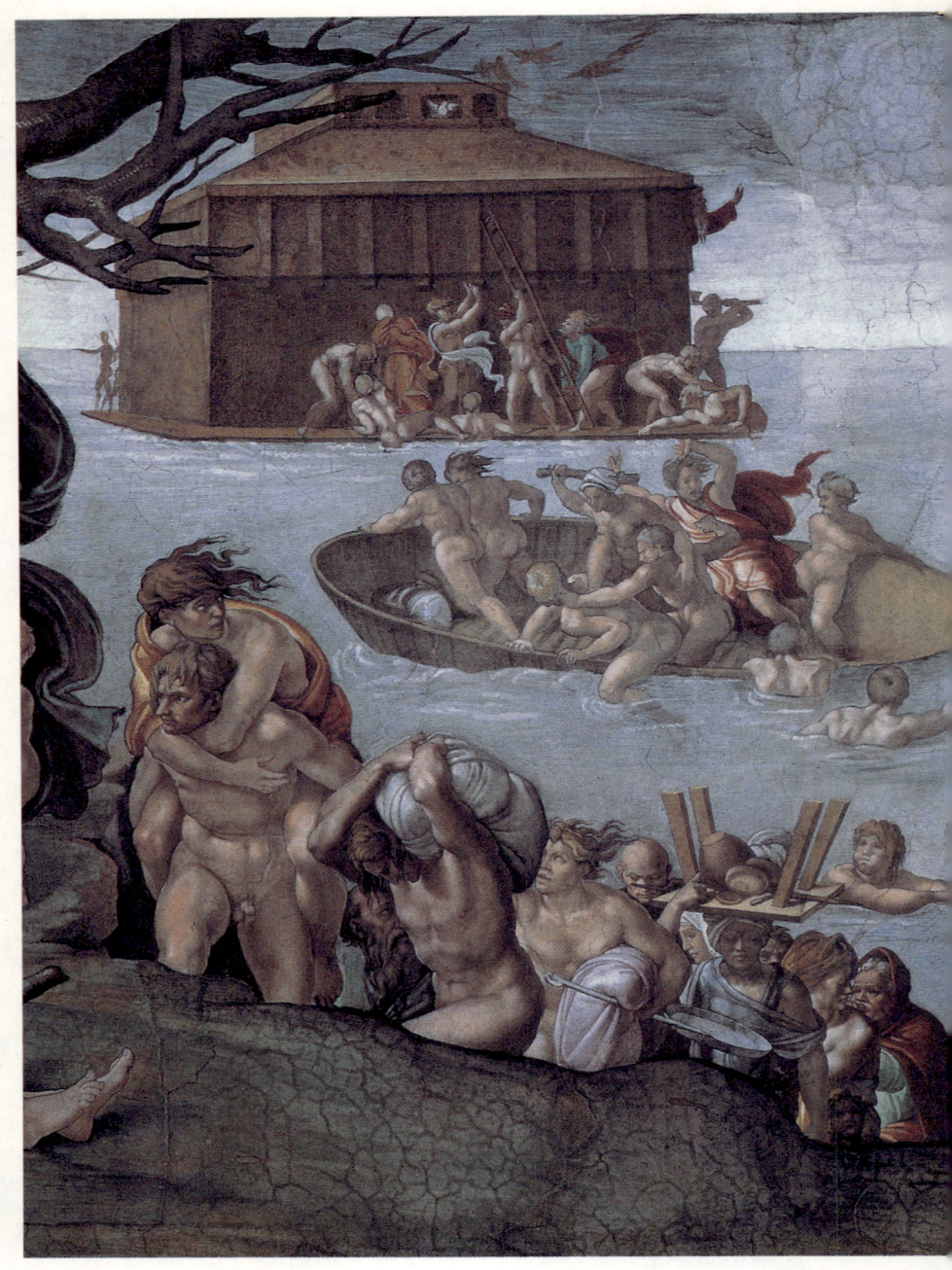

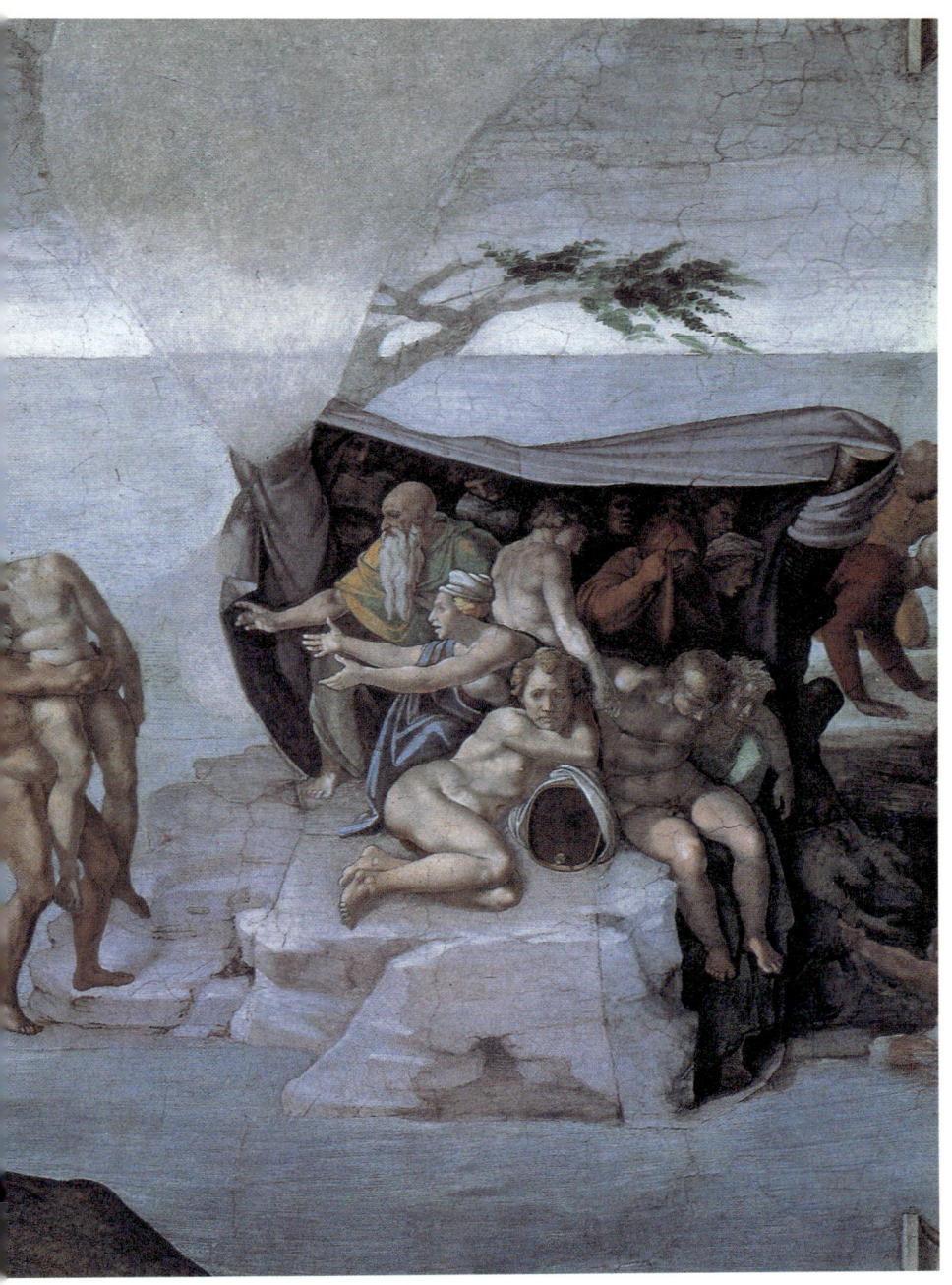

하느님의 노여움에서 벗어나고자 치열하게 도주하는 사람들을 그린 「홍수」는 창세기 가운데
가장 먼저 그린 장면이다. 본문에서 말하듯이 조수들이 들러붙었지만 마음에 들지 않았던 미켈란젤로는
이내 혼자서 작업을 하게 된다. 이 벽화는 처음부터 곰팡이가 피는 등 골머리를 썩였다.

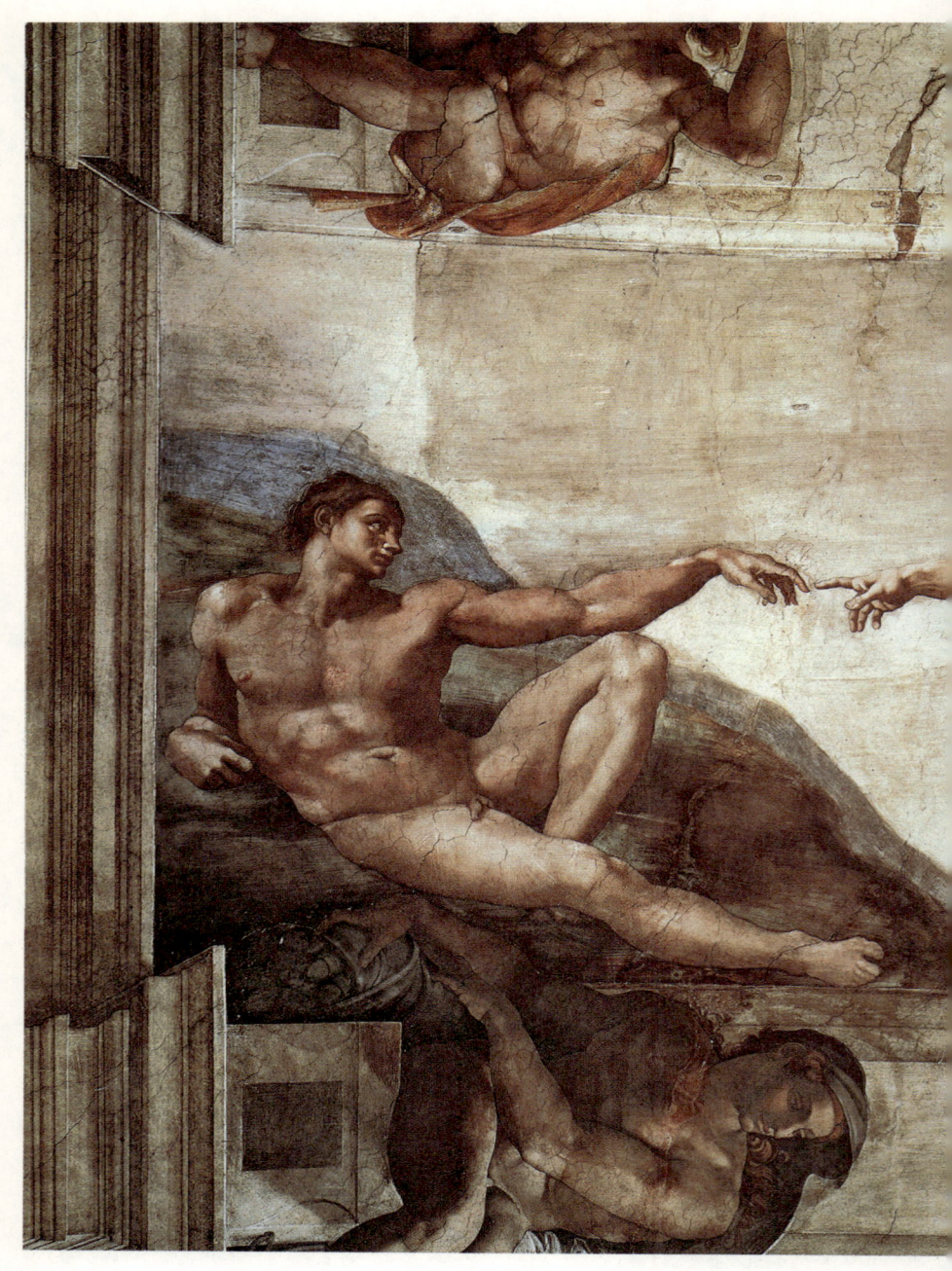

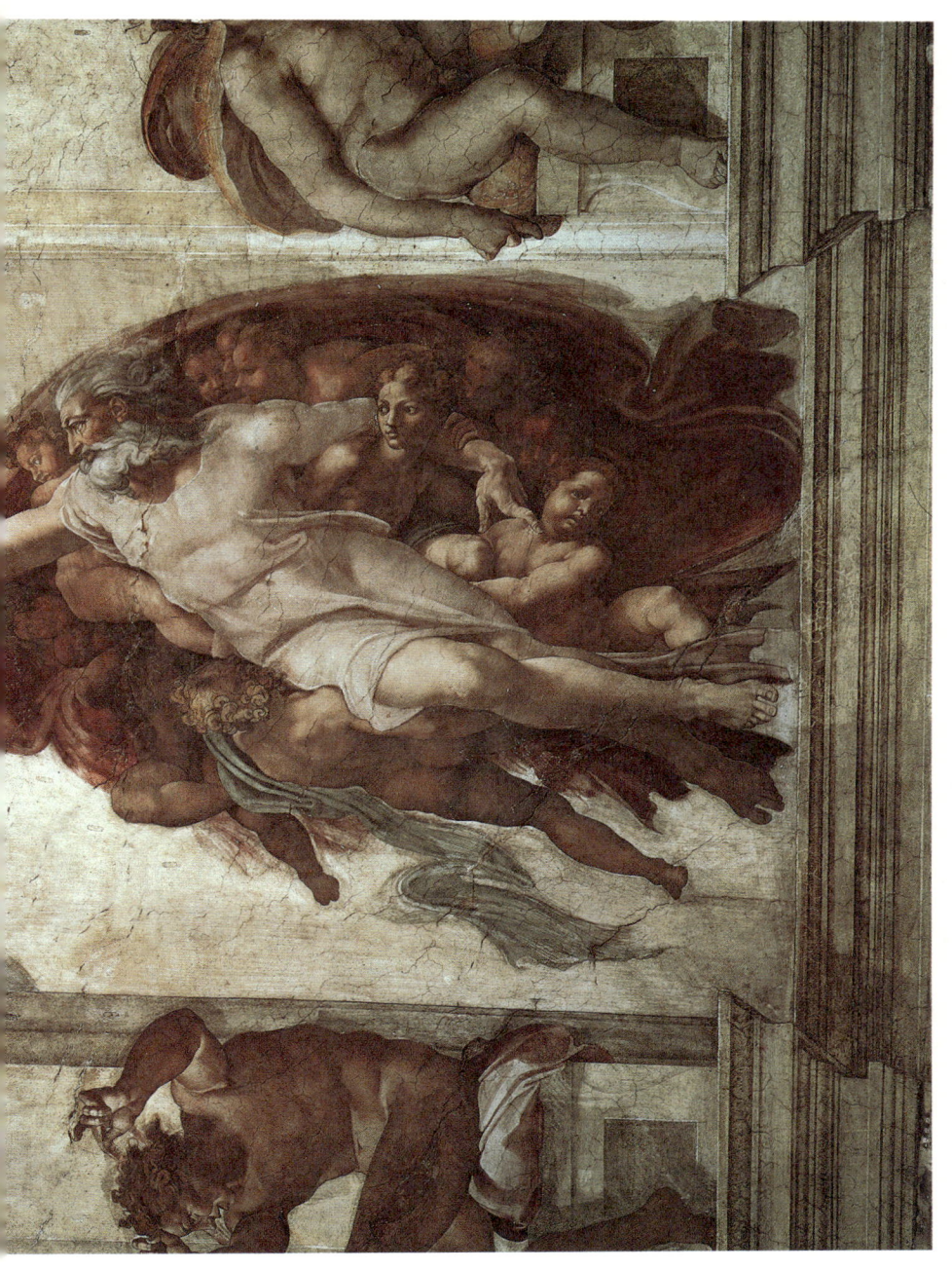

아담의 창조는 "오관의 빛을 밝히는" 하느님의 찬가에서 영감을 얻었다고 한다.
바사리는 이 그림을 두고서 "화가의 붓끝보다 창조자의 출현을 다시금 느끼게 한다"고 격찬했다.

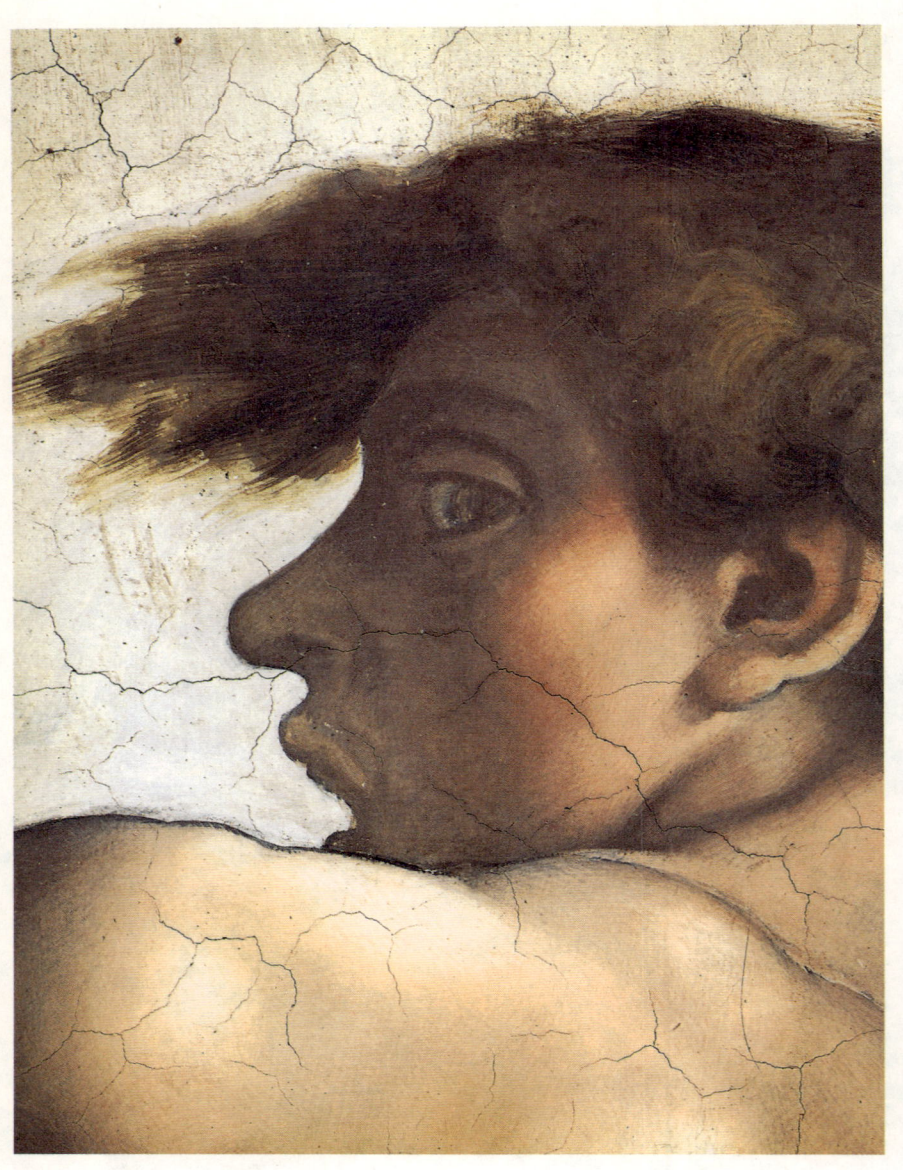

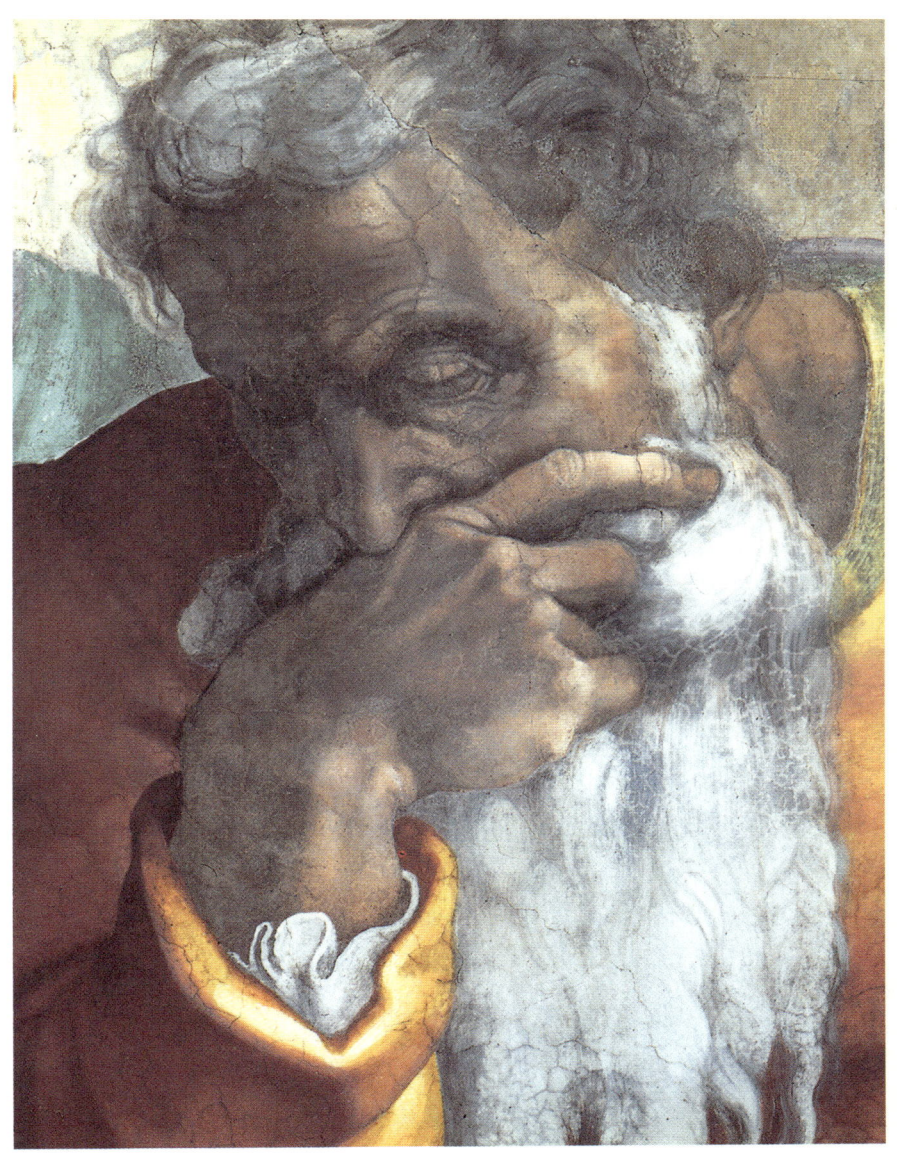

미켈란젤로는 예언자들을 겹쳐 그려, 저부조에 능숙한 조각가의 솜씨만으로 고유한 표현에 이른다.
둥근 건축 공간이라는 제약은 거장이 새로운 형태를 찾아내는 데 전혀 불리하지 않아 보인다.
그는 이 천장화를 끝내고서 책을 읽지 못할 정도로 눈이 침침해지는 등 극도로 쇠약해졌다.

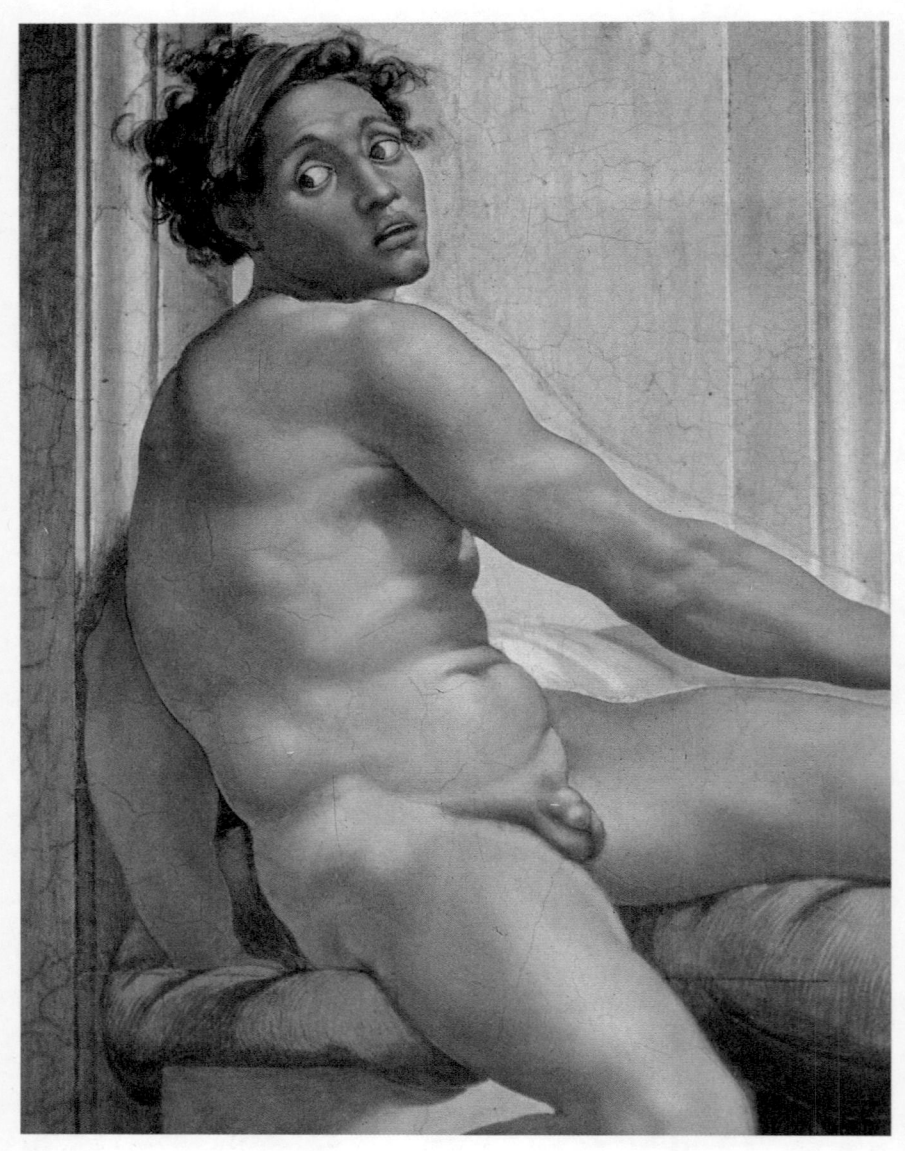

그림을 훌륭하게 그리면서도 미켈란젤로는 항상 조각을 더욱 중시했다.
자신을 조각가로 여긴 이 거장은 세상 사람의 감탄을 자아내는 시스티나 벽화를 경쟁자들이 자신을
욕보이려고 계략을 꾸며 그에게 맡겼다고 생각할 정도였다.

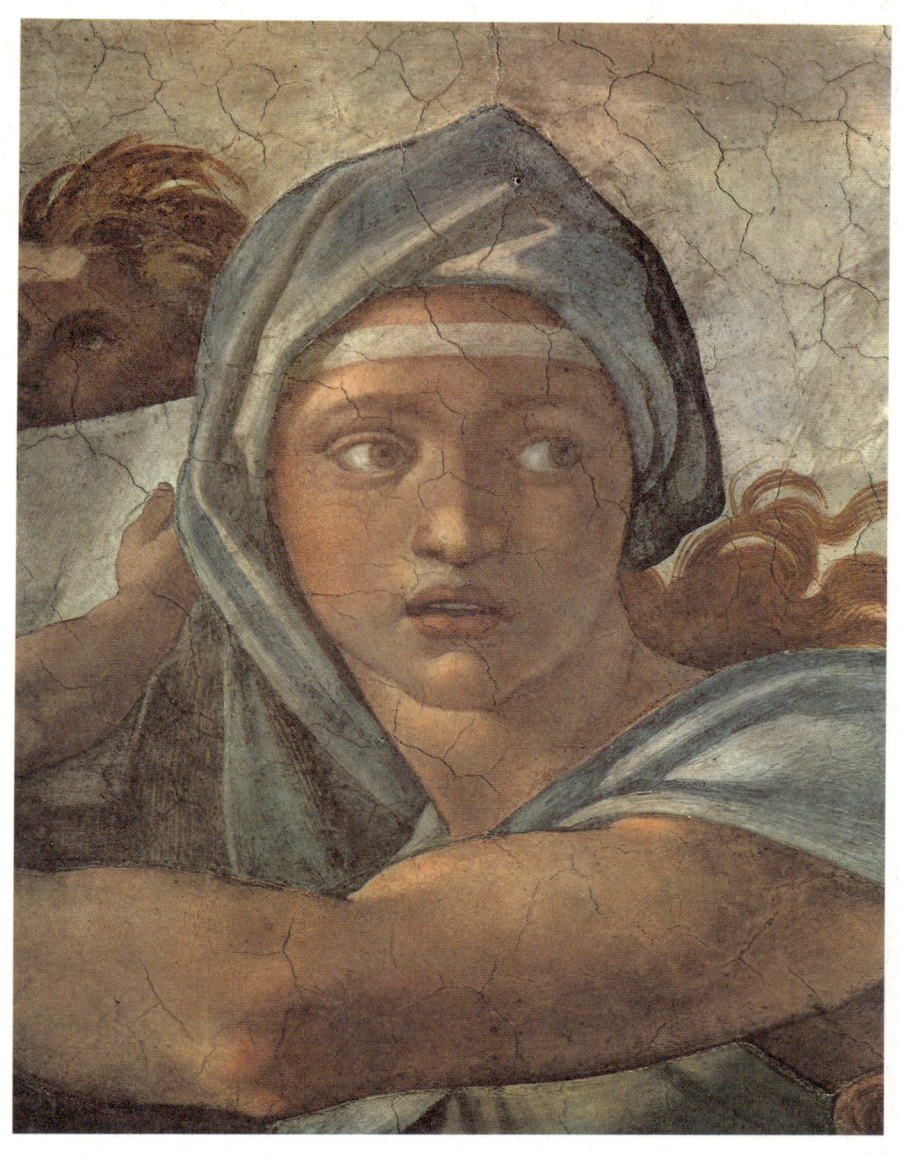

델피의 무녀는 다른 인물상과 마찬가지로 프레스코화를 다루는 미켈란젤로의 개성적 솜씨를 보여준다.
두루마기의 푸르스름하고 흐릿한 색채는 덧칠하지 않고서 재빠르게 그리는 그만의 기법이 낳은
미묘함으로 가득하다.

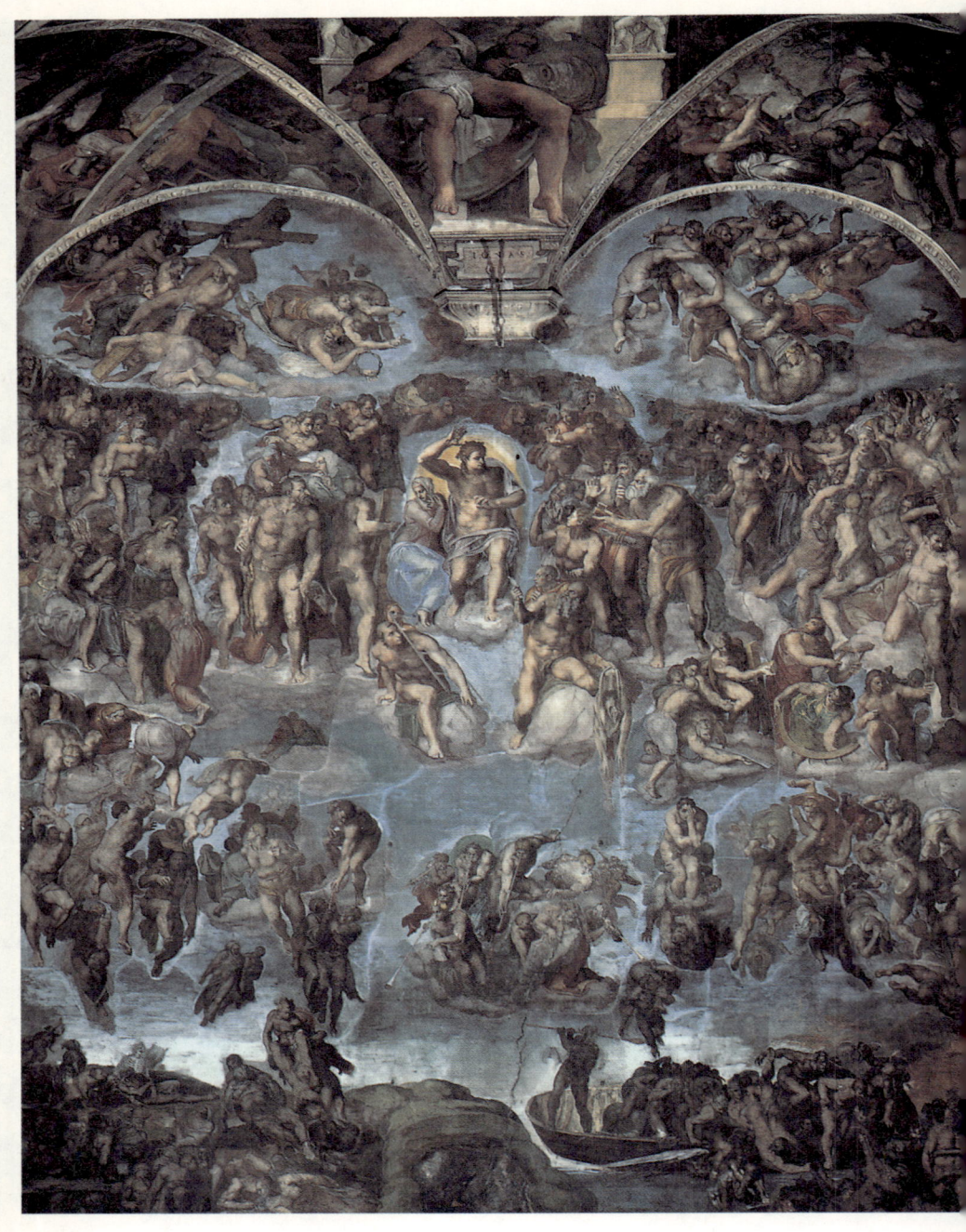

「최후의 심판」은 시스티나 예배당 상벽에 프레스코 기법으로 그린 벽화로,
지난 2000년에 대대적으로 보수되었다.

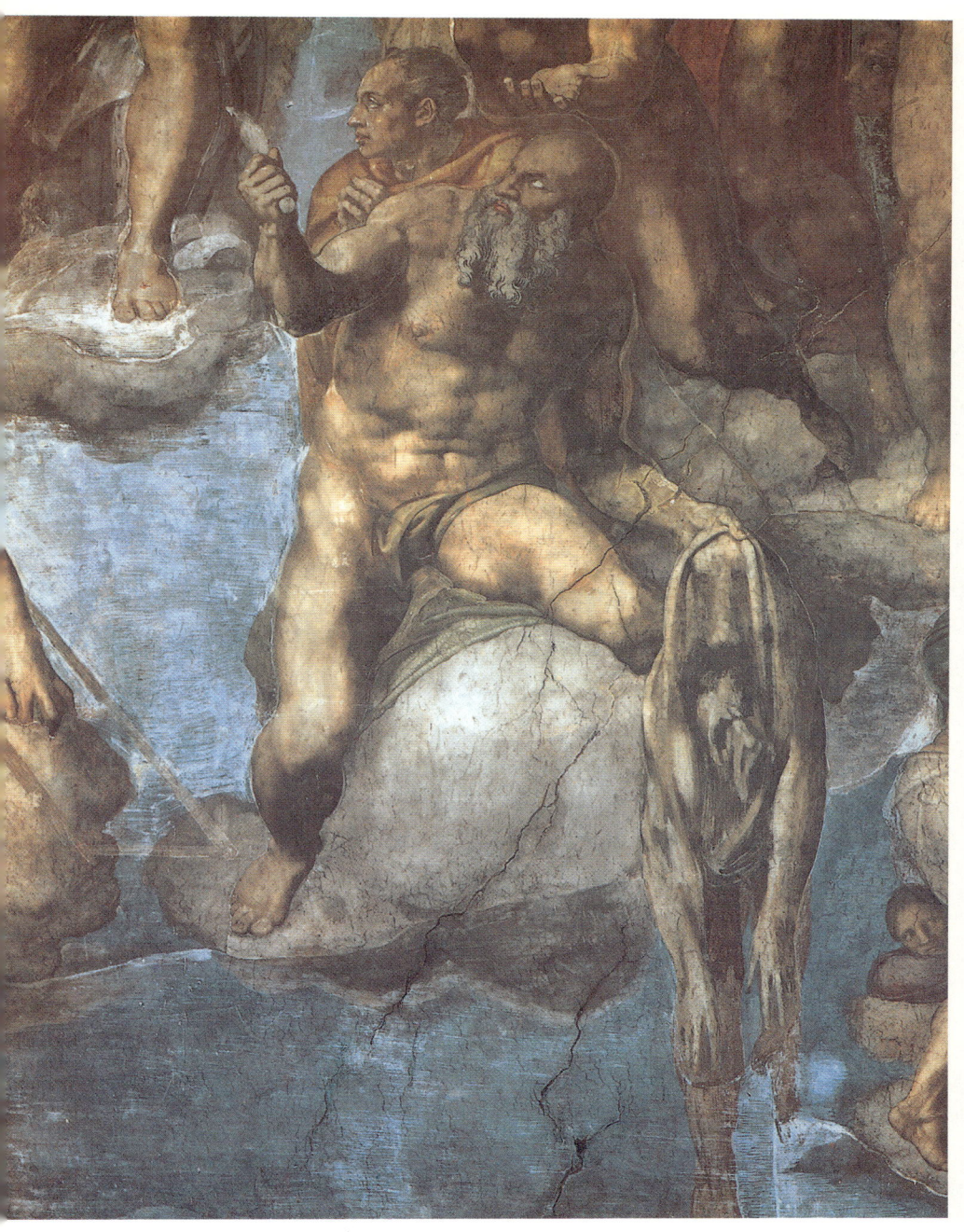

미켈란젤로는 자신의 용모에 대해 상당한 열등감을 갖고 있었던 듯하다.
아무튼 여자와 세속적 사랑에 연연하지 않고 독신으로 살았기 때문에 이런저런 구설수에 오르기도 했다.
살가죽이 벗겨진 채, 지옥에서 구원받는 영혼은 남루하게 벗겨지고 치욕적인 육신일 뿐인데
바로 거기에 자신의 얼굴을 그려넣었다.

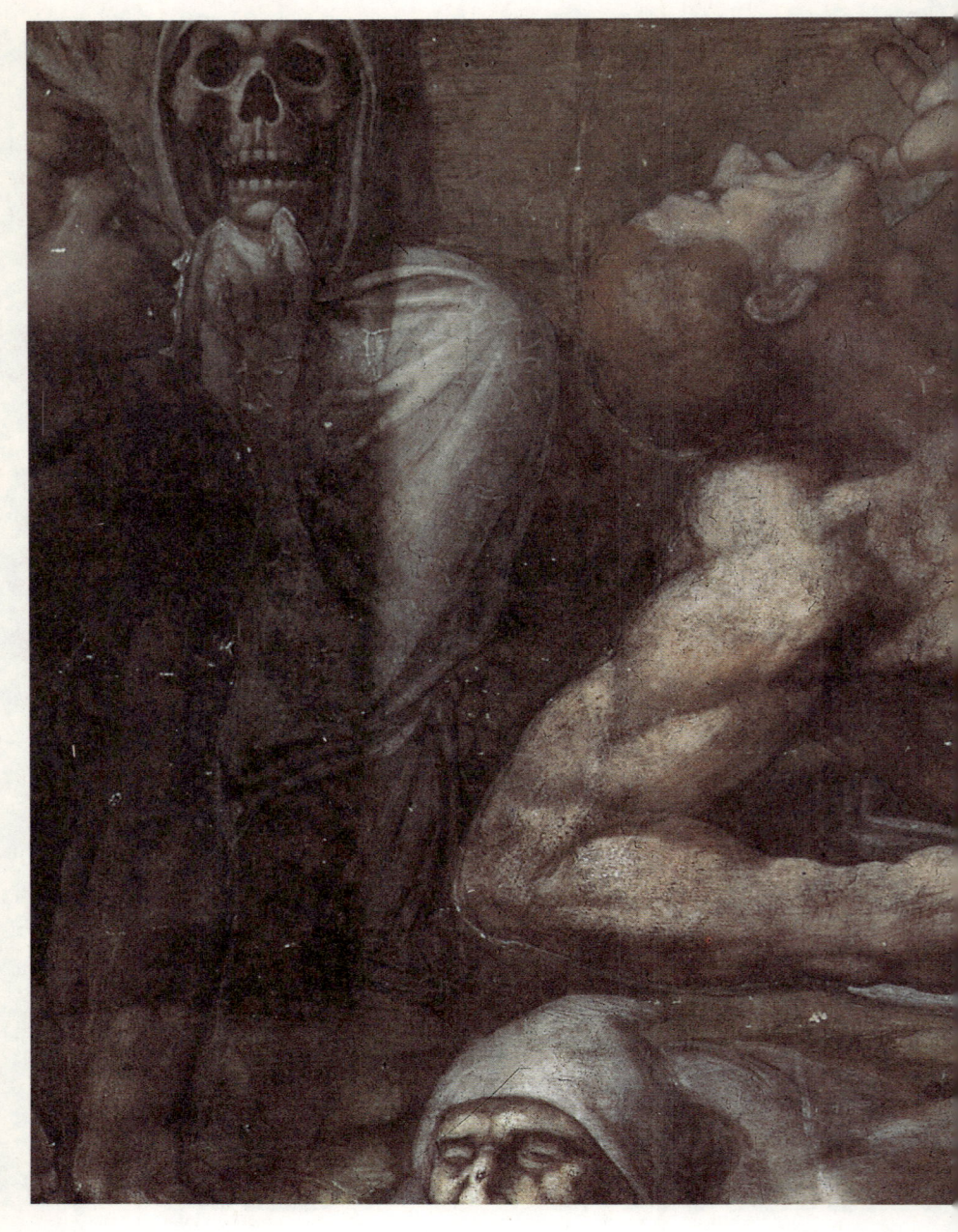

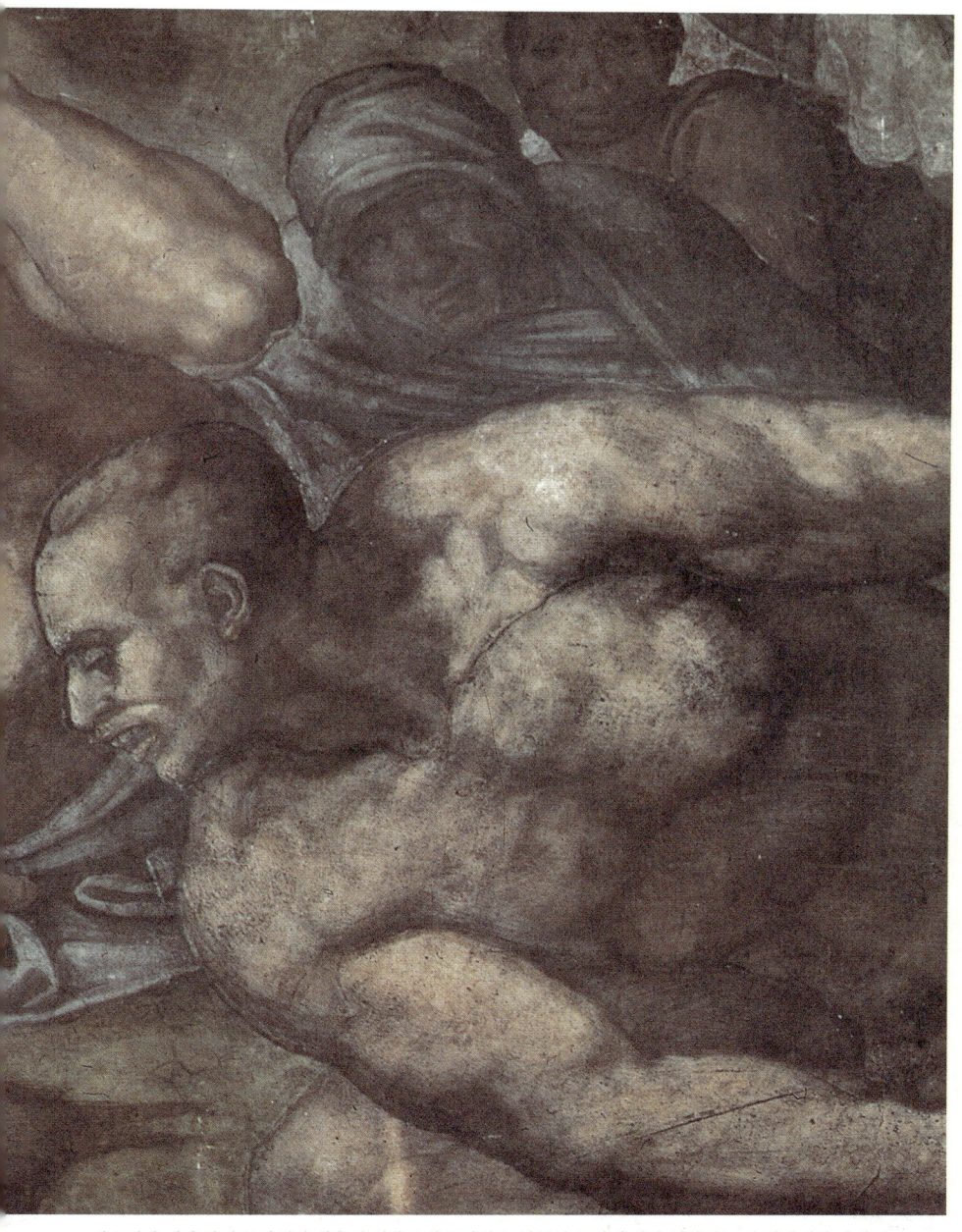

시스티나 제단 상벽을 장식한 최후의 심판도에 등장하는 인물의 모델에 대한 이야기는 이 전기에서 자세히
밝혀진다. 화면 왼쪽 하단에 두건을 쓰고 혼비백산한 얼굴을 하고 있는 주인공은 종교개혁가 마틴 루터의
얼굴로 보인다. 로마를 찾아왔던 루터가 미켈란젤로와 만났을 가능성은 충분하다.
알프스 이북의 "촌놈" 취급을 받았던 루터는 때 묻지 않은 기독정신으로 돌아가자며 교황청의 사치를 비판했지만,
정작 자신은 로마 미술의 위대성을 이해할 만한 안목이 부족했다.

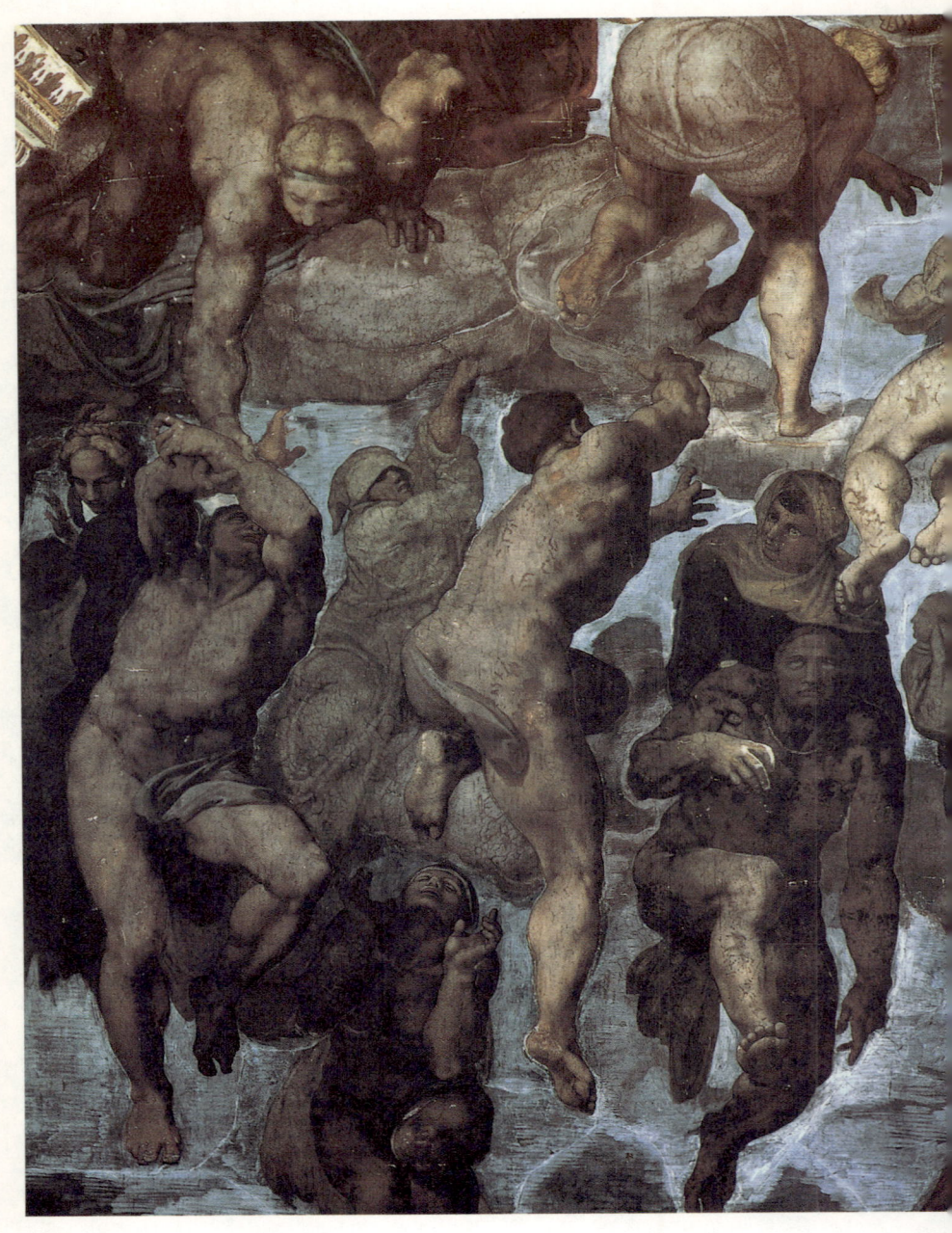

「최후의 심판」 중 구원받는 인물상

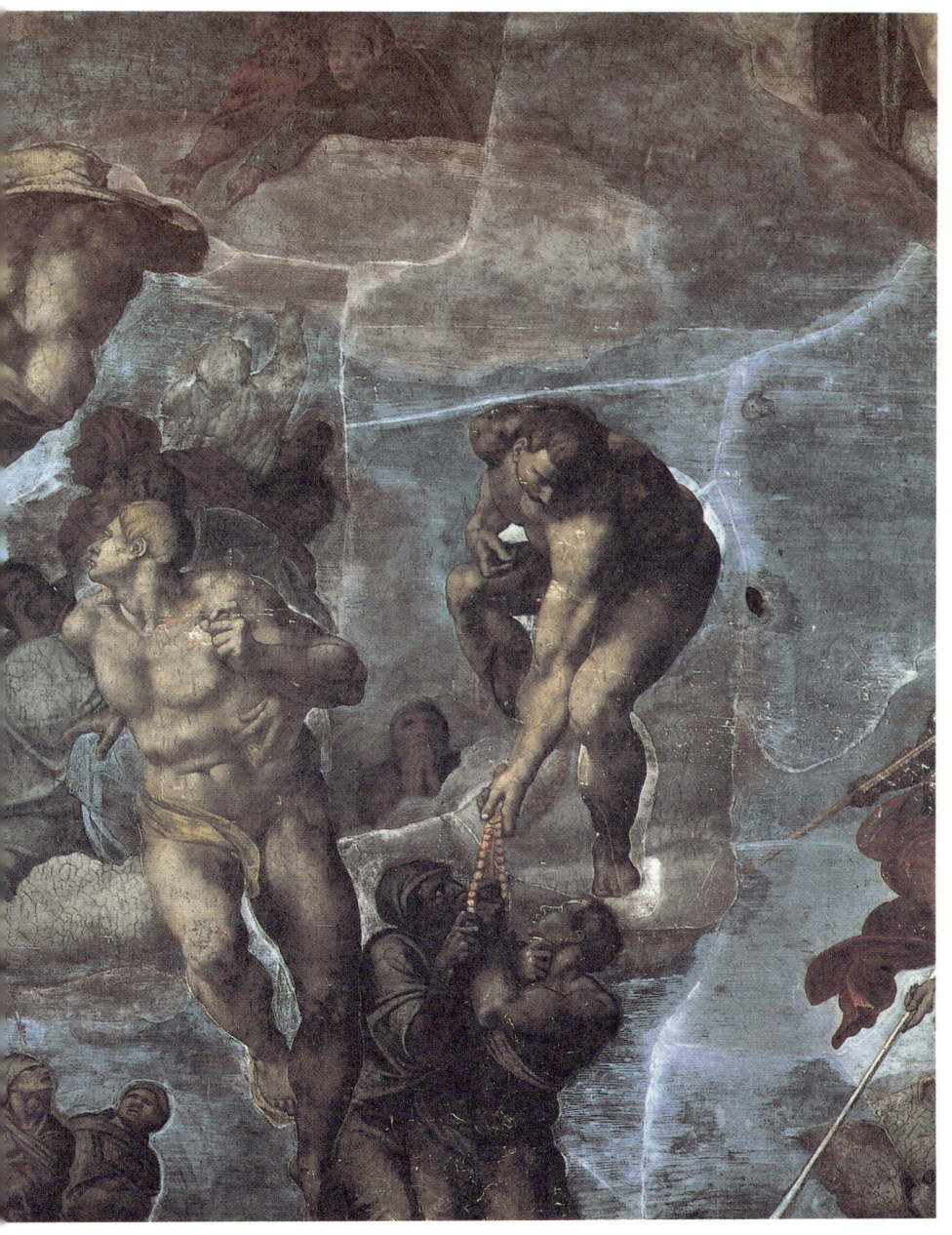

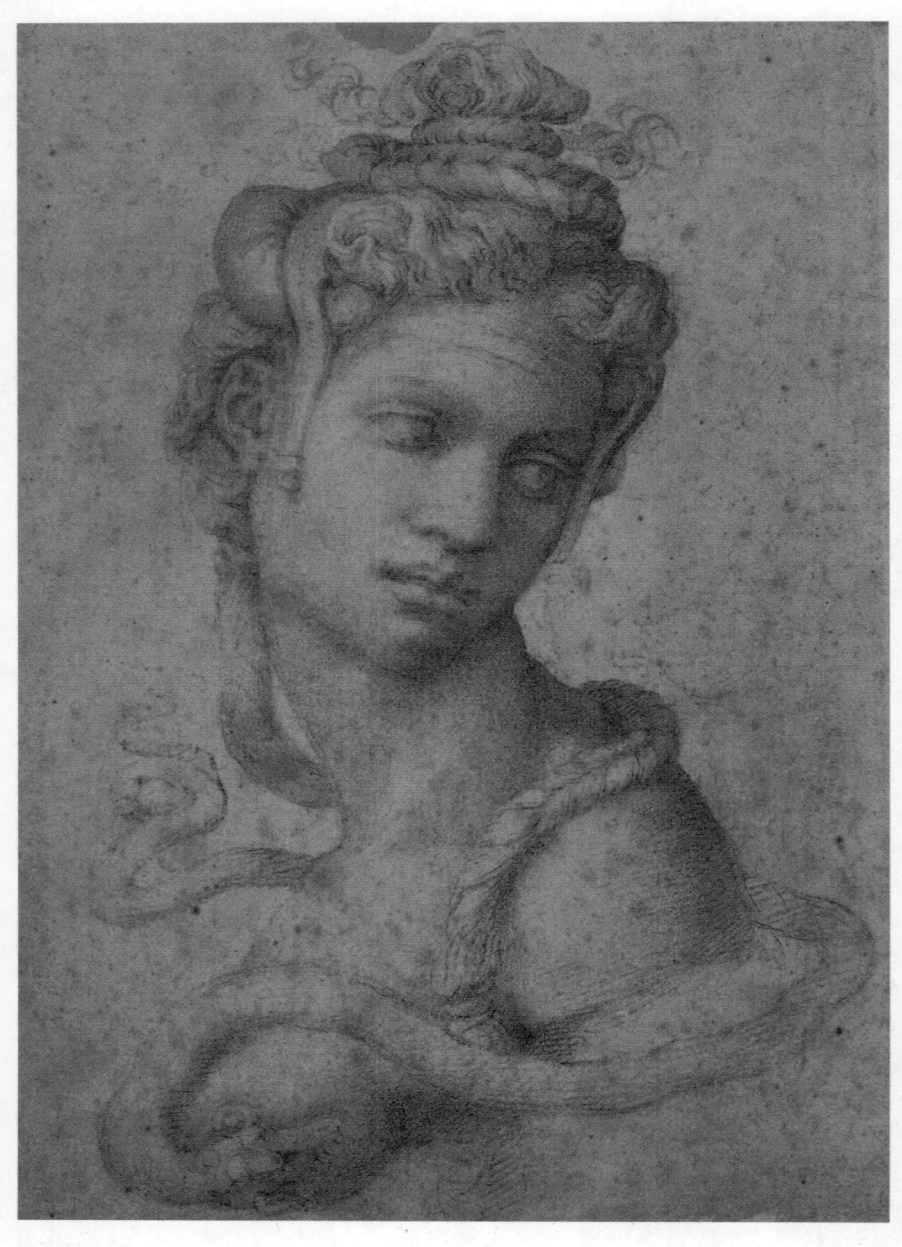

미켈란젤로는 토마소 데 카발리에리를 위해 연필로 「클레오파트라」를 그렸다.
토마소는 나중에 이 그림을 메디치 공작 코시모에게 선사했다. 카발리에리는 "자식 하나를 잃는 것
같았지만" 눈물을 머금고 이 그림을 선물했다는 증언이 전한다.

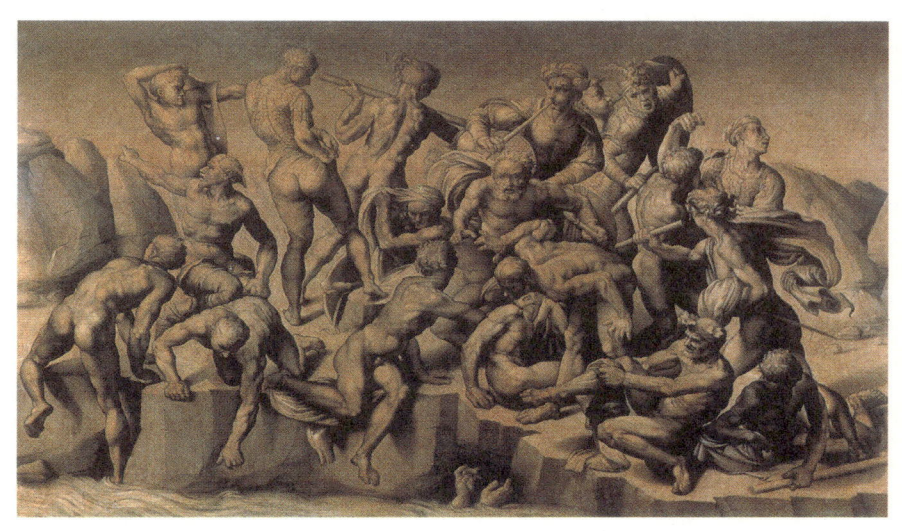

「카시나 전투」는 후배 화가의 복제화로만 전해진다. 피렌체 총독 소데리니가 베키오 궁의 대회의실을 장식할 벽화를 주문하면서, 그 밑그림을 그린 것이다. 레오나르도 다 빈치에게 그 맞은편 벽화를 주문해 두 거장의 경쟁심을 부추긴 일화 때문에 자주 화제가 된 그림이다.

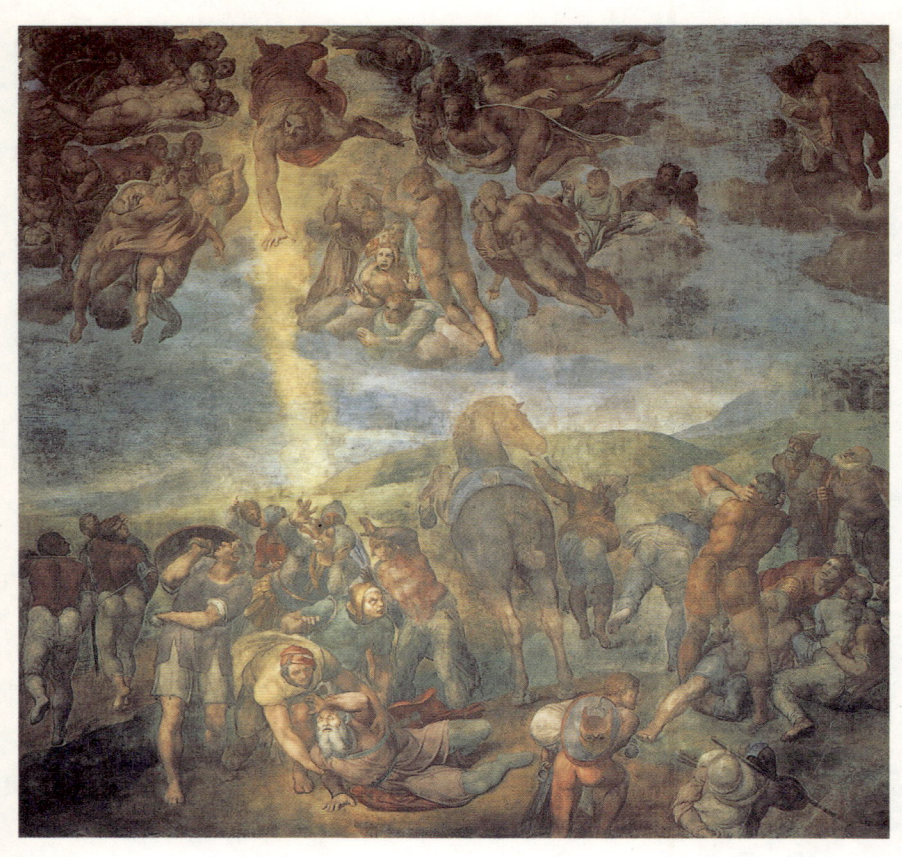

「성 바울의 수난」은 성 베드로와 함께 로마 교회를 창시한 성 바울의 수난도로, 파올리나 예배당 벽화이다. 화면 전경에 쓰러진 성 바울의 몸은 강물로써 하느님을 표현하는 고대미술의 수법을 연상시킨다.

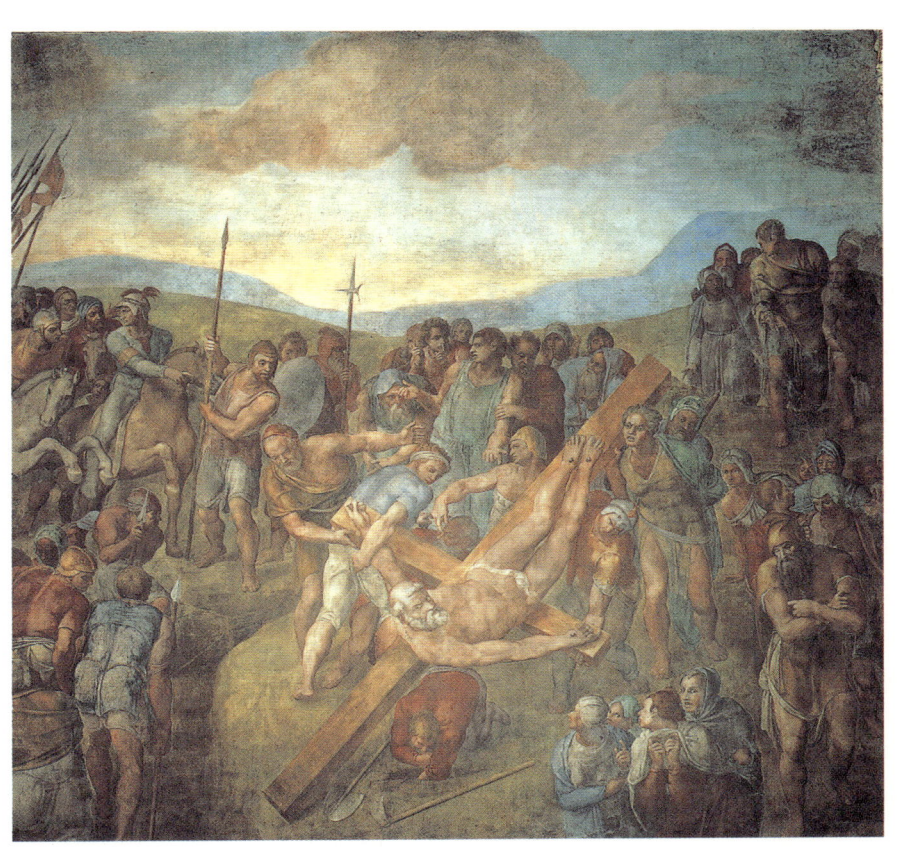

「성 베드로의 수난」은 바티칸 파올리나 예배당에 그린 프레스코 벽화다. 일흔다섯에 이 그림을 그리면서 거장은 "벽화는 늙은이가 할 수 있는 예술이 못 되네"라고 바사리에게 하소연했다고 한다.

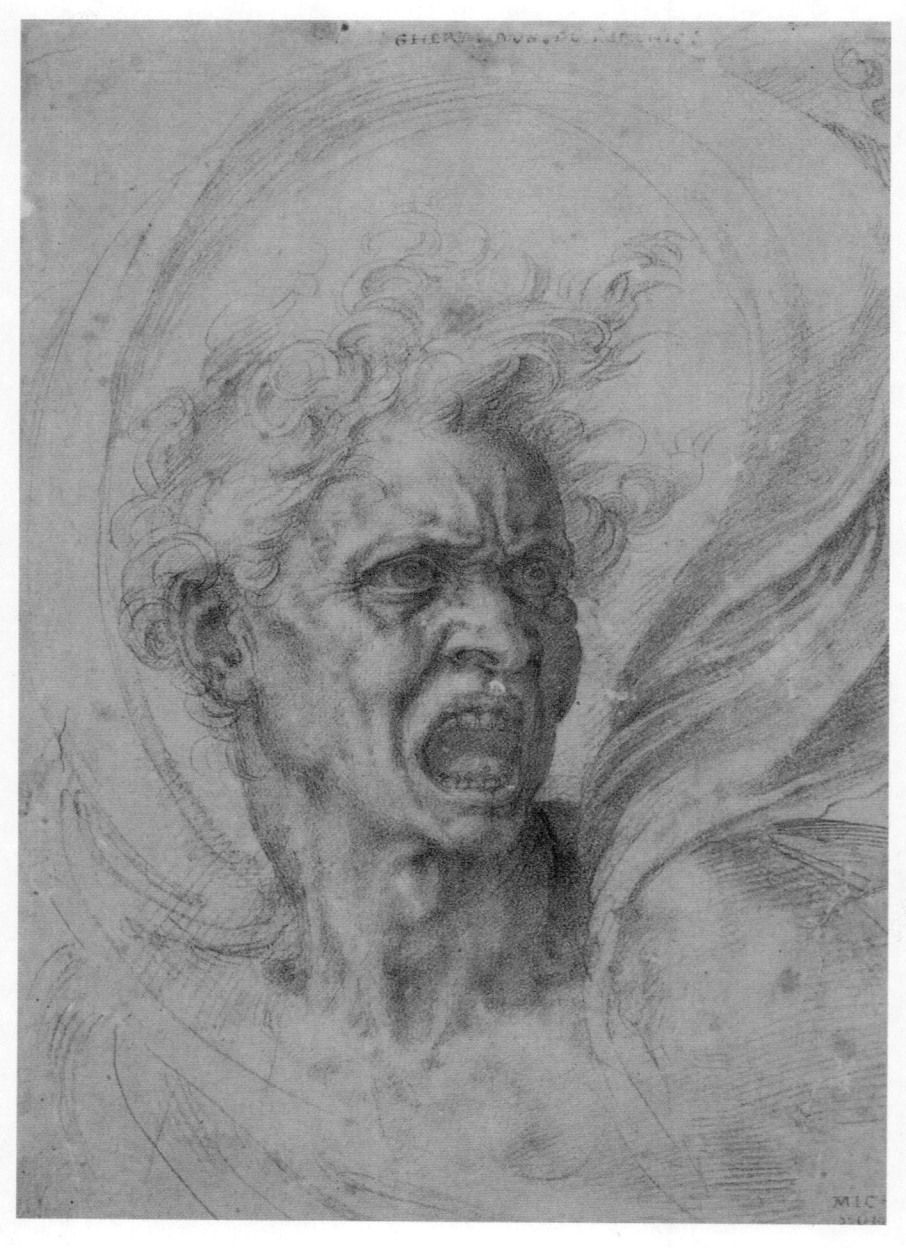

미켈란젤로의 연필화에는 피렌체 과거 거장들의 추억이 박력 있게 되살아난다.
그는 어린 시절에 시내 중심가는 물론이고 아르노 강변을 따라 늘어서 있던 수도원 성당들을 돌아다니며
선배들의 주옥같은 벽화를 눈에 익혔다. 그가 동료에게 코뼈를 얻어맞은 것도 이런 견학 길에서
자신의 의견을 지나치게 고집한 냉소적인 말투 때문이었다.

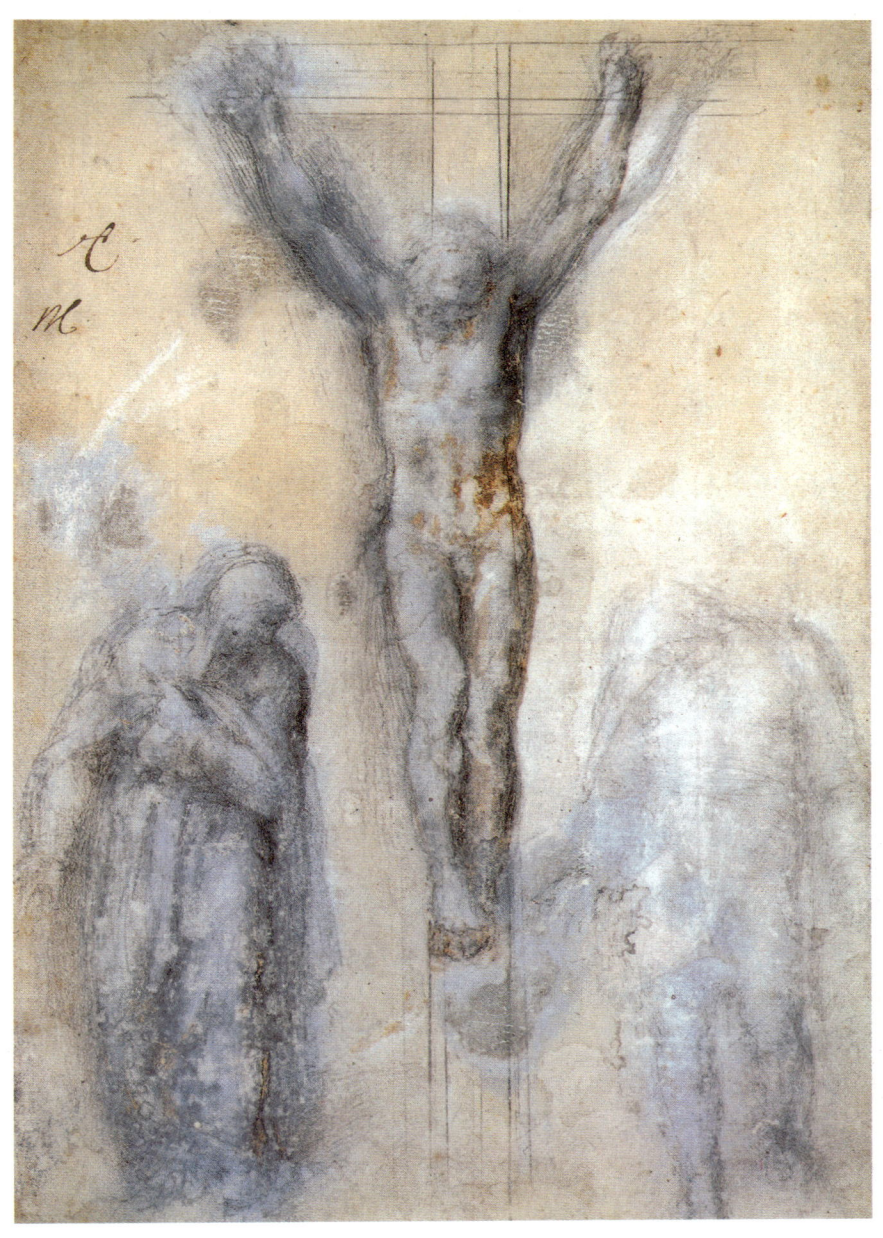

연필로 그린 「피에타」는 미켈란젤로의 여자 친구 비토리아 콜론나가 갖고 있었다. 천사들이 예수를
부축하는 특이한 자세의 이 그림 위에 단테의 시구가 적혀 있다. "얼마나 많은 피를 흘렸는가."

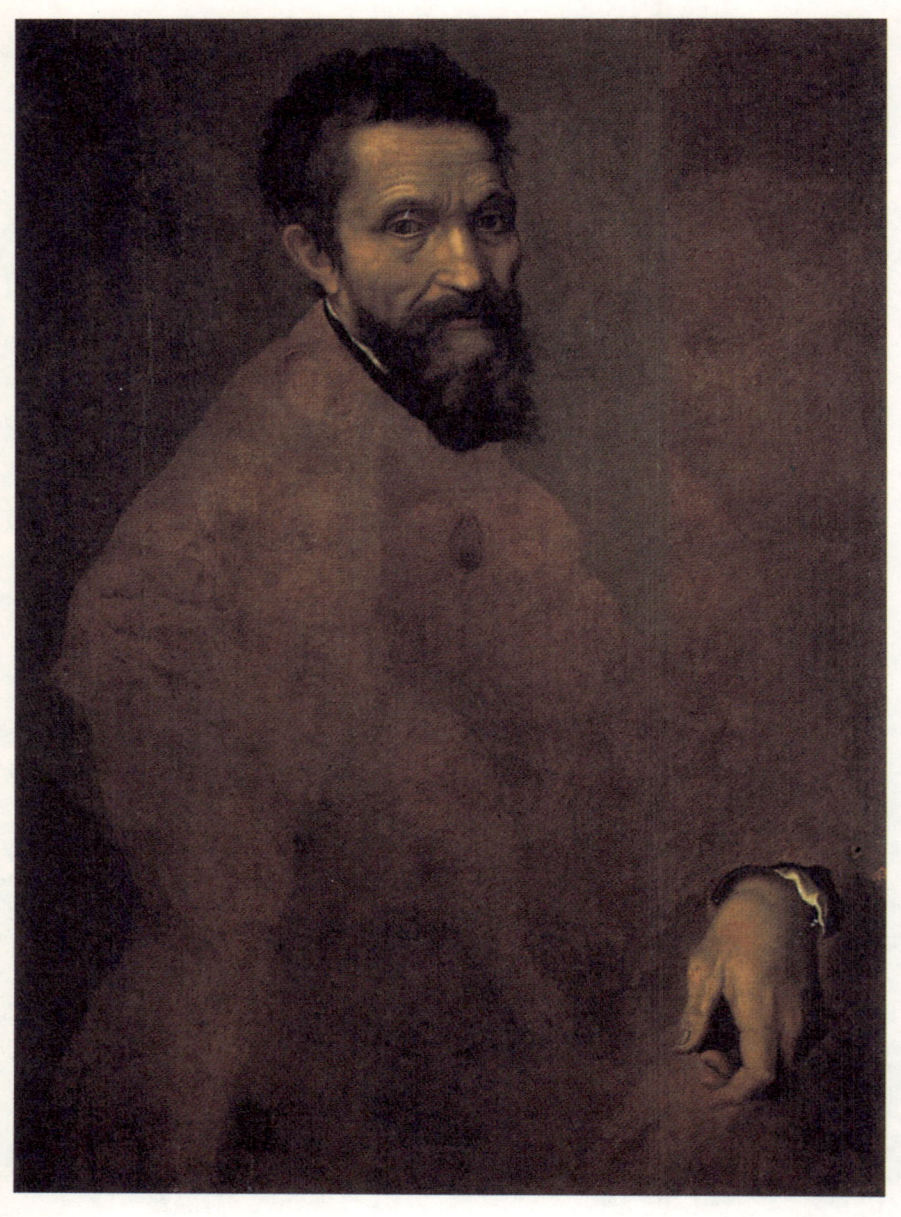

피렌체 화가로 1535년쯤 로마에 정착한 자코피노 델 콘테는 미켈란젤로의 소중한 초상을 남겼다.
미완성이기는 해도 이 초상화는 조각으로서 재현된 거장의 면모보다 더욱 실감 있게 다가온다.
현재 뉴욕 메트로폴리탄에 있는 이 초상은 예순의 나이에도 시스티나 벽화를 그릴 정도로 강인했던,
거장의 초췌한 듯하면서도 "작업에 대한 열정으로 모든 어려움을 이겨내곤 하던" 심정을 엿보게 한다.

일러두기

· 지명과 인명, 성당 이름은 각 지역 고유어의 표기를 따랐으나, 성경에 등장하는 인물이나 교황 등은 일반적인 관례를 따랐다. 가령 일반인의 경우 바르톨로메오로 표기했으나, 성서 속 인물일 경우 바돌로매로 달리하였다. 또한 같은 이름이더라도 교황의 경우 파울루스 3세로, 성서 속의 인물일 경우 바울로 표기했다.

· 작품 제목은 「」, 책 제목과 잡지 등은 『』로 표기했다.

· 본문 내용 중 •로 표시한 것은 원주와 역주를 구분하지 않고 모두 포함한 것으로, 책 하단에 그에 대한 설명을 해놓았다. 단 본문 중에 ( )는 원저작자의 설명이며, [ ]는 역자가 보충하여 설명한 것이다.

· 이 책에 수록된 작품 가운데 작가 이름을 명기하지 않은 경우 미켈란젤로 본인의 작품임을 밝혀둔다.

차례

제6부

제7부

제8부

미켈란젤로 부오나로티 1

책머리에

제1부

제2부

제6부

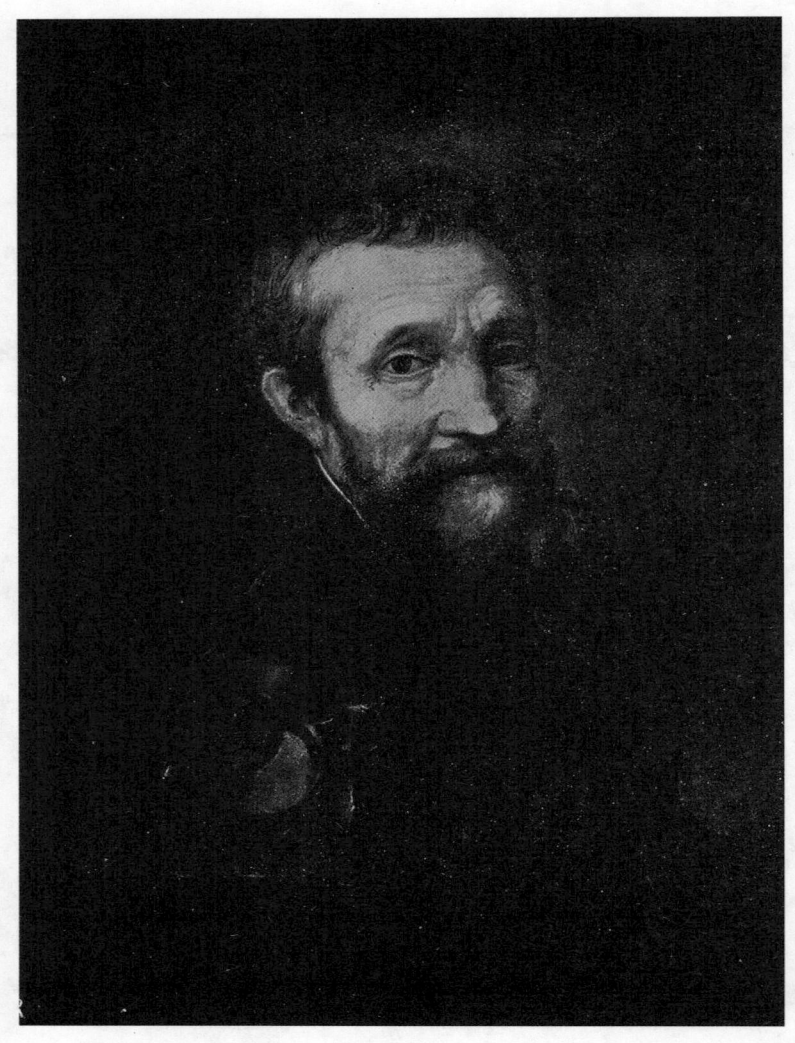

「미켈란젤로 초상」, 카피톨레 소장, 로마
오랫동안 미켈란젤로의 자화상으로 간주하던 초상이다. 마르셀로 베누스티의 것으로 보는
전통도 있는데 그 근거는 미약하다. 베누스티가 나폴리에서 그린 최후의 심판에서 나타나는
미켈란젤로의 초상과 닮았기 때문일지 모른다. 그는 더욱 젊게 표현되었다. 바사리는
칸첼레리아의 벽화(1546)에 미켈란젤로 초상을 그리면서 베누스티를 모사했을 듯하다.

111
파울루스 3세

클레멘스 7세는 미켈란젤로가 로마에 도착하자마자 사망했다. 그를 호의적으로 대했지만 이 죽음이 그에게 그렇게 큰 상심을 주지는 않은 듯하다. 그는 내심 교황을 용서할 수 없었다. 작업을 완수 못 하게 했을 뿐더러, 율리우스 2세의 영묘 작업을 중단해야 했던 시간은 피렌체 공화주의의 자유를 파괴했을 때보다 더 유감이었다. 따라서 그는 이 영묘 석상을 다시 시작할 수 있게 되기를 바랐다. 원래 시작한 지도 여러 해가 지났고 완성 문제로 로베레 가문의 상속인들이 줄곧 문제를 제기했었기 때문이다. 이제 그는 그 가문의 위인이던 로렌초 대공의 사후 40년 가까이 자신을 짓누르던 메디치가의 봉사에서 해방되어 한숨 돌린다고 느꼈다.

그렇지만 이런 휴식도 잠시였다. 클레멘스 7세를 계승한 더 탐욕스러운 독수리가 이미 그에게 눈을 돌리고 먹이로 삼았기 때문이다. 1534년 10월 12일에 파울루스 3세로서 교황으로 선출된 알레산드로 파르네세는 고상한 정신과 강인한 의지의 소유자였다. 미켈란젤로가 봉사한 교황들 가운데 오직 이 사람만 격렬하고 단호한 성격에서 저 무서운 율리우스 2세를 연상시킨다. 르네상스의 이 마지막 위대한 교황에게서, 야누스처럼, 닮았으면서도 대비되는 두 얼굴이 겹쳐진다. 즉 편견 없는 인문주의자요, 예술 후원가이자 확신에 찬 개혁자였다. 그는 1468년생으로 피렌체 로렌초 대공의 궁에서 살았고 곧 알렉산데르 6세의 총애를 받게 되었다. 그의 누이 줄리 파르네세의 도발적인 은덕으로 그는 불과 스물세 살이던 1493년에 추기경 모자를 썼다. 그는 당시 알렉산데르 6세 휘하 고위성직자들의 수도승 같은 금욕 생활과는 완전히 다른 생활을 했다. 그는 첩을 둘이나 두었다. 루피나 또 롤라라는 여인은 그의 사생아 넷을 낳았다. 그리고 그는 이때부터 모든 수단을 다해서 고위직에 오르고 치부하려 기를 썼고 그래서 족벌주의자라는 영원한 비난을 받게 되었다. 이런 동거 생활은 1516년까지 지속했던 듯하다. 1519년 그는 쉰한 살에 사제에 임명되고서야 이런 생활을 바꾸었다.

독일 교회분리운동의 심각한 영향으로 그는 교회에 근본적인 개혁이 필요하다고 이해하게 되었고, 교황에 오르자마자 자신의 사상에 공감하는 결백하고 청렴한 인물들로만 추기경단을 삼고서 관행과 풍습 정화위원회를 지명하고 공의회를 소집했다. 그의 주요한 영예는 트렌토 공의회를 앞장서서 주도했다는 점이다. 피렌체의 플라톤주의자와 보르자 궁정의 부패한 성직자 사이에서 살아왔던 사람이 바로 예수회를 당당히 인정하고 반종교개혁 작업에 착수했다. 폼포니우스 레투스와 로렌초 대공의 가르침이 그에게 고대 문명과 위대성에 대한 사랑을 고취했었다. 루터와 칼뱅에게서 시작된 운동은 그의 눈을 뜨게 했으며, 로마 교회가 완전한 내적 갱신이 필요하다고 확신하도록 했다. 그는 장수했다—그는 여든한 살에 사망한다—그는 젊어서는 루이지 풀치의 소극을 즐겼고, 늙어서는 이냐스 드 로욜라*의 신비주의적 열망을 경청하고 또 이해했다.

교황보다 일곱 살 손아래였던 미켈란젤로도 이와 비슷하게 상반된 갈등을 겪었다. 그 또한 안젤로 폴리치아노[1454∼1494, 문인]의 고전적 매혹과 사보나롤라의 종말론적 위협을 나란히 겪었다. 이렇게 늙은 교황과 늙은 조각가 사이에 깊고도 은밀한 친근감이 있었다. 두 사람 모두 이교도적 시대인 15세기 자식이었고 기독교적 영성으로 돌아갈 꿈을 꾸었다.

파울루스 3세는 1534년 11월 5일에 교황에 올랐다. 그 조금 뒤 그가 개혁에 착수하면서부터, 그는 미켈란젤로를 불러들였다. 두 사람은 피렌체, 라르가 가의 메디치 궁에서 어려서부터 알았을 법하지만, 확실하지는 않다. 개인적으로 알았던 것만은 확실하다. 1500년부터 그들은 함께 니콜라우스 코페르니쿠스의 강연을 들으러 다녔다. 그 뒤로 레오 10세와 클레멘스 7세 시절에도 만났다. 우리가 보았듯이, 파울루스 3세는 사치와 예술에 사로잡힌 군주였고 강력한 개혁가였다. 미켈란젤로는 그에게 불가분한 사람이었다. 그는 당대 최고의 예술가였다. 그는 신앙심 깊은 인간이었고 이를테면 시스티나 예배당에 가톨릭 개혁의 숭고한 게시판이라고 할 수 있는 「최후의 만찬」을 그렸다. 부오나로티는 장엄 취미와 종교적 순결이라는 꿈을 동시에 채울 수 있었다.

• 1491∼1556. 예수회 창립자로서 반종교개혁을 주도.

미켈란젤로는 사실 그렇게 마지못해 교황 앞에 나아가야 했다. 그는 세 명의 교황을 모셔왔지만 그들 중 누구에게도 만족하지 못했다. 그는 이제 그 첫 번째 교황이던 율리우스 2세, 즉 자신을 후려치고 모욕을 주었어도 최소한 자신을 이해하기는 했던 사람에게 봉사하고 싶었을 듯하다. 파울루스 3세는 부오나로티에게 서로 위신에 걸맞은 약속과 대가를 제시했지만, 조각가는 우선 늙고 피곤했으므로 영묘 작업에 매달려야 한다고 선수를 치며 사양했다. 콘디비는 이렇게 말한다.

"교황은 당황해서 이렇게 말했다.
'그렇게 원했던 것이 30년이나 되었소. 이제 내가 교황이 된 마당에 그것을 이룰 수 없단 말이요? 그 계약서가 어디 있소. 내가 찢어버리리다.'"

미켈란젤로는 파르네세보다 더 당혹해했다. 그토록 오랫동안 늘 뒤로 미루어지면서 무시했던 영묘 작업에 대한 걱정이 태산 같았기 때문이다. 또 우르비노 공작의 고집도 그로서는 고민거리였다. 이 공작은 그를 괴롭히고 오래전부터 약속을 지키라고 위협해왔다. 그러나 그는 파울루스 3세의 이러한 생기에서 율리우스 2세의 미워할 수 없는 격렬한 성격의 메아리를 들었다. 새 교황은 지난 30년 동안이나 미켈란젤로의 예술에 굶주리지 않았던가! 1504년 이후, 즉 이는 그가 다윗 석상과 피콜로미니 추기경을 위한 입상을 깎았던 때로부터 한결같았다.

사정이 이런데도 이 노대가는 초대에 응할 수 없었다. 전능한 파울루스 3세의 입에서 나온 명령 같은 것이었지만. 그는 숨을 좀 돌려 생각할 시간을 달라고 하면서 집으로 돌아가 어려움에 부딪혔을 때마다 종종 그렇게 찾아왔던 도망칠 궁리까지 했다. 그는 파울루스 3세에게 복종하거나 아니면 로마에서 도망쳐야 한다. 둘 중의 하나, 이제 다른 대책은 없었다.

112
도피에 관한 상념

내적 갈등이나 외적 제약이 문제 되어 궁지에 처했을 때마다 미켈란젤로는 항상 떠나거나 도피함으로써 그것을 벗어나려 하곤 한다. 1534년에도 다시금 그는 거의 환갑이 다 된 나이였지만, 결단을 해야 했다. 파울루스 3세의 고집불통 같은 의지에 굴복하느냐 아니면 박해를 감수하거나, 율리우스 2세의 상속자들에게 보복을 당하거나. 결국, 그중 가장 위험하고 중요한 인물은 우르비노 공작, 프란체스코 마리아 델라 로베레였다. 그는 정직한 인간으로서 영묘에 관한 거듭 지연된 약속을 지키고 싶었고, 예술가로서 그 기념비적 작품을 성취하는 데에 다시 찾아온 자유를 유용하면서 조각가의 위대함을 보여주려고 꿈을 포기하지 않았다. 그러나 이렇게 하자면 로마에 남아 있을 수는 없었다. 그곳에서 30년 동안 품어온 욕심에 가득 찬 교황이 그를 계속 괴롭히고 박해할지 모를 일이었다. 그의 충실한 대변인 콘디비는 이렇게 썼다.

"이런 절박함 앞에서 미켈란젤로는 로마를 떠날 참이었다. 제노아로

가서 알레리아 주교의 수도원으로 들어갈 생각이었다. 이 주교는 율리우스 2세가 키운 사람으로 그와도 가까웠고, 그곳이 카라라 부근이니만큼 작업하기에도 적합했다. 카라라에서 선박으로 대리석을 운반하기에도 좋았다. 그는 우르비노로 갈까 하고 생각해보기도 했다. 이전에 정착할 생각도 해보았던 곳이다. 조용한 곳이기도 하거니와 율리우스 2세에 대한 기억 덕분에(그의 고향이다) 잘 보일 희망을 품을 수도 있었다. 이런 계획으로 그는 몇 개월 전에 대지가 약간 붙은 집을 구입하도록 우르비노로 믿을 만한 사람을 보내기도 했다."

'그와 가까운 사이'인 주교가 누구였는지 그렇게 여러 해 동안 중단했던 영묘 작업에 착수할 생각을 하게 했던 제노아의 수도원이 어떤 곳인지 관심을 둔 사람은 아무도 없었다. 주교는 프란체스코 팔라비치니라는 인물이다. 그는 율리우스 2세의 최측근 인사로 교황궁의 공중인이자 문서고의 서기장으로서 1520년에 코르시카에 알레리아 주교관을 창립했다. 그는 아장 주교 로베레 추기경을 대신하여 영묘 건설 계획에 관여했었고, 그의 이름은 1516년부터 1518년 사이에 종종 자코포 델 셀라조가 미켈란젤로에게 부친 편지 속에서 등장한다. 콘디비가 이야기한 수도원은 세스트리에 있는 산탄드레 수도원이다. 코르닐리아노에서 멀지 않은 바다에 튀어나온 작은 곶 위에 서 있다. 이곳은 팔라비치니가 마지막으로 봉사했던 아주 유서 깊은 베네딕투스 수도원이다. 규모는 축소되었어도 이 수도원은 아직도 여전히 그곳에 있고 베네딕투스 수도사들이 산다. 바다를 통해 카라라에서 들어온 대리석은 티레니아 해의 작은 연안인 바로 이 수도원 문간에 부려놓을 수 있었다. 이 외지고 엄숙한 수도원에서 미켈란젤로는 마침내 평화롭게 사랑하고 두려워했던 교황의 영묘를 완성할 수도 있었다.

그런데 우르비노로 피신한다는 생각도 합리적이고 매력적이었다. 무엇보다도 미켈란젤로는 율리우스 2세의 조카 프란체스코 마리아 델라 로베레라는 가장 위험한 빚쟁이이자 박해자의 보호를 받을 수 있다. 그는 바로 그해 1534년에 자기 아들 귀도발도의 결혼 문제로 파울루스 3세와 사이가 틀어져 있었다. 우르비노 공작은 예술 애호가라기보다 군인이었고 또 삼촌의 영묘를 완성하라고 아주 극성맞게 고집을 부렸는데, 이는 예술에 대한 사랑 때문이 아니라 가문의 영광을 걱정했기 때문이다. 군 지휘관으로서 프란체스코 마리아가 기회주의자라는 평판이 자자했고, 세상 사람 누구나 그가 난폭하고 잔인하다는 점을 잘 알았다. 이 우르비노 공작이 1511년에 제 손으로 직접 알리도시 추기경을 살해했다는 사실을 미켈란젤로는 모르지도 잊지도 않았다. 바로 이 추기경이 부오나로티가 볼로냐로 들어가야 했을 때 통행증을 만들어주었던 장본인이다. 콘디비의 말을 자세히 들어보면, 조각가의 계속되는 지체에 흥분한 이 공작은 그에게 섬뜩한 위협을 했음을 알 수 있다. 이런 위협이 실현되리라고 믿었기 때문에 미켈란젤로는 우르비노로 사람을 보내 집과 땅을 구입하려고 했을 듯하다. 이 사람은 미켈란젤로가 가장 아꼈던 충실한 하인 프란체스코 아마도리였을 것이다. 예술가의 전기 속에서도 그는 우르비노라는 이름으로 알려졌다. 그가 이 공국의 작은 마을 카스텔두란테(오늘날 우르바니아) 출신이기 때문에 붙여진 별명이다.

우르비노에 단 한 번 발을 들여놓은 적이 없던 미켈란젤로가 일생 그 고장 사람들과 사건이 많았다는 사실을 지적하는 사람은 없다. 그의 맨 처음 스승은 프란체스코 다 우르비노였다. 또 묘 조각에서 그를 도와 함께 작업했던 조각가는 또 다른 프란체스코 다 우르비노였다. 이 사람은 율리우스 2세 시대에 그의 가장 중요한 경쟁자였다. 브라만테는 우르비노 공국에서 태어났다. 시스티나에서 그의 자리를 차지하려 했던 화가는 다름 아닌 라파엘로 우르비노였다. '영묘의 비극'에서 그를 박해했던 자는 우르비노 공작이었다. 그와 가깝게 오랫동안 하인으로 일했던 사람이 우르비노였다. 산 피에트로에서 그의 마지막 조수들 가운데 체사레 데 카스텔두란테도 있다.

그러나 우르비노는 그곳에서 적당한 집을 찾지 못했다. 아니면 그사이에 로마로 주인에게 다시 불려갔거나. 미켈란젤로가 파울루스 3세의 보복을 걱정했거나 도피가 여의치 않았거나 아니면 기독교의 수도일 뿐만 아니라 당시 예술의 수도였던 로마를 떠나기가 아쉬웠기 때문이거나 아니면 토마소 델 카발리에리를 비롯한 로마 친구들 곁을 떠나기 싫었거나 어쨌든, 이번에는 도망칠 용기를 내지 못했다. 그의 재능을 차지하려 했던 난폭한 두 사람 사이에서 그는 더 강한 자 편에 서기로 했다. 그는 교황이 공작을 막아줄 수 있다고 생각했고 공작이 교황의 분노를 막아줄 수 없을 것으로 생각하고 그냥 주저앉았다.

113
곤차가의 헤라클레스와 모세

로마에서 살겠다는 결정에는 파울루스 3세의 박해가 곧 해소되리라는 기대와 다시금 완전한 자유를 얻으리라는 기대도 있었다. 그는 기독교적 자애와 심지어 개혁의 결단을 내린 수장을 맞이한 교회의 이해마저 잊은 채 이때 이미 일흔일곱의 나이에 들어선 파울루스 3세의 시대를 염두에 두었던 만큼 교황의 재위가 짧을 것으로 예상했다. 그러나 그는 항상 부지런히 일하며 여든한 살까지 살았던 파르네세 교황의 강인한 체력을 미처 헤아리지 못했다.

따라서 그는 핑계를 대고 약속을 거듭하면서 일을 질질 끌었지만, 파울루스 3세는 30년 묵은 여망을 포기할 심정이 아니었다. 어느 화창한 날 영리하고 활력에 넘치는 이 예술애호가께서 미켈란젤로의 저항을 꺾기로 작정했다. 교황의 행차를 더욱 근엄해 보이게 하는 추기경 여덟에서 열 명의 수행을 받으며, 파울루스 3세는 마르첼 데 코르비 가街에 있는 미켈란젤로의 집으로 들이닥쳤다. 그는 주인처럼 들어가 모든 것을 보려고 했다. 율리우스 2세의 영묘에 세울 석상뿐만 아니라 클레멘스 7세가 사망하기 전에 미켈란젤로에게 주문했던 최후의 심판을 위한 밑그림도 보았다. 이 그림의 힘찬 아름다움은 결국 자기만족 때문에 이 무뚝뚝한 예술가에게 한 번 더 고집했던 교황의 완강한 욕망의 불을 댕길 뿐이었다.

기독교의 수장이 일개 예술가에게 애원했다. 이 예술가는 이미 '신 같다'고 불린다 하더라도 평신도처럼 그리스도 대리인의 신하 이상도 이하도 아니었다. 언제나 자기 앞을 가로막는 우르비노 공작의 위협적인 그림자를 보았던 부오나로티는 그러면서도 자신에게 걸작을 간청하는 교황 앞에서 굽히려 하지 않았다.

이때, 수행한 추기경 중 한 사람은 권위 있던 만토바 추기경이었을 텐데, 당시 완성된 거대한 모세 상에 손을 뻗치면서 이렇게 외쳤다.

"이 조각만으로도 율리우스 2세의 영묘를 영예롭게 하기에 충분하겠소이다."

이런 판단을 입에 올린 사람은 분명히 초심자는 아니었다. 이사벨라 데스테의 아들 에르콜레 곤차가는 스물한 살이던 1526년에 만토바 추기경이 된 인물로 당시 신앙과 예술에 대한 사랑을 보여주었던 교회의 군주들 가운데 가장 모범적이었다. 그는 벰보, 사돌레, 몰차의 친구였다. 그는 베로네세와 줄리오 로마노에게 일을 맡겼다. 티치아노와 바사리는 그의 초상을 그렸다. 그의 추기경 인감을 벤베누토 첼리니가 새겼다. 이렇게 그는 예술가들과 긴밀했고 취미 또한 확고했다. 그의 말은 소데리니 추기경이 볼로냐에서 발설했던 것, 또 그렇게 율리우스 2세를 분개하게 했던 것보다 더욱 심오한 의미와 전혀 다른 무게를 띠었다.

교황은 에르콜레 곤차가가 거들고 나서는 데에 매우 흡족해했지만, 처세에 능란했던 만큼 자신의 진정한 장애는 미켈란젤로의 머릿속에 든 우르비노 공작에 대한 걱정인 줄 알았다. 파울루스 3세는 이렇게 밝혔다.

"우르비노 공이 자네가 만든 입상 석 점에 만족하고 나머지 석 점은 다른 사람에게 만들도록 하겠네."

이런 제안에 대한 어떤 저항도 불경해 보인다. 미켈란젤로는 이런 식의 해결을 충실히 이행하겠노라 약속했다. 다음 날 교황은 우르비노의 대사들과 프란체스코 마리아를 불러들였다. 프란체스코 마리아는 얼마 전에 자기 아들 혼인 건으로 교황을 불쾌하게 했었기 때문에 다시금 파울루스 3세와 부딪치려 하지 않았으므로, 한참 뒤 1542년에 제대로 격식을 갖춘 계약으로 제재를 가할 수 있는 새로운 약조를 수용했다. 미켈란젤로는 입상 두 점을 직접 제작하기로 약속했고—명상적 삶과 활동적 삶의 우상이다—다른 것들은 다른 조각가들에게 맡기기로 했다. 교황은 결국 이 게임에서 승리했다.

미켈란젤로는 지긋지긋해서 자신도 '영묘의 비극'이라고 했던 것에서 마침내 해방되었고, 교황은 최후의 심판이 그려지게 되었다고 확신했다. 두 사람 모두 흡족한 결과였지만 교황이 더했다. 르네상스 시대 최고의 걸작은 이 파르네세의 열렬한 집념의 소산이었다.

교황은 약속을 성실히 이행했다. 1535년 9월 1일 교지를 내려 부오나로티를 교황궁의 최고 건축가이자 조각가에 임명하고 여러 공직자를 거느리게 하고, 모든 명예와 특전과 혜택을 주었다. 심판도의 완성을 위해서 교황은 그에게 연봉을 지급했다. 평생 금화 1200에퀴의 그 절반은 교황청에서, 나머지 반은 피아첸차* 근처 포의 입항세(통행세)에서 지급했다.

　이런 명령으로 심판도는 이미 착수된 셈이었다. 어떤 사람들은 그것이 이미 1534년에 착수됐다고도 하지만, 지금까지 이야기로 미루어 불가능한 일이다. 이 어마어마한 벽화 작업은 1535년 여름부터 시작되었을 것이다.〔최근에 미술사가 데 베키는 그해 11월 8일 시작되어 6년 동안 계속했다고 주장한다.〕

* 이탈리아 에밀리아로마나 주에 있는 도시.

114
토마소 데 카발리에리에 대한 애정

미켈란젤로가 로마에 남은 이유 가운데 우리가 말했다시피 2년 전에 알게 된 토마소 델 카발리에리 곁에 있고 싶은 욕심도 한몫을 했다.

　토마소와의 우정은 미켈란젤로의 전기에서 가장 말썽 많은 부분이다. 이 문제는 아레티노부터 지금껏 그림, 롬브로소, 헤이브로크 엘리스, 지드 등을 비롯한 여러 사람이 그렇게 인정하는 노골적인 동성애적 해석과 관련된다. 그러나 이탈리아에서는 대체로 플라토닉한 해석을 지지하는 편이다. 그러나 선의이든 악의적이든 이런 판단은 단지 시 몇 편이나 부오나로티의 단편적 성격에 근거한 가정에 만족한다. 어떤 한 편의 입장을 선택하기 전에 우리는 이 두 사람의 관계가 어떤 것인지 좀 더 자세히 살펴보자.

　기록은 드물다. 미켈란젤로가 토마소에게 쓴 편지 네 통뿐이다―그 중 하나는 발신하지 않은 단편이다―모두 1533년에 썼다. 토마소가 미켈란젤로에게 쓴 네 통 가운데 첫 번째 것은 1532년, 마지막 편지는 1561년에 썼다. 그 밖에도 이 친구에게 헌정한 미켈란젤로의 시 몇 편이 있지만 그에게 확실히 전달되지도 않았다. 다행히 그토록 사랑받은 이 신사에 대해 더 잘 알 수 있는 조건과 빛이 있다.

1532년에 썼을 미켈란젤로의 첫 번째 편지에서 그는 '이제 막 피어난 청년'에게 쓴다고 하는데 이는 그가 당시 막 소년기를 벗어났다고 생각하게 한다. 따라서 그는 1512년이나 1514년생일 듯하다. 1535년의 토마소의 편지와 조각가 피에트르 안토니오의 편지를 보면 바로 이 조각가가 그 로마 청년이 거의 노인이 다 된 이 피렌체의 거장을 만나게 주선했던 모양이다. 이 안토니오는 니콜로 리돌피 추기경의 측근으로 메디치의 묘에 쓸 조각 작업에서 미켈란젤로의 조수로 일했었다.

카발리에리는 부오나로티에게 예술가로 소개되었다. 이 청년은 첫 번째 편지에서 "선생님께서 직접 제 작품을 보셨지요"라고 말한다. 그를 아는 사람들은—안토니오, 바르키, 바사리—그를 예술에 미친 젊은 이이자 비범한 지성의 소유자라고 말한다. 바르키는 1546년에 이렇게 썼다.

"토마소 카발리에리는 로마 귀족 청년으로 로마에서 이미 그를 알고 있었고(대단히 뛰어난 몸매를 지닌 것은 물론이고) 우아한 예절과 그를 알면 알수록 더욱 좋아하게 될 만큼 그토록 세련된 태도와 고상한 성품의 지성인이다."

우리가 알다시피 미켈란젤로는 아름다움을 무한히 사랑했고 예술의 미를 추구하고 창조하는 사람을 사랑했다. 그래서 그는 매우 잘생겼을 뿐만 아니라 예술에 대한 타고난 소질과 진정한 열정까지 보인 이 고상한 청년에 사로잡혔다고 해서 놀랄 일은 결코 아니다. 그들의 관계는 무엇보다 스승과 제자로서 예술가의 관계였다. 바사리는 미켈란젤로가 그를 예술적 '재능이 꽉 찬' 인물로 알고 있었다고 했다.

"그는 회화를 가르쳐주려고 그에게 아주 훌륭한 검고 붉은 연필화를 그려주었다. 신들의 두상이었다. 주피터의 새에게 하늘에서 납치되는 가니메드, 독수리가 그 간을 파먹은 타이탄, 포 강 속으로 파에톤과 함께 태양의 마차가 추락하는 것, 어린이 축제 같은 그림들도 그려주었다."

이것들은 이교도적 주제이지만, 당시에 이미 또 얼마 뒤부터 초보자는 나체를 그리는 데에서 소묘를 시작한다는 점을 주목해야 한다.

미켈란젤로는 토마소의 소묘 선생이었고, 토마소는 그의 작업을 도왔다. 바로 그의 주장에 따라 노대가는 산 피에트로 대성당 원개를 위한 목각 모형을 깎았다. 바로 이 토마소가 캄피돌리오를 위한 미켈란젤로의 소묘를 부럽게도 간직했고, 부오나로티의 사후에 이 작품을 맡아 완성하는 사람이 되었다. 미켈란젤로는 그의 육체미에 홀딱 반했다. 그래서 그는 다른 사람에게 결코 해주려 하지도 않던 것을 토마소에게만 해주었다. 즉 바사리가 이야기하듯이 그의 초상화를 그렸다.

"그는 지극히 아름답지 않은 한, 살아 있는 사람의 모습을 재현하기를 끔찍하게 싫어했다."

이 초상화를 본 어떤 당대인은 "미켈란젤로가 토마소의 초상을 그리느라고 얼마나 수고하는지 놀랍다"고 하면서 이렇게 말했다.

"목탄으로 그렸는데 천사의 손으로 그린 듯했다. 아름다운 눈, 그 입과 코, 고대 복장과 손에는 초상인지 메달인지를 들고 있고, 수염이 없는 그 초상은 가장 재능이 넘치는 사람을 낙담하게 할 만큼 자연스러웠다."

이 훌륭한 초상은 사라져버렸고 카발리에리의 이미지는 단 한 점도 전해지지 않는다. 「최후의 심판」에 등장하는 청년들 가운데 그가 포함돼 있다는 주장도 있지만, 확인은 불가능하다. 미켈란젤로가 어쩌면 심판관 그리스도의 얼굴을 토마소의 얼굴에서 따왔을지 모른다. 어쨌든, 이 청년을 그린 최초의 스케치는 대영박물관에 소장된 잘생긴 청년상으로 보고 싶다. 콜뱅에 따르면 이 소묘는 시스티나 궁륭의 아담을 위한 습작이겠지만, 그러나 두 인물은 거의 닮은 데가 없어 보인다. 이 소묘는 토마소와 만났을 때보다 훨씬 뒤에 그려졌을 것이다.

그러나 빤한 사실이듯이 토마소 카발리에리를 단지 독신의 미남 청년으로만 볼 일은 아니다. 그는 미켈란젤로의 사랑만 받은 것이 아니었다. 그는 여인의 사랑을 받은 남편이었고, 아이들의 사랑을 받은 아버지였으며, 훌륭한 가장이었다. 젊었을 때 토마소는 결혼해 두 아들을 낳았다. 그의 아들 에밀리오와 마리오는 손자 여럿을 낳았다. 장남 에밀리오가 1550년생이므로 토마소는 1548년쯤 서른너덧 살에 결혼했을 것이고, 전해지는 증언으로 미루어 훌륭한 아버지이자 할아버지였다. 1587년에 사망할 때까지….

저 유명한 에밀리오 델 카발리에리 멜로드라마의 기초를 닦는 데 결정적인 역할을 했으며, '바르디의 피렌체 동아리' 소속으로 대단히 아름다운 「영혼과 육체의 재현」(1600년에 만들어진 대단히 중요한 작품이다)의 작가인 그가 바로 토마소의 장남이라는 사실에 관심을 두는 음악사가는 없다. 그 또한 아주 어려서 미켈란젤로를 만났고 그의 사랑을 받았음은 의심할 나위 없다. 로마의 유서 깊은 귀족 가문 카발리에리는 이탈리아 예술의 역사에 이렇게 이중적으로 관련이 있다. 즉 부오나로티의 완벽한 서정시에 영감을 준 건축가가 있었고, 16세기 말 음악의 혁신자로서 독창적인 음악가를 배출했다.

어쨌든, 우리에게 중요한 것은 토마소에 대한 미켈란젤로의 감정이 어떠했는지 알아보는 일이다. 이 조각가의 첫 편지는 오직 그것만 남아 있지만, 애정으로 넘친다. 두 사람의 연령 차는 사십 년이나 된다. 미켈란젤로는 토마소를 처음 만났을 때 육십 줄에 접어들었고 영광에 싸여 있었다. 그런 그가 이 청년에게 어리둥절할 만큼 감탄사로 가득한 편지를 썼다. 시스티나의 화가이자 메디치가 묘의 조각가는 이렇게 썼다.

"우리 시대의 빛이자 이 세상에 유일하신 성하께서 다른 누구의 작품에도 만족하실 줄 모르네. 왜냐하면 그분이 보시기에 누구도 자네 같지도 그에 견줄 만하지도 않기 때문이네."

이 찬사는 물론 우리로서는 알 수 없는 청년의 작품을 겨냥하고 있다. 그러나 우리는 미켈란젤로가 아부할 줄 모른다고 아는 만큼 어떤 당대인도 주목하지 않던 토마소의 작품이, 이 신 같은 예술가가 이렇게 의아한 겸손을 부릴 정도로 훌륭했다고 상상하거나 사랑에 취했기 때문이라고 생각할 수밖에 없다. 늙은 미켈란젤로는 그토록 부풀리고 과장한 표현으로 청년에게 접근하고 있어 그 말이 과연 그가 직접 쓴 것인지조차 선뜻 믿기 어렵게 한다.

"자네가 태어난 지 얼마 되지 않았다는 생각이 들지는 않네. (…) 자네에게 그렇게 쓰지 않았던가. 하지만, 자네는 이 세상 누구보다 천배는 소중하다네. 나는 하늘과 땅에서 저주받고 거의 죽은 채로 태어난 몸이요, 자네 편지 덕에 성하께서 만약, 내 작품을 기꺼이 인정하신 것을 알고 또 그렇게 믿게 되었네. 정말 놀랍고 무척 즐거운 일일세."

지성이 아니라 열정에서 나온 말이다. 사실상, 미켈란젤로는 토마소에게 부친 또 다른 편지에서 자신이 '크나큰 사랑'을 보낸다고 말한다. 그리고 이렇게 덧붙인다.

"내 몸에 끔찍하게 영양을 주면서 나를 살려두는 음식을 차라리 잊겠네. 자네의 이름이 내 몸과 마음에 양식이 되는 온갖 것을 이렇게 편안하게 채우니, 자네를 기억하는 한 죽음에 대한 근심과 걱정도 사라지는 듯하네."

반대로 토마소는 지극한 예의로써 답한다. 그토록 세련된 겸손으로, 정직하지 않을지 모른다는 어떤 의심도 물리치게 할 정도로. 이 고상한 청년은 감사의 정을 듬뿍 담아 허풍도 부리지 않고서 답한다. 도제 앞

61

에서 굽실거리다시피 하는 이 예술의 지존을 보면서 상당히 놀라워하기는 했다. 1533년 8월 2일자의 편지는 그들의 우정을 드러낸다.

"성하께서 곧 돌아오시기만 한다면 제가 풀려날 수 있지 않을까 하는 말씀만 드릴 수 있습니다. 저는 형편없는 동료를 피해, 또 피하고 싶어, 오직 당신하고만 왕래할 수 있기를 바라기 때문입니다."

토마소는 대담한 꾀로 이 거장과의 친교가 자신에게 정신적 정화의 수단이 된다고 느꼈다. 바사리는 토마소에 관해 당연히 이렇게 말했다. "미켈란젤로는 항상 고상하며, 자질 있고 품위 있는 사람에게만 정을 주었다. 사실상, 그는 모든 점에서 고상한 취미와 판단력을 갖춘 인물이었다."

르네상스 시대보다 훨씬 더 물질적이고 천박한 세계에 사는 우리로서는 당시 고상한 사람의 이상적 감흥이 어떤 것이었는지 이해하지 못한다. 콰트로첸토의 플라톤주의를 통해 '새롭고 우아해진 문체'의 시인들을 고무했던 바로 그 원리를 실천하던 사람들의 감흥. 즉 미美가 신성으로 가는 길이라는 점을 이해하지 못한다. 오늘날, 우리는 그 부富와 권위라는 이중적 가치의 정점을 권력으로 삼는다. 그러나 예술가만을 위한 것이 아니라 우선적 가치는 아름다움이었다. 육체미, 완전하고 조화로운 빛, 결국 조물주의 지극한 증거로서 미는 최고의 정신적 위상으로 가는 지름길로 생각되었다. 미켈란젤로가 토마소에게 쓴 시편에 담긴 열정의 불꽃은 육신으로 정해진 인간으로서 한 청년을 통해 밝혀진 것이 아니라 그의 얼굴과 영혼의 아름다움이 신성한 아름다움의 가시적 표현이라는 데에 따랐다. 결국, 그것을 바라보는 사람은 하느님 자신에게까지, 곧 고상하고 순수한 사고로 쉽게 고양될 수 있다. 이는 중세와 다른 신비주의적 형태이다. 다시 말해서, 가시적인 것을 부인하지 않지만 완벽한 존재의 이미지로부터 절대적인 완전성으로 이르는 신비성이다.

물론 당시에도, 그토록 무수한 나쁜 사례로 오염된 시대에도, 이런 사랑의 순수함을 이해할 줄 모르는 저질들이 있었고 바로 그들에게 미켈란젤로는 멋진 소네트의 찬란한 명증성으로 답한다.

네 아름다운 얼굴에서, 오 주님,
우리의 삶에서 힘겹게 이야기할 수 있는 것을 보네
여태 살을 뒤집어쓰고 있는 내 영혼은
그 덕분에 이미 여러 번 하느님께 다가갔으니.

짓궂고 어리석고 못된 천민이
타인에게서 그 자신을 다시 느껴보게 한다면
열망을 용인하는
사랑, 믿음, 솔직한 욕망이여,

우리가 모든 것을 길어내는 이 경건한 샘에서
이 세상에서 보는 모든 아름다움이 흘러드네.
선량한 마음을 갖고 태어난 자가 모든 것을 위에서 보는 것이 우리에게 또 다른 이미지도 또 다른 과일도 없네.
하늘에서도 땅에서도, 또 믿음으로 사랑하는 자라면
하느님 곁으로까지 올라가고 죽음조차 따스하네.

천박한 자의 거친 악의를 모르지도 않으면서, 토마소를 사랑하는 이
사람은 '순수한 욕망과 순수한 사랑, 정직한 불꽃'에 대한 암시를 잊지
않았지만, 그런 표현도 그의 넓은 마음을 이해할 줄 아는 사람에게는
불필요하다. 부오나로티의 모호하게 불타오르는 마음은 분명히 진정한
사랑이지만, 결코 관능적이거나 육체적인 것은 아니다. 그는 토마소에
게 이렇게 외친다.

아, 나 자신을 찾아다오, 죽을 수 있도록.

사랑하는 사람의 영원한 말을 반복할 뿐이다. 사랑하는 사람은 사랑
받는 사람의 것이다. 그는 자기의 재산이며 더는 자유롭지 않고 자기
자신이 아니다. 어쨌든, 영적인 목적이 항상 이 사랑에 내포된 영혼을
지배한다.

나는 너의 날개와 깃털로 날아오르네.
너의 재능으로써 더욱 하늘로 가까이 떠밀려

이 문제에서, 놀라운 역설의 위험이 있다. 모든 거인처럼, 미켈란젤
로는 사랑을 사랑했지만 그가 그것에 대해 품은 관념은 너무나 고상하

고 순수해서, 항상 그를 따라다니는 육욕적이며 물질적인 접촉에 질색하곤 한다. 그래서 미켈란젤로는 카발리에리 같은 선량한 미남에 그토록 집착했다. 바로 남자들끼리 이런 접촉은—변태는 제외하고—있을 수 없기 때문이다. 가령 그가 소년을 좋아한다면, 그의 사랑은 여자를 좋아하는 자를 동요하고 탐욕스럽게 만드는, 초조하고 난폭한 육체적 욕망으로부터 해방된다. 모든 사치스러운 생각을 벗어던질 때, 영혼의 완벽한 조화와 미의 감동된 경탄으로만 이루어진 순수한 사랑에 이를 수 있다.

> 내가 너만을 사랑한다고, 내 신사여
> 흥분하지 말아다오, 네게서 가장 많이 사랑하는 것은
> 한 사람이 다른 사람의 정신에 사로잡힌다는 것이므로
> 내가 원하는 것, 네 미모에서 배우는 것은
> 인간의 정신으로는 이해하기 어렵네.
> 우선 알려고 하지 않아야 하네

이렇게 완전히 영적인 성격을 더는 자명하게 설명할 수 없다. 필자는 카발리에리에 대한 부오나로티의 불타는 사랑이 신성하다고만 하겠다. 이런 서로 간의 절대적으로 순수한 정을 가장 잘 증명하는 것은 그 기간이다. 두 사람은 변함없이 사랑했다. 그의 우정은 1564년 미켈란젤로가 사망할 때까지 지속했다. 당시 토마소는 이미 한 가정의 가장으로 더는 젊지 않았다. 그런데 부오나로티에게 보낸 토마소의 마지막 편지에서도, 즉 지금까지 전해지는 1561년 11월 15일자 편지에서도 따뜻한

정감이 고동친다. 그는 미켈란젤로가 자신에 대한 태도에 변화가 있다고 생각하고서 이유를 묻는다. 어떤 거짓말쟁이가 이 늙고 존경받는 거장에게 자신을 중상했다는 생각에서 그는 이렇게 썼다.

"저를 이제 친구로 여기지 않는다면, 그렇게 하실 자유가 있겠지만, 그렇다고 제가 당신의 것이 아니라고 여기지는 마시고 항상 당신을 따르려 한다는 점을 말씀드립니다. (…) 분명히 저보다 더 나은 친구는 없다고 알고 계실 테지요. (…) 어떤 이해관계도 없이 늘 선생님의 친구였음을 아시잖습니까. (…) 어떻게든 선생님이 저를 물리친다고는 상상할 수도 없고, 그렇기에 하느님에 대한 선생님의 모든 사랑을 걸고서, 선생님의 오해를 풀 수 있도록, 제게 그것을 말해주시길 빌고 맹세합니다."

이런 말로 미루어, 카발리에리가 얼마나 초로의 나이가 되어서도 미켈란젤로의 정에 집착했는지 알 수 있다. 두 사람의 화해는 오래 걸리지 않았다. 1564년 2월 18일, 부오나로티의 임종의 침대 머리를 지킨 얼마 되지 않는 사람 중에 그도 포함돼 있었기 때문이다. 바로 그가 미켈란젤로의 최후의 작품 가운데 한 점을 마무리했고, 항상 그의 청춘의 아름다움에 순수하게 사로잡혔던 이 위대한 천재의 기억에 충실하게 남았다.

115
비토리아 콜론나

미켈란젤로와 비토리아 콜론나의 관계를 건드리는 낭만적인 현대 작가들은 다양하고 고집스러운 오만가지 추측과 상상에 휩싸인다. 베아트리체, 또 접근조차 할 수 없었던 로라 이후로, 이 천재에 고취된 사람들은 이탈리아 식으로 삼각관계를 그려보면서 이 조신하고 성숙한 페스카라 후작부인을 그 한 변으로 삼는다. 이런 감상적인 공상과 소설처럼 지어낸 황당한 전기들은 잊어도 좋다.

우선 연대를 보자. 허구적 이야기꾼들이 종종 무시하는. 단테가 베아트리체를 처음 만났을 때 그녀의 나이 아홉 살이었다. 페트라르카는 로라를 처음 보았을 때 스물다섯이었다. 미켈란젤로는 비토리아 콜론나를 1536년에서 1539년 사이에 알게 되었다. 두 사람의 본격적인 우정은 1538년이나 1539년쯤에 싹텄다. 이때 미켈란젤로는 우울한 노인이었고, 그는 온통 예술과 속죄에 대한 생각에만 사로잡혀 있었다. 비토리아는 퇴색한 과부로서 이 수도원 저 수도원을 전전하며 차분하고 독실한 생활을 하고 있었다. 이 두 사람 사이에 어떻게 진정한 사랑이 싹

텄는지 알기 어렵다. 순수한 감정을 넘어서는 육체적인, 즉 이교도와 낭만적인 사람들이 이해하는 의미로서.

심장은 식지 않는 법이며, 노인의 정념도 흔치 않지만도 않다고 한다. 그러나 미켈란젤로의 정념은 당시의 기억과 기록으로 미루어, 그런 것은 아니었다. 그는 특히 비토리아 콜론나의 고상한 정신적 자질을 지적으로 숭배했다. 그녀 쪽에서는 이 예술가에게 큰 감동을 했고 그리스도에 대한 서로의 열렬한 신앙에 기초한 우정을 간직했다.

두 사람 모두 분명히 미를 사랑했다고 덧붙이는 편이 좋다—부인보다는 예술가 쪽이 더욱 그러했다—그렇지만 각자 우아한 자세를 잃지 않았으며, 심지어 기형적인 존재에게서도 빛날 수 있는 정신적으로 함축된 고결함을 잃지 않았다. 비토리아 콜론나에게 썼다고 짐작되는 미켈란젤로의 시에서 보이는 몇몇 칭송을 우선시하는 전통은, 비토리아의 미모를 확신하는 말투다. 지금까지 전해지는 그녀의 초상들은 이런 공상적인 단정을 정면으로 부인한다. 크리스토포로 델랄티시모가 그린 처녀 시절의 비토리아의 초상은 우아하기는 하지만, 상상에 따랐다. 곳곳에서 복제판으로 볼 수 있는 지롤라모 무치아노가 그린 것은 공적인 초상화로서 이상적으로 미화되었고 실물에 따라 그리지 않았다. 1528년생인 무치아노는 1547년 비토리아가 사망할 당시에 겨우 열아홉 살이었다. 게다가 그는 1548년에야 로마를 찾았다. 더욱 능숙하고 예술적으로 숙달된 세바스티아노 델 피옴보의 초상은 닮은 면을 포착했을 테고, 아직 젊음을 간직한 여인을 보여주지만, 미모와는 상당한 거리가 있고, 눈이 짝짝이인 데다가 입은 맵시 있거나 부드럽지도 않다. 더 성년기의 원형부조는 그녀가 미켈란젤로를 만나던 시절의 것일 텐데, 엄

68

격하고 딱딱한 프로필로서, 그렇게 사랑스러운 모습은 아니며, 사랑을 불러일으킬 여인이라기보다는 사보나롤라가 치마를 두른 모습에 가깝다. 이런 그림과 조각의 증거는 그녀의 당대에 쓰인 유일한 전기에 수록되어 있다. 전기작가 필로니우스 할리카르나스는 그녀와 개인적으로 아는 사이로, 그녀의 처녀 시절과 프란체스코 아발로스와 결혼했던 시절도 알려준다.

"그런 사내와 결혼으로 맺어지게 되는 것을 알고서, 그녀는 자신의 정신적 자질을 계발하고자 했다. '대단한 미모가 아니었던 만큼', 그녀는 문학과 학문으로 교양을 쌓았다."

전기작가가 더구나 그 남편의 옹호자로서 그녀가 대단한 미모가 아니라고 썼다는 것으로 볼 때, 이런 신사적인 완곡한 어법을 어떻게 번역해야 하는지는 누구나 알 만하다. 비토리아 콜론나는 정신적으로나 면모에서나 여자보다는 남자에 가까웠다. 그녀는 시에나의 카테리나, 또는 카테리나 스포르차처럼, '여걸' 부류였고 '여장부' 식의 존경할 만한 귀족이다. 위의 전기작가는 그녀의 인품에 대해 이야기하면서 그 증거를 잠시 늘어놓는다.

"그녀는 자유로운 여인이었다. (…) 마치 철학자 같은 힘과 활기로 넘치며 (…) 거짓과 위선을 적대시했던 여자였고 (…) 언변이 좋고 친구들을 매우 스스럼없이 대하는 여인이었다."

이렇게 그녀의 인품은 전적으로 훌륭하지만, 보통 여성스런 여자에서 쉽게 보이는 그런 자질은 아니다. 마르티넹고 백작의 편지(1546년 6월 7일)는 비토리아를 아낙네가 아니라 바깥주인 같은 모습이라고 말한다.

"그녀의 추리력은 정말 대단하다. 입에서 사슬이 술술 풀려나오듯, 그녀는 듣는 이의 감정을 주도한다."

비토리아 콜론나가 어느 정도로 여성적인 면이 거의 없었는지 더 많이 증명하자면 우리는 미켈란젤로 자신의 글을 보면 된다.

"여성 속의 남성이여, 뭐라고 할까, 입으로 말하는 신이여."

그녀가 사망한 3년 뒤에 그는 다시 한 번 파투치에게, 그녀에 대해 "죽음이 내 큰 친구—막역한 친구—를 앗아갔네"라고 말했다.
이렇게 두 사람은 연인의 사랑이라기보다 사내 같은 우정을 나누었다. 콘디비는 사랑이라고 했지만, 그 말의 의미를 분명히 밝혀야 한다.

"그는 그녀의 신성한 정신을 사랑했다"라고….

그런데 콘디비는 미켈란젤로가 그녀로부터 '솔직하고 아주 푸근한 사랑의 편지들을 수없이' 받았다고 과장한다. 열렬한 우애의 뜻으로 당대에 종종 사용하던 식으로 사랑이라는 말을 쓰지 않는 한 말이다.

그들 사이에 주고받은 편지들 가운데 지금까지 전해지는 것은—그것이 전부일지 모른다. 그들은 아주 자주 만났기 때문에 글로 쓴 메시지를 교환할 필요가 그렇게 많지 않았다—몇 통 되지 않는다. 비토리아가 미켈란젤로에게 네 통, 미켈란젤로가 그녀에게 두 통. 이 서한문은 사실, 세련으로 넘치는 형식적인 감사의 편지이지 연애편지는 아니다. 그녀는 자기의 친구에게 매우 정중하며, 예의를 갖추고 단순한 친한 사이 이상으로 부르지만, 어떤 무례함도 범하지는 않는다. 단 한 번 1542년 또는 1545년 편지에서 서로의 종교적 성격을 드러낼 때만 제외한다면 말이다. 후작부인은 이렇게 썼다.

"완전히 기독교적 애정의 질긴 끈으로 엮인 우리의 든든한 우정을 알고 있지요. 저는 제가 로마를 떠날 때에, 그토록 수줍고도 열렬하게 말씀했던 분으로서 당신께 간청합니다. 내가 돌아와서는, 저의 선의 속에서 당신을 그렸듯이, 당신의 마음속에서, 이전의 생기를 되찾은 그 모습을 볼 수 있기를."

미켈란젤로의 시편으로 미루어볼 때, 비토리아는 그를 신처럼 여기고 접근했던 듯하다. 그러나 비토리아의 말을 들어보면, 그녀를 신과 같다고 했던 것은 바로 '수줍고도 열렬한 마음의' 미켈란젤로였다. 이렇게 우리는 둘의 관계가 일부 낭만적 작가가 상상했던 달콤한 나라의 두 순례자라기보다는 신앙심에 경도된 두 노인의 알쏭달쏭한 대화에 가깝다고 생각한다.

기질과 성격, 감정과 취향이 서로 잘 맞았던 덕분에 부오나로티와 콜론나는 정다운 친구였고 서로에게 감탄하지만, 그 이상은 아니다. 미켈란젤로는 파투치에게 쓴 편지에서(1550년) 가장 정확한 표현을 찾아냈다.

"그녀는 나를 아주 사랑했네. 나 역시 그녀보다 정이 부족하지 않다네."

그녀에게 이런 우정은 존경에 가득한 정중함을 동반했다—프란시스쿠 돌란다의 『대화』에서 볼 수 있듯이—, 미켈란젤로 편에서, 마음의 문안을 그리는 태도였고 기독교적 플라톤주의와 페트라르카 식의 멋을 부린 것이었다.

그토록 고상한 예술가가 보기에 비토리아는 과부라는 조건과 거의 수도원 같은 생활이 그녀를 더욱 높이 끌어올린 여왕처럼 보였다. 로마 명문 귀족가의, 한때는 왕이 되길 바랐던 위대한 장수와 맺어진 공주, 황제 카를 5세가 그녀의 궁에서 경의를 표했고, 아리오스토가 노래했던 교황들의 보호를 받았으며, 아레티노가 존경을 바쳤던 공주 말이다.

그런데 번민하는 이 두 기독교 신자 사이에 또 다른 은밀한 비밀이 있었다. 바로 교회의 정화와 개혁에 대한 욕구인데, 이는 공공연하게 드러내지 않았지만 강하게 느껴진다. 즉 이 여인, 프랑스의 베르주리오와, 르네와 서신을 교환했던 발데스와 오키노를 보호했던 그녀는 포울 추기경의 헌신적인 친구이자 찬미자로서, 로마의 성직매매에(그리스도의 보혈을 두 손 가득히 팔아먹는) 반대하는 분노의 시를 썼던 이 사보나롤라의 늙은 사도, 또 당시 성직자들의 사고방식과 품행을 역겨워했던 베르니의 친구인 그와 아주 잘 통할 수밖에 없었다. 미켈란젤로도 비토리오 콜론나도 결코 로마 교회에서 벗어나려는 생각은 없었다. 하지만, 어느 시대나 진정한 기독교도라면 덜 현학적인 교리 형식을 원하게 마련이며, 성직 생활에서 가장 큰 순수성과 애덕을 원하게 마련이다. 그리스도와 더 깊이 결합한 사람일수록 그리스도가 자신의 교회에서 그토록 불완전하게 대변되는 것을 보며 더욱 괴로워하게 마련이다.

미켈란젤로는 비토리아 콜론나에게 여러 수의 시를 지어주었다. 그렇지만 그 편집자들은 그가 그 모든 시를 그녀를 위해 쓴 것 같지는 않다고 추정한다. 그것을 헌정하기는 했지만 항상 그녀에 대해 이야기하는 것은 아니다. 그중 몇 편은 후작부인보다 동정녀 마리아에게 바친 듯하다.

이 시편에서 실제로 인간적 숨결을 감지하기란 극히 어렵다. 여주인공은 거기에서 시인과 하늘의 중개자의 모습을 취한다. 마치 과거의 '새로운 스타일'에서처럼….

나 자신에게서 도망치고 미워할수록
더욱더 그대에게, 부인, 진정한 열망으로
호소하게 되고, 내 혼의 두려움이 줄어드오.
그대 곁으로,
하늘이 내게 약속한 것으로 더 가까이 다가갈수록
그대의 얼굴을 바라보며 안도하게 되오.

비토리아 콜론나는 주로 소네트로 시 수백 수를 지었다. 그러나 당대의 시인들에게 바친 시들이 수록된 시집에서는 단 한 편도 부오나로티에게 쓴 답신으로서 해석될 만한 것이 없다. 그에 대한 암시가 있다고도 하겠지만, 불확실하다. 두 편의 단장('고귀하고 위엄 있는 당신의 정신 때문에'라든가, 또 '인간 정신으로 그것을 이해할 수 있을 때')에서 거장의 작품이라고 할 수 있는, 그려지거나 조각된 그리스도에 대해 이야기할 때 말이다.

어째서 자신에게 헌정한 그 막역한 친구에게 결코 시로써 응답하지 않았을까? 유명한 시인들에게 시를 헌정하기를 두려워하지도 않았던 그녀였기에 그보다 열등하다는 두려움 때문은 아니었다. 이 엄격하고 고뇌하는 위대한 인물 앞에서 그녀는 주저 없이 직업적인 문인에 대해 그랬듯이 감히 답하지 못했기 때문일지 모른다.

반대로 미켈란젤로는 시뿐만 아니라 자신의 작품도 선물했다. 즉「십자고상」, 회화작품「피에타」, 「사마리아 여인」을. 이 작품들은 모두 사라졌다.〔사마리아 여인은 판화로 전해지고, 1540~1544년경에 그린 피에타(또는 소묘)는 오늘날 보스턴에 소장되어 있다.〕오직 대단히 독창적인「피에타」의 복제품 몇 점만이 전해진다.

쉰여섯 살에 비토리아가 사망했을 때, 미켈란젤로는 그녀를 마지막으로 보러 갔다. 콘디비는 이렇게 썼다.

"그가 이렇게 말했던 기억이 난다. 그는 그녀의 시신을 보러 갔을 때, 그녀의 손에만 입을 맞추고, 이마와 얼굴에 입 맞추지 못해 안타까웠다고⋯."

이 마지막 키스가 첫 번째 키스였을 테지만, 그 시신에서조차 이 노대가는 사랑하는 여인이 아니라 '정다운 친구'를 보려고 했다.

116
프란시스쿠 돌란다

현대에 누구든 미켈란젤로를 연구하는 사람이라면 적어도 프란시스쿠 돌란다라는 이름을 알게 된다. 그가 1548년에 (라틴어로) 쓴 『고대회화에 관하여』에서 「대화」 편이 프랑스어 판으로는 1845년에, 포르투갈어 판으로는 1879년에 번역 출간되었기 때문이다.

프란시스쿠 돌란다는 1517년 리스본 출생이다. 그의 아버지 안토니오는 홀란드 출신의 삽화가로 프랑스 궁정에서 일했다. 아버지는 그를 예술의 길로 인도했고, 프란시스쿠는 스무 살이 되자 이탈리아로 가고 싶은 강렬한 욕망에 사로잡혀, 국왕 조앙 3세로부터 '외국 연수생'의 특전을 받아냈다. 요즘 식으로 말하자면, 기독교와 회화의 성지를 방문할 수 있도록 그에게 여비를 지원해주었다. 그는 1537년 한여름에 리스본에서 출발해 1538년 가을에 로마에 도착했다. 그리고 조금 뒤에, 포르투갈 국왕의 대사 돔 페드로 드 마스카렌호스가 도착했다. 그는 이 청년 화가와 우정을 맺고서 그에게 특히 시에나의 교황청 대사 라크탄체 톨로메이를 소개해주었다. 톨로메이는 유명한 석학, 클로드 톨로메이의 사촌으로 비토리오 콜론나와 미켈란젤로의 친구이기도 했다. 바로 이 사람 클로드 톨로메오 덕분에 프란시스쿠 돌란다는 여러 차례, 페스카라 후작부인이 산 실베스트로에서 마련했던 유명한 대화 모임에 참석할 수 있었다.

프란시스쿠는 로마에서 많은 예술가를 만났다. 유명하든 아니든 줄리오 클로비오, 바치오 반디넬레, 세바스티아노 델 피옴보, 피에리노 델 바가, 발레리오 벨리, 자코포 멜레기노 등…. 그러나 그는 특히 최고의 거장 미켈란젤로를 만나고 싶어했다.

프란시스쿠 자신이 했던 말대로, 라크탄체 톨로메이가 부오나로티를 만나도록 주선했다. 자신의 「대화」에서 프란시스쿠는 이렇게 썼다.

"다른 그 누구보다도 나는 미켈란젤로 선생님을 존경했기 때문에, 그를 만날 때면 교황청에서든 거리에서든, 우리는 별들이 총총해져서야 헤어지곤 했다. 돈 페드로 마스카렌호스 대사께서는 어떻게 해서 그렇게 헤어지기 어렵더냐고 묻곤 했다. 어떤 날은 저녁 기도 종이 울리고 나서, 미켈란젤로가 그와 카트르 생 쿠로네 추기경과 함께 대화를 하면서 나와 또 로마와 이탈리아의 명소를 그린 내 앨범에 대해 얼마나 분에 넘치는 칭찬을 해주셨는지."

프란시스쿠의 열광은 대단했지만, 당시 최후의 심판을 그리던 미켈란젤로가 스물한 살의 풋내기 외국인과 헤어지기 싫어했다든가, 그의 첫 번째 그림을 대단히 칭찬했다는 것은 믿기 어려운 일로 보인다. 여기저기에서 이 포르투갈 청년이 미켈란젤로와 자신의 관계를 자랑하고 다니면서, 로마로 그를 보냈던 국왕의 눈에 자신의 장점을 늘어놓고자 밑바닥의 진실을 상당히 꾸며냈다는 인상을 받게 된다. 그는 귀국하고 나서 여러 권의 책을 출간했지만, 이 책『고대회화에 관하여』를 펴내지는 않았다. 이 책에는 그와 같은 허풍이 즐비하다. 그가 그 책을 썼던 시대의 증인이 될 마스카렌호스 대사라는 사람은 머나먼 인도의 부왕이었고, 또 다른 증인인 안토니오 푸치 추기경은 1544년에 사망했다.

프란시스쿠 돌란다는 비토리아 콜론나가 주관한 산 실베스트로의 대화 모임에서 수차례 미켈란젤로의 말을 들었지만, 그렇다고 해서 그가 미켈란젤로의 특별한 관심을 끌지는 못했을 듯하다. 프란시스쿠는 여전히 풋내기였고, 게다가, 그 모임에 참석할 수 있었던 것은 라크탄체 톨로메이의 배려 덕분이었다. 한마디로 그는 외국인이었을 뿐이다.

자신의 책에서 그는 들은 이야기를 전하려 했고 특히 미켈란젤로의 이야기를 전하려 했지만, 이 거장의 입에서 빌려온 긴 독백에서, 그의 독창적 사고는 분명하지 않다. 그는 이와 관련된 발언을 바로 그날 메모해두지 못했고, 여러 해가 흐르고 나서야,「대화」편을 쓰면서, 이미 오래전의 일로 거슬러 올라가 불완전한 기억에 자신의 생각을 뒤섞었다는 점을 고려해야 한다.

그는 이「대화」편에서 예술가들의 자부심을 털어놓고 옹호하는 미켈란젤로를 보여주며, 지상의 거장들과 자유롭게 나눈 대화를 뽐낸다. 미켈란젤로가 자신의 가치를 의식했고 거의 교황과 대등한 수준에서 이야기했다고 말하곤 했지만, 그렇다고 그가 이런 것을 비록 교묘하게나마 노골적으로 다른 이들에게 털어놓았다고 생각하기는 어렵다.

프란시스쿠 돌란다의 불충을 드러내는 또 다른 자리는 그가, 미켈란젤로가 어느 날인가 그렸을 그림에 대해서, 그것이 모든 예술에서 으뜸가는 여왕이라는 점을 확신하고 증명하면서 때로는 부풀리며, 장황한 옹호론을 펼 때이다. 이와는 반대로 또 다른 확실한 기록 덕분에 우리는 부오나로티가 조각을 회화보다 우위에 두었고, 회화는 조각에 더 접근할수록 더 탁월하다고 했다고 알고 있다.

사정이 이러했지만, 「대화」에서 미켈란젤로의 사고가 일부 반영된다는 점을 인정할 수 있다. 예컨대, 부오나로티가 이탈리아 사람의 예술적 우수성을 주장하거나 플랑드르 사람의 지나친 사실적 모사라던가 자연에 얽매인 모방을 비난했을 때에⋯ 인간의 관념과 신체적 형식을 모든 것보다 우위에 두었던 이 늙은 플라톤주의자는 이 포르투갈 청년이 전하는 것보다 훨씬 더 함축된 말을 구사했을 듯하다.

그런데 미켈란젤로의 교훈이 프란시스쿠 돌란다를 위대한 예술가나 문인으로 만들지도 못했다. 그의 삽화는 상투적 스타일을 보여준다. 줄리오 클로비오의 영향이 뚜렷하며, 그의 책들은 포르투갈 문학의 고전으로 꼽히지도 않는다. 1547년에 고국으로 돌아간 그는 이탈리아 취미의 사도가 되었으나, 초상 미술을 다룬 그의 소책자 『자연의 모습, 초상화론』(1549)은 실물에 따른 초상을 거의 좋아하지 않았던 미켈란젤로의 사고에 충실하지도 않다. 교황청 로마에 대한 추억으로 그는 포르투갈의 수도를 완전히 고치려는 야심적인 시도에 착수하기도 했지만, 이런 제안은 주목받지 못했다. 그는 사망하기 직전에(1584년) 예술에서 종교로 귀의했다. 그는 그리스도의 인간적 성격에 대한 책을 한 권 저술했다. 이 책에서 우리는 산 실베스트로에 모이던 로마인의 경건한 대화에 대한 회상을 다시 볼 수 있다.

그의 가장 큰 영광은 물론 미켈란젤로를 만났고 찬양했다는 것이지만, 그가 전했던 말이라고 모두 미켈란젤로의 입에서 나온 것으로 들어서는 곤란하다. 부오나로티는 그에게 이렇다 할 관심을 보이지 않았다. 물론 선의와 흥미로운 정신을 지닌 청년으로 보았겠지만 그 이상은 아니다. 여러 해가 지나고 나서 1553년 8월 15일 프란시스쿠가 미켈란젤로에게 그의 소식과 톨로메이의 안부를 묻는 편지를 부쳤을 때, 그가 답장을 받지도 못했을 개연성이 크다.

117
아레티노의 제안

1537년 9월 말 미켈란젤로가 벌써 두 해 동안 최후의 심판에 매달려 있었을 때, 그는 피에트로 아레티노가 베네치아에서 부친 편지 한 통을 받았다. 이 편지에서 아레티노는 그 엄청난 주제를 어떻게 그리는지 화가에게 궁금해했다.

이 유명한 편지는 이유가 없지는 않지만, 어쨌든, 부오나로티의 모든 전기작가들에게 추문을 불러일으켰다. 그토록 방탕한 호색한으로서 이 저자는 무슨 권리로, 당대의 가장 위대한 예술가의 교사를 『추론』으로서 즉흥적으로 다루었고, 그런 추론에 따라 솜씨와 상상을 발휘했다고 주장했을까? 아레티노가 미켈란젤로 같은 재능과 혼이 없다 하더라도, 어리석음마저 없었던 것은 아니다. 그는 이렇게 다른 사람이 하지도 않은 것을 하는 수고를 겪어야 했다. 즉 이런 편지를 쓸 수 있게 했던 동기와 바늘을 찾았다.

무엇보다도, 그는 당대의 가장 인기 있고 많이 읽힌 문인이었다. 그의 책들은 계속 출간되었고, 전 유럽에서 찬사를 듣고 추종받았다. 카를 5세부터 프랑수아 1세에 이르기까지 모든 근엄한 군주들이 그를 배려하고 격찬했다. 그를 '신과 같다'고도 했으며, '군주의 채찍'이라거나 '세계의 비서'라고도 했다. 로마의 황제는 그 오른쪽에, 이 아레초의 궁색한 구두수선공의 아들을 말을 타고 동행하게 했다. 이 예술의 왕자에 걸맞은 다른 상대가 없지도 않았지만 말이다.

아레티노가 회화에 대한 취미나 이해가 부족하지 않았음을 덧붙여야겠다. 그는 청년기에 페루자에게 그림을 배웠고, 모든 분야의 미술가들의 좋은 친구였다. 티치아노, 세바스티안 델 피옴보, 산소비노, 바사리 등이 모두 그의 친구들이다. 그는 미켈란젤로를 개인적으로 알았고 두 사람은 피렌체, 베네치아, 로마에서 만나곤 했음이 십중팔구 확실하다. 이 문인의 초상은 「최후의 심판」에서 볼 수 있는데, 부오나로티는 자신이 아무것도 요구하지 않았던 이 참견하는 친구의 용모를 아주 자세히 기억하고 있었던 듯하다. 아레티노를 변호하자면, 그가 오래전부터 미켈란젤로의 작품에 감탄했으며, 명민하게 이 훌륭한 예술의 특징을 간파하곤 했다는 점도 잊지는 말자. 그는 자기만이 '신과 같은' 존재를 독점한다고 생각하지는 않았고, 이런 단서를 벰보, 몰차, 루이지 알라마니 그리고 부오나로티에게도 편지를 쓸 때마다 붙여주었다. 미켈란젤로에게는, 어쨌든, 이런 것은 별것도 아니었을 것이다. 1535년 아레티노가 조르조 바사리에게 선물을 잘 받았다는 감사의 답장을 썼을 때, 특히 미켈란젤로가 직접 그린 성녀 카타리나의 스케치에 감사하면서 그는 주저하지 않고 미켈란젤로를 이렇게 불렀다.

"그가 어렸을 때에 천상의 손으로 그린 것을 내가 직접 보았던, 성녀 카타리나의 스케치를 그린 조각의 신. 그렇게 시작부터, 보기 드물게 타고난 지고의 솜씨가 잘 보이네."

또 1536년 시스티나 천정화에 대해 베르나르디노 단젤로에게 쓴 편지에서, 그는 이렇게 표명했다.

"미켈란젤로는 자기 스타일의 가치를 잘 알고 있네. 다른 사람의 방법과 현저히 다르게, 화가들이 탐구열과 하늘에서 찾아낸 심오한 의도를 더욱 잘 이해할 수 있도록, 미켈란젤로는 실물보다 더 크게 인물을 그렸지. 그것에 눈길을 던지면, 감탄에 휩싸이거나, 놀라움에 빠져, 단 한 번만 보아도 그 노고의 힘이 미묘하게 포착되네."

1537년 7월—부오나로티에게 편지를 쓰기 석 달 전에—그는 이보다 더 과장된 칭송의 편지를 썼다. 그는 사실상 니콜로 프랑코에게 편지를 쓰면서 미켈란젤로가 "그가 주인인지 제자인지 알 수 없는 방식으로 자연과 예술을 이용했다"라고 말한다.

아레티노가 번번이 저지르는 실수인, 과장법을 고려하더라도 그가 미켈란젤로를 세상에서 가장 위대한 예술가로 생각했다는 장점이나 예술에 대한 실질적인 이해력을 부인하기는 어렵다.

그는 부풀린 문장으로, 1537년 9월 15일자의 바로 그 유명한 편지에서도 끝없는 찬사를 공공연히 늘어놓는다.

"마땅한 존경을 당신께 표할 수 있어 영광입니다. 세상에 왕들은 많아도 오직 미켈란젤로만이 (⋯) 당신을 본 사람은 페이디아스와 아펠레스와 비트루비우스를 보았다 해도 개의치 않습니다. 그들의 정신이 바로 당신 정신의 그림자였습니다."

아레티노의 편지를 주의 깊게 읽어본다면, 그는 자신이 상상했던 것을 화가에게 암시하려 하지 않았고, 오히려 그 자신만의 비전을 암시한다. 이렇게 시작할 만큼.

"이 군상들 한가운데에서 '당신만이 알아볼 수 있는 모습 속에서' 적그리스도가 보입니다."

야심만만한 아레티노가 적어도 이 거대한 벽화의 어느 부분에선가, 편지로 그에게 이야기했던 시각을 표현해주기를 다분히 의식했을 가능성이 있다. 그러나 아레티노가 주제넘게 미켈란젤로에게 그 작품 전체에 대한 상세한 구상을 제공했다고 주장했다는 생각이 당시 상당히 퍼져 있었지만 이는 잘못이다. 미켈란젤로는 1533년부터 이미 최후의 심판을 구상했고 또 그 밑그림은, 바로 이 1537년이면 거의 끝났다.

평론가 대부분은 많은 사람이 순전히, 단순히 외설적 작가이거나 장색匠色으로나 여기는 사람이 감히 자신의 사사로운 시각을 예술의 지엄한 거장에게 제시했다는 생각만으로도 분개하곤 한다. 그러나 「최후의 심판」의 작가가 『추론』의 작가와 스케일이 완전히 다르다는 점을 인정해야 한다. 아레티노 또한, 짓궂고 독설가 기질이 있었지만 독창적이며 정력적인 예술가였고, 선과 악이 마치 카라바조 그림 속의 명암처럼 부딪치는 대담한 정신의 소유자라는 점을 잊지 않아야 한다. 그 또한 부오나로티처럼 궁정 생활과 학자의 위선과 고위성직자의 부패와 규범과 관례에 대한 싱거운 복종을 증오했다. 아레티노가 쓴 활기차고, 진지하며 영성이 넘치는 글은 어느 면에서나 그토록 자유롭기에, 솔직한 언어의 재치를 좋아하는 미켈란젤로에게 거슬렸을 리 없을 듯하다. 만약 아레티노가 냉소적이면서도, 터무니없는 과장으로 거물에게 아첨했다면, 미켈란젤로도 마찬가지로 그런 모욕을 받았을 것이다. 비록 그가 대단히 다른 감정에서 비롯되었지만, 토마소 데 카발리에리에게 처음 보낸 편지들을 쓰면서 말이다.

가령 미켈란젤로가 고민하면서도 여전히 기독교도로서 깊은 신앙심을 고백하고 있었다면, 1537년에 아레티노가 이미 몇 해 전부터—얼마나 진지했는지 알 수는 없다—종교적 주제를 지향했다는 사실을 주목해보자. 그의 저서 『하느님 아들의 인간성에 관하여』는 1536년에 나왔다. 같은 해에 『다윗의 일곱 가지 속죄 기도에 대한 주해』가 나왔다. 1537년 그가 미켈란젤로에게 편지를 썼던 그해에, 그는 1538년에 출간될 『창세기』를 집필 중이었다. 「최후의 심판」의 시각은 이 책에서 묘사한 노아의 모습에서 볼 수 있는 것 같은 기질과 영감에 속한다. 파울루스 3세가 등극한 뒤로 교회 개혁 작업에 대한 새 교황의 확고한 의지가 밝혀지자, 바람을 타는 데에 그토록 능숙했던 아레티노는 신성한 문인으로 변신하고서 여러 해 동안 그 노선을 따랐다. 그의 『성 토마스 아퀴나스 일대기』는 이때 1543년에 나왔다. 그의 작품이 단순한 수사학적 연습이라고 하는 평이 있지만, 기독교적 애덕이 이 문인을 성실하든 부실하든 어느 쪽을 고려하더라도, 그와 같은 판단을 확실히 보장하지는 않는다. 아레티노의 작품에서―그 예를 들기는 쉽다―상반된 두어 가지 정신적 갈등을 보이며, 그가 아첨꾼이고 쾌락주의자이던 때에도, 단지 예술가로서만이 아니라, 구원의 유혹을 느끼지 않았다고 이야기되지는 않는다. 오늘날, 베를렌 같은 시인도 음탕한 시와 고도로 종교적인 서정시를 똑같이 진지하게 짓는다. 미켈란젤로에게 썼던 이 편지가 바로 그의 상상력과 붓이 종교적 주제를 다룰 때에 쓰였다는 사실은, 그 편지 자체가 이상하지도 어색하지도 않다는 것을 말해준다.

이 편지를 불미스러운 수다로서 읽지 않아야 한다고 확신하게 하는 최상의 논거는 미켈란젤로 자신에게서 나온다. 그는 전혀 놀라지도 않았고 아레티노에게 겸손이 가득하게 정중하게 응답했다. 거만한 냉소가 흘러나온다고 쓴 사람도 있지만, 필자의 의견은 다르다.

"피에트로 귀하, 내 선생이자 친구, 자네 편지를 받고서 기쁘고도 힘들었네. 이 편지가 자네처럼 세상에 둘도 없는 재인이 보냈다는 것이 크게 즐거웠네. 상당히 우울했네. 왜냐하면 벽화 대부분을 마친 지금 자네의 상상을 활용할 수 없게 되었으니 말일세. 이미 「최후의 심판」이 내려졌으니, 자네가 직접 보았더라면 그보다 더 적당한 말을 찾을 수는 없었을 텐데 말일세. 그런데 내 문제에 대한 자네의 글에 답을 하자면, 자네의 말이 소중하다고 할 뿐만 아니라 자네가 계속 그런 식으로 나아가길 빌겠네. 왕과 황제도 자네가 그들을 언급했을 것을 극진한 은혜라 생각할 테니 말일세."

이 답장에는 약간 과장기가 보인다. 미켈란젤로가 아레티노의 어조에 맞추려고 한 듯하지만, 짓궂은 면은 전혀 없다. 어쩌면 그의 편지에서 「최후의 심판」의 날을 기대하는 충실한 화가라고 하자는 사실만을 제외한다면 말이다.

이 이야기의 그다음 부분은 이와 상당히 다르고 아레티노에게 전혀 영예롭지 않게 될 것이지만, 미켈란젤로는 틀린 바가 없었다. 위에서 인용한 말을 하고서 그는 이렇게 썼다.

"사정이 이러니, 진심으로 자네를 즐겁게 해줄 방도를 찾아보겠네."

부오나로티는 이런 약속을 지키지 않았고, 아레티노는 결국 비열하게 보복하게 된다.

118
「최후의 심판」의 초상들

다른 예술작품과 비교할 때, 「최후의 심판」은 의문의 여지없이 지상에서 실현된 가장 훌륭하며 거대한 회화작품이다. 그러나 가령 우리가, 초인적 상상의 노력을 치르고서, 기독교 신앙으로써 준비되고 예고된 것으로서 최후의 심판을 생각한다면, 우리는 그것은 기껏해야 최후의 날의 어마어마하고 생각할 수도 없는 스펙터클의 극히 미미한 그림자요, 헐벗은 육체의 얽힘이자, 작은 다발이라고 고백해야 한다.

심판 이상으로 이것은 단지 서두일 뿐이다. 저 높은 곳에서 그리스도가 심판하려고 등장한다. 밑에서는 망자들이 깨어난 자신의 육신을 다시 취한다. 이 위풍당당한 그림은 심판도가 아니라 차라리 부활도라고 해야 한다. 이런 것이 바로 당대인의 생각이었을 듯하다. 그 작품이 시작되기 전에는… 아넬로는 1534년 3월 2일 베네치아에서 이렇게 썼다.

"클레멘스 7세가 미켈란젤로에게 예배당 그림을 그리도록 했고, 제단 밑에 부활의 주제를 그려 넣는다고 수차례 분명히 밝혔다."

최후의 심판이라는 제목은 우세했지만 그것은 기껏해야 진정한 심판의 머리말이자, 시작이자, 서론에 관한 것이었음을 상기해야 한다.—마치 거기에서 트럼펫을 불며 죽은 자들을 부르는 천사들을 볼 수 있듯이.

독일인 크레펠러는 끈질기게 이 벽화에 나타난 인물상들을 헤아렸다. 그에 따르면 모두 314명이다. 제한된 공간에 들어선 단 한 면의 회화로서는 아주 엄청난 숫자이다. 그러나 최후의 날 궁극적 심판 앞에 서게 될 수백만 사람을 생각해본다면 별것 아닌 소집단이다. 그렇다면, 그가 그려 넣으려 했던 사람을 선택하는 데에 화가는 어떤 감정과 의도에 따랐을까?

이 군상 가운데 극소수만 이름을 확인할 수 있다. 정상의 중심에 모습을 나타낸 그리스도와 동정녀를 제외하면 아담, 성 베드로, 몇몇 사도와 성자들이나 알아볼 수 있다. 그렇지만 부오나로티가 당대 실제 인물의 초상도 그려 넣었고, 그중 몇 사람은 이 걸작이 그려지는 당시 여전히 생존해 있었다.

현대 학자들의 부지런한 연구로 사실상 이 거창한 눈사태 속에서 얼굴과 사지와 단테의 모습과 사보나롤라, 비토리아 콜론나, 토마소 데 카발리에리, 충실한 하인 우르비노, 율리우스 2세, 클레멘스 7세, 파울루스 3세, 아레티노, 비아지오 다 체세나, 여기에서 어두운 미노스*의 모습으로 등장하는 교황의 의식을 주관하는 사제 등을 볼 수 있다. 알

• 제우스와 에우로페의 아들로 크레타 섬의 왕.

아볼 수 있는 것이라면 약간 왼편으로 맨 아래쪽에서 벽화의 틀에 간신히 걸쳐 있는, 수도자 복장의 흰 두건을 쓰고 당황해서 찡그린 얼굴은 이교의 개조요 분리교파인 마틴 루터가 분명하다. 오늘날 밝혀진 바로는 성 바돌로매*의 매달린 인피人皮 자루에 화가는 자기 자신의 가장 비극적인 초상을 그려 넣으려 했다고 한다.

미켈란젤로를 포함한다면, 우리는 이 벽화에서 적어도 1541년 당시 생존해 있던 일곱 사람의 모습을 볼 수 있다. 사자死者의 왕국에 당시 살아 있던 사람 상당수를 집어넣기 두려워하지 않았던 단테의 모범을 따라서, 부오나로티도 천명天命을 예고하고자 했다.

미켈란젤로가 어떤 이유로 현실에서 가져온 초상으로 인물들을 채워 넣으려고 했는지 탐구한 사람은 아무도 없다. 다시 살아나려고 발버둥 치는 이 요란한 군중을⋯. 그러한 연구가 그의 영혼의 비밀을 더 잘 파악할 수 있게 할 수도 있을 터인데 말이다. 그는 일종의 반감에서 이런 선택을 했던 듯하다. 언제나 그렇듯이 그의 열렬한 상상에서 양극이 상반된다. 그가 가장 사랑했던 사람들과 그에게 가장 몹쓸 짓을 했던 자들, 영감을 준 사람들과 적대자들을.

단테—가장 오래전 인물이다—는 그의 일생의 정신적 동반자였다. 사보나롤라는 혁명적 예언자이자 청소년기에 그를 흔들어놓은 순교자였다. 비토리아 콜론나는 고상하고 순수한 고지로 그의 정신을 끌어올

• 예수의 열두 제자 중 한 사람인 나다나엘의 별명이다. 이 사람이 처음으로 그리스도를 하나님의 아들이자 이스라엘의 왕이라고 불렀다.

렸다. 어쨌든, 그가 거기에 재현되어 있다고 한다면, 토마소 데 카발리에리는 아름다움을 넘어서 천상의 빛과 영원으로 그를 끌어올린 가장 완벽하고 강한 우정의 상징이자 관념이다. 비록 하인에 불과했지만, 우르비노는 팔십 노인으로서 미켈란젤로가 그가 죽을 때까지 손수 병구완을 했을 정도로 아낌을 받았다.

반대로 다른 초상들은 미켈란젤로에게, 그를 비록 찬미하면서도, 그의 뜻에 반했으며, 그들이 원했든 아니든, 그의 적이 되었던 사람들로 기억된다. 우리가 벽화에서 확인할 수 있는 인물 중에 교황 세 사람이 있다. 율리우스 2세는 부오나로티가 보기에 그의 감탄할 영묘에 대한 구상을 포기하고, 시스티나 궁륭을 그리도록, 진정한 자신의 예술이 아니었던 것을 억지로 시켰던 심각한 잘못을 저지른 사람이다.

클레멘스 7세는 그가 완성하기를 바라 마지않았던 묘 작업에서 그를 배제했고, 그의 기분과는 다르게 좋아하지도 않는 군주들의 묘를 제작하도록 했다. 파울루스 3세 역시 이와 비슷한 잘못을 저질렀다. 그는 청년기부터 그토록 지체되고 장애에 부딪혔던, 율리우스 2세의 영묘 작업에 재착수하는 것을 방해하고서, 환갑이 넘은 그에게 화가의 붓을 위해 조각가의 정을 팽개치고, 벽화를 그리도록 비계 위로 다시 올라가게 했다.

우리는 바지오 다 체세나를 미노스 신으로 그린 이유를 알고 있다. 솔직히 이는 보복이었다. 그러나 이 의전관에 대해 그렇게 생각하듯이 이런 보복은 그다지 잔인한 처사는 아니다. 그는 파울루스 3세에게 화가가 자신의 모습을 벽화에서 제거하도록 해달라고 간청했다. 바지오는 부오나로티가 아직 끝내지도 않은 작품의 나체들을 서슴없이 신랄하게 비판했고, 화가는 바로 거기에 그를 사자의 잔인한 재판관의 모습으로 그려 넣었다.

아레티노는 다른 사람과 다르다. 미켈란젤로의 구성에서 성 바돌로매는 이중적이다. 구세주를 향해 올라가는 자랑스럽고 당당한 성자의 모습과 그의 벗겨진 살가죽에서 그 주름진 살갗보다 더 어둡게 표현된 미켈란젤로의 일그러진 얼굴이 나타남을 볼 수 있다. 그가 아레티노에게 복수하려 했다고들 말한다. 그렇지만 이 복수는 영광스러운 성자로서 그 적을 변형시킨 이상한 복수다. 화가는 정말로 아폴론이 마르시아스에게 했던 것과 같은 말로 그에게 빈정댔던 아레티노를 비난할 생각이었을까? 이 그림은 분명히 1540년 이전에 그린 것이고, 아레티노의 그 모욕적인 비방의 편지는 확실히 1545년쯤에 썼다. 그렇다면, 이 작품은 이미 4년 전에 끝났다. 1537년 편지는 이 거장에게 복수심을 일으킬 만한 것이 아니었고, 그 몇 해 뒤에 그가 받게 될 모욕과 독설로 가득한 또 다른 편지를 예상하지 못했다.

미켈란젤로의 거죽은 분명히 성 바돌로매이다. 바돌로매는 이를테면 아레티노와 동일시된다. 만약, 이 성자의 상이 '신과 같고 야비한' 아레티노의 초상이라면, 자코포 다 보라지네˙의 『성인열전』에 등장하는 성 바돌로매에 대한 설명과 같은 것을 상기해볼 때, 미켈란젤로보다는 아레티노에게 적합한 몇몇 특징을 알 수 있다.

• 1228~1298. 제노아 주교를 지낸 역사 편찬가. 로마의 박해를 받은 모든 성자, 순교자를 망라한 방대한 『성인열전』을 지었다. 이 저작은 성경에서 등장하지 않는 성인전으로서 가장 중요한 참고서가 되었다.

"그의 머리는 검은 곱슬머리였다. 피부는 희고 눈은 크고 콧구멍은 시원하게 뚫렸고 긴 수염은 희끗희끗하다."

미켈란젤로가 그린 불안하고 무시무시한 자신의 초상의 심오한 의미는 어떤 도상적 해석도 뛰어넘는다. 이는 가장 겸손하면서도 자부심에 넘치는, 간접적인 자기고백이다. 미켈란젤로는 벗겨진 채 비참하게 늘어진 껍데기로서, 부활하는 인간의 한복판에 숨겨진 죽은 성유물이다. 그는 순교자를 자처한다. 변덕스러운 권력자들과 뻔뻔한 적들의 순교자. 그를 소진시킨 예술과 불가능한 사랑의 순교자, 결국 자기 자신과 인간적인 것 이상의 자신의 꿈의 순교자이다. 세상 사람이 '신과 같다'고 하는 것은 이제 인간의 비참한 피복일 뿐이다. 거기에서 그의 고통스러운 얼굴이 새겨진, 베로니카[십자가를 지고 가다 쓰러진 예수의 땀을 닦아주었다는 여인]의 수건 위에 투명하게 각인된 그리스도의 것과 비슷하게….

119
추락

악의에 찬 청교도 바지오 다 체세나의 공교로운 방문이 있은 지 얼마 뒤에, 미켈란젤로는 거의 목숨을 잃을 뻔했던 불운을 당했다. 어느 날, 1540년 말이나 1541년 초쯤일 텐데, 최후의 심판을 그릴 때, 그는 비계에서 떨어져 다리에 심한 중상을 입었다. 벽 쪽으로 발을 잘못 내디뎠던 것일까, 갑자기 현기증을 느껴서였을까?

그는 더는 젊지도 않았고, 이제 예순다섯의 나이에, 콘디비의 말을 믿어본다면, 거의 잠도 제대로 못 자고 먹지도 못했다. 그러므로 그가 작업의 긴장에 완전히 함몰되어, 그렇게들 말하듯이 시력이나 의식에서 어지럽고 침침했을 듯하다.

심각한 추락이었다. 비계가 아주 높았으니 결과는 그보다 더 나쁠 수도 있었을 것이다. 만약 그의 머리가 바닥에 부딪혔더라면, 오른손이 불구가 되었더라면, 그의 삶도 끝장이 나고, 그의 위대한 작품도 영원히 미완으로 남았을 뻔했다.

바르키가 「추도사」에서 말했듯이, 미켈란젤로는 거의 혼자 작업했다. 왜냐하면 물감 개는 일조차도 다른 사람에게 맡기지 못했다. 누군가 소리치며 요란하게 달려왔다. 부오나로티는 바닥에 쓰러져 고통과 울화에 사로잡혀 움직일 수도 없었다. 한 사람은 의사를 불렀고 친구 집으로 옮겨졌을 것이다. 그곳에서 그는 늙은이 혼자서 사는 자기 집보다 더 신속하고 꾸준한 간호를 받았을 듯하다. 오직 부오나로티만 다른 사람처럼 행동하지 않았다. 그는 추락한 것에 분해하고 너무 심하게 흥분한 나머지, 마르첼 데이코르비 가의 자기 집으로 돌아가, 작은 침상에 눕자마자 모든 문을 걸어 잠그게 했고 아무도 들이지 않은 채 혼자서 있겠다고 고집했다. 그는 기적적으로 이 추락에서 목숨을 건졌지만, 누구의 간호나 도움도 받지 않겠다면서 틀어박힌 이 이상한 해법은 다시금 새로운 위험을 가져왔다. 다리의 부상은 말하자면 더 악화될 수 있었고 괴저가 생길 수도 있었다. 감염은 며칠 사이에 삶을 벼랑으로 내몰 수 있었다. 이런 식의 자폐는 거의 자살기도 같은 분위기였다.

고독한 예술가의 누추한 방의 침묵과 차디찬 바닥에서 지낸 이런 나날 동안 그는 무슨 생각과 궁리를 했을까? 그는 〔벽화에〕 육신의 구원을 그렸지만, 사자와 죽음도 그렸다. 아마 떨어지던 그 아찔한 순간에, 그는 프란체스코회 수도사 첼라노의 유명한 종말론적인 시, 「그날이 오리라」에서 "끔찍하지만 당연한 죽음"이라는 구절을 상기하면서, 눈구멍이 휑하니 무섭고 어둡게 뚫린 끔찍한 해골을 채색하려고 막 붓질을 하던 중이었을지 모른다. 아니면 그토록 노고와 힘겨운 고통을 겪고나서, 자신의 종말에 대한 생각 때문에 이 부상당한 위대한 일꾼은 영혼에 일종의 회구처럼 미소를 짓고, 더는 두려움에 떨지 않게 되지 않았을까? 혹은 금욕적인 기독교도인 그였던 만큼, 운명이나 하느님의 섭리에 자신을 맡기지 않았을까? 이번에 그가 다시 구원을 받았다면, 그에게 인간의 도움은 불필요했으리라. 만약 그리스도가 그의 영광에 바쳐진 걸작의 완성을 원한다면, 그는 피에 젖은 침상에서 그를 일으켜 세울 것이다. 그의 초라한 침상의 마비환자를 〔그리스도가〕 그렇게 했듯이.

그는 상상 속에서 자신이 살아온 세월을 다시 겪었다. 타인이 보기에는 완전히 행운과 승리로 가득해 보일 수 있었겠지만, 그로서는 쓰라림과 불행과 실패의 점철이라고 생각했던 삶이다. 늘 사람들은 그가 하고 싶어했던 것을 저지했다. 이 마지막 벽화도 교황의 끈질긴 변덕의 결과였다. 그는 오히려 정과 망치를 들고서 거대한 대리석상을 쪼고 싶어했다. 이런 추락은 어쩌면 그에게서 이런 강요되고 의무적인 작업에서 그를 구해줄 수도 있었을 것이다.

이즈음, 미켈란젤로는 기도했다. 그는 진정한 심판관 앞에 나서기를 갈구했다. 만약 하느님이 자신을 불러준다면, 벽 위에 그린 심판의 고된 노동으로부터 자신을 구해준다면 말이다.

그렇지만 부오나로티의 친구들은—로마에 친구가 많았다—그를 보살폈다. 그의 추락 소식은 친구들에게 전해졌고, 그들은 곧바로 미켈란젤로의 의사를 불렀다. 몇 해 뒤에, 두 번째로 그의 목숨을 구해주게 되는 바초 론티니였다. 바사리는 그를 '변덕스러운 의사'라고 불렀다. 다시 말해서 현학적인 척하지 않은 독특한 기질의 소유자라고 하고 싶었다. 그는 당시 명의였다. 세니와 미니 또한 그를 칭찬했다. 그는 예술가들의 친구였다. 그는 1532년 바사리를 치료했고 이 아레초 화가는 감사의 표시로서 약용 식물을 그에게 그려주었다. 안젤로 브론치노는 그를 시에 인용했다. 그러나 그는 그 누구보다 부오나로티를 예술가로서 존경하고 사랑했다. 1529년에 알게 되었을 것이다. 론티니가 앞에서 보았듯이 미켈란젤로를 피렌체로 돌아오도록 설득했던, 지우니 대사를 위해 일했을 때. 론티니는 미켈란젤로의 다른 친구처럼 선량한 공화주의자였다. 바르키를 통해 알 수 있는 사실은, 1537년에 알레산드로가 암살당하고 나서, 피렌체에 자유를 되찾을 가능성을 논의하는 자리였던 알라마노 살비아티의 집에서 마련된 모임에 그가 참석했다고 한다.

미켈란젤로의 부상 소식을 접하자마자, 론티니는 거장의 집으로 달려왔다. 바사리는 론티니로부터 이런 이야기를 들었다고 전한다.

"그가 그 집 문을 두드렸으나 환자는 물론이고 이웃에서도 아무런 반응이 없자, 미켈란젤로의 방으로 넘어 들어갈 수 있는 다른 길로 돌아가 들어가려고 했다. 미켈란젤로는 절망에 빠져 있었다. 이제 론티니는 화가가 치료될 때까지 결코 한순간도 그의 곁을 떠나지 않으려고 했다."

이는 우정의 몸짓이자 진정한 우애로운 밀착의 증거이다. 전기작가들이 론티니가 미켈란젤로를 구했다고 칭찬할 만하다. 보통은 언급되지 않지만 바로 이 사람 덕분에 미켈란젤로는 최후의 심판을 완성하고 스무 해를 더 살았다. 거장은 이 추락으로 정말 목숨이 위태로웠다. 당대의 부오나로티의 찬미자 니콜로 마르텔리는 1541년 4월 10일에 론티니에게 쓴 편지에서 이렇게 감사의 뜻을 표한다.

"두 번씩이나 신성한 미켈란젤로를 치료했던 것보다 더 아름다운 작품은 없습니다. 그중 한 번은 그가 열병으로 내적인 고통에 시달렸을 때이고, 그다음은 이 비계 저 비계를 건너다니다가 떨어져 거의 죽을 뻔하고서 낙담해 있던 이 오직 한 사람뿐인 국보를 되살렸을 때이지요. 온 세상 누구나 그 덕을 입고 있습니다."

앞에서 보았듯이, 바사리는 론티니가 '절망에 빠진' 미켈란젤로를 보았다고 한다. 마르텔리는 추락하고 나서 그는 '거의 죽어갔다'고 주장한다. 이 일화는 보통 전기작가들이 생각했던 것보다 훨씬 심각했다.—그가 혼자 칩거하겠다고 했던 이상한 생각과 마찬가지로—.

120
「최후의 심판」에 대한 저항

우리는 시스티나의 「최후의 심판」을—수 세기 동안 흠집으로 손상되었지만—미켈란젤로와 모든 시대의 회화를 통틀어 걸작으로 생각한다. 그런데 당대인의 생각은 그렇지 않았다. 심지어는 거장 사망 다음해에 편협하고 현학적인 사람들의 항의가 승리하기도 했다.

1541년 11월 1일 이 벽화가 마침내 개막되었을 때, 모든 로마 시민은 이 신작을 보러 달려왔는데, 첫인상은 감탄이나 비난이라기보다는 차라리 당혹감과 공포였다. 예술가들이 제일 먼저 이 감동적인 참신함과 놀라운 역량을 인정하고 이해했다. 많은 예술가가 그것을 모사하기 시작했고 그것에 근거해서 그림을 그렸다. 그 복제판화가 전 이탈리아로 보급되었다. 미켈란젤로는 이 수많은 경쟁적인 모사 화가를 보고서 "내가 그린 것으로 작품을 하려는 바보들!"이라고 했다고 한다.

니콜로 마르텔리의 편지와 간돌포 포리니의 소네트에서 보듯이 찬사가 이어졌다. 시인이 아닌 철학자, 스투에코까지 이 작품에 찬가를 바쳤다. H. 보르지아도 같은 소재로 라틴어 단시를 지었다. 그러나 개막하자마자 미켈란젤로의 회화의 고유성을 문제로 놓고 두 패로 갈렸다. 부오나로티의 천재성의 지극한 증거로 찬사를 보내는 쪽과 종교적 관점에서 신랄하게 검열하는 편으로. 즉 이제 반종교개혁이 문 앞에 와 있었다.

이런 첫 번째 논쟁은 니노 체르니니의 편지에서 자세히 알 수 있다. 그는 로마에 체류 중인 만토바 대사로 1541년 11월 19일 에르콜로 곤차가 추기경에게 편지를 썼다. 이 작품의 아름다움에 대해 시사한 다음 그는 이렇게 덧붙였다.

"어쨌든, 비난하는 자가 있습니다. 신부들은 우선 그와 같은 장소에서 모든 치부를 드러낸 나체상을 본다는 것이 편하지 않다고들 합니다. 이 점에 작가는 대단히 신중했지만 말입니다. 겨우 전체에 한 열두어 명 정도만 완전히 알몸입니다. 그리스도를 수염도 없고 너무 젊게〔그려〕위엄이 떨어진다고 하기도 합니다."

마찬가지로 몽톨리베파의 수사 미니아토 피티도 악의 없는 즐거운 어조로 의견을 표하려 했다. 1545년 5월 바사리에게 보낸 편지에서 그는 이렇게 썼다.

"로마에서 나는 벽화보다 천정화가 훨씬 마음에 들더이다. 벽화에 이단적인 요소가 대단하더군요. 특히 수염도 나지 않은 성 바돌로매 곁의 그 껍질은 대단히 길게 늘어졌더군요. 이 껍질이 그의 것으로 보이지는 않습니다."

이 무렵이 바로 아레티노가 미켈란젤로에게 저 말썽 많은 편지를 부쳤을 때인 1545년 11월이었다. 그전 1544년 편지에서 그는 「최후의 심판」을 복제한 판화를 보고서 눈물이 날 만큼 감동했다고 썼다. 하지만, 미켈란젤로는 자신의 그림을 보내주겠다던 약속을 지키지 않았고, 이 『추론』으로 유명했던 문인은 양심과 종교를 옹호하겠다면서 논전에 돌입했다. 그는 이렇게 말했다.

"그토록 고상한 역사적 주제에서 당신은 천사와 성자들을 지상의 가장 노골적인 모습으로, 천상의 장식을 모두 걷어치운 채로 보여주었습니다. (…) 신앙보다 예술을 더 좋아할 기독교도라도 이런 성기性器로서 유인하는 몸짓은 물론이요 순교자와 동정녀의 사지에서 장식을 거둬버린 구경거리를 본다면, 매춘부조차 눈을 감을 것입니다."

그는 이렇게 조언했다.

"영벌永罰 받은 자들에게서 그렸을 이런 부끄러운 것으로 불꽃을, 구원받은 자의 것으로서 태양의 광채를 그려내고, 그렇게 해서, 몇몇 금빛 잎사귀로 그 훌륭한 거상을 가려야 하는 피렌체 사람의 이러한 수치심을 모방합시다. 그러나 이 거상을 공공장소에 두더라도 신성한 신전에는 들여놓지 맙시다."

몇 해 뒤 1546년에서 1547년쯤에 이탈리아 개혁파의 수뇌 중 한 명인 환속한 수사 베르나르디노 오키노가 정숙한 아레티노의 검열에 동참하

101

고자 했다. 그는 특히 파울루스 3세에게 이러한 점에 대해 반박했다.

"신의 공덕을 노래해야 할 예배당에서 미켈란젤로의 것 같은 외설적이고 추잡한 그림을 허용했습니다. 파렴치한 극을 공연할 극장에서나 훨씬 어울릴 그림을."

1557년 티치아노를 격찬하려고 썼던 『회화와의 대화』의 저자인 루도비코 돌체는 특히 가스페로 발리니에게 부친 편지에 이렇게 적었다.

"그림을 그릴 때, 감춰야 자연스러운 부분을 반드시 노골적으로 드러내야만 상상을 드러낼 수 있다고 생각하면 말이 안 된다. 그런데 이 점에서 미켈란젤로는 파렴치한 데다 정말이지 지나치게 무절제한 음탕함을 보여준다."

『회화와의 대화』에서 그는 「최후의 심판」에 관한 매우 자극적인 특별한 비판을 가했다.

대중 시인도 이런 논쟁에 뛰어들려고 했다. 바티칸 도서관에 소네트 형식으로 부오나로티의 벽화가 파렴치하다며 외설스럽게 노래한 풍자시가 있다. 나중에 1564년 카메리노에서 출판된 여러 편의 『대화』에서 파브리아노의 조반니 안드레아 질리오는 또 다른 비평을 시도했다. 거기에서 그는 미켈란젤로가 무엇보다도 최후의 심판이 벌어지는 날에, 옷자락이나 천을 들어올려 부활한 자들의 나체를 보여줄 만한 바람이 불지는 않을 것이라는 점을 망각했다고 비난한다. 한편, 작품의 옹호에

나선 사람들이 있었다. 루도비코 도메니키는 1549년 베네치아에서 출간된 『여성의 예절』에 대한 대화편에서 '아름다운 부분을 바라보기가 부끄럽다고 말하는 몇몇 위선자'에 단호히 맞섰다. 베네치아 종교재판소 재판관은 뜻밖에도 미켈란젤로의 지지자를 자청했다. 1563년 베로네세가 「레위 집의 만찬」*에서 불순한 인물을 그려 넣었다고 고발되어 이 재판정에 출두했을 때, 그는 자기변호를 하려고 미켈란젤로의 「최후의 심판」을 거론했다.

"아시지 않습니까, 최후의 심판을 받는 인간들이 옷을 걸칠 여유와 상황이 아니라는 것을. 완전히 영적인 이 벽화에서 옷 같은 것을 그려 넣을 여지는 없었습니다. 거기에서는 개도, 무기도, 광대도 보이지 않습니다."

신학자 스키피오네 사우롤로는 1561년 9월 6일자로 성 카를로 보로메오에게 부친 편지에서, 그 편지를 교황 피우스 4세에게 부디 보여드리길 청하면서 「최후의 심판」에 대한 사실상의 종교재판의 논고를 작성했다. 이 편지에는 이 벽화에 대한 새로운 청교도의 반대와 관련된 또 다른 자세한 기록도 담겨 있다. 사우롤로는 이렇게 썼다.

"이 작품은 파울루스 3세에 대한 신성한 기억을 대단히 더럽혔습니

• 「피로연」이라고도 부르는 대작으로 지금 루브르에 있다. 베로네세가 이 그림에 흑인 노예를 그려 넣었다고 종교재판정에 불려갔던 사건이다.

다. 그분이 더 오래 사셨다면 마르첼 2세 교황이 된 산타 크로체 추기경과 오늘날 고인이 된 카르피 추기경 및 베랄리 추기경이 전하듯이 어떤 조치를 취하셨을 듯합니다. 알렉산드리아 추기경을 통해 들은 바로는 파울루스 4세는 제의실을 덧붙여 그 예배당을 확장하려는 뜻에서, 어떤 대가를 치르더라도 그것을 개축하려 했답니다. 저 또한 모든 사람에게 불만을 표했다시피, 파울루스 4세의 마지막 해에는 미켈란젤로가 이유야 어떻든, 그것을 고치겠다고 공언했다고 알고 있습니다. 그런 것을 다음 세대에 남겨둔다는 것에 더 신중해졌을 테니까요."

이 편지에는 장황한 라틴어 기록이 덧붙어 있다. 거기에서 시스티나의 나체화에 대한 관행적인 논지가 전개된다. 이 벽화가 성서의 모든 규정과 교회의 어떤 오점도 없는 인간이자 축복받은 성자에 고유한 모든 전통적 순수성과 고결함을 무시했다는 점을 보여주면서….

교황은 분명히 이와 같은 신학적 매도罵倒를 읽었고, 트렌토 공의회의 결정에서도 그 반향을 들을 수 있다. 공의회의 마지막 회기에 신성한 인물과 사건의 재현에 관한 엄격한 규칙을 권장했다. 따라서 사우롤로가 전했던 것은 사실일 가능성이 있다. 즉 파울루스 4세―평소에 최후의 심판도를 '노골적인 외설'이라고 했던 사람―가 그것을 없애버릴 생각이었고, 미켈란젤로가 몇 해 뒤에 다른 사람들이 그려 넣은 천과 옷자락을 첨가하기로 제안함으로써 그 파괴를 피하려 생각했다고.

20년 뒤에 '완고한 사람'과 '생트집을 잡는 사람'이 부분적으로 승리했다. 1564년 1월 21일, 공의회에서는 피우스 4세의 동의나 지시에 따라, 그 벽화의 나체들을 덮기로 했다. 미켈란젤로는 아직 살아 있었고 이런 황당한 소식은 사실상, 2월에 즉 그 결정이 내려지고 나서 한 달도 채 못 되어 찾아온 그의 사망을 앞당긴 요인일지 모른다. 우리가 보게 되겠지만, 다니엘레 다 볼테라가 우선 불경한 나체들을 덮어버리는 작업을 맞게 되었다가, 그가 사망하자 1566년에는 지롤라모 다 파노가 그 작업을 이어받았다. 어쨌든, 이런 지나치게 정숙한 척하는 횡설수설은 여기에서 그치지 않았다. 식스투스 5세, 클레멘스 13세도 그런 태도를 이어갔다. 심지어, 그레고리우스 13세, 클레멘스 8세는 이 감탄할 벽화를 석회로 완전히 덮어버릴 생각마저 했다.

17세기 말에 재능과 독창성이 없지도 않은 화가, 살바토레 로사가 또다시 이런 반감을 퍼뜨렸다. 회화에 관한 풍자시에서 그는 다음과 같은 말을 미켈란젤로에게 던졌다.

미켈란젤로 선생, 농담이 아닙니다.
당신은 위대한 심판을 그렸습니다.
그런데, 당신이 그 심판을 받으셨군요.

이 미켈란젤로의 걸작은 그 제작을 전후해서 대체로 이런 대접을 받았다. 예술적 관점에서 그것을 이해했던 사람의 일반적 찬사를 받았지만, 이 편지 이전에도 반종교개혁을 따르고, 아레티노 같은 외설적인 작가와 오키노 같은 이단적 사제와 연대했던 새로운 청교도적 정신으로부터 비판받았다.

하드리아누스 4세는 시스티나 궁륭을 파괴해버리려고 궁리했다. 파울루스 4세도 최후의 심판이 그려진 벽면을 허물어버리려고도 했다. 이 중요한 결정은 실행되지 않았다. 그와 비슷한 종류의 수모를 겪으면서 위장되고 개칠되어—게다가 시간과 습기와 매연까지 겹치면서—오늘날 우리가 보는 벽화는 부오나로티가 그린 그대로가 아니라, 서툴게 대충 덧칠해지고 손상되고 왜곡되고 수치스러워진 그림자일 뿐이다.

　사람들은 이 무서운 거장의 다른 작품과 마찬가지로, 그것을 파괴할 수도 없앨 수도 없었다. 그렇지만 그들은 그의 예술의 이 무서운 성격에 보복하려고 했던 듯하다. 형편없는 자의 시기심에 시달리지 않으려고 말이다. 그들은 자신들의 횡설수설로써 그 숭고한 면을 수정하고 퇴색시키려 했다. 미켈란젤로가 구상하고 원했던 진정한 심판은 그것을 상상할 만한 사람만의 것이리라.

121
마르첼로 베누스티

미켈란젤로가 만년에 거둔 제자들 가운데, 「최후의 심판」을 모사해서 유명해진 마르첼로 베누스티를 기억해야 한다. 그는 코메 출생이라고 기록은 전한다.—1512년에서 1515년경—그러나 그를 알고 있던 당대인, 즉 세르니니와 바사리는 그가 만토바 출신으로 로마로 가기 전에 만토바에서 살았다고 주장한다.

이로 볼 때 그는 1540년에 로마에 도착했을 법하다. 1541년 그가 「최후의 심판」을 모사했기 때문이다. 사실상, 로마에 와 있던 만토바의 오라토리오회 수도사 니노 세르니니는 1541년 12월 4일에 에르콜레 곤차가 추기경에게—부오나로티의 찬미자로 완성된 지 얼마 되지 않은 그 벽화의 모사화를 갖고 싶어했다—어려운 문제가 있었다고 편지를 썼다.

"벽화를 모사하는 자들이 너무 많습니다. 그래도 그중 제일 나은 사람은 만토바 사람입니다. 마르첼로라고 하지요. 줄리오 씨〔줄리오 로마노]가 그를 분명히 알 것입니다. (…) 그는 성실한 청년이라고 평판이 자자하고 젊은 친구지만 일을 잘합니다."

세르니니는 곤차가 추기경에게 줄 벽화 모사본 제작에 이 청년과 합의하고서 청년을 후원하기로 했다. '왜냐하면 이 딱한 청년은 먹고살 방법이 없기' 때문이었다. 그러나 대사는 이 작업이 시간이 꽤 오래 걸릴 것이라고 했다. "그는 한 달 내내 쉬지 않고 작업했습니다. 시간을 잃지 않으려고요. 그런데 이제 겨우 샤론의 나룻배를 그렸을 뿐입니다."

일찍이 페린 델 바가●의 제자요 조수였던 베누스티는 로마에 도착하자마자 미켈란젤로에게 완전히 압도되었다. 세르니니의 편지에서 그가 만토바에서 줄리오 로마노와 알았고, 로마에서 평가받았으며 가난했지만 인내심과 열정으로, 꾸준히 작업했다는 사실을 알 수 있다.

그런데 이 모사화는 곤차가 추기경을 위해 그리지 않았다. 훨씬 뒤에 1549년 1월 2일에 7에퀴 92바이오크에 그 모사화를 받은 파르네세 추기경을 위한 것이었다. 지금은 나폴리 국립미술관〔카포디몬테 미술관〕에 소장된 이 모사화는 여러 부류의 '퀼로티에'●의 비방 때문에 심각하게 변질하기 이전에 미켈란젤로의 원작이 원래 어떤 형태였는지 짐작하게 해준다.

이 모사화는 미켈란젤로를 분명히 즐겁게 했을 듯하다. 그는 베누스

● 1501~1547, 로마 화가. 라파엘로의 제자였다.
● 나체에 내의를 입히라고 주장한 사람.

티와 친해지게 되었고 그에게 다른 소묘들을 모사하고 채색하도록 했다. 이는 바사리와 발리오네의 증언이다.

토마소 델 카발리에리가 베누스티를 좋아했고 후원해주었다고 우리는 알고 있다. 그가 베누스티를 부오나로티에게 소개해주었을지 모른다. 그는 미켈란젤로의 소묘를 기초로 수태고지, 성모방문, 피에타를 그렸다. 18세기에 제노아, 피에트로 젠텔레 궁에서 베누스티가 그린 세속적 주제의 유화 두 점을 공개했다—베누스와 에로스, 그리고 개들과 함께 있는 아도니스. 그리고 이것은 미켈란젤로의 밑그림을 근거로 제작했다고 평가된다. 어쩌면 미켈란젤로의 것으로 간주하는 비토리아 콜론나의 초상도 베누스티의 것일지 모른다.

베누스티는 인정 많고 양순한 성격이었으리라. 그는 거장과 끈끈하게 밀착되었고 아주 착실했다. 그는 두 번 결혼했는데, 첫째 부인 타르키니아 델라 포르타는 아들을 낳았다. 미켈란젤로는 이 아이의 대부가 되면서 자신의 이름을 붙여주었다. 이 부오나로티의 대자, 미켈란젤로 베누스티는 평범한 사람이 아니었다. 그는 마술에 빠져, 나중에 종교재판소에서 부과한 오랜 속죄의 고행을 치러야 했다. 그런 다음에 자유를 되찾고서 그 신비학을 포기하면서, 수학에 종사하고 요새 건축에 대한 저술에 몰두했다. 둘째 부인 카밀리아 눈치와는 쉰 살이던 1573년에 결혼했는데 이 결혼에서 여덟 명의 자녀를 얻었다.

베누스티는 마르첼 데이 코르비가의〔미켈란젤로의〕집을 뻔질나게 드나들었다. 그리고 그곳에서 거장의 가장 뛰어난 모사화가로 알려졌다. 왜냐하면 우르비노의 과부 코르넬리아 콜로넬리가 우르비노 공작에게 미켈란젤로가 일찍이 그토록 충실했던 하인의 자녀들에게 주었던 그의 그림 두 점을 팔 수밖에 없게 되자, 그녀는 1557년 12월 13일 자신의 위대한 후원자에게 이렇게 썼기 때문이다.

"저는 당신이 마르첼로에게 이 두 점의 데생을 모사하게 했으면 하고 바랍니다. 그가 얼마를 요구하든지 간에 말입니다."

베누스티를 아주 호평하는 바사리는 그의 작품의 크기가 줄어든 데에 주목했다.

"이와 마찬가지로, 미켈란젤로의 소묘와 또 기타 작품으로, 그는 수많은 소품을 제작했다. (…) 사실상, 아주 작은 그림은 잘 그리기 쉽지 않다. 그는 작은 그림을 좋아했다. 그래서 그는 정말 믿을 수 없을 만큼 극도로 끈질기게 작업했다."

거창하고 거인적으로 즉시 그려야 하는 벽화에 익숙했던 바사리는 이 '작은 그림'을 강조하는 방법으로 위악스러운 면을 보였다. 베누스티의 모든 그림이 정신적으로나 관념적으로나 빈약하다고 한다면 잘못이다. 그는 제한된 공간 속에서 미켈란젤로 사상의 장엄하고 깊은 위대성을 간직한 이 기적을 실현했다.
산 조반니 데 라테라노*에 있는 「수태고지」와 빈 박물관에서 볼 수

• 로마 시내의 가장 중요한 4대 성당 중 하나. 성 요한에 봉헌했다.

있는 「성가족」은 진정 종교적이며 건강한 위엄이 깃든 작품들로서 베누스티가 비록 미켈란젤로의 위대하고 무시무시한 성격과는 상당한 거리가 있더라도, 이 거장의 신성한 회화의 가장 축복받은 관념을 후대에 전달하고 해석했다고 할 만하다. 더구나, 그가 그토록 성실하며 뛰어난 재능으로 「최후의 심판」을 모사하지 않았더라면, 우리는 미켈란젤로가 그린 걸작의 일차적인 창의성을 상상할 가장 적합한 수단을 잃어버렸을 것이다.

마르첼로 베누스티는 그의 어떤 제자보다 부오나로티의 정겨운 축복을 받을 자격이 있었다.

122
아카데미 상인

이탈리아에는 언제나 문학 애호가와 극성팬이 있었다. 이런 사람들은 16세기에 더 빠르게 늘어났고 그 어느 때보다 더 열렬했다. 그중 미켈란젤로의 시대의 대단히 야심적이고 유명했던 한 사람을 상기해보자.

그 사람은 니콜로 마르텔리라고 1498년 피렌체 도매상 집안 출신이다. 아주 어렸을 때 그는 자신이 행운일 줄 알았지만 사실 그의 심각한 잘못을 가져온 커다란 불운을 겪었다. 그는 로마에서 아레티노를 만났는데, 이 만남으로 그는 시를 업으로 삼게 되어 거기에 전념했다. 그는 교양이 부족했고 문학 수업이 신통치도 않았음에도, 가능하고 상상할 수 있는 모든 주제를 소네트와 가사로서 지을 생각에 골몰했고, 종이가 닳고 닳을 정도로 애를 써가면서 한때는 자신이 시인이 되었다고 확신하게 되었는데 아무튼, 이 딱한 청년은 정말로 시적인 망상에 신음하는, 엉터리 시인이었다.

이런 그릇된 생각으로 그는 사업을 포기할 정도로 넋을 빼앗겼고, 자신의 시 덕분에 엄청난 소득을 얻으리라는 환상에 젖었다. 1543년 그는 파리로 건너갔고, 그곳에서 루이지 알라마니가 그를 궁정에 소개했다. 그렇지만 이 무렵 피렌체 사람이 비록 프랑스에서 대단히 환대받고, 쉽게 행운을 얻는다고 하지만, 마르텔리는 형편없기 짝이 없었으므로, 아무것도 이루지 못한 채, 피렌체의 자기 상사로 돌아가야 했다. 실망은 했어도, 그는 시와 서한문 쓰기를 멈추지 않았고, 수준과 장소를 가리지 않고 유명 무명 인사를 찾아다녔고, 결국은 '데 위미드 아카데미'의 창시자에 끼게 되었다. 그렇게 나중에는 또 의원에도 올랐다. 그의 허영심은 그 어리석음보다 심했고, 더구나 그는 시와 산문을 가리지 않고 닥치는 대로 지어댔다. 타인의 위대성에 대한 지극한 충정이라기보다는, 유명세를 놓치지 않으려는 희망에서…. 이렇게 줄곧 아레티노의 경쟁자로서 자신을 과시하려는 욕망에 사로잡힌 채, 그는 1546년에 자신의 첫 문집을 펴냈는데, 이는 불어에 고유한 관용어법으로 가득하고 지나치게 기교를 부린 형식이었다. 그는 서투른 작시법이 홍수처럼 넘치는 미발표작으로 두 번째 책을 준비하기도 했다.

이미 영광의 절정에 오른 지 오래였던 미켈란젤로는 이 장사꾼 문인의 소나기처럼 퍼부어대는 찬사를 피할 길이 없었다. 시스티나의 최후의 심판이 완성되었다는 소식이 전 이탈리아로 퍼지자, 니콜로 마르텔리는 펜을 들어 소네트 두 수와 마드리갈 한 수를 지어 편지와 동봉해서 이 위대한 동포에게 발송했다.

언제나 그렇듯이 우스꽝스러운 찬가와 상투적 표현으로 넘치며, 아무런 감흥도 없는 이 운문은 인용할 필요도 없다. 운문 투로 쓰인 편지는 이렇다.

"의심의 여지없이 저도 같은 동포이지만, 저는 한 사람의 인간 이상인 미켈란젤로에게 글을 쓴다는 두려움에 떨고 있습니다. 결코 존재한 적 없었던 끌과 잉크와 색채로써 자연의 가장 아름다운 모방자가 된 사람에게 말입니다."

그는 이어서 당시 막 공개된 「최후의 심판」에 대해 말한다.

"그것을 본 사람은 누구나 입을 다물지 못하고, 그 이야기를 듣는 사람이면 누구나 그 엄청난 걸작을 보고 싶어하며, 그것을 보고는 가장 위대하고 신성한 그 작품을, 위대하고 불멸의 영광을 얻을 만한 것임을 알게 되고, 그렇게 해서 결국 미켈란젤로가 하늘에서 하느님께서 지상으로 보낸 존재라고 바른말을 하게 됩니다."

이 지나친 수식으로 과장된 편지가 미켈란젤로의 마음에 들 리 없었다. 그는 자신에게 이 편지를 보낸 사람이 누구인지 전혀 모르지 않았기 때문이다.

그는 애당초 응답하지 않았다가 나중에 1542년 1월 20일경에 마르테리나 아니면 다른 사람들의 성화에 못 이겨 진실한 겸손과 세련된 정신을 간명하게 보여주는 짧은 감사의 편지를 부쳤다.

"나로서는 천국에서나 누릴 찬사로 가득하더군요. 내게 여전히 과분합니다."

이는 분명히 마르텔리의 과장법에 대한 비판이지만, 미켈란젤로는 속죄의 감정으로 무르익은 만큼 자신에 대해 생각했던 것을 그렇게 솔직하게 털어놓는 명예를 그에게 주었다. 그는 이렇게 덧붙였다.

"나를 하느님이 원하셨던 그대로라고 상상하시겠지요. 나는 하느님이 가능한 한 내 삶을 이렇게까지 오래 끌면서 내게 주신 일을 하는 무가치하고 가엾은 인간입니다."

그토록 많은 걸작을 내놓은 이 영광스러운 노인의 이 말은 깊은 감동을 준다. 당시의 심정에 충실한 표현이라는 느낌을 받기 때문이다. 마르텔리의 괴상한 문학이 거둔 유일한 결실은 원치도 않았겠지만, 이런 고통스러운 고백일 것이다. 그 고백에서 미켈란젤로가 예술을 단지 하느님의 선물로서만이 아니라, '삶을 끌어가는' 유일한 수단, 다시 말해, 죽음에 맞서는 매우 효과적인 약으로서 간주했다는 점을 밝혀준다.

부오나로티는 마르텔리에 더는 관심을 두지 않았지만, 마르텔리는 이런 답신을 받고서 극도로 행복하고 자랑스러워했다. 그는 빈첸초 페리니에게 이런 편지를 부쳤다.

"그 편지는 마치 나의 유일한 성자, 아름다운 태양이 보낸 것인 듯 기뻤습니다. 또 그분 친필이니만큼, 내가 간직한 가장 소중한 것과 함께 보관할 것입니다."

마르텔리는 결국 미켈란젤로의 겸양하는 성격을 이해하게 되었을 것이다. 다시는 편지를 부치지는 않았으니까. 그렇지만 그는 다른 이들에게 편지를 쓰면서 여러 번 거장을 기억해내곤 했다. 1546년 12월 22일 피에로 아레티노에게 부친 편지에서 그는 부오나로티의 사망이라는 오보誤報를 전하면서, 그를 극진하게 평가하고 이 『추론』의 저자와 같은 수준에 올려놓았다. 1549년 7월 28일자 편지에서 그는 엉뚱한 확신으로, 메디치 묘비상을 이야기하는 가운데 거기에 묻힌 군주들을 닮은 모습으로 만들지 않았다면서 칭송했다. 1551년 4월 10일 그는 의사 바치오 론티니에게 편지를 써—그런데 이번에는 수사가 진실하고 맞아떨어졌다—두 번씩이나 위대한 부오나로티의 귀한 목숨을 구해주었다며 찬사를 보냈다.

마르텔리의 예를 보면 문인이라는 사람이 얼마나 이상하고 엉뚱한지를 알 수 있다. 그는 자신의 글로 영광과 금전을 보상받게 되길 바랐지만, 그의 작품 대부분은 발간도 되지 않고 거의 잊힌 채, 기껏해야 문학 연구자나 몇몇 끈질긴 사가만이 관심을 두는 도서관 서가에 파묻혀 있다. 만약 그의 칭송의 편지 덕분에 미켈란젤로가 자신의 삶에 대한 감동적인 고백의 글을 보내지 않았다면, 거의 죽어버렸을지 모른다.

123
미켈란젤로와 음악

미켈란젤로는 모든 아름다운 것에 사로잡히고 흐뭇해했다. 예술의 미덕을 통한 모든 것과 마찬가지로 음악을 사랑했음이 분명하다. 소년 시절 처음 사귄 친구가 앞에서 보았듯이 로렌초 대공 저택의 바이올린 연주자였고, 나중에 루이지 풀치의 눈에 들었는데, 잘생긴 용모 때문만이 아니라, 노래하고 연주하는 솜씨 때문이기도 했다.

다른 음악가 친구들도 있었다. 우선 바르톨로메오 트롬본치노는 뛰어난 작곡가로서 만토바의 곤차가 궁정에서 지내고서—이곳에서 1499년에 그는 자신의 아내와 그 정부를 살해했다—, 1513년 페라라에 정착했다가 얼마 뒤 1536년 피렌체에서 사망했다. 토롬본치노는 미켈란젤로의 유명한 마드리갈에 곡을 붙였다.

어떻게 살아갈 용기를 낼 수 있을까?
나의 전부, 그대 없이
떠나면서도 곁에 있어달라 할 수 없을 때.

미켈란젤로의 시가 처음으로 출판된 것도 바로 트롬본치노 덕분이다. 1518년 나폴리에서 볼로냐 출신 조반니 마르티니라는 사람이 펴낸 『객설, 농담, 시, 목가, 소네트 선집』에 이 곡이 수록되었기 때문이다.

이보다 뒤에 로마에서 유명한 작곡가들이 미켈란젤로의 시에 곡을 붙였다. 사실상, 1533년 편지에서 미켈란젤로는 피렌체에서 세바스티아노 델 피옴보에게 이렇게 썼다.

"마드리갈 두 편을 받았네. 조반 프란체스코 씨가 여러 번 노래하게 했지. 사람들 말이, 노래로 들으니 더 좋다나. 그렇다면, 가사는 신통치 않다는 뜻 아니겠어. 그러니 이런 시에 곡을 붙이는 사람들에게 내가 어찌해야 좋을지 가르쳐주게. 교양도 없고 무식한 꼴을 보여서는 안 되니까 말일세."

1533년 7월 25일자의 세바스티아노 델 피옴보의 편지에서, 그 시에 곡을 붙인 사람은 콘스탄초 페스타와 '콘칠리온'이라는 사실을 알 수 있다. 두 사람 모두 초보자는 아니었다. 페스타는 1517년부터 줄곧 교황 예배당의 가수였고, 유명한 빌라르트와 나란히 마드리갈을 다성多聲 양식, 즉 '아 카펠라' 스타일로 처음 작곡했다. 그는 1537년에 3성 마드리갈 선곡집을 펴냈다. 프라 바스티아노가 '콘칠리온'이라고 부른 사람은 장 드 콩세유였다. 그는 1526년 파리에서 건너와 교황 예배당에서 일했다. 이 사람은 종교 및 세속 음악의 뛰어난 작곡가였다.

어쨌든, 미켈란젤로가 로마에 정착했을 때 알게 된 가장 위대한 음악가는 자콥 아르카데*라는 플랑드르 출신의 사람이다. 1514년쯤 태어난 그는 아주 어릴 때 이탈리아로 건너와 피렌체에서 잠시 생활하고 나서 1539년에 줄리아 예배당에서 일했고, 1540년부터 교황 예배당에서 근무했다. 아르카데는 당대의 가장 독창적이며 아름답고 유명한 3성, 4성 마드리갈을 지었다. 그는 부오나로티가 최후의 심판도를 그릴 때 알게 되었을 것이다. 루이지 델 리치오가 거장의 운문 복사본을 그에게 전해주었다. 1543년 베네치아에서 출간되고 중쇄를 거듭한 4성의 『마드리갈 제1모음곡집』에 미켈란젤로의 마드리갈 두 편이 실려 있다.

아! 그렇다면, 말해다오, 사랑이여, 만일 그 영혼이…
그대들, 막강한 신들에게 말하고 있으니….

미켈란젤로의 시에 실린 아르카데의 이 곡조는 즉각 큰 인기를 끌었던 모양이다. 잔노티는 『대화』편에서 미켈란젤로에게 이렇게 호통치지 않았던가?

"우리는 출중한 가수들이 다른 것도 아니라 '아, 그렇다면, 말해다오, 사랑이여…'라고 당신의 마드리갈을 부르는 것을 듣고 있지 않습니까?"

* 본명은 자크 아르카데. 1504년경~1568. 시스티나 예배당 성가대를 지휘했다. 1553년 이후 파리에 정착했다. 가곡 작곡에 뛰어났다.

이번에도 다시 한 번 1533년에 그랬듯이, 미켈란젤로는 '무식하고 교양 없어' 보일까 걱정하고서 음악가에게 인사하고 싶어했다. 그는 선물을 루이지 델 리치오에게 맡겼다. 그는 1542년에 이렇게 썼다.

"아르카데의 곡은 아름다운 듯싶구려. 그 자신의 말대로라면, 그 또한 나나 그에게 곡을 부탁한 당신과 마찬가지로 좋아하는 듯합니다. 그 사람에게 감사의 마음을 전하고 싶소이다. 그런데 어떤 선물을 해야 할지, 피륙이 나을지 돈이 나을지 말씀해주시구려. 이렇게 한다고 전혀 창피해할 일은 아닐 듯하오."

아르카데는 돈을 원치 않았던 듯하다. 미켈란젤로는 얼마 뒤 델 리치오에게 다시 편지를 써 '아르카데에게 파렴치한 사람이' 되고 싶지 않다는 말을 되풀이했기 때문이다. 그러면서 이렇게 덧붙였다.

"집에 새틴 한 감이 있는데… 만약 이것이 좋겠다 싶으면 보내 드리겠소."

부당하게 구두쇠라는 비난을 받기도 하는 미켈란젤로는 이렇게 호인임을 보여준다.

그런데 그는 여기서 겸손함을 보인다. 페스타와 콘칠리온의 마드리갈뿐만 아니라 아르카데에 관해서도, 다른 예술 형식을 그토록 조심스럽게 판단하던 그로서는, 그 곡들이 거침없이 '감탄할 만하다고들 여기겠지'라고 세바스티아노 델 피옴보에게 편지를 쓰고, 델 리치오에게는 '아름답다고 여기겠지'라고 말한다. 말하자면 그 곡은 다른 사람들이 칭송한다는 뜻이다. 그는 이 칭송을 옮겼을 뿐이다.

이는 음악에 대한 자신의 판단에 자신감이 없었거나, 자신의 시를 곡으로 옮겼기 때문에 쑥스러워하면서 찬미하려 하지 않았다. '오만하다'는 미켈란젤로가 얼마나 겸손한지 이렇게 입증된다.

그가 항상 사랑에 대한 사랑으로 불타곤 했던 자신과 그 연가에 대해서, 자신의 이와 같은 겸양을 제대로 이해하려 했다면, 그는 자신의 심중 깊은 곳에서 나온 말을 이방인이나 타인이 즐겨 부르는 것을 듣기 거북해했을지 모른다. 그 밖에도 소리에 매혹되었다 하더라도 어쨌든, 그는 음악을 그림보다 열등하다고 생각했을 수 있다. 튼튼하고 라틴적인 조각보다, 또 추론에 근거하는 시적 표현보다, 지나치게 가볍고 지나치게 막연하고 여성적이다. 그러나 예의 없고 '교양 없다'는 모습을 보이지 않으려고 그는 타인에 대한 찬가를 전하고 또 확신을 찾아가는 길이던 조각하는 자리로 돌아갔다.

124
캄피돌리오의 부활

마르텐 반 헴스커레크의 소묘와 코크의 판화를 들여다보면서 16세기 일사분기에 캄피돌리오의 모습을 상상해보면 좋다. 고대의 반석 위에 세워진 의사당은 중세의 조잡한 요새 식 성채 같았다. 그 오른쪽에 관리인들이 사는 작은 궁전은 특징 없는 주거시설이었다. 그 맞은편에 아라 코엘리 성당이 있었다. 그 빈 공간에는 교수대가 서 있었다. 여기저기에 훼손되고 잘려나가거나 머리가 떨어진 고대 입상들이 늘어서 있었는데, 이는 거대한 석상들이 전투라도 치른 뒤의 장면 같다. 그 주위에는 상점과 행상이 즐비하다.

편리한 접근로는 전혀 없었다. 카를 5세가 1536년 4월 로마에 입성해서 황제들이 개선행차를 펼쳤던 그 유명한 언덕을 오르려고 했을 때, 그는 포로 로마노*를 우회해야 했다.

---

* 로마 시내의 기둥 등 석재가 남아 있는 넓은 터.

그가 방문하고 나서야 상당수 인문학자며 예술가들이 캄피돌리오의 옛 언덕에 그 옛날의 영화를 되찾아주려는 시도에 착수했었다. 당연히 여기서 미켈란젤로를 생각하지 않을 수 없다. 그만이 오직 그렇게 중요한 작업에 필요한 단순하고 근엄한 고전미에 대한 감각을 지녔기 때문이다. 이 세상에서 가장 유명한 장소에 새로운 면모를 부여하는 것, 즉 지나치게 참신함을 내세우지 않으면서도 고대의 것을 어설프게 수리하지 않아야 한다. 파울루스 3세를 비롯한 모든 사람이 부오나로티에게 캄피돌리오의 광채를 되살릴 최상의 방법을 찾아달라고 간청했다.

이 무렵 미켈란젤로는 그 거창한 「최후의 심판」을 그리느라고 시스티나의 비계 위에서 허리가 휠 지경이었다. 그는 청을 선뜻 받아들이고 '불타오르는 상상'으로 중세 동안 그 자리에 남은 을씨년스러운 모습에 가려진 고상한 장식을 검토하기 시작했다. 그와 함께 한켠에서는 마르쿠스 아우렐리우스 황제의 청동상을 캄피돌리오로 가져다놓자는 주장이 제기되었다.

이 입상은 라테라노 성당에 있었는데, 파괴를 모면했다. 왜냐하면 중세에 사람들은 그것이 교회를 합리적 존재로서 공인하고서 축복을 받았던 콘스탄티누스 대제의 상으로 간주했기 때문이다. 이제 반대로 이 입상이 재현한 존재가 누구인지 알게 되었다. 그는 바로 종교인 이상으로 철학자였던 마르쿠스 아우렐리우스였다. 그는 또 기독교도의 적이었다. 우선, 미켈란젤로는 이 입상을 캄피돌리오에 세운다는 생각에 반대했던 듯하다. 하지만, 결국 개의치 않았다. 그가 상상했던 석재장식의 상징적 주인공으로서 이 황제를 거기에 세운다는 것을 그는 왜 받아들였을까? 단지 그 조각의 조형성 때문일까? 아니면 반대로, 공화국에 대한 플라톤의 이론을 상기하면서 철학자 황제가 다른 정복자나 학살자보다 언덕 위에 개선하는 모습에 좀더 어울린다고 생각했기 때문일까? 바티칸과 함께 캄피돌리오는 로마의 정신적 지주였다. 산 피에트로를 마주 보는 곳에서 순진한 죄인인 미켈란젤로는 이지적 군주 상, 이를테면 개화된 인간적 도시의 상징, 종교인의 도시에 절대 불가결한 상을 세우려 했다. 어떤 점에서 이는 그 두 개의 태양에 대한 단테의 관념을 반영한다.

마르쿠스 아우렐리우스의 입상은 1538년에야 캄피돌리오에 세워졌다. 그곳은 아직 정리되지 않은 상태였고 당시 미켈란젤로가 훌륭한 기단 작업의 밑그림을 그릴 때였다. 1546년 3월 20일 부오나로티는 로마 시민이 되었음을 알렸다. 바로 이때 그는 장엄한 구상을 최종적 소묘로 옮기고 있었다. 그러나 실제 공사는 곧바로 착수되지 못했다. 1550년에 가서야 시작되기 때문이다. 미켈란젤로가 사망할 당시에도 여전히 진전이 없었다. 그 전체는 17세기 중반 인노켄티우스 10세 치하에서 완성되었다.

미켈란젤로는 토마소 데 카발리에리에게 캄피돌리오 공사를 완수하도록 맡겼지만, 그가 생존해 있을 때는 물론이고 그의 사후에도 다른 건축가들이 이 작업에 공동으로 참여했다. 지롤라모 라이날디, 자코모 델라 포르타, 비뇰라, 마르티노 룽기, 자코모 델 두카 등이 그들이다. 미켈란젤로의 초안은 수정되고 상당히 무시되었다. 오늘날 우리가 보는 캄피돌리오는 그의 재능에 빚졌지만, 애초의 구상은 그보다 너무나 열등한 계승자들의 손에서 변질되었다.

이 초안은 사라졌으나 파리 출신의 청년 건축가 에티엔 뒤페라크의 애틋한 성실성 덕분에 그 정확한 구상을 알 수 있다. 로마에서 오랫동안 체류했던 이 청년은 1569년에 미켈란젤로의 초안을 판화로 새기면서 "미카엘리스 보나로티의 모범을 따라서"라고 적어두었다. 뒤페라크는 미켈란젤로의 사후에 로마로 건너왔으므로, 토마소 델 카발리에리에게서 그 초안을 입수했을 것으로 짐작되며, 그가 펴낸 판화집에서 그 감탄할 만한 복제판을 볼 수 있다. 그는 50점의 판화로 『로마 고대유적의 자취』라는 책자를 1575년에 로마에서 출간했고 이 책은 중쇄를 거듭했다.

그 전체적 전망은 장엄한 고대적 자리에 걸맞게 조화롭고 우아한 아름다움에 넘친다. 그 자리는 극장 무대처럼 조성되었고 그 한복판에 어린 디오스쿠루아*의 대담한 상들이 지키는 고독한 영웅으로서 황제 기마상이 서 있다.

배경은 의사당이 차지하고, 거대한 복층 계단과 주피터 상이 지킨다. 그 양쪽으로 완전히 평행은 아니지만 궁전 두 채가 들어섰는데, 하늘의 배경에서 두드러지는 대리석상들이 올려진 약간 신비스러운 외랑을 갖췄다. 미켈란젤로의 창 안으로 크기는 작지만 거대해 보이는 폭넓은 난간이 광장까지 비스듬히 높여져 이어진다.

어쨌든, 부오나로티는 자신이 구상했던 새로운 광채 속에서 캄피돌리오를 볼 수 없었다. 그는 로마의 이상적 중심지 두 곳에서 일하는 놀라운 운명을 보여주었다. 황제들이 개선하는 캄피돌리오와 베드로의

---

* 그리스 신화에서 제우스와 레다가 낳은 쌍둥이 형제.

후계자들이 개선했고 개선하는 산 피에트로에서…. 그러나 그 둘 중 어느 것도 완성을 보지 못했다. 그리고 이 두 작품 모두 적어도 일정 부분은 그 뒤에 온 사람들 손에 변형되고 훼손되었다.

125
라틴 문학가 친구

콘디비는 미켈란젤로의 가장 절친한 친구로 '리오나르도 말레스피니'라는 사람을 들면서 그를 카로, 톨로메이, 잔노티처럼 걸출한 문인으로 꼽는다. 따라서 이 사람은 중요하고 평판이 자자했을 것이다. 그렇지만 미켈란젤로의 전기작가들은 그가 누구였는지 연구하려 하지 않았다. 고리부터 안코나에 이르는 콘디비 해석자들 또한 그 누구도 그와 같은 시사를 하지 않았다. 그런데 고문서를 뒤져보면 그가 학식 있는 종교인으로 존경받은 인물임을 알 수 있다. 리오나르도 말레스피니는 피렌체 출신으로, 15세기 말쯤 태어났을 것이다. 그는 1523년에 신부로 서임받았다. 그는 지아코토와 리코르다노 같은 역사가를 낳은 명문 귀족 출신이었다.

그는 베네치아에서 플라톤파 철학자이자 유명한 『영원한 철학』(1540)의 저자 아고스티노 스테우코〔1497~1548〕 밑에서 공부했다. 그는 유명한 그리마니 추기경의 도서실에서 일하면서 베네치아의 인문주의 연구를 주도했다.

아주 젊은 나이에 산 살바토레의 정규 참사회에 가입한 그는 1540년에 이미 산타그네세 수도원장이 되었다. 로마에서 그는 그 박식함으로 파울루스 3세, 스를레토 추기경, 니콜로 리돌피 추기경, 알레산드로 파르네세 추기경, 또 프란체스코 곤차가에게 봉사했다. 프란체스코 곤차가는 그와 친한 친구였다. 곤차가가 사망한 해인 1566년 만토바에서 인쇄되어 출간된 라틴어 추도시가 이런 사실을 증명한다.

미켈란젤로는 1540년경 리돌피 추기경 댁에서 아니면 파울루스 3세의 궁에서 그를 알게 되었을 듯하다. 나중에 말레스피니가 산 피에트로 인 빈콜리(이곳에서 그는 1571년 사망하고 묻혔다)로 거처를 옮겼을 때, 그 근처에 살던 미켈란젤로는 성당을 종종 찾아가 그곳에서 율리우스 2세의 못으로 불리는 못 근처의 정원에서 해가 질 때까지 머물곤 했다는 전설이 있다. 미켈란젤로는 빈번하게 성당을 드나들면서 율리우스 2세의 영묘 작업을 감독해야 했고 바로 이 무렵에 말레스피니와 더욱 가까워졌을 듯하다.

이 지적인 수도사와 부오나로티가 무슨 대화를 나누었는지 상상하기는 어렵지 않다. 말레스피니는 인문주의적이라기보다 새로운 과학적 방식이 담긴, 다시 말해 원문에 대한 엄격한 비판에 근거한 고증학에 열정적으로 몰두했다. 그는 여러 해 동안 키케로의 고전을 연구했다. 하지만, 1568년에야 비로소 친구들의 주장에 떠밀려, 베네치아에서 키케로가 아티쿠스, 브루투스, 또 동생 쿠인투스에게 쓴 편지의 『해제』 한 권을 출간했을 뿐이다. 비록 피에트로 베토리〔문헌학자, 1499~1585〕의 비판을 받았지만 이 편지는 대단히 중요하게 인정되었다. 이탈리아와 여러 나라의 유명한 문헌학자들이 그것을 수용했고 오늘날까지도 여전히 소중하다. 왜냐하면 그가 연구했던 키케로의 원고 두 편은 유실되었기 때문이다. 우리가 보겠지만, 미켈란젤로는 라틴어를 몰랐고, 그래서 라틴학자인 말레스피니와 문헌학적 문제를 논의했을 개연성은 희박하다. 어쨌든, 말레스피니는 문헌학자였을 뿐만 아니라 철학자이자 대단한 능변가였다. 그가 스승 스테우코의 사상을 물려받았음은 거의 확실하다. 이 스승은 플라톤주의와 기독교 정신의 조화를 보여주려 했던 만큼, 마르실리오 피치노와 피코 델라 미란돌라에게서 영감을 받았다. 로렌초 대공의 궁에서 미켈란젤로는 개인적으로 피코 델라 미란돌라는 물론이고 베니비에니를 비롯한 피치노의 제자들도 알고 있었고, 그 자신도 운문에서 보여주듯이 완전히 플라톤과 신플라톤주의 관념에 젖어 있었다. 말레스피니는 더구나, 깊은 신뢰를 받았던 인물로 바티칸에서 그를 여러 차례 초대해서 파울루스 3세를 비롯한 여러 교황 앞에서 신성한 기도를 올리기도 했다.

따라서 미켈란젤로와 말레스피니가 저녁에 나눌 대화거리는 항상 넉넉했다. 바르키가 주장하듯이 철학에 열광했던 미켈란젤로는 기독교 신앙과 철학을 현명하게 결합시켰던 수도사 친구를 만나 행복해했을 것이다.

이런 만남은 말레스피니가 파울루스 4세의 조카 알폰소 카라파 추기경이자 주교의 초대로 나폴리로 떠나면서 중단되었다. 추기경은 그를 문학 공부를 위한 안내자로 삼으려 했다.

어쨌든 이런 단절은 오래가지 않았고, 그가 산 피에트로 인 빈콜리 성당으로 돌아오면서 이 존경할 만한 거장과 대화를 재개했는데 이는 거장이 사망할 때까지 계속 이어졌다.

만년에 미켈란젤로는 죽음과 구원에 많은 생각을 쏟게 되었고 말레스피니와 수많은 대화를 나누면서 도움과 안식을 찾았다. 친구들의 높은 평가를 받은 말레스피니의 그 자명한 학식과 결코 부족한 적이 없었던 심오한 기독교도적 선의 덕분이었다. 카라파 추기경은 시를레토에게 이렇게 썼다.

"리오나르도 말레스피니 신부님이 나폴리에 계시니, 나는 그분과 함께 평온한 생활과 대화를 기대하고 있습니다."

만약 친구들과 서신 왕래를 즐기는 습관만 있었다면, 미켈란젤로 역시 카라파 추기경보다 먼저 이런 말을 했을 수도 있었을 것이다.

126
잔노티와 리돌피

미켈란젤로가 1540년부터 1550년 사이에 특히 친하게 지낸 사람으로 도나토 잔노티가 있다. 그가 지은 『대화』는, 앞에서 지적했다시피 더 잘 알려진 프란시스쿠 돌란다의 대화편보다 훨씬 정직하다.

잔노티는 조숙한 지성과 풍부한 지식을 지닌, 국가와 세계사 전문가였다. 그는 부오나로티보다 어리고—그는 피렌체에서 대공이 사망하던 1492년에 태어났다—어려서부터 오르티 오로첼라리 가문을 드나들었다. 마키아벨리와도 친했던 그는 피사 대학에서 가르쳤다. 그는 1529년 '10인 집정위원회'의 서기장으로 근무했고 사실상 자신의 책 『피렌체 공화국론』에서 '건축은 물론이고 회화, 조각에서 탁월한 인물, 미켈란젤로 부오나로티'가 쌓아올린 피렌체 보루를 언급하면서 미켈란젤로와 만났음이 분명하다.

잔노티는 우리가 아는 한 대단한 예술 애호가는 아니었다. 그는 정치인이고, 정치론을 쓰는 작가이자 인문주의자요 또 인문주의자의 친구로서 훨씬 나이가 들어서야 희극과 소네트를 지었을 뿐이다. 다른 무엇보다도 그는 미켈란젤로와 자유를 사랑하는 시민이자, 시인, 종교인으로서 단테를 사랑하고 감탄했다. 잔노티는 르네상스의 이교도적인 면만 볼 뿐인 부르크하르트의 피상적인 독자와 다르게 옛 문인들을 읽고 해설했기 때문에 위대한 문헌학자 피에트로 베토리를 도와줄 정도였고, 선인의 신앙을 망각도 무시도 하지 않고서 플루타르코스를 언문으로 번역하기도 했다. 피렌체가 함락되고 나서 그는 코메아노에 칩거하면서 비극 두 편을 지었다. 한 편은 브루투스에 관한 것이고 다른 한 편은 구세주의 수난에 관한 것으로 운문 초고가 지금까지 전해진다. 나중에 그의 친구이자 거장 니콜로 리돌피의 부탁으로 아직도 미간행 상태의 원고가 피렌체 도서관에 수장중인 『교회사 초록』을 짓기도 했다.

그는 미켈란젤로와 마찬가지로 당시 아무런 모순에 시달리지 않았던 것 같았는데, 말하자면 일종의 이중적 애정을 품고 있었다. 그것은 그리스도와 그 교회에 대한 사랑과 조국과 자유에 대한 사랑이다. 이 두 사람은 기독교도로서 그리스도의 죽음 이야기에 깊이 감동하면서도 그와 동시에 완전히 반대이기는 했지만 카이사르를 살해하는 브루투스의 관념에 고취되었다.

앞에서 말했듯이 잔노티는 탁월한 정치인이자 특히 정치 저술가였다. 그의 『베네치아 공화국론』은 의심할 나위 없는 진정한 걸작이다. 그는 피렌체 마지막 공화국의 막대한 정치적 영향을 검토하고서 이 공화정의 붕괴 후에 체포되어 심문을 받았으며, 바르키에 따르면 심한 고초를 겪고서야 목숨을 건졌다. 몇 해의 칩거가 끝나고서 1539년에 그는 피렌체 이민의 대표였던 리돌피 추기경의 화려한 궁정에 초대되었다. 그는 이때부터 정치적 음모와 문학 연구에 몰두했다.

바로 이 무렵에 그는 로마에서 미켈란젤로와 재회했고 다시금 우애를 돈독히 했다. 그는 조각가 티베리오 칼카니를 거장에게 소개했다. 그런가 하면 율리우스 2세의 묘소와 관련된 계약을 명시하면서 부오나로티에게 유리하도록 도와주었으며, 체키노 브라치의 사망으로 그 묘비를 위한 심사에 그를 끌어들였다. 미켈란젤로가 브루투스 흉상을 제작하게 된 것도 잔노티의 생각과 조언 덕분이었다. 잔노티는 이 산 피에트로의 건축가에게 그 둥근 지붕의 모형을 제작하도록 주장한 의견에 동참하기도 했다.

잔노티는 이렇게 로마 시절에 미켈란젤로와 긴밀했으나 그의 가장 큰 업적은 『대화』라고 할 수 있다. 1546년에 쓴 이 책의 원제목은 『단테가 지옥과 연옥을 탐구하던 시절과의 대화』인데 이것은 두 사람의 우정을 보여주는 최상의 증거이다. 또 다른 친구들 루이지 델 리초, 안토니오 페트레오, 프란체스코 프리스키아네제 등도 이 책 속에 자주 언급되지만, 그 진정한 주인공은 모두가 그에게 사랑을 쏟는 미켈란젤로로 거기에서 이 영웅은 『신곡』과 그 주해에 대해 확신에 넘치는 심오한 지식을 펼칠 뿐만 아니라, 잃어버린 자유에 대한 향수와 정치사상을 보여준다. 잔노티는 속기사가 아니므로 미켈란젤로의 견해를 '문자 그대로' 받아 적기는 불가능했다. 그러나 그 인간과 정신을 아는 사람으로서, 그의 생각은 거의 절대적이며 실체적인 진정성을 보여준다. 이 거룩한 시인을 둘러싸고 벌이는 논쟁은 사실상 잔노티가 똑같은 대화자들과, 똑같은 논지와 더불어 똑같은 세계 속에서 이야기하는 방식으로 펼쳐지는 듯하다. 그렇지만 이 대화편은 이 용감한 잔노티를 늙은 거장과 하나가 되게 하는 진실과 존경의 증언이다. 이 문인에게서 부오나로티라는 인물을 그 정중한 인간성과 겸손하지만 심오한 지혜로써 두드러지게 하려는 욕구가 느껴진다.

얼마 뒤—1548년일 듯하다. 피렌체 이민들이 새로운 브루투스라고 불렀던 자가 로렌치노 메디치를 살해했다는 소식을 들었던 때 말이다—앞에서 말했듯이 잔노티는 리돌피 추기경에게 브루투스 흉상을 미켈란젤로에게 주문하도록 권했다.

로렌초 대공의 외손자 니콜로 리돌피 추기경도 전기작가들이 미켈란젤로의 친구로 꼽는다. 그는 분명히 미켈란젤로를 잘 알고 또 평가했지만 이 우정을 증명하는 기록은 전혀 남아 있지 않다. 리돌피는 1501년 미켈란젤로가 소년기에 짝사랑했을지 모를 로렌초 대공의 딸 콘테시나의 아들인데 책과 공부와 예술과 예술가와 재능 있는 사람에 대한 사랑으로 대공의 계승자라고 할 만했다. 그에게는 미켈란젤로와 잔노티가 보기에 너그러운 성격보다 더 좋은 점이 있었다. 다른 이민 대표자들과 다르게 비록 메디치 혈통이었지만 그는 이를테면 살비아티 추기경처럼 개인적, 당파적 이해가 아니라 초연하게 조국과 자유에 대한 사랑으로만 피렌체의 자유를 되찾아주려고 했다.

잔노티의 도움으로 그는 여러 수단을 동원해서 코시모 공작으로부터 제국의 관할권을 되찾으려 했고 이런 시도의 대가로 자기 목숨을 바쳐야 했다. 1549년 파울루스 3세가 사망하고 나서 그는 교황 선출을 위한 회의에 소집되었고 며칠 뒤에 리돌피 추기경은 교황에 선출될 예정이었다. 그러나 이런 선거 결과는 제국의 당파에도 피렌체(코시모) 공작에게도 달갑지 않을 것이었으므로 이들은 신속하게 피렌체 추기경을 배척했다. 돌연하고 수수께끼 같은 질병이 선거를 마치고 나온 리돌피 추기경을 덮쳤다. 1550년 2월 4일 그는 급사했다. 베네치아 대사 마테오 단돌로는 2월 5일에 이렇게 썼다.

"오늘 아침 레알도 씨가… 그가 스스로 독약을 들고 있었는지 확실하지는 않다고 내게 알려주었다."

이런 죽음은 잔노티에게 큰 불행이었다. 만약 자기 친구인 니콜로 리돌피가 변덕스러운 율리우스 3세 대신 교황에 등극했더라면, 운이 크게 달라졌을 미켈란젤로에게도 크나큰 시름을 안겨주었다.

얼마 뒤, 잔노티는 투르농 추기경의 주선으로 그를 따라 프랑스로 건너갔다. 그러나 여러 해 뒤에 그가 로마로 돌아왔을 때, 그의 친구 미켈란젤로는 세상을 떠나고 없었다. 미켈란젤로가 잔노티에게 쓴 편지는—그는 다른 친구에게 부친 편지에서도 종종 그를 이야기하곤 했다—잔노티가 부오나로티에게 부친 것과 마찬가지로 우리에게 전해지지 않는다. 어쨌든, 얼마 되지 않는 우리의 정보와 특히 『대화』에 따르면, 조국과 단테에 대한 한결같은 사랑에 기반을 둔 이 정치적 인문주의자의 우정은 이 위대한 피렌체 망명객의 만년에 가장 튼튼하고도 따뜻한 위안이었을 것이다.

127
조르조 바사리

미켈란젤로의 제자이자 친구, 전기작가, 그가 살아 있을 때나 죽어서나 영원한 숭배자, 그런 사람을 자처한 인물이 바로 바사리였다. 피상적으로 거리를 두고서 사태를 관망해보면 이 두 예술가가 대단히 절친했을 뿐만 아니라 기질적으로나 감정적으로도 서로 잘 어울린다고 생각할 수도 있다.

반대로, 전설과 문학적 과장을 넘어서 기록과 사실을 조금 자세히 들여다보면, 그들의 관계는 이와는 상당히 다르다.

바사리의 자서전에 따르면, 그는 미켈란젤로에게서 1524년부터 소묘를 배웠다. 바사리는 당시 열세 살로, 산 로렌초 작업으로 아주 바쁘던 그가 이런 소년에게 레슨을 해주기는 어렵지 않았을까? 바사리의 후견인 파세리니 추기경이 어린 조르조의 소묘를 미켈란젤로에게 보여주었을 가능성은 있다. 그러자 이 조각가는 소년을 안드레아 델 사르토의 화실로 들어가라고 조언했을 것이고 실제로 그렇게 되었다. 나중에, 바사리는 다른 사람과 다름없이 「카시나 전투」를 모사했다. 그 자신의 말대로라면, 그는 미켈란젤로가 자리를 비운 틈을 타 산 로렌초의 신제의실에 들어가 석상을 소묘했다고 한다.

이렇게 바사리를 미켈란젤로의 직계 제자라고 하기는 어렵다. 그는 거장의 작품을 연구했고 모방하곤 했다. 그렇지만 누구나 다 알듯이 그는 부오나로티의 조형적, 창조적 역량에 결코 미치지 못했다. 나중에 바사리는 미켈란젤로의 소묘를 모사하고 채색했으나, 공교롭게도 거장의 자취가 가장 덜 새겨진 소묘를 선택했다. 즉 신화적이고 관능적이며, 음란하다고 할 수 있는 장면 말이다. 백조가 입을 맞추는 벌거벗은 레다, 큐피드를 껴안는 알몸의 베누스.

바사리는 다른 사람에 대해서도 찬사를 아끼지 않았지만, 자기 자신에 대해서도 자랑을 늘어놓기 일쑤였다. 그는 빈도 알토비티를 위해 그린 자기 그림이 미켈란젤로를 "불쾌하게 하지 않았다"라고 했다. 그렇지만 그다음 이야기는 이런 평가를 상당히 의심스럽게 한다. 1542년에—이 아레초 출신의 화가가 서른 살이었을 때—그들의 관계는 일방적이었다.

"그즈음, 나는 미켈란젤로 부오나로티를 열심히 찾아다니면서 나의 모든 것에 대한 고견을 물었고, 그는 아주 다정하게 답해줄 만큼 선의를 보였다. 그가 내게 조언을 해주었다는 것은 내 그림에서 무엇인가를 보았다는 뜻이었다. 그렇게 나는 다시금 열심히 건축 공부에 돌입했다."

요컨대 그의 그림을 본 미켈란젤로가 그에게 건축가가 되라고 했던 셈이다. 젊은 베네치아 사람이 루소에게 했던 조언을 상기해볼 수 있다.

"장 자크, 여자 좀 멀리하고, 수학 공부를 하게나."

바사리에게는 상당히 위험한 재능이 있었다. 즉 무엇이든지 쉽게 했다. 그는 즉흥적, 피상적으로 일을 적당히 해치웠다. 그는 지칠 줄 모르는 다작으로 일관한 경력으로 얼마나 많은 화폭과 템페라, 벽화를 그렸는지 알 수 없지만 아무튼, 졸작을 양산해냈다. 그렇지만 그 많은 작품 중에 걸작이라고 할 만한 것도 없고, 미켈란젤로 제자의 것이라 할 만한 것은 더욱 없다. 미켈란젤로는 형편없는 그림을 서둘러 그려내는 그를 좋아할 리 없었을 듯하다. 1546년 바사리가 교황청 상서국尙書局 대회의실에 거대한 프레스코 벽화를 그렸을 때, 그곳에 초대받은 미켈란젤로는 그것이 단 백 일 동안에 그려졌다는 이야기를 들었다. 미켈란젤로는 짧게 "그렇게 보이는군"이라고 혹평했다.

미켈란젤로의 예술관은 완전히 다르다. 그래서 그가 '신성하다'라는 소리를 들었지만, 그가 하느님을 창조의 속도로 모방해서가 아니다. 시스티나 예배당과 파울리나 예배당 그림을 그는 수십 년간 그려야 했다. 그는 숙고하고 밑그림을 그리고 준비하고 연구하고 다시 시작하곤 했다. 시간이 없이 되는 일은 없다는 격언을 가슴에 새기면서⋯.

바사리는 이와 완전히 달랐다. 그는 어디에서나 무슨 일이나 주문을 받았고, 겹치기 계약으로 작업하곤 했다. 미켈란젤로는 죽치는 기질이었다. 볼로냐와 베네치아 체류를 제외하곤, 그는 일생을 피렌체와 로마에서 살았다. 바사리는 반대로, 이탈리아를 위아래로 돌아다녔고 그 나라 구석구석에 작품을 남겼으며, 아주 벽촌까지 찾아다니며, 주제를 가리지 않고 닥치는 대로 주문을 소화했다.

미켈란젤로는 거의 언제나 혼자 일했다—1511년에 피렌체 화가들을 갑자기 돌려보낸 일을 기억해보자—그러나 바사리는 조수를 줄줄이 끌어들였고, 이를 두고 란치는 재치 있게 그가 지은 집에서 일했던 석공보다 더 많은 화가를 조수로 채용했다고 했을 정도였다.

미켈란젤로는 바사리를 예술가로 인정할 수 없었다. 그는 자신과 너무 달랐다. 게다가 인간적으로도 그를 좋아할 수 없었다. 그의 태도는 솔직히 털어놓지 않는 꿍꿍이를 항상 숨겼지만 그렇다고 우리까지 속이지는 못한다. 미켈란젤로는 자유를 갈구했고 메디치가를 거의 좋아하지 않았으면서도 오랫동안 봉사할 수밖에 없었지만, 반대로 바사리는 조신이자 메디치 가문 출신이었다. 어려서 그는 이폴리트와 알레산드로 메디치의 후원을 받았다. 피렌체가 함락된 시절에 그는 볼로냐로 피신했고 카를 5세를 기리기 위한 축제용 장식에 참여했다. 피렌체에서 자신의 자유를 앗아갔던 바로 그 사람을 위해서 말이다. 게다가 피렌체의 보루 공사를 하면서 독재자 알레산드로에게 봉사했다는 사실은 부오나로티가 보기에 더욱 심각하다. 나중에, 그는 코시모 대공의 시종이 되었다. 바로 미켈란젤로가 프랑수아 1세의 검으로 추방하길 바랐던 인물이다.

미켈란젤로는 바사리를 역겨운 가면을 쓰고서 독재자에 봉사하는 충견으로 보았을 것이다.

게다가 바사리는 자기가 모시는 군주의 이름을 내세워 그를 피렌체로 되돌아오게 하려고 끊임없이 귀찮게 굴고 괴롭혔다.

다른 한편, 미켈란젤로는 진지하고 극적인 신앙심의 소유자였다. 바사리는 비록 수많은 그리스도와 동정녀 상을 그렸으며, 고위성직자와 수도사를 친구로 삼았지만, 단 한 번만이라도 열렬하고 심오한 독실함을 보여주지 못했다. 바사리는 거래 관계 이상으로 피에트로 아레티노의 친구이자 찬미자였다―그는 아부하는 편지와 시를 보냈다―최후의 심판 문제로 부오나로티에게 오물을 끼얹으려 했던 이 음흉한 아레티노 말이다.

이 모든 이유를 따져볼 때, 나서기 좋아하는 이 아레초 청년이 미켈란젤로의 마음에 들었을 리 없다. 그는 심지어 그에게 맞서려 했다고도 할 수 있다. 바사리는 과장된 칭송을 했지만 미켈란젤로의 집을 자주 왕래했던 사람 중에서, 자신의 성격을 가장 드러내지 않았던 사람이다. 이 거장은 그에게 상당히 점잖고 약간 지나칠 정도로 신중한 태도를 보여주었지만, 그를 결코 좋아하지 않았음은 확실하다고 하겠다.

바사리는 1560년 4월 9일에 코시모 데 메디치에게 로마에서 부친 편지에서 미켈란젤로와 오랜만에 재회했을 때 자신을 정답게 반색했다고 말하지만, 그 거장이 당시 여든다섯 살이었고 바사리는 공작의 눈에 이런 영예로운 우정을 과시하려 했다는 사실을 잊지 말아야 한다.

바사리가 어려서부터 미켈란젤로를 알았다고 자랑하지만, 1550년 이전까지 단 한 통의 편지도 받은 적이 없었다는 사실도 주목하지 않을 수 없다. 그 뒤 1557년까지 바사리는 열일곱 통의 편지를 받았으나 그것이 전부였다. 1550년 8월 1일의 첫 번째 편지는 바사리가 보낸 세 통의 편지에 대해 마지못해 쓴 답장이었다. 이 편지는 교황이 원하던 작업에 관한 것이었다. 즉 미켈란젤로에게 감독을 맡기려는 것이었으므로 그 답장은 불가피했다. 바사리는 1550년에 이미 무시할 수 없는 인물이 되어 있었다. 그는 코시모 1세의 신임을 받았고 또 같은 해 교황으로 선출된 파울루스 3세의 총애를 받게 되었다. 그리고 이해에 우리가 아는 한 그의 최상의 작품이라고 할 수 있는 그 유명한 『예술가 열전』의 초판을 출간했다. 그는 이렇게 단기간 내에 예술계에서 막강한 영향력을 쥐게 되었다. 미켈란젤로는 일흔다섯의 나이였어도, 그에게 답장을 해야 했고 정중하게 대해야 했다.

바사리의 편지와 그가 쓴 이 거물의 전기에는 당시 풍습대로 엄청난 찬사가 담겨 있었지만, 부오나로티는 이와 같은 낚시에 걸려들지 않았다. 사람들이 지나치게 그를 숭배했을 때, 그는 자신만의 독특한 방식에 의존했다. 즉 그는 자신이 받은 것 이상의 찬사로 되돌려 갚으면서, 냉소와 패러디가 빤하게 드러나는 터무니없이 과장된 칭송으로 답하곤 했다. 바사리에게 보낸 첫 번째 편지도 그와 같았다.

"자네의 찬사에 대해서라면, 그토록 고상한 말씀에 답할 방법이 없네. 하지만, 어떤 점에서 내가 자네가 말한 그러한 모습이 되고 싶다면, 나는 자네가 보살피는 하인이나 한 명 있었으면 한다네. 하지만, 자네가 죽은 자를 되살리고 산 자의 목숨을 연장하거나 예컨대, 힘겹게 살아가는 자를 죽음에서 오랫동안 떼어놓는다고 할지라도 놀라지는 않을 걸세."

미켈란젤로가 종종 겸손하기는 해도 이런 그의 언명에는 짓궂은 냉소의 기질이 흐른다는 점은 명백하다. 바사리의 『전기』를 읽고 나서 그에게 써준 소네트에서도 그런 냉소가 흐른다.

그대의 문체와 색채가

자연에 따른 예술과 대등하다면

그 성질이 다소 달라졌으니

이는 그대가 그것을 가장 아름답게 만들었기에….

조예 깊은 솜씨로

종이를 더럽히며 담아낸 더욱 그럴듯한 작업에서

자연의 일부를 잃은 것이 장점이네.

타인에게 생명을 주면서, 그대는 그 생명을 완전히 앗아가네.

인간의 어떤 일보다 예술을 가장 귀히 여기는 미켈란젤로에게, '종이를 더럽히는' 것은 사실상 화가에게 '가장 품위 있는 일' 일 수밖에 없다. 이와 같은 지적은 마침내 그의 마음에서 우러나오지 않았고, 그의 머리에서 솟아난 감사의 모든 가치를 제거하기에 충분하리라.

부오나로티가 바사리에게 부친 또 다른 몇 줄의 편지도 지극히 정중하지만, 전혀 정을 주지는 않는다. 그는 우르비노의 사망과 그 뒤를 이은 스폴레토의 사망을 전한다. 그는 몇 편의 소네트도 보내지만, 그것은 특히 산 피에트로 인 몬토리오와 피렌체 산 로렌초의 도서관의 묘소를 주제로 짧게 적었다. 다른 몇 통은 피렌체 초대를 정중하게 사양하는 편지이다.

바사리가 미켈란젤로에게 부친 편지 몇 통이 전해진다. 1554년부터 1563년 사이에 쓰였다. 어떤 것은 거장에게 고국으로의 귀환을 간청한다. 그중 하나는 교황이 지급할 보수에 관한 것이다. 또 다른 한 통은

142

젊은 프란체스코 데 메디치 공작의 로마 여행을 공식적으로 알린다. 그리고 유명한 예언자 가브리엘레 피아마를 소개하는 것이 있다.

이 모든 편지는 아부하는 구절로 가득하지만, 정말로 거장을 이해하고 사랑하는 사람의 것답게 자연스레 진심에서 우러나온 말은 전혀 찾아볼 수 없다.

바사리의 미켈란젤로 찬미에 일부 진지한 면이 없지는 않다. 그러나 이런 찬사는 허세와 부정확하고 항상 무모한 계산이 섞여 있다. 그가 이 신과도 같은 인간의 제자이자 친구라고 뽐내듯이, 위대한 광채로 자신을 비추길 기대한다.

1550년에 바사리가 발표한 미켈란젤로의 전기는 그를 대단히 칭송했지만, 미켈란젤로를 기쁘게 하지 않았다. 잘못된 부분 때문이기도 하지만, 다른 오류도 보였기 때문이다. 바로 바사리가 쓴 자신의 전기에 대한 이런 불만 때문에, 미켈란젤로는 콘디비에게 일종의 자서전을 받아쓰게 하고서, 1553년에 출간하게 했고, 그렇게 해서 콘디비는 바사리가 반박하는 대상이 되었다. 바사리는 그 자서전이 무슨 말을 하려고 했는지 잘 이해했던 만큼, 자신의 전기 제2판에서 콘디비를 도용하면서도, 감히 거장에게 책임을 돌리지는 못했고, 자신의 울분을 이 '리파트란소네'•의 온화하고 성실한 제자에게 쏟아 붓는 데에 그쳐야 했다.

당시, 예술가라면 누구나 운문을 지었고 바사리도 마찬가지였다. 그런데 여기에서도 다시금 그의 수준이 드러난다. 그는 때때로 뛰어난 송가를 짓곤 했지만, 시인의 자질은 전혀 없었다. 그는 미켈란젤로에게

• 반도 중동부 해안의 마을, 콘디비의 고향.

바치는 소네트를 지었다. 그는 거장에게 헌정한 또 다른 시 한 수도 지었지만, 첫 번째 3행에서 그쳤다. 그리고 미켈란젤로의 사망을 애도하는 소네트도 지었다. 이 모든 운문에서 진정한 사랑과 고통의 자취는 없다. 감흥에 취한 이미지의 비약과 광채도 없다. 밋밋하고 김빠진 11음절 시로 표현된 평범한 것들이다. 부오나로티의 사망에 바친 소네트를 보자.

이 사람, 살아서는 세상의 영광이었네.
위대한 그림으로 이제 그는 천국에서 놀고 있네.
신성한 천사도 위대한 찬가를 부르는 성자들처럼
가장 무딘 가슴도 녹여버릴 억양으로 노래하네.

또 다른 소네트는 미켈란젤로가 살아 있을 때 지은 것인데, 이렇게 끝난다.

그대는 내 지도자, 그대가 내 속에
영광과 성공의 거대한 욕망을 심어주었네.
오직 그대를 통해서 나는 영원히 유명하리니.

이 마지막 3행에서, 일말의 진실이 엿보이지만, 늘 그렇듯이 과장이 심하다. 바사리는 항상 우리에게 살아 있을 것이다. 비록 그 전부를 믿음직하지는 않더라도 어쨌든, 그토록 상세한 부분을 수집했던 그의 『전기』 덕분이다. 그런데 그가 우아하고 낭랑한 멋진 토스카나의 억양

144

으로 편찬한 『전기』는 때때로 장황하기도 하고 혼란스럽기도 하지만 어쨌든, 솔직하고 생생하다. 미켈란젤로의 전기작가와 숭배자들이 그에게 크게 고마워하고 있음은 분명하다. 그가 미켈란젤로에 대해 쓴 것에 대해, 비록 그가 기록해두었다고 주장하지만, 지금은 유실되고 없는 거장과 직접 나눈 대화에서 건져낸 예술론이 출간되지 못했던 것을 용서할 수 없더라도⋯.

불행하게도 바사리의 혼과 그의 예술적 자질은 미켈란젤로와는 너무나 거리가 멀다. 그들 사이에는 게으르고 믿을 수 없는 전기작가들이 상상했던 것과 같은 진정한 애정도 친밀감도 없었다.

128
빈도 알토비티

바사리는 자신의 『회고록』에 이렇게 적었다.

"1543년 11월 12일 나는 빈도 알토비티 씨에게 에로스와 알몸의 베누스를 그린 그림을 건네주었다. 그랬더니 그는 어쩔 줄 몰라 하면서 그 그림에 입을 맞추었다. 미켈란젤로 부오나로티가 그렸다며."

이 빈도 알토비티는 누구일까? 거장에게 그토록 음란한 이교도적 장면을 그려달라고 주문했던 이 사람은 누구일까? 오직 페라라 공작 알폰소 데스테만이 1530년에 그토록 곱고 관능적인 여인인 레다를 그려달라고 설득했을 뿐이었는데 말이다. 그렇다면, 알토비티는 어떻게 그 그림을 얻었을까? 베누스의 나신裸身을 그린 소묘는 1542년 것일 듯하다. 부오나로티는 당시 예순일곱의 나이로 조금 전에 시스티나의 「최후의 심판」에 들어갈 사자와 부활한 자에 대한 수수께끼 같은 거대한 장면을 끝낸 참이었다. 그렇다면, 어떻게 그가 거의 꽉삭 늙어버린 나

146

이에 "종말의 날"을 끔찍하게 환기시키고 나서 베누스의 나신을 그리게 되었을까? 폰토르모의 모사화를 볼 때, 마치 애인에게서 받는 입맞춤처럼 쾌락에 신음하는 표정으로 아들의 입맞춤을 받는 것을.

알다시피, 미켈란젤로는 기독교적 시각과 이교도적 향수 사이를 끊임없이 오갔다. 아마 여기에서 그는 죽음의 쓰라림에 맞서는 삶의 부드러움을 상기하면서 사랑하는 사람과 사랑의 신의 달콤한 나신을 그리는 가운데 고통에 사로잡힌 천벌 받은 자들과 이를 가는 악마들의 악몽을 뿌리치고 싶어했을지 모른다.

그는 또 여러 사정 때문에, 그가 존중할 수밖에 없었던 사람의 간청과 약속 때문에 마지못해 그런 그림을 그렸을 수도 있다.

역사가들은 안토니오 알토비티의 아들 빈도에 대해 거의 침묵한다. 그는 예술 후원자인 거물급 상인으로 16세기에 메디치가의 사건으로 망명했는데, 그의 삶에 대한 기록은 거의 없다. 『이탈리아 백과사전』에도 그의 가족에 대한 것은 있지만, 그에 대해서는 단 한 줄도 없다. 빈도 알토비티는 피렌체에서 1491년에 태어났다. 항상 자유를 지지했고 예술가를 후원했다. 1517년에 그는 라파엘로에게 자신의 초상을 부탁했다. 이 초상은 그가 그린 것 가운데 가장 감탄할 만하다. 라파엘로는 그에게 지금은 피렌체에 있는 「베일의 동정녀」도 그려주었다.

나중에, 프란체스코 살비아티와 산티 디 티토 또한 알토비티의 초상을 그렸으며, 벤베누토 첼리니는 지금은 미국에 있는 훌륭한 그의 청동 흉상을 제작했다.

그는 피렌체의 마지막 공화정에서 '200인 위원회'의 일원으로 활동했다. 그는 피렌체가 함락되자 로마로 피난을 가서 은행가요 상인으로서 엄청난 부를 쌓았고 망명객을 크게 도와주었는데, 그중에는 1537년 독재자를 암살했던 로렌치노도 있었다. 그는 산탄젤로 다리 근처에 티베레 강변에 아름다운 궁전을 지었고, 바사리를 비롯한 당시 유명한 미술가들에게 그 장식을 맡겼다. 그를 비난하던 코시모 공은 그가 교황청의 보호를 받는 로마에서까지 그에게 복수하려고 했다. 그는 이 '영원의 도시'〔로마〕에서 신망이 두터워 의원이라는 고위직을 맡을 정도였다. 코시모 공작이 1555년 시에나 정복 길에 올랐을 때, 알토비티는 조국의 이 독재자를 전복하려고 자신의 사병私兵을 이끌고서 키아나 계곡으로 침투해서 메디치 사람을 역공하려고 했으나, 마르치아노에서 그의 병사들은 공격을 받고 뿔뿔이 흩어졌다. 코시모가 승리하고 나서 로마로 되돌아온 그는 반역자로 공표되고 전 재산을 몰수당했다. 그는 얼마 뒤 1556년 회한에 젖은 채 사망했다.

알토비티는 승승장구하던 시절에 미켈란젤로와 친했다. 미켈란젤로는—모레니에 따르면—알토비티를 위해서 매우 아름다운 메달을 새겨주었다. 그 전면에는 이 공화파 예술 후원자의 옆모습이, 이면에는 둥근 기둥에 기댄 여인이 새겨졌다. 어쨌든, 현대 평론가들은 이 메달을 첼리니가 만들었다고 평가한다. 미켈란젤로는 그를 아주 좋아했음이 분명하다. 그는 시스티나 소묘를 몇 점 그에게 선물했다. 이 선물은 위대한 신사가 또 다른 신사에게 한 선물이다.

미켈란젤로는 예수에 대한 알토비티의 사랑을 존중했으며, 피렌체의 자유를 위한 열렬하고 적극적인 활동에 대해선 더욱더 그러했다. 이는 분명히 단순히 이익을 좇으려는 욕심이 아니라, 이 관대한 망명객에 대한 참된 애정이었다. 그는 관능적인 베누스도 망설이지 않고 그려주었다.

129
프란체스코 마리아 몰차

미켈란젤로의 친구들이 모두 건전했던 것만은 아니다. 타락하고 비정
상적인 경우가 프란체스코 마리아 몰차였다. 도대체 미켈란젤로가 정
말로 그의 친구였을까?

이 모데나 출신의 시인은 베르니와 세바스티아노 델 피옴보와 막역한
사이였다. 서로 친구인 이들의 중개로 그는 이 엄격한 거장에 접근했
다. 베르니는 델 피옴보에게 부친 유명한 편지에서—사실 미켈란젤로
에게 부친 것인데—몰차에 대해 큰 애정을 표했다.

신부님, 나 대신, 빌어주오.
고결한 몰차,
아무 연유도 없이 날 망각한 대단한 악당을.

미켈란젤로는 프라 바스티아노의 사제라는 이름으로, 또 다른 해학
적 시로 답변했다. 그는 몰차를 지칭하는 대신 에둘러 가리켰다.

메디치 왕자 댁의 가장 샘나는 비밀을 간직한 사람에게
미처 만나지 못했지만
그가 신부님이었다면 그로서는 대단히 좋을 텐데.

몰차는 이 무렵 즉 미켈란젤로의 친구이자 찬미자 이폴리트 메디치〔클레멘스 7세의 아들〕의 시종이었다. 몰차에 대해 암시하는 다른 어떤 부오나로티의 시나 편지도 없다. 그가 그토록 추문에 얼룩지고 평판이 나쁜 사람을 친구로 삼으려 했다고 생각하기는 어렵다.

몰차는 아주 젊은 시절에 이미 모데나에서 자기 마누라와 네 자녀를 팽개치고, 당대인의 증언에 따르자면 로마로 와서 일종의 막 나가는 돈 주앙 같은 망나니가 되었다.

그는 수십 명의 여자를 사랑하고 정복하고 놀아나고 버렸다. 즉 화류계 여자, 대부인, 소시민, 귀족, 이탈리아와 에스파냐 여자 등 가리지 않았다.

그와 정을 통했던 한 여인은 당시 그를 '못된 프랑스 놈'이라고 불렀다. 배신당하고서 질투에 불탄 애인의 칼에 피습당한 사건으로 그는 잠시 로마를 떠나 있어야 했다. 음탕한 떠돌이 생활에 방탕은 만성적이었지만, 알레산드로 추기경은 그를 아끼고 보호해주었고 이폴리트 데 메디치 추기경은 1529년부터 1535년까지 그를 곁에 두었다. 그는 재능이 있었고 「티베레의 요정」이라는 시에서 유연하고 풍부한 기질을 보여주었다. 그리고 다른 한편, 16세기 가장 음란하고 외설적인 글을 짓기도 했다. 플라톤주의자 부오나로티가 그의 글을 읽어보기라도 했다면 틀림없이 역겨워했을 듯하다. 만년에도 그의 불행은 더욱 커지기만 했던 데다가 가난에 찌들려 회개하면서 라틴어로 지은 비가悲歌, 「동료들에게」라는 진지한 운문에서 방탕에 빠졌던 과거에 대한 후회와 역겨움을 토해냈다.

미켈란젤로는 아무리 가정해보아도 시인 몰차와 왕래가 없었는데, 그가 이 시인이 표명한 회한의 감정을 모르지 않았다는 점이 이상하다. 1542년 「최후의 심판」이 일반에 공개되었을 때, 몰차는 미켈란젤로에게 두 편의 소네트를 지어 보냈다. 이 소네트는 찬사와 신비로 넘치는 것으로, 거장의 천재성을 인정하는 데에 그치지 않고 그를 정신적 갱생의 살아 있는 모범으로 간주했다.

우리 시대에, 지상의 천사
폴리클레이토스도 아펠레스도 후회하게 하지 않도록
대리석을 그토록 부드럽게 살아 숨 쉬게 하는 그대
온 세상이 그대 것보다 더 아름다운 작품을 볼 수는 없으리.
(…)
오직 그대만이…
그토록 고상하고 눈부신 그대의 작품이 빚어내는 효과로써,
이 세상에 고대의 황금기를 되찾아주네.

이렇게 부오나로티가 그 작품의 힘으로 사람들을 고대의 황금기로 다시 데려갈 수 있다고 했던 몰차는 다른 한 편의 소네트에서 미켈란젤로가 새로운 사고와 행실로 이 가엾은 시인을 이끌 힘도 있다고 했다.

냉혹하고 뜨거운 시련을 뛰어넘은 그대이기에, 용기 없는 비참한 이 가슴,

오직 그대 앞에 머물 때 그 사상에 물들어 내가 완전히 달라질 만큼, 뛰어오르네.

이런 말은 자신을 진정으로 반성한 몰차를 보여준다. 숭배하는 거장의 얼굴과 그 무시무시한 벽화를 보면서 그는 달라졌다. 다시 말해 타락하고 황폐한 자기의 삶을 부인한다.

이 소네트들은 1542년에 지었다. 그의 삶의 변화는 그렇게 늦지 않았다. 1543년 몰차는 모데나의 가족 품으로 돌아갔고 그곳에서 1544년 쉰다섯의 나이로 사망했다.

130
파올리나 예배당

벽화 「최후의 심판」을 끝내고 나서 미켈란젤로는 율리우스 2세의 영묘 작업을 재개할 희망을 품게 되었다. 그것이 축소된 규모의 기념물이 된다면 그는 마침내 고통에 신음하게 되리라. 그러나 파울루스 3세는 '영묘의 비극'을 종결할 그 마지막 계약을 지키도록 해주겠다고 했었지만, 그를 가만히 놓아주려 하지 않았다. 그는 애당초 시스티나에서 제일 나중에 축성된 예배당에 자기 이름을 붙일 생각에서, 미켈란젤로에게 그 장식화를 명했기 때문이다. 조각가는 교황의 의지에 충실하게, 어떤 대가를 치르고라도 그림을 그려야 했다.

심판도가 완성된 지 겨우 1년도 채 못 된 1542년 11월 파올리나 예배당 작업이 시작되었다. 이달에 그 안료를 구입하라고 우르비노에게 8에퀴를 지급했다. 1543년 1월 22일 지스몬도에게도 1에퀴가 지급되었다. 이 사람은 제약사였는데, '미켈란젤로 씨가 그릴 예배당 벽면에 바탕을 칠할 밀랍 작업을 위한 비용'이었다. 같은 해 10월에 파울루스 3세는 교서를 내려 우르비노를 이 교황 예배당의 '청소부'에 임명했다.

이 예배당에 남은 벽화는 두 점뿐이다. 「성 베드로의 십자고행」과 「다마스*」이다. 이 주제를 미켈란젤로가 선택했는지 교황이 했는지 알 수 없다. 화가가 골랐다면 이는 자서전적인 영감에서 비롯되었으리라. 미켈란젤로는 이즈음, 베드로처럼 십자가에 매달리고, 바울처럼 그리스도의 이미지에 혼비백산했다고 느꼈다. 미켈란젤로는 사도행전에서 읽을 수 있는 것과 다르게, 바울을 청년으로 그리지 않고, 늙은이로 그렸고 더구나 그의 얼굴을 자기 얼굴처럼 그렸으니까 그의 기분을 상상할 수 있지 않을까.

그는 율리우스 2세의 상속인과 파울루스 3세가 자신의 망나니들이라는 기분이었을 듯하다. 특히 파울루스 3세는 실제로 그의 삶을 뒤집어 놓았다. 자신의 취향과 의지와 맞지도 않는 힘겨운 작업을 강요하면서 말이다. 그런데 비토리아 콜론나와 수수께끼 같은 대화를 나누던 시절도 이 무렵이다. 미켈란젤로의 '개종'이라고 할 수야 없겠지만, 종교적 위기 속에서 그가 만년의 운문에서 비탄에 잠긴 기도를 드렸음은 확실하며, 「론다니니의 피에타」도 이 무렵의 작품이다.

그가 거의 시큰둥하게 작업에 돌입했음을 엿볼 수 있다. 「최후의 심판」은—이 작업도 강요되었지만—4년 만에 완성되었지만, 파올리나 예배당의 벽화 두 점은 훨씬 작고 힘이 덜 드는 것일 텐데도, 우르비노가 성실하게 도왔지만 8년이나 걸렸다.

이 시절은 힘겹고 병들고 불운했다. 1544년 7월 그는 중환에 걸렸다.

• 오늘날 다마스쿠스 가는 길의 성 바울의 견신見神.

1544년 1월 그의 '우상'이었던 체키노 브라치가 사망했고, 1547년 2월에는 비토리아 콜론나도 떠나버렸다.

1545년 벽화가 상당히 진행되었을 때, 파올리나 예배당 천장이 화재로 훼손되었다. 미켈란젤로는 루이지 델 리치오에게 이렇게 썼다.

"알다시피, 불이 예배당 한구석을 덮쳤지만 이전처럼 순식간에 전체를 덮칠 뻔했네. (…) 비 때문에 그림만 훼손된 것이 아니라 벽도 약해졌지."

어쨌든, 예배당은 보수되었고 그림은 더뎠지만 계속되었다.

같은 해 7월 12일 파울루스 3세는 예배당으로 그림을 보러 나타났지만, 거장은 교황에게 만족하지 않았고, 나중에 로마를 아주 떠나버릴 생각조차 품었다. 그는 피아첸차 다리의 통행증을 분실했지만 누구도 이것을 다시 발급해주지 않았다. 그는 12월에 리치오에게 이렇게 썼다.

"로마를 떠나 다시 오지 않을 수 있다면, 나는 고약하게 로마에 박혀 있느니 차라리 여인숙을 전전하면서 살겠네. 제약만 없다면, 부활절 뒤에 산티아고 데 콤포스텔라*로 떠날 준비가 되어 있네."

정말 진지한 말이었을까? 의심스럽기만 하다. 그렇지만 로마 생활의

• 에스파냐 반도 서북단의 성 야곱의 성지.

지겨움과 의무에서 벗어나 오직 경건한 생각에만 몰입할 수 있는 순례를 떠난다는 생각은 꽤 그럴듯하다. 십 년 뒤 1556년에 그는 정말로 로마를 떠나 순례자로서 로레토 *를 찾아나선다. 그렇지만 순례는 완수되지 못했다. 어쨌든, 일흔 나이에 프랑스와 에스파냐를 거쳐 대서양 연안까지 가겠다는 미켈란젤로의 이 계획의 대담성은 주목할 만하다.

이와 동시에 미켈란젤로는 율리우스 2세의 영묘를 산 파올로 푸오리 레 무라 *에 세울 꿈을 꾸었다. 하지만, 그는 로마 보루 공사에 매달려야 했고, 파르네세 궁의 거대한 엔타블러처[건물 지주 윗부분에 가로로 얹힌 구조]를 완성해야 했다. 1546년 상갈로가 사망하면서 그는 파르네세 궁과 보르고 보루 공사를 인계받았기 때문이다. 1547년에 산 피에트로 재산위원회는 그를 공식 건축가로 임명했다. 그러나 같은 해에 그는 단지 원개만 구상한다. 그에게 맡긴 이 모든 일에 대비하기에는 벅찼다.

1548년 그의 집안에도 새로운 불행이 닥쳤다. 동생 조반 시모네가 사망했다. 1549년에 다시 건강에 이상이 생겼다. 그는 돌 때문에 얻은 병에 시달렸다. 1549년 11월 10일에 파울루스 3세가 사망하고 교황의 조카 파르네세 추기경은 그에게 그 묘 작업을 맡겼다. 파올리나 예배당의 벽화는 1550년에야 마침내 완성되었다.

부오나로티의 이 마지막 벽화를 냉랭하게 혹평하는 평론가들은 그가 그것을 그리던 여덟 해 동안 고통과 쓰라림을 겪으면서 과로하면서 살

• 이탈리아 중동부 마르케 해안 지방의 순례 성지. 동정녀 봉헌 제단으로 유명하다.
• 로마 교황청의 4대 성당 중 하나.

아야 했다는 점을 충분히 고려하지 않는다. 병이나 다른 일 때문에 중단되기도 했던 사정을 고려하고서 모든 것을 헤아려볼 때, 미켈란젤로는 불과 몇 개월밖에 작업하지 않았다. 어떤 사람들이 거기에서 피로의 자취를 찾아내기도 하지만, 이는 화가가 늙었기 때문이라기보다—그것을 끝냈을 때 그는 일흔다섯이었다—그 제작 기간중에 끊임없이 시달렸던 우울함과 공교로운 일 때문이었을 것이다.

어쨌든, 파올리나 예배당 벽화가 미켈란젤로 작품답지 않은 면은 전혀 없다. 수리하기 몇 해 전에는 매연으로 시커멓고 심하게 손상되었기 때문에, 그것을 판단하기 어려웠다. 원래의 빛을 드러낸 지금, 그것은 재능이 전혀 줄어들지 않은 늙은 화가의 조형적, 상상적 능력을 충분히 증언한다. 성 베드로의 십자가 곁의 여인들과 그곳으로 달려오고, 성 바울이 바닥에 자빠져 있는 동안 달아나는 사람들의 그림자는 극적 긴장과 참신한 자세에서 「최후의 심판」에서 보는 최상의 부분에 결코 뒤지지 않는다.

바울의 개종에서 미켈란젤로의 회화에서는 보기 드문 풍경이 보인다. 오른쪽 위로 언덕 너머로 멀리 신비스러운 도시가 감지된다. 다른 부분과 따로 떼어놓고 본다면 끝에 가서는 현대 화가 폴 세잔이라도 감격했을 듯하다.

제7부

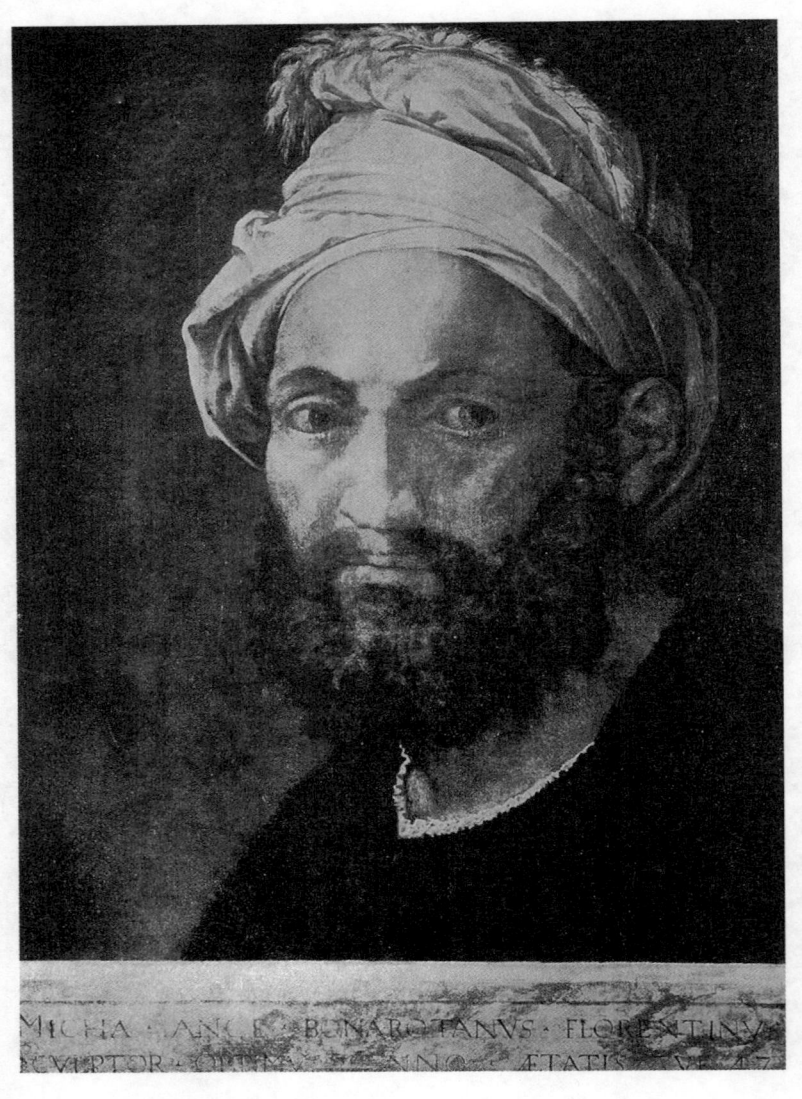

「미켈란젤로 초상」, 루브르 소장, 파리
오를레앙 미술관에서 18세기에 출현했던 것이 바로 이 초상일 것이다.
그때는 세바스티아노 델 피옴보의 작품으로 간주했다.

131
티치아노

미켈란젤로 전기작가들은 그와 티치아노 베첼리오의 관계에 거의 관심을 두지 않았다. 티치아노는 라파엘로와 함께 당대의 가장 천재적이고 영예로운 화가 아니던가. 우리가 아는 한, 이 두 사람은 서로 알고 있었고 서로 인정했다. 더구나 부오나로티는 베첼리오의 예술을 알고 감탄했다.

두 사람은 거의 동시대인이다―미켈란젤로보다 단 두 살 어린 티치아노는 열두 해를 더 살았다―두 사람 모두 작은 산촌에서 태어났고 교황과 군주의 총애를 받았다. 두 사람 모두 아주 늙어서까지 지칠 줄 모르고 일했으며, 고상하고 깊은 신앙심을 보였다.

두 사람은 1529년 8월이나 9월쯤 처음 만났을 것이다. 미켈란젤로가 베네치아에 두 번째로 체류했을 때. 이해에 티치아노는 만토바와 페라라를 방문했지만, 8월 전에 귀가했다. 미켈란젤로는 페라라에 들렀고 그곳에서 알폰소 공작은 보루와 포대는 물론이고 자기 궁전의 소장품도 보여주었는데, 그중에 티치아노가 그린 공작의 초상도 있었다.

1517년이나 1518년 작일 이 초상은 지금 모사화만 전해진다. 그것을 보고서, 미켈란젤로는 예술이 이런 높은 완성의 경지에 달할 수 있는지 믿어지지 않는다면서, 오직 티치아노만 화가로 불릴 자격이 있다고 덧붙였다.

부오나로티는 쉽게 감탄하는 사람이 아닌 만큼, 이는 아마 그가 예술가에게 발설한 것으로는 가장 훌륭한 찬사라 하겠다.

베네치아에 도착해서 그는 친구를 통해서 티치아노를 개인적으로 알고 싶어했었다고 추론할 수 있다. 어쨌든, 이들은 1543년에 티치아노가 파울루스 3세의 초상을 가져다주느라고 로마를 찾았을 때에 만났던 것이 확실하다—교황은 이 두 거장을 아주 좋아했다—그때 그는 8월까지 그곳에 머물렀다. 미켈란젤로는 파올리나 예배당 벽화를 그리던 중이었고, 성 바울의 고상하고 고뇌에 잠긴 얼굴에서 티치아노의 관상적 특징을 알아볼 수 있을 듯하다.

두 예술가는 1545년 티치아노가 로마를 다시 찾아오고, 파울루스 3세가 그를 벨베데레 별장에서 환대했을 때에 더 깊이 알게 되었다. 1545년 말에 미켈란젤로는 중환으로 친구 루이지 델 리치오의 집에서 묵었지만, 1546년 초에는 회복했고 3월에는 로마 시민증을 얻었다—티치아노와 같은 날 같은 영예를 얻었다. 피렌체의 예술가와 카도르[•]의 예술가는 이렇게 3월 19일 파울루스 3세의 조언에 따라 로마 시민이 되었다.

• 북부 지방 티치아노의 고향.

이즈음, 미켈란젤로는 바티칸으로 티치아노의 최신작을 보러 가려고 했다. 이 만남에 대해 바사리는 이렇게 증언한다.

"미켈란젤로와 바사리는 벨베데레로 티치아노를 찾아가 방금 막 끝낸 그림을 보았다. 벌거벗은 다나에가 가슴에 황금 빗줄기로 변한 주피터를 안은 모습이었다. 바로 작가가 앞에 있었던 만큼 그는 감탄사를 연발했다. 부오나로티는 크게 찬사를 보내면서 색채와 스타일이 너무나 마음에 든다고 했다. 그리고 베네치아에서는 사람들이 소묘를 배우는 것으로 시작하지 않는다며 아쉬워하면서 화가들도 그것을 더는 배려하지 않는다고 덧붙였다. 사실상, 그는 만약 이 화가가 소묘의 도움을 더 받는다면, 얼굴의 특징을 그려내는 그 높은 수준을 타고났던 만큼 누구도 그를 능가할 수 없다 했다. 영감이 넘치고 매력적이고 생기로 가득한 수법이 있으니까."

이런 찬사는 그가 여기에서도 알폰소 페라라의 초상을 보았을 때 그렇게 했던 것처럼 절제하고는 있지만 노골적이다. 이 「다나에」는 현재 나폴리에 있다. 티치아노의 가장 완벽하고 복 받은 걸작이다. 또 이 '벌거벗은 여인'의 관능적 우울함이 '레다'를 그린 화가를 거북하게 할 수 없었을 것이다. 만인이 지켜보는 앞에서 진실을 거침없이 토하곤 했던 미켈란젤로가 바사리가 '작가가 앞에 있었던 만큼'이라면서 짓궂게 비틀려고 했던 것처럼 점잖게 돌려서 칭찬하지는 않았을 듯싶다.

반면에, 진지하지 않은 것을 싫어했던 부오나로티는 그런 위선을 부릴 줄 모르지 않았을까. 1529년과 1546년 판단 사이에 모순은 없다. 닮

163

은 모습을 그려야 했던 알폰소 공작의 초상에서 소묘는, 그 매력이 전적으로 색조와 색과 명암의 계조에 실려 있는 주피터의 관능적 애인의 황금 빗줄기에 쓰러진 육체에서보다 더욱 역동적이고 정확하다.

그렇지만 토스카나 출신이자 조각가로서 부오나로티는 바로 이 점에서, 베네치아 화가와 구별되는 모든 피렌체 화가의 공통점인 소묘에 대한 이론과 실제에 대한 편향을 잊을 수는 없었다. 그는 일찍이 베네치아 화가 세바스티아노 델 피옴보에게 소묘를 그려주면서 소묘와 색의 종합을 성취하려고 애썼지만, 티치아노의 작품은 초상화에서만 이따금 이 카도르의 거장에 비견되곤 했던 이 '수도사[세바스티아노]'의 작품보다 훨씬 뛰어나다고 고백할 수밖에 없었다.

그러면, 티치아노는 미켈란젤로의 예술을 어떻게 생각했을까? 그는 이 문제에 대해 어떤 정보도 남겨놓지 않았지만 아레티노와 절친했던 만큼 그가 최후의 심판 벽화에서 해부학적 솜씨가 과도하다고 생각했을지 모른다. 그런데 오늘날, 우피치 미술관 소장품으로 그의 것으로 간주하는 메디치 묘의 인물상에서 영감을 얻은 소묘 몇 점처럼 더욱 극적인 성격의 작품에서 미켈란젤로의 영향은 분명히 보인다.

이 두 '왕자'의 천재성은 이질적이며 상반된다. 미켈란젤로의 천재성은 차분한 티치아노보다 더욱 복합적이고 비극적이며 순발력에 넘친다. 티치아노는 오직 화가였다. 태생적으로나 본능적으로나 화가였을 뿐이다. 미켈란젤로는 각 옷 주름과 자세와 동작에서 인간의 신성한 육체와 영혼의 드라마를 폭로하며, 티치아노는 색채와 음영의 힘으로써 인간의 관능적이며 영적인 아름다움을 발견한다.

132
밤이 말하다

미켈란젤로가 메디치 묘 작업을 할 때 그에게 접근했던 사람 중에 당시 아직 신참으로서 『대리석』, 『세계』를 써낸 문인을 잊지 말아야 한다. 그는 안톤 프란체스코 도니라는 16세기 피렌체가 낳은 가장 공상에 넘치고 제멋대로인 인물로서, 그의 활달한 상상력은 이내 이 가장 유명한 동포의 작품에 사로잡혔다.

도니는 어린 시절에 산티시마 아눈치아타의 성모 마리아 종복회에 가입했고, 그곳에서 조반니 안지올로 몬토르솔리를 만났는데, 산 로렌초 제의실에서 일하던 바로 이 사람의 소개로 미켈란젤로에게 접근할 수 있었다.

그가 미켈란젤로를 개인적으로 알았다는 사실은 도니가 그에게 1543년 1월 1일에 피아첸차에서 쓴 편지로 미루어 알 수 있다. 그는 이렇게 밝히고 있다.

"선생님도 알다시피, 내 마음은 진정 선생님 것입니다. 선생님과 그 작품을 모르느니 차라리 다른 모든 것을 모르는 편이 나을 겁니다."

그러고 나서 그는 과장되기는 했지만 어쨌든, 진지하게 끝없는 찬사를 늘어놓았다.

"선생님의 대리석은 그 색채도 그렇지만, 신과 같은 영광과 감탄을 살 만합니다. 경배를 받아 마땅하고, 영생을 얻어 천사들이 천국의 가장 훌륭한 자리로 인도해야 합니다."

이 편지로 미루어 도니가 메디치 묘의 석상을 얼마나 좋아하고 또 감동했는지 알 수 있다.

"산 로렌초의 제의실은 황홀하기만 합니다. 그것에 감탄하는 사람의 영혼을 뿌듯하게 하지요. 게다가, 그 오로라 상은 그것을 껴안는 즐거움을 위해서라면 이 세상의 가장 신성하고 아름다운 여인마저 내팽개치게 할 것입니다. 그 오로라 상에서, 저는 자연이 우리를 위로해주는 오만 가지 것 가운데 가장 큰 평온을 찾았습니다."

벌떡 일어나 말을 할 듯하다고 상상했던 「밤의 우상」이 특히 그를 사로잡았다.

"수천 번씩이나 저는 그녀가 천국에서 태어난 여신으로 상상했습니다. 제가 만약 어느 날 선생님을 모시고 그 상들을 보러 간다면, 그

상들이 당신의 모습에 깨어 일어나 경의를 표하지 않을까 하는 생각마저 서너 차례 들었습니다. 저는 선생님을 신과 같이 여기고 있습니다—우리 종교적 신앙에는 용서를 구하면서요[유일신을 숭배하는 기독교도의 신앙으로는 당치 않은 신념이니까].—하느님께서 지상의 진흙으로 아담을 빚고서 생명을 불어넣었듯이, 선생님이 원하신다면, 그토록 많은 재능을 주신 하느님의 힘으로써, 선생님의 그 지성과 솜씨를 드러내는 자세로 조화롭게 뼈와 살이 붙은 이 위대한 상들에 혼을 불어넣으실 수 있을 테지요. 그것을 주시하는 사람은 그것을 이해하게 되면서, 상들과 비슷하게, 대리석처럼 굳어져 더는 숨도 쉬지 못하고 옴짝달싹하지 못하게 되고 맙니다."

도니에 따르면, 미켈란젤로가 조각한 인물상은 그것을 바라보는 사람이 너무 감동한 나머지 돌이 될 정도로 생동한다는 것이다.

도니가 이 편지를 쓸 무렵, 그는 서른 살이었지만 메디치 묘의 위세에 취한 몽상 때문에 정신마저 잃지는 않았다. 왜냐하면 10년 뒤 『대리석』(1551~1553)에 그는 「피렌체인과 순례자의 대화」라는 흥미로운 글을 실었는데, 거기에서 그는 다시금 더욱 자유스러운 화법을 즐기면서, 이 생생한 조각의 주제로 되돌아오기 때문이다. 피렌체 사람과 순례자가 미켈란젤로의 입상에 감탄해 마지않는 반면, 도니는 「오로라」의 우상이 이렇게 말했다고 해설한다.

"몇 해 전에 어떤 고상한 사람이 미켈란젤로와 함께 나를 찾아왔었다. 아주 천천히 우리를 주시하더니 그는 눈길을 나의 누이 '밤'에게 돌렸다가 한동안 얼어붙을 만큼 얼이 빠졌다. 미켈란젤로도 그것을 알아차렸으나 방해하지 않았다. 왜냐하면 그로서도 하느님이 빚은 인물에 대해서는 권한이 없었기 때문이다. 오직 그 자신이 빚은 상에나 권한이 있지. (…) 마침내 '밤'에 다가서면서 미켈란젤로는 그녀를 깨워 머리를 쳐들게 했다. 그러자 그때까지 실신한 듯이 꼼짝하지 않던 그 사람은 입상이 움직이는 것을 보고 듣고서, 이 신성한 사람 덕에 정신을 차리게 되었다."

도니가 묘사한 방문객은 조반니 스토로치일 것이다. '밤'에 대한 유명한 마드리갈을 지은 사람이다. 미켈란젤로 또한 유명한 시로써 응수했다. 그런데 묘의 입상이 깨어나 말한다는 전설을 처음 지어낸 사람은 미켈란젤로가 그것을 조각하던 현장을 보았던 도니였을 것이다.

카를로의 아들 조반니 스토로치는 1517년에 태어나 1570년에 사망했다. 그는 메디치 궁정의 수많은 아카데미 시인의 한 사람이다. 비록 그 가문의 적대자 아들이었지만 말이다. 그는 '데 위미드 아카데미' 회원으로 시인이라기보다 학자였다. 신제의실의 「밤」에 대한 그의 마드리갈이 입증하듯이….

미켈란젤로가 도니에게 답을 한 적이 없었고, 단지 '기교파 아카데미' 회원들에게 4행시 한 수로만 응답했다는 사실은 이상하다―도니는 스토로치보다 더 독창적이고 활달한 지성인이었는데 말이다.

잠은 소중하네. 죄와 수치가 지속하는 한
돌처럼 굳어지는 것보다 더욱 소중하네.

보지도 듣지도 않는 것이 큰 행복이네.

그래서 나는 깨어나지 못하는가, 아! 나직하게 말해다오.•

사실 이 4행시는 이 사람이나 시인 모두에게 대단한 명예는 못 되었다. 그 대단히 꾸준한 인기를 생각해보면 놀랍다. 부오나로티는 평범한 스트로치와 비슷한 수준이었고, 또 도니의 '대발견', 즉 「밤」의 우상이 깨어날 수 있음을 알았다는 것을 은연중에 인정한다. 그러나 그토록 깨이고 서글픈 미켈란젤로가 어떻게 자기 입상이 움직이지 않고 차갑게 잠들기를 바랄 수 있을까? 죄와 수치라는 것이 피렌체에 봉사한 것에 대한 착잡한 암시라는 점이 분명하지만, 프랑스 왕이 코시모 공작을 쫓아내길 바라면서 메디치가에 적대적인 로마의 심장에서 살던 이 망명객은 대리석처럼 무심하지 않았고 잠들지도 못했다. 조국이 죄와 수치에 희생될 때, 태연하게 잠든다는 것은 돌처럼 냉정하다는 것이며, 그 백성답지 못한 일이다. 바로 이 무렵이야말로 부오나로티는 그 어느 때보다 더 피렌체 사람으로서 깨어나 있어야 했다. 스트로치의 마드리갈은 부오나로티가 자유에 대한 갈망으로 잠들 수 없는 자로서 브루투스 흉상을 제작한 지 3년 뒤인 1545년에 지었던 듯하다. 마드리갈의 작가에게 보조를 맞추려고 「밤」의 조각가는 자신을 부인한 것이다.

미켈란젤로는 이상한 이율배반으로 말도 움직임도 없는 「밤」의 우상으로 하여금 말을 하게 하지만, 그렇다고 자신의 영혼 저 깊숙한 곳에 숨은 감정에 충실하게 따라 그런 말을 하도록 하지는 않았다.

• 로맹 롤랑의 번역.

169

133
미녀 만치니

미켈란젤로의 운문 가운데 '만치니를 추도' 하는 묘비명 같은 것과 '만치니를 위해 간돌로 씨가 지은 시에 대해' 응수한 소네트가 있다.

부오나로티가 '고상하고 신성한 아름다움' 을 격찬하고서 때 이른 죽음을 애도한 이 여인은 누구였을까?

어느 전기작가도 이 점을 정확히 알아보지 않았다. 학자들이 이렇게 이상하게 호기심이 없다는 점에 대한 새로운 증거이자, 필자가 연구하면서 여러 해 동안 겪어왔던 일이다.

미켈란젤로의 운문을 해설한 사람들은 만치니에 대한 그의 시를 아주 고약한 생활을 했던 여인의 문제로 치부할 수 있다고 생각한다. 탁월한 구아스티는 부오나로티가 이 시를 쓰면서, 일찍 죽어버릴 정도로 방탕하게 살았던 인생을 은유하려 한다고 이해했다. 프레이는 그 실물로서 '아가씨' 를 인정하면서 시인 간돌포 포리노가 사랑했던 '로마의 화류계 여자' 였다고 생각한다. 근엄한 미켈란젤로가 상당한 나이에 매춘을 일삼는 애정 행각으로 일찍 생명을 소진한, 부패한 여자에 이런 경의를 표하는 글을 쓸 만큼 자신을 낮추었다는 데에 경악하기도 한다. 그러나 진실은 이와 전혀 다르다. 전기작가와 해석가들이 세라시가 지은 『몰차의 일생』을 읽어보거나 1565년 베네치아에서 출간된 디오니지 아타나지의 『토스카나 귀족 시인과 운문』을 읽어본다면, 완전히 다른 인물을 보게 되리라.

만치니는 화류계 여자도 방탕한 여자도 아니었다. 그녀의 본명은 파우스티나 만치니로 피렌체 사람 파울로 아타반티와 결혼했었다. 아타반티라는 명문가는 피렌체 사람과 바르키가 언급하는 알레산드로 데 메디치 공작의 신하이자 도네미쿠스회의 전도사요 제본업 가문이다.

아타나지가 펴낸 책의 초판 색인에서 안니발 카로의 소네트에 대한 주제를 읽을 수 있다.

"로마의 귀족 신사 파울로 아타반티의 아내. 대단히 고상하고 순결한 부인 파우스티나 만치니의 사망에 바친다."

같은 책자에서 자코모 첸치의 소네트에서도 "오타비오 파르네세 공작이 그녀를 만나 존경의 뜻을 표했을 때, 만치니 부인의 얼굴은 수줍게 달아올랐다"라는 사실을 옮기면서 그녀를 '아주 순결한' 여인으로 평가한다. 또 그 책에서 그녀의 요절이 방탕한 생활이 아니라 그녀의 출산 때문이었음을 알 수 있는 델라 발레의 소네트도 있다.

루페 타르페아*에서
소중한 아기를 고통스레 낳고서 죽은

그녀는 이렇게 착한 아내로서 죽었다. 사악하게 살았던 여자에게서는 결코 볼 수 없는 죽음이다.

포리노가 그녀를 사랑했다는 아무런 자취도 없고, 이 점에서 프레이는 모두 틀렸다. 모데나의 시인 간돌포 포리노는 뛰어나지는 않지만, 어쨌든, 당대에 바르키의 평가를 받았다. 안니발 카로는 몰차를 따라 로마로 가서 이폴리토 데 메디치 추기경의 궁에서 일했었고, 그 뒤에 알레산드로 파르네세 추기경을 위해 일하다가 나중에는 줄리아 데 곤차가의 비서가 되었다. 오르텐시오 란도는 카로가 자신이 모시던 줄리아 공주를 '지극히' 사랑했다고 하지만, 그것을 입증한 증거는 없다. 안니발 카로의 편지 몇 통에서 우리는 반대로 수산나라는 로마 아가씨를 사랑했음을 알 수 있는데, 당시 로마의 유행대로 글을 알거나 지식인과 연애했던 수많은 화류계 여자 중 하나였을 듯하다. 어쨌든, 만치니를 추도하는 시들을 모은 아나타지의 책자에서 간돌포라는 인물은 찾아볼 수 없다.

파우스티나 만치니는 프란체스코 마리아 몰차의 사랑을 받았다. 그는 앞서 말했듯이 미켈란젤로와 친했다. 그는 그녀를 1536년에 알게 되었고 그의 걸작 「테베레 강의 요정」(1538)에서 그녀에게 바치는 글을 썼는데, 다른 라틴어와 이탈리아어 시편에서도 사랑을 쟁취한 자의 승전가가 아니라, 너무나 아름다운 아타반티 부인에 대한 열렬한 감흥이 훤하게 드러난다.

• 로마 시내 카피톨레 구역의 바위산. 고대의 사형집행장이었다.

이는 실질적인 치정이 아니라 페트라르카주의가 크게 유행하던 16세기에 빈번한 문학적이며 순정적인 정념의 문제이다. 대낮에 밝힐 수 있는 감정이자 죄의식과 연루된 것은 아니기 때문이다. 몰차는 관능적이며 외설적인 시인이었으나, 그의 실제 사랑은 본질적으로 이와 달랐다. 우리가 아는 증언에 따르면, 만치니는 대단한 미인으로 금발에 풍만한 가슴을 지녔지만 당대인의 감탄을 자아내던 다른 자질이 있었는지는 알 수 없다. 특히 몰차에게도 마찬가지였을 듯하다. 그녀는 품행이 단정한 부인이었기 때문이다.

그녀를 칭송한 사람과 시인은 대부분 파르네세의 손님이었고—파울루스 3세 시절이다—, 이 가문의 누군가가 그녀를 사랑했을지 모른다. 모든 송가는 예의상 그렇게 했을 수 있다.

이런 가정은 돈 줄리오라는 화가가 파우스티나의 초상을 그렸던 사실에서도 확인할 수 있다. 즉 그즈음, 주로 알레산드로 파르네세를 위해 로마에서 일했던 유명한 삽화가 줄리오 클로비오가 그 사람이다. 미세화로 그렸을 이 초상화를 화가의 작품에서 다시 찾을 수 있을지 모르며, 미켈란젤로까지 찬미했던 그 아름다운 만치니의 모습을 확인할 수 있을지 모른다. 아름다운 파우스티나가 언제 태어났는지는 알 수 없다. 그렇지만 사망 시기를 짚어볼 수는 있다. 몰차는 그녀를 애도한 시를 지었지만 자신은 '프랑스 병〔성병〕'으로 1544년 2월 28일에 사망했다. 그러므로 만치니는 아무리 늦어도 1543년경에는 사망했을 것이다. 여기에서도 프레이의 확신은 무너진다. 그에 따르자면, 부오나로티가 만치니를 찬미한 시는 체키노 브라키가 지은 것과 같은 때라고 하므로 결국 1544년이 되어야 한다.

그런데 포리노가 어째서 미켈란젤로에게 파우스티나의 초상을 부탁했을까? 후원자이자 친구인 몰차가 만치니가 사망하자 미켈란젤로를 찾아가 청했을 듯하다. 그전에 간돌포는 미켈란젤로의 「최후의 심판」에 바치는 소네트를 지었고 파우스티나 예찬자들은 그를 가장 반길 만한 중재자로 생각했을 듯하다. 바로톨로메오 팍톨리라는 사람도(또는 피아톨리) 미켈란젤로에게 만치니의 초상을 부탁했었는데, 이 사람은 자신의 소네트에서 부인을 본 적도 없었다고 고백한다. 미켈란젤로는 아타반티 부인을 보았을 것이다. 그녀가 살던 루페 타르페아 거리는 마르첼 데코르비 가 근처였다. 몰차 또한 그녀에게 바친 소네트에서 눈부신 망자를 살려낸 조각가를 노래한다.

대담한 조각가의 솜씨가 이럴진대
가장 세련된 붓으로도 할 수 없는 것을 할 수 있을 터이니,
우리 자신의 힘을 즐기면서
대리석에 혼을 주고 또 망자에 생명을 돌려주리.

부오나로티는 여기에 솔깃하지는 않았지만, 18행시를 지었다. 추도송은 슬픔에 젖었다기보다 정신적이었고 재치 있게 각운을 맞추었다.

그녀는 우리 속에 살아 있고 여기 신성하게 누워 있네.
죽음이 때 이르게 파괴한 아름다움이여
오른손을 들어 죽음을 막았더라면
살았을 것을, 하지만, 그녀는 그러지 못했네. 서툴렀으므로 •

한편, 이 소네트는 초상에 대한 정중한 거절의 뜻을 담고 있다.

그녀의 참신한 미모는 하늘나라에서도
하나뿐이련만…
…돌을 쪼고, 붓을 놀려
그녀를 재현할 수는 없으리.
(…)
그러니 참읍시다, 결코 본 적이 없는 그 아름다움은
하느님이 당신의 뜻대로 빚었기에,
내가 아니라, 오직 그분만이, 창조할 수 있기에.

미켈란젤로의 이 소네트가 간돌포 포리노 또한 파우스티나를 연모했
다는 증거일 수도 있겠지만, 1551년에 그가 사망하기 한 해 전에 출간
된 시집에서 이런 사랑의 자취는 전혀 나타나지 않는다. 그가 소네트로
미켈란젤로에게 그 죽은 미녀의 초상을 부탁하는 것은 과장된 칭송으
로서 애인에 대한 고통을 표현하지는 않는다. 미켈란젤로도 만치니의
미모를 사랑했지만, 초상 제작을 싫어했던 만큼 그 흉상을 만들고 싶은
생각은 전혀 없었고, 이는 루이지 델 리치오와 체키노 브라치도 거부하
기는 마찬가지였다.

• 각운을 맞추었다는 것은 파우스티나 만치니의 이탈리아 성, '만치노'는 왼손잡이로
  서 서투르다는 뜻이다.

어쨌든, 미켈란젤로가 화류계 여인을 위해 운문을 쓰지 않았음이 입증된다. 그는 고상하고 순결한 부인을 위해, 미켈란젤로의 시를 게으르게 해석한 자들의 무지 때문에 비방 받은 여인을 위해 썼던 것이다.

134
체키노 브라치

1544년 1월 8일 로마에서 피렌체 망명객 차노비 브라치의 아들 프란체스코라는 청년이 급사했다. 이 불운한 청년의 삼촌 루이지 델 리치오는 그토록 사랑하던 조카의 사망에 크게 상심하고서 멀든 가깝든 위로차 친구들을 찾아다녔다.

미켈란젤로도 찾아갔다. 그는 예술가라는 존재에게는 그토록 까다롭고 골치 아픈 실질적인 문제들을 해결해주기도 했지만, 시와 예술을 잘 이해했던 건전한 취미와 선량한 심성의 델 리치오였기에 그와 아주 절친했다. 당대인의 시 한 수를 믿어본다면, 미켈란젤로는 리치오 못지않게 잘생기고 품위 있던 체키노 브라치도 대단히 좋아했다고 한다. 피렌체 사람 카를로 공디는 안코나에서 이 청년의 삼촌에게 6행시 한 수를 부쳤다.

그렇게 잘생긴 친구의 죽음으로
그를 지상에서 앗아가

177

리치오의 질투를 사고 전쟁을 치르게 했으니
부오나로티에게—가슴 깊이 그 아름다움을 간직했을 터이니—
단 한 번 죽음으로 셋을 두드렸네.
자기 자신과, 다른 두 사람의 심장을.

그렇다면, 이 청년도 예술가가 일찍이 페보 델 포지오와 토마소 데 카발리에리에게서 느꼈던 것과 같은 대단한 미남 청년에 대한 사랑이 었을까? 답하기 어렵다. 체키노 브라치는 1529년생이다. 그는 망명객이던 아버지와 1534년에서 로마로 건너왔지만, 삼촌인 루이지 델 리치오와 동거했던 듯하며 사망 당시에는 겨우 열다섯 살이었다. 그의 종조부 조반바티스타는 니콜로 마키아벨리의 사망을 재촉했던(1527년) 유명한 하제를 지어주었던 사람이다. 체키노의 아버지 차노비는 1530년 피렌체에서 체포되어 스틴케 감옥에 갇혔다. 그의 형제가 함락된 도시를 빠져나가 적에 투항했었기 때문이다.

미켈란젤로는 이 소년을 반티 가에 있는 스트로치 울리비에리 궁에서 만났을 듯하다. 그리고 그의 미모에 반했던지, 그 삼촌을 좋아했기 때문에 소년에게 친절했을지도 모른다. 체키노의 이름은 미켈란젤로의 율리우스 2세의 영묘 작업 계약서에서 다른 석공 2명과 나란히 나타난다. 이 기록에서 델 리치오와 도나토 잔노티 곁에, 프란체스코 데 차노비 브라치의 이름이 등장한다. 그 "내용의 증인으로 참석했다"라고. 사실 이는 이상한 증언이다. 1542년 5월 10일의 계약서인데 이때라면 체키노는 겨우 열세 살이기 때문이다.

그러나 미켈란젤로가 루이지 델 리치오에게 쓴 편지에서 두 번 그의 이름이 나타난다—세 번일지도 모른다. 1542년에 쓴 편지는 매우 의미심장하다. 그는 이 친구에게 간곡한 뜻을 전한다.

"이 밤의 초조함에서 나를 벗어나게 해주게. 꿈에서 만난 '우리의 우상'이 나를 비웃으며 위협하는 듯하네. 내가 어떻게 생각해야 할지 갈팡질팡할 뿐이니 그에게 그것을 부탁해주기 바라고, 주일에 다시 보게 되면 내게 알려주게."

다른 사람들도 인정했듯이 체키노에 대한 이야기이다. 미켈란젤로는 그를 '우리의 우상'이라고 부른다—또 델 리치오는 조카의 사후에 쓴 소네트에서 그를 정확하게 '내 우상'이라고 부른다.—그에게 꿈속에 나타난 아기이자 그와 동시에 그를 웃으며 위협했다는. 청년은 이 노인의 사랑을 비웃고 무시한 것일까? 델 리치오에게 부친 또 다른 편지에서, 물론 같은 해 1542년에 쓴 것인데, 여기에서는 미켈란젤로가 맺은 계약을 승인했던 사랑하는 사람에 대한 것이고, 또 그가 암시하는 그 사람은 다름 아닌 체키노였다. 그러나 젊은 체키노가 사망했을 때, 사태는 급변했다. 루지이 델 리치오는 1544년 1월 2일 당시 베네치아에 있던 도나토 잔노티에게 조카의 사망 소식을 알리려고 쓴 편지에서 다른 말을 하기 때문이다.

"로마가 온통 그를 애도하네. 미켈란젤로 선생님은 아름다운 대리석 묘의 도안을 내게 주셨지. 자네가 그 비문을 써주기 바라네."

미켈란젤로는 사실 훗날 아라 코엘리 성당에 세워진 묘비의 도안을 그렸지만, 델 리치오는 청년의 흉상도 그가 직접 조각해주었으면 하고 바랐었다. 어쨌든, 예술가는 정다운 태도를 접고서 제자 우르비노에게 그것을 만들도록 조언했을 것이다.

델 리치오는 아끼던 조카의 영예를 위한 시편 한 뭉치로 화관을 만들고 싶어했던 만큼 시인 친구들을 찾아다녔고, 여러 친구가 이에 응했는데, 그중에 도나토 잔노티와 또 라스카리는 별명으로 통하던 익살스러운 안톤 프란체스코 그라치니도 들어 있었다. 델 리치오에게 많은 신세를 졌던 부오나로티도 이런 부탁에서 제외되지 않았고, 친구의 간청으로 나중에 50행으로 늘어난 15행의 묘비명을 짓는 수고를 해야 했다. 가령 미켈란젤로가 1542년 편지에서 드러나듯이 치케노를 진정으로 사랑했다면, 깊은 슬픔과 쓰라린 그리움이 강조되어야 하지 않았을까. 그런데 바로 여기에서 수수께끼가 시작된다. 그의 장송곡은 우리의 기대와 다르게 냉정하고 간결한 구성에 주로 단어의 조합을 즐기는 '기교'에 따른 것이며, 이 서투른 시인은(감히 시인이라고 해도 된다면) 자신이 '괴상하다'고 평했던 것이다. 체키노에 대해서는 막연하고 일반적인 말로 스쳐 지나가고 '우상'의 생생한 이미지를 불러일으킬 만한 표현은 전혀 없다. '아름다운 눈', '잘생긴' 얼굴이라거나 '신성한 미'라는 말을 하지만, 고작 그 아름다움이란 다음과 같다.

…세상을 능가했던
가장 아름다운 인간의 경이로서
…안식을 위해

그가 살았던 세상에서, 그의 가슴속에서 수천의 가슴을 뛰게 했던 수천의 애인으로부터…

가슴을 에는 슬픔에서 우러나는 진정한 고통이나 자발적인 탄식은 결코 아니다. 모호한 표현으로 함축된 이 운문은 편지에서나 공디의 시에서 토로했던 감정과 매우 대조적이다. 의무감 때문에 억지로 쓴 듯하며, 비통을 쏟아내지는 않는다. 순전히 관례적이다. 사실상, 미켈란젤로가 이 송가에 추가할 것으로 델 리치오에게 보낸 해설을 읽은 사람이라면, 아끼던 청년의 죽음에 대한 회한보다는 그 삼촌의 청과 선물에 고취되었음을 알 수 있다. 미켈란젤로는 델 리치오가 이 꾸물대고 뜻대로 안 되는 무사이[흔히 뮤즈라고 하는]를 채근하려고 보냈던 선의의 운문에 대한 답례로 서투른 시를 지었던 듯이 보인다. 그의 수첩에 적힌 것을 보면 그 선물이란 버섯, 회향, 송어를 비롯한 생선이나 멧비둘기와 무화과 빵들이었다. 불운한 델 리치오는 슬픔에 젖어 바라 마지않는 비문을 얻으려고 부오나로티의 집이나 배가 아니라 그 가슴을 두드려야 했을 텐데 말이다. 기껍기도 하고 귀찮기도 한 듯이 해학과 권태 사이를 오락가락하는 이 썰렁한 4행시에 붙인 주해를 읽으면서 체키노가 진정으로 사랑받은 '우상'이었다면 놀랄 수밖에 없고 추문이 될 어조를 느끼게 된다.

더 쓸 자리가 없어진 맨 끝에 이르러 미켈란젤로는 추신을 붙였다.

"어리석은 일이네. 샘은 마르니 비가 올 때를 기다려야 하거늘. 그대는 너무 서둘렀네."

수수께끼만 남는다. 체키노에 대한 사랑이 진실한 것이 아니라 노대가가 온순한 청년의 미모와 자질에 대해 '플라토닉' 하게 감탄한 것일 뿐인지 아니면 청년의 죽음이 그를 들뜨게 했던 사랑을 갑자기 식어버리게 했는지.

 사랑받던 사람의 삶과 죽음과 관련된 이 모든 모함은 가슴을 졸이게 한 적이 없는 순수한 지적 게임뿐이었을지 모른다. 체키노 브라치는 인간적 완성에 대한 미켈란젤로의 줄기찬 갈망이 찾아낸 이름이었을 뿐이었는지도 모른다.

135
바르키

베네데토 바르키는 명망 있는 문인으로, 또 아카데미풍의 교재와 대화편과 운문의 저자로서 미켈란젤로와 절친했다고 간주된다. 특히 그가 미켈란젤로의 유명한 소네트를 언급했고 1564년에는 추도사를 낭송했기 때문이다. 그런데 두 사람의 관계를 조금 바짝 다가가서 들여다보면, 적어도 미켈란젤로 편에서 우정이라 할 만한 것은 없었다. 바르키는 종종 운문과 산문으로 부오나로티를 들먹였지만 솔직한 정에서 나온 것이라기보다 부풀리고 으스대는 찬사에 불과하며, 부자연스러운 과잉칭송에서 그의 예술에 대한 심오한 이해도 진실한 열정도 찾아보기 어렵다. 미켈란젤로도 바르키에 대해서 겉으로 정중하지만, 그 예법 속에 숨겨진 세련된 냉소를 보였을 뿐이다. 분명히 이 사람은 미켈란젤로에게 인품으로나 공적 신분으로나 이렇다 할 감흥을 주지도 못했다. 문인으로서도 그러기는 마찬가지였을 듯하다. 베네데토 바르키는 후대에 보기에 16세기의 가장 평가받는 문인이었다. 그는 아카데미 회장이었고 멋진 턱수염을 기르고 연설하고 강의하고, 박사답게 단호하게 말하고 완전히 아카데미파 같은 장중한 어조로 지껄이며 고급 문학과 철학에 대해 진지하고 근엄한 용어를 들먹이곤 했다…. 어쨌든, 그 당대인이 우리보다야 그를 훨씬 잘 알았을 테지만, 문학의 제왕 같은 그 풍모에 항상 속지 않을 수 없었으리라.

그는 청년으로서 1521년 당시 저명한 피에로 베토리[1499~1585]에게 그리스어를 배웠다. 그러나 청년은 그 말과 더불어 그리스의 못된 취미도 배웠던 듯하다. 사실, 알레산드로 데 파치는 자객을 시켜 그를 살해하려 했는데, 그가 자신의 아들을 타락시키려 했기 때문이고, 나중에 바르키는 자신이 가정교사로 가르치던 피에로 스트로치의 아들도 더럽히게 된다. 이런 것은 전설이나 험담이 아니다. 피렌체 도서관에 지금도 바르키가 라틴어와 이탈리아어로 지은 동성애 시의 엄청난 미간행 원고가 쌓여 있기 때문이다.

난리가 난 와중에 그는 공화파와 연대했다. 방면되고 나서는, 스트로치 가를 따라 베네치아로 건너가 코시모 공작을 몰아내려는 망명 인사의 시도에 참가하다가 나중에 귀향했다. 몬테무를로와 세스티노의 불운한 사건 이후에, 자유에 대한 그의 사랑은 미지근해지다 못해 코시모 1세가 1543년 그에게 피렌체로 돌아올 것을 권했을 때에는, 이 찬탈자의 혜택과 총애를 기꺼이 받아들일 정도가 되었다. 코시모 공작의 후견은 한동안 그에게 꽤 유용했다. 바르키는 동성애자였을 뿐만 아니라 털도 나지 않은 애송이 처녀를 특별히 좋아했다. 1545년에 그는 자신이 살던 카메라타에서 농민의 어린 열두 살짜리 딸을 추행하기도 했다. 그는 애당초 자신과 동거하던 성직자에게 죄를 저질렀다가 역겨운 행위를 자백하고서 감옥으로 들어갔다. 당시 모든 이탈리아 문인이 동요했던 것은 욕을 본 어린 카데리나의 불행 때문이 아니라, 그 아이에게 폭력을 가한 사람이 구금되었기 때문이었고, 그래서 코시모 공작에게 청원서를 띄워 바르키를 금화 1백 에퀴의 보석금에 1백 리라는 그가 성폭행한 어린 소녀에게 보상금으로 지급하고 방면하게 했다.

음탕한 문인의 불명예 대신 이런 솜방망이 처벌로 그는 군주의 새로운 총애를 받게 되었다. 선고는 1545년 3월 26일에 있었고 그 며칠 뒤 4월에 바르키는 피렌체 아카데미 위원에 임명되었으며, 의식에 대한 이 심각한 육신의 망동과 더불어 그는 공개적으로 가장 경박한 플라톤 철학 강좌를 했다. 2년 뒤 1547년에 공작은 그에게 피렌체 역사 편찬을 맡겼고 1527년부터 1538년까지 피에솔레 부근에 토파이아의 별장을 그 우선적인 보상으로 주었다.

바로 이런 사람이 1546년 카렘〔참회 기간〕의 둘째 주일에 피렌체 아카데미 청중 앞에서 미켈란젤로의 소네트에 대해 "훌륭한 예술가는 어떤 생각을 하든…"으로 시작되는 길고 지루한 강연을 펼쳤다. 장황하고 현학적이며, 수사학과 철학으로 범벅된 바르키의 해설은 단테와 페트라르카를 인용해서 멋을 내고서, 그 깊이를 밝히거나 돋보이게 하는 대신에 질척거리는 '강조점'으로 미켈란젤로의 빛나고 고상한 사상을 흐려놓는다. 루카 마르티니는 이 강연록을 미켈란젤로에게 부쳐주었고 그것을 받은 거장은 이렇게 답했다.

"소네트 잘 받았네. 해설은 하늘에서 떨어진 것이구만. 감탄할 만하지만, 내 눈에 그렇다는 것이 아니라 모든 재능 있는 사람의 눈에 그렇게 보였으니."

이 몇 마디 말에서 미켈란젤로의 까다로운 정신을 엿볼 수 있다. 해설이 하늘에서 떨어졌다는 것은 곧이곧대로 하느님께서 주셨다는 뜻이다. 바르키에 감사하면서, 필자의 착각이 아니라면 그는 냉소를 감추는 더욱 큰 과장법으로 답하는 셈이다. 그 해설을 감탄할 만하다고 했지만, 미켈란젤로 자신이 아니라, 재능 있는 사람, 예컨대 잔노티 같은 문인의 의견이라는 것이다. 다시 한 번 감사하면서 미켈란젤로는 이렇게 썼다.

"소네트가 얼마나 값진지 알 수 없소이다. 그런데 해설자의 그 언사와 칭송에 따르면, 내 실제의 모습이 어떤지 그 사람의 눈으로 보듯이 알 수 없어 얼마나 답답한지 모르겠소. 내가 그분께 드리는 그 사랑과 예의의 감사를 받아주십사고 전해 주겠소. 이렇게 부탁하는 것은 내가 별 가치 있는 인간이 못 되기 때문이오. 좋은 평판을 누리는 자는 행운까지 바랄 수야 없으니까. 너무 높이 올라갔다가 떨어지지 않도록 하는 편이 나으니까 말이요. 난 이제 늙었고 죽음이 젊음에 대한 집착도 앗아갔소. 늙는다는 것이 무엇인지 모르는 사람이 그것을 알려면 그때까지 기다릴 수밖에. 그전까지는 불가능하오."

이 단락에서도 감사하는 정중한 형식을 취하지만, 미켈란젤로가 바르키에게 한 수 가르치고 싶어하는 마음이 앞서 있다. 즉 나는 아무것도 모르오, 라고 말하는 듯하면서, 그가 높은 데에서 떨어지길 바라는 것이다. 또 자신은 늙었고 그는 한참 젊지만, 자신처럼 늙을 때까지 인내해야 자신의 감정을 잘 이해할 수 있을 것이라는 말이다.

그다음 주 카렘의 세 번째 주일에 바르키는 새로운 강의를 했다. 그것은 "예술의 우수성에 대한 공부이자 조각과 회화 중 어느 것이 더 고상한지 논의하는 것"이었다. 이 문제는 16세기에 대단히 논쟁거리였고 의견도 분분했다. 어쨌든, 누구나 미켈란젤로가 조각을 다른 예술보다 우위에 둔다고 알고 있었다.

바르키의 이 강연은 아카데미 논술의 전형적인 모범이다. 현학이 넘쳐흐르고 미묘한 구분과 피상적인 논의를 잔뜩 덧붙인 모든 과학과 모든 철학에 대한 암시로 부글대며, 그 영적 본질로서 예술 창작을 이해하려는 진정한 노력은 없는…. 바르키는 상반된 주제를 분주히 오락가락하고 두 쌍둥이 예술을 같은 면에 놓는 것으로 끝냈다. 그는 강연에서 종종 대단한 칭송으로 미켈란젤로의 작품을 상기시켰다. 결국, 그는 메디치 묘의 석상에 대한 대단히 싱겁고 기교를 부린 소네트 두 편을 발표했다.

그런데 바르키는 당시 저명한 예술가 몇 사람의 의견을 알고 싶어했고 미켈란젤로에게도 접근했다. 미켈란젤로는 우선 묵묵부답으로 일관했다. 반면에, 답을 해준 사람들은 조르조 바사리, 브론치노, 자코포 다 폰토르모, 타소, 프란체스코 다 상갈로, 트리볼로, 그리고 벤베누토 첼리니였다. 물론 의견은 제각각이었다. 바르키는 이 답장을 자신의 강의록과 함께 인쇄해서 미켈란젤로에게 보냈다. 결국, 미켈란젤로는 답을 하게 되었고 바르키는 가장 짧은 이것을 1549년 토렌티노가 피렌체에서 펴낸 소책자 끝에 수록했다.

이번에—오직 한 번뿐이었다—미켈란젤로는 바르키에게 직접 편지를 썼다. 그리고 다시금 그는 의도적으로 조롱하듯 냉소에 의존했다.

여기에서 그 편지 전문을 읽어볼 만하다. 미켈란젤로가 예술에 대해 어떤 생각을 했는지를 보여주는 중요한 자료이기 때문이다.

"보내주신 소책자를 받은 만큼 부탁하신 대답을 해드리리다. 내 비록 아는 것은 없소만…. 나는 회화는 부조를 지향할 때에 가장 좋아지는 듯하다 했고 또 조각은 회화를 지향할수록 더 나빠진다 했소. 나는 항상 조각이 회화의 등불이라는 입장이고, 그 둘의 차이는 해와 달만큼이나 크다 했소. 그런데 조금 전 읽은 소책자에서 철학적 용어로 당신은 그 둘의 목적이 같고 그 둘이 하나로 같은 것이라 했소이다. 따라서 나는 태도를 바꾸어, 아무리 더 많은 판단과 어려움과 장애와 일에 매진하더라도 더욱 위대한 고상한 것을 이루지는 못한다고 하겠소. 그렇게 회화와 조각을 하나이며 같은 것으로 생각한다면, 화가들은 조각 작업도 그만큼 많이 할 것이고, 마찬가지로 조각가들도 조각만큼이나 그림을 많이 그릴 것 아니요."

미켈란젤로가 바르키를 얼마나 조롱하려 하는지 확실해 보인다. 그는 자기의 철학적 논문을 읽고 나서 태도를 바꿨다고 하면서도, 그와 동시에 자신의 의견을 굳건히 지킨다는 점을 이해시키려 한다. 왜냐하면 조각은 더 많은 판단력과 어려움과 힘이 드는 것이기 때문이기에…. 가령 바르키의 의견이 정당하다면 어째서 화가들이 그림보다 조각을 그렇게 하지 않느냐고 자문하면서 끝을 맺는다. 타고난 조각가로서 그토록 위대하고 유명한 그림을 그렸던 그로서는 그렇게 물을 만했던 것이다. 더 밑에서 그는 이렇게 덧붙였다.

"조각이든 회화든 똑같은 지성을 발산하면 되오. 논쟁이란 집어치우고 둘을 조용히 놓아둡시다. 작품을 만드는 데만도 시간이 없으니."

미켈란젤로가 바르키처럼 이런 논지를 좋아할 리 없음은 분명하다. 훌륭한 노동자로서 그는 논박보다 작업하기를 좋아했다. 그는 또 이렇게 덧붙인다.

"이런 문제에 대해 말할 것은 끝이 없소이다. 말하지 못한 것도 마찬가지이지만. 그렇지만 내가 말했다시피 그렇게 하자면 많은 시간이 필요한데 나로서는 시간이 없소이다. 늙기도 했거니와, 거의 죽은 몸이 아니요."

편지를 자세히 읽어보면, 이는 일종의 '거절'이다. 미켈란젤로는 확신보다 흥분된 어조를 보인다. 이것이 부오나로티가 이 피렌체 아카데미의 따분한 위원에게 부친 유일한 편지이다.

두 사람이 개인적으로 만난 적이 있었는지는 모른다. 바르키는 자신의 『에르콜라노』에서 미켈란젤로를 존경으로 대하고 있다. 그는 『피렌체 역사』를 쓰면서 그를 옹호하고 평범한 소네트도 몇 편 헌정했다.

어쨌든, 부오나로티는 이 싱겁고 자만심에 부푼 문인을 그다지 평가할 수 없었다. 그는 자유의 친구들과 운명을 함께하다가 코시모 공작의 근사한 녹을 받았고 아첨으로써 그의 총애에 보답했으며, 자신이 배반하고 종사하던 조국의 공식적 세계에서 편히 살았다.

1564년 코시모 공작은 바르키에게 미켈란젤로의 추도사를 하도록 허락했고, 얼마나 무기력하고 작위적인 수사를 동원해서 그 임무를 수행했는지 보게 된다.

바르키는 사라진 이 거장의 묘에 라틴어 비명도 짓고자 했다.

여기 누구 있소? 단 한 사람,
그 누구요? 보나로티우스 단 한 사람.

이런 천재의 사망조차도 그 주제에 절실한 단순한 감동은커녕 위악스러운 말과 숫자 놀이 이상을 고취하지 못했다. 바르키는 아카데미의 제복에 결부된 분위기와 냄새를 피우며 미켈란젤로에게 향을 피웠지만, 향을 맡은 예술가는 그 향을 올리는 제관을 그다지 좋아하지 않았고 조롱을 즐겼다.

136
비극의 종말

고통스러울 만큼 정확하게 미켈란젤로가 '묘의 비극'이라고 했던 것은 1505년부터 1545년까지 거의 40년간을 끌었던 그의 인생의 일화이다.

외견상 이 비극의 역사는 계약, 합의, 관례, 중재, 교섭, 거절, 지연, 재조정 등 그 모든 부분과 함께, 골백번씩 반복되었다. 그러니 이런 자료의 냉정한 열거는 두 거인의 어마어마한 꿈과 더불어 시작되어 형편없는 절충을 거쳐 재앙으로 마무리되는 이 사건의 깊은 비극적 성격을 털끝만큼도 가리키지 못할 것이다.

이 사건은 사실상 5막으로 구성된 진정한 비극이다. 1505년, 1513년, 1515년, 1534년, 1545년으로 연대순으로 전개되는⋯. 주인공, 즉 불운하고 억압받는 영웅은 항상 오직 한 사람 미켈란젤로인데, 활짝 핀 서른 살부터 지친 예순에 이르는 미켈란젤로가 있고 그의 맞은편과 곁에 선 적대자와 동맹자 등 수많은 인물이 등장한다. 우선 교황 네 사람, 유명한 추기경, 군주, 대사, 중재자, 조수 그리고 석공과 노새 몰이꾼, 거룻배 주인, 인부와 짐꾼의 거대한 혼성 합창단이⋯. 그들 중에는 미

191

켈란젤로가 위대한 작업을 성취하지 못하도록 방해하는 자가 있다. 반면에, 그가 잘해나가도록 걱정하고 뒤를 받쳐주는 자가 있다. 수십 년 동안 지속할 이 고통스러운 일화가 진행되는 동안 속죄와 위협, 도주와 회한, 비난과 중상이 펼쳐진다. 심지어 미켈란젤로가 끊임없이 묘의 완공을 미루면서 율리우스 2세와 그 상속인들이 그에게 지급한 금화를 횡령해서 토지를 사들이거나 고리대금으로 착복하려 했다는 의혹을 제기한 사람들도 있었다.

그러나 진짜 비극은 거의 초인간적인 꿈을 서서히 깨뜨린 힘겨운 비극이었다. 높은 산이 차츰 작은 언덕이 될 때까지 수모를 겪어야 했다고 상상해보자. 마술적 저주로 야금야금 난쟁이로 변하는 거인을 생각해본다면, 미켈란젤로가 '묘의 비극'이라는 말로써 무엇을 말하려 했는지 이해하게 된다.

1505년에 우리가 알다시피 그 영묘는 4면에 40점 이상의 석상과 8점의 일화를 청동 주물로 떠낼 예정이었다. 1513년 두 번째 계약에서 석상은 28점으로 청동상은 셋으로 줄었다. 1516년 세 번째 계약은 22점의 석상만이 이야기된다. 네 번째 계약을 체결한 1532년에 석상은 6점 영묘는 4면이 아니라 하나의 정면만을 취하게 된다. 1542년 3월 6일 우르비노 공작과 함께 명시한 합의에서 미켈란젤로의 석상은 단 석 점이고 나머지 석 점은 다른 거장에게 맡기기로 했다. 마지막으로 같은 해 8월 20일의 합의에서 「모세」상을 제외하고 나머지 석상 모두 다른 거장에게 맡기겠지만 비용은 미켈란젤로가 지급하기로 했다. 그 뒤에 라파엘로 다 몬텔루포〔미켈란젤로의 친구 바치오의 아들〕가 제작한 조각에 만족하지 못한 미켈란젤로는 신중을 거듭한 끝에 자신이 직접 '리아'

와 '라헬', 즉 「명상적 삶」과 「활동적 삶」의 우상을 제작하기로 한다. 1545년 2월에 그는 산 피에트로 인 빈콜리에 자신이 조각한 석상 3점을 인도했다.

이 영묘를 위해 미켈란젤로는 40년 동안 석상 열 점을 제작하거나 초안을 잡았다. 「모세」와 2점의 「노예」―로베르토 스트로치에게 선물한 것이다―, 초벌 작업만 했던 다른 노예상―지금은 피렌체에 있다―, 「승리의 수호신」―이것도 피렌체에 있다―그리고 「리아」, 「라헬」이라는 우상을. 모두 열 점의 이 석상에서, 단 세 점만 교황의 영묘에 설치되었다. 기독교 최고 성전 한복판에서 예언자와 천사와 영웅의 백색 대리석상이 하나의 민족처럼 모여 있어야 할 거대한 영묘가 세월이 가면서 그다지 중요하지도 않은 성당 한구석 벽에 기댄 평범하고 썰렁한 묘소가 되었다. 1505년에 40여 점 이상으로 구상되었던 것이 1545년에는 셋으로 줄었지만, 「모세」 한 점만 그나마 부오나로티의 천재성에 어울리는 애당초 품었던 꿈의 증거로 남았다.

왜냐하면 다른 두 점은 어지간히 늙은이가 힘겹게 쪼아낸 듯이 느껴지는 미지근한 작품이기 때문이다. 이것보다 라파엘로 데 몬텔루포가 제작한 대리석상들은 더 수준이 떨어지며, 노대가보다도 진땀을 흘린 기색이 역력하다. 이런 거부와 실추와 초라함과 또 천지가 하나가 되면서 조각을 신격화할〔조각예술의 화려한 대관식〕 수 있었을지도 모를 것이 가혹하게 축소됨으로써, 다른 비극과 다름없이, 수치스러운 패배라는 끔찍한 재앙이 빚어졌다. 이 실패는 누구 탓일까? 미켈란젤로는 아니다. 그는 그 오랜 세월 동안, 자신의 위신에 걸맞게 여겼던 유일한 이 임무를 다하려는 열렬하고 압도적인 욕망에 시달렸다. 1542년 10월에 익명의 성직자에게 쓴 편지에서 미켈란젤로는 '비극'의 기원에 경쟁자들이 있었다고 주장한다.

"율리우스 2세와 나 사이에 모든 불화가 초래된 것은 라파엘로 우르비노와 브라만테의 시기 때문입니다. 그래서 교황은 자기가 살아 있을 때 묘지를 짓지 않게 되었고, 결국 내가 지게 되었던 것입니다."

비록 사실이라 하더라도 이런 원인은 시작에 불과했다. 진짜 반대자와 적은 폭압적인 네 사람의 교황이었다. 우선 그 묘의 주인공이 있었다. 1506년에 우리가 알다시피, 그는 생각을 바꾸어 미켈란젤로에게 참을 수 없는 행동을 하고 나서 그가 로마를 떠나지 못하게 했다. 화해하고서도 작업을 허락하지 않았다. 그는 볼로냐에서 자신의 청동상 제작을 어렵게 했고, 이어서 시스티나 궁륭 벽화를 그리도록 했다. 율리우스 2세가 사망하고 나서, 미켈란젤로는 작업을 재개하고서 7년 이내에 끝낼 작정이었다. 그러나 이번에는 레오 10세가 개입해서 산 로렌초 정면 일을 맡기며 3년 이상을 허송했다. 레오 10세가 사망하고 부오나로티가 다시금 내심 묘 작업에 달라붙으려 했을 때, 새로 교황에 오른 클레멘스 7세가 또다시 그를 새롭고 거대한 공사였던 산 로렌초 성당의 도서관, 제의실 그리고 메디치의 묘를 맡겼다. 1527년 혁명이 일어났지만, 이때부터 몇 해 동안, 미켈란젤로는 또 다른 비극, 영웅적이지만 헛된 피렌체와 그 자유를 위한 방어에 나섰다. 1531년 승리한 메디치가의 압력으로 그는 피렌체의 자유를 박탈한 적의 묘를 장식하는 상을 깎아야 했다. 클레멘스 7세는 1534년에 사망했고 미켈란젤로는 마침내 자유를 되찾았다고 생각했다. 그렇지만 이번에도 끔찍하게 실망했다. 새 교황 파울루스 3세는 해묵은 욕구를 채울 수 있는 자기의 때가 왔다고 보았고 메디치 교황들보다 더욱 극성스러운 요구를 해대었다. 그는 어떤 대가를 치르더라도 미켈란젤로가 붓을 쥐게 하고 시스티나를 색채의 시로 치장하기를 원했다. 운명적으로(이런 식으로) 위대한 망자의 대리석 영묘로 돌아가기는커녕, 그는 부활한 민족의 영광과 절망을 그리기 시작했다. 「최후의 심판」은 1541년에 완성되었고, 1545년 초가 돼서야 산 피에트로 인 빈콜리에 청년 시절부터 세상에서 가장 아름다운 작품을 하겠다고 생각했던 이 묘의 조산아 같은 모습을 세울 수 있었다.

이 놀라운 영묘는 한 사람의 교황을 위한 것이었고, 바로 율리우스 2세를 필두로 그 뒤를 이은 교황들이 그 완공을 방해하면서, 금지와 장애와 걸림돌이 되었다.

계획과 차질이 끝없이 되풀이되면서 이 40년에 걸친 가혹한 번민은 미켈란젤로에게 극심한 고통을 주었다. 조각가로서 자신의 소명에 충실한 걸작을 그리워하고, 후견인이자 친구에게서 뼈저리게 겪은 시련과, 도둑은 아니더라도 최소한 약속을 어기고 계약을 이행하지 않는 듯이 보이게 될까 하는 걱정은 이 불운한 거장에게 줄기찬 후회와 쓰라림과 불안의 원인이 되어 채찍질이나 칼로 찔리는 듯한 고통이 되었다. 40년간 속을 태운 고문이다. 그의 오랜 일생의 거의 절반이다.

그런데 예수 그리스도를 대리하는 교황 네 사람이 설치한 장애물과 반대는 결과적으로 미켈란젤로가 다른 걸작을 성취하는 계기가 되기도 했다. 즉 시스티나 궁륭화, 메디치가의 묘, 최후의 심판 같은…. 이런 반대가 없었다면, 모든 시대를 통틀어 가장 찬란한 기념비를 세울 수 있었을 테고, 그 수많은 세월 동안에, 이 굉장한 세기와 그 자신에 어울리는 또 다른 작품을 만들 시간도 넉넉했을지 모른다. 그는 타고난 조각가였고 오로지 조각가이기만을 바랐다. 천재적 능력으로 위대한 화가임을 보여주는 데에 전혀 문제가 없었지만, 서른의 나이에 구상했던 율리우스 2세의 영묘만이 오직 태산의 정복자 같은 거대한 천재성을 보여줄 수 있었으리라. 여기에 '영묘의 비극'이 있다. 그 신성한 광채 속에서, 르네상스 시대가 낳은 가장 열렬한 조형가의 풍부한 상상과 표현이 빛날 수 있었을 유일한 작품을 세우지 못하도록 모두가 합세했다는 사실 말이다.

137
라파엘로 다 몬텔루포

미켈란젤로가 항상 대리석을 벗 삼고 정보보다 상상이 더 풍부한 자서
전을 쓰면서 신처럼 은둔하는 창조자만은 아니었다. 그의 곁에는 항상
자신의 밑그림과 모형을 보고서 자신의 지휘 하에 작업하는 동료, 조
수, 제자가 있었다.

　그중 한 사람 라파엘로 다 몬텔루포는 바치오의 아들인데, 미켈란젤
로의 유명한 두 작품 산 로렌초 제의실과 율리우스 2세의 영묘에서 중
요한 역할을 했다. 그런데 라파엘로는 미켈란젤로의 은혜를 변변히 입
지 못했다. 그는 청소년기에 바치오 반디넬리의 아버지였던 금은세공
사 미켈란젤로의 제자였고, 조금 뒤에는 라파엘로(화가 라파엘로 산
티)와 절친한 조각가 로렌체토의 동무가 되었다. 다시 말해 부오나로
티의 적대적인 예술가들과 사귀었다. 그러나 일부의 주장이 어떻든, 미
켈란젤로는 자기편이 아닌 다른 공방에서 성장한 청년들의 가치를 인
정할 만큼 고상하고 관대했다.

　그는 일찍이 어린 라파엘로 다 몬텔루포가 1523년에 로마에 왔을 때

만났다. 몬텔루포는 미완으로 남긴 『자서전』에서 저 유명한 거장과의 첫 번째 대면을 이렇게 상기한다.

"어느 날 로마 원형경기장에서 멀지 않은 트라야누스 원주 근처에서 왼손으로 스케치하고 있었다. 미켈란젤로는 세바스티아노 델 피옴보 수사와 함께 길을 가던 중이었다. 모두 왼손잡이가 아닌 만큼 왼손으로는 억지로 그릴 수밖에 없는 두 사람은 나를 보고 발길을 멈추었다. 그들은 놀라워하면서 한동안 나를 주시했다. 내가 알기로, 화가든 조각가든 누구도 그렇게 한 적은 없었다."

이날, 미켈란젤로는 라파엘로의 재능을 호평했던 듯하다. 몇 해 뒤 산 로렌초 제의실 작업에 착수하면서 어린 몬토르솔리 외에도 몬텔루포에게 동정녀 상 귀퉁이에 놓일 대리석상 두 점 중 하나를—성 다미안•— 자신이 준 모형을 보고서 깎도록 맡겼기 때문이다. 라파엘로는 일을 시작했지만 곧 병들었으므로 그것을 끝마쳤는지는 알 수 없다.

상당한 세월이 흐르고 나서, 1542년에 미켈란젤로는 율리우스 2세의 상속인과 계약을 갱신하고서 그 영묘를 마무리할 수 있도록 다른 거장에게 인물상들을 맡기기로 했다. 이때 그는 라파엘로 다 몬텔루포를 기억하고서 그와 1542년 2월 27일에 계약을 맺었다. 4백 에퀴를 주기로

• 아라비아 출신 의사. 무료로 환자를 치료해 '무일푼' 의사로 통했다. 서기 310년경에 같은 의사 형제 코스마스와 함께 순교했다. 기독교 성상에서 항상 형제로서 재현된다.

하고서, 영묘를 위해 거장이 초벌을 다듬어놓은 예언자와 무당의 상을 비롯한 세 점의 석상을 18개월 안에 끝냈기로 했다. 여기에 이어서, 또 다른 석상도 몬텔루포가 맡았다. 아기 예수를 안은 성모상, 무당과 예언자, 활동적 삶과 명상적 삶의 우상이다.

이렇게 라파엘로는 미켈란젤로가 이미 구상하고 초벌 작업을 해둔 여러 입상을 좋은 조건에 완성하게 되었다. 하지만, 거장은 이 조수에게 완전히 만족하지는 못했다. 왜냐하면 1545년 2월 3일에 실베스트로 디 몬타우토에게 쓴 편지에서 그는 몬텔루포에게 맡긴 입상 이야기를 마치고 나서 이렇게 말하기 때문이다.

"성하께서 내가 청한 대로 아주 만족스럽게 시간적 여유를 주셨으니 앞에서 말씀드린 라파엘로에게 지급할 비용으로 제가 직접 명상적 삶과 활동적 삶의 우상을 끝마치게 되었습니다."

미켈란젤로의 이런 해결은 몬텔루포의 사정에 따른 것이었다. 바사리는 이렇게 썼다.

"라파엘로는 작업하던 중에 병이 들었다. 그는 평소 하던 대로 조심스럽고 부지런히 작업할 수 없었다. 그 작업은 현저히 질이 떨어졌고 미켈란젤로는 이에 거의 만족하지 못했다."

바사리는 심지어 미켈란젤로로부터 직접 이 작업을 하던 라파엘로가 "만족스럽지 못했네"라는 말을 들었다고 한다.

몬텔루포는 '영묘의 비극'의 마지막 장에서 등장하는 인물이었고—가장 힘겨운 단계였다—병이든 다른 이유 때문이든 그의 무능은 이 종장의 비애를 더욱 가중시켰다. 사실상, 라파엘로가 율리우스 2세 영묘를 위해 끝마친 석상들은 정말이지 형편없어서 부오나로티의 씁쓸함과 후회를 증폭시켰을 것이다. 율리우스 2세의 묘소는 불운한 별자리에서 태어난 듯했다. 거장이 신뢰를 보여주었지만, 라파엘로는 이 서글픈 파탄의 마지막 참가자의 한 사람일 뿐이다.

그런데 라파엘로는 미켈란젤로의 제자로 볼 수도 있다. 그는 여러 작품에서 그 후견인의 영향을 느끼게 하기 때문이다. 이런 인상은 그리스도의 승천을 재현한 그의 스케치를 미켈란젤로의 것으로 주장했을 정도로 강했다. 그러나 지금은 라파엘로의 것으로 보고 있다. 과거에 헤라클레스를 그린 소묘가 그의 것으로 간주됐지만, 반대로 지금은 미켈란젤로의 것으로 판정된다. 이는 이 청년 조각가가 어느 정도로 노대가의 수법에 젖어 있었는지 증명한다.

138
두 사람의 톨로메이

바사리는 물론이고 콘디비도 클라우디오 톨로메이를 미켈란젤로의 친구라고 하지만, 이 우정의 자취는 드물고 희미하다. 1492년 시에나에서 태어난 톨로메이는 메디치가에 우호적이라는 이유로 1526년 조국에서 추방당했다. 그는 로마, 이폴리토 데 메디치 추기경의 궁에서 살았고 또 파르마에서 피에로 루이지 파르네세의 궁에서 살았다. 그의 학식은 대단했고, 영예롭게도 언어 이론에서는 만초니라든가, 가장 유능한 인물 가운데 이탈리아 시에서 고전적이거나 야만족의 기준을 활용한 카르두치[이탈리아 시인으로 노벨상 수상]의 선구자라고 할 만하다. 그는 예술가들과 사귀었으나 고유한 의미에서 예술에 깊은 관심이 없었다. 그가 언제 어디에서 부오나로티를 만났는지는 알 수 없다.

프리시아네세에게—아니면 이 사람의 친구에게—부친 편지에서 그는 네 명의 친구 상을 4면에 둘러 새긴 흉상인 '콰드룬초'를 시사하고 있다. 이 사람들이 미켈란젤로와 잔노티, 프리시아네세 그리고 자기 자신일 것이다.

줄리오라는 사람에게 보낸 톨로메이의 편지에서 그는 미켈란젤로를 잠깐 언급하고 있다. '그림에서 거장이요 군주, 신 같은 존재'라고 하면서…. 또 1540년에 아폴로니오 필라레트에게 쓴 편지에서도, 피에로 루이지 파르네세 공작을 위해 시작한 궤에 대한 이야기도 하고 있다. 그러나 이 편지는 톨로메이가 개인적으로 거장을 알았더라도, 그 작업을 마치게 할 수 있을 정도는 아니었다는 증거가 된다. 또 공작이 거장에게 직접 편지를 부쳤을 것으로 짐작할 수 있다. 잔바티스타 그리말디에게 쓴 1543년 7월 26일자 편지에서, 톨로메이는 아가비토 벨루오모라는 사람의 정원에서 만찬을 했다고 하면서, 다른 손님 중에 미켈란젤로도 있었는데, 그가 "이 만찬을 돋보이게 했다"고 하면서 "그가 재치 있게, 루쿨루스를 원치 않는다고 했다. 루쿨루스는 가끔 아폴론으로 변장하고서 만찬을 하곤 했는데, 이날 저녁 자기는 아폴론과 만찬을 즐기기 때문"이라고.

그러나 그 사람이 진정 부오나로티인지는 불확실하다. 톨로메이는 안젤로라는 사람을 말하는데 이는 무명 인사이기는 하지만, 분명히 실재 인물 안젤로일 것이다. 미켈란젤로가 했다는 말도 예술가보다는 인문주의자의 솜씨라는 생각이 더 들게 한다. 전기작가들이 놓친 미켈란젤로의 친구로서 또 한 명의 톨로메이가 있다. 라탄치오 톨로메이가 그 사람이다. 클라우디오처럼 시에나 출신이지만 그보다 젊다. 즉 1500년 생이다. 아리오스토는 『미친 올란도』의 46번째 노래에서 두 사람을 함께 인용한다. 당대의 유명 인사를 거명하는 자리에서.

"그들, 라탄치오와 클라우디오 톨로메이와 함께…."

프란시스쿠 돌란다의 『대화』에 라탄치오 톨로메이는—1525년부터 1548년까지 시에나에서 로마 교황청으로 파견한 대사로 지냈다—블로시오와 함께 미켈란젤로를 사귀게 되었다고 전한다. 같은 책에서 라탄치오가 부오나로티가 자주 참석했던 비토리아 콜론나의 저택 모임에 참석했다는 사실도 알 수 있다.

나중에 고향에 돌아간 프란시스쿠 돌란다는 1553년 8월 15일에 미켈란젤로에게 편지를 쓰면서 소묘를 부탁하려고 로마 시절 서로 친했던 라탄치오를 들먹인다.

"선생님께서 답을 주시고 제 소중한 후견인이시자 선생님의 친구 라탄치오 톨로메이가 여전히 안녕하신지도 전해주셨으면 합니다."

이 포르투갈 사람의 증언은 매우 명백하다. 라탄치오는 자기 자신은 몰라도 미켈란젤로의 우정을 프란시스쿠에게 전가할 정도는 아니었던 것이다.

라탄치오 톨로메이는 학식이 대단했다. 그리스, 라틴어는 물론이고, 히브리어, 칼데아어에 능통했다. 피에리오[당대의 고고학자 피에리오 발레리아노]가 자신의 상형문자 연구서의 일부를 그에게 헌정할 정도였다.

라틴어를 모르는 미켈란젤로가 시에나 출신의 이 문헌학자들과 막역한 사이였다고 한다면 놀랍지 않을까. 어쨌든, 그가 탁월하고 저명한 라틴문학자 리오나르도 말라스피나, 프란체스코 프리시아네세와 친밀했다는 사실을 기억해보자. 지적 호기심에 넘치던 미켈란젤로가 예술가들하고만 왕래하지는 않았을 듯하다. 그는 문인, 학자들과 기꺼이 교제하면서 자신의 정신을 밝히고 풍요하게 했을 것이다.

139
영국인 추기경

애당초 가장 먼저 미켈란젤로에게 작품을 주문했던 사람 중에 프랑스 추기경이 있었다. 그다음에는 에스파냐의 제자와 찬미자들이 있었다. 베루구에테, 베체라, 프란시스쿠 돌란다, 마추이아, 어쩌면 루이스 드 호로츠코까지도 그랬을지 모른다. 또 그 뒤에는 프랑스인 라자레 드 바이프, 바스크인 이냐스 드 로욜라, 플랑드르인 장 볼로뉴 등이 줄을 이었다. 하지만, 저명한 레지날드 포울 추기경을 제외하면 어떤 외국인과도 실질적인 우정을 나누지는 않았다. 포울 추기경은 15세기 전반에 로마 교회와 영국 교회가 부딪친 사건에서 가장 중요한 역할을 해냈다. 바사리는 이렇게 썼다.

"매우 훌륭한 포울 추기경은 미켈란젤로와 친구로서 그의 미덕과 선행에 감동했다."

콘디비도 추기경이 미켈란젤로와 절친했다는 데에 동의한다. 결국,

깊고 뜨거운 우정이었다. 미켈란젤로는 정말이지 추기경을 '사랑' 했지만 어느 전기작가도 이 고상하고 수수께끼 같은 인물에 주목하지 않아 이상하다.

포울 추기경은 16세기에 이탈리아로 유학 온 수많은 영국인 중 한 사람이었다. 그는 콘타리나, 모로네 등 가톨릭 개혁파 이탈리아 동료와 연대했고, 개신교와 합의점을 찾으려고 노력했다. 미켈란젤로의 친구 루도비코 베카델리는 그의 비서로서 그의 전기를 썼다. 거장의 친구 세바스티아노 델 피옴보는 그의 초상을 그렸다. 그렇지만—이 점이 가장 중요하다—포울 추기경은 상당 기간, 특히 비테르보에서 지낸 1541년부터 1543년까지 비토리아 콜론나의 정식 지도자였다. 또 비토리아는 시간이 갈수록 그의 이야기를 신탁처럼 경청했다. 카르네세키를 비롯한 여러 종교재판관에 따르면, 그녀는 그의 열렬한 제자였고 교회 개혁의 필요성에 대한 추기경의 사상을 자신의 것으로 삼았다.

포울은 추기경의 자줏빛 제복을 입게 된 직후였던 1537년에 비토리아 콜론나를 알게 되었다. 당시 미켈란젤로는 이미 그녀와 아는 사이로 그 뒤 아주 절친해졌다. 비토리아 콜론나가 포울 추기경 못지않게 미켈란젤로의 열렬한 찬미자였으므로 조각가를 이 교회의 왕자에게 소개했을 가능성이 크다. 1539년과 1541년 사이 언제쯤의 일이겠다. 그들은 서로 이해하게 되었다. 미켈란젤로 또한 신중하고 겸손했으나 온후하고 열정적이며 신학적으로도 교회의 혁신파인 이 가톨릭 성직자들과 의견이 같았고, 오직 신앙으로 정당화하는 본질적 문제에서도 우리가 보게 되겠지만 그들 못지않게 개신교 이론에 접근했다.

조각가와 추기경 모두 독실한 교인이었고 또 친구가 되고서 그들의 대화에서 예술 문제보다 그리스도가 더 큰 비중을 차지했을 것이다. 포울 추기경의 대화에서 그리스도가 항상 중심에 있는 진실한 자애가 있었다. 더구나 그는 교회를 위해 자신을 희생할 각오가 되어 있었던 만큼 미켈란젤로가 왜 그를 '연모하게' 되었는지 이해할 수 있다.

이탈리아 밖으로 또는 트렌토로 자주 파견되었던 포울 추기경은 로마에서 오래 살지는 않았지만 비토리아 콜론나가 병환으로 사망한 상중에 잠시 그곳에 머물렀다(1547년 2월 25일). 그는 신부로서 그곳에 참석할 수 없었다—1537년부터 추기경이었으나 그는 하위직에 있었을 뿐이다—그렇지만 그는 그녀가 병들었을 때 그녀 곁에서 이 위대한 영혼의 정신적 지주가 되었다. 그 몇 달 동안 1547년 말부터 1548년 초까지 그는 종종 미켈란젤로와 만났음이 분명하다. 미켈란젤로 또한 그와 마찬가지로 친구의 운명에 동요했고 두 사람은 그토록 아끼던 환자의 침상을 함께 지켰을지 모른다. 바로 이때에 이런 고통과 공동의 신앙심으로써 영국 추기경과 굳게 맺어졌던 미켈란젤로는 그 '미덕과 선행'을 뚜렷이 입증했다.

비토리아 콜론나의 사망으로 베카델리의 중개로 아주 좋았던 추기경과 조각가의 우정이 단절되지는 않았고, 적어도 포울 추기경이 고국으로 돌아갈 때까지 지속했다(1555년).

어쨌든, 미켈란젤로의 이 '빼어난 친구'의 매우 특이했던 사람됨과 운명에 대해 그냥 넘어갈 수는 없다.

그의 가족은 플란타주네(왕가) 출신이었다. 헨리 8세는 애당초 그를 후원했으나, 포울이 영국 교회의 분리를 강하게 반대하자 갖은 궁리 끝에 기어코 런던에서 살던 자기 어머니를 참수했다. 파울루스 3세의 사망으로 교황선출회의가 개최되었을 때(1549년), 포울 추기경은 교황 수락 연설문까지 준비해두었지만 단 한 표 차이로 아깝게 낙선했다. 1555년 교황 전권대사의 자격으로 그가 영국을 다시 찾았을 때, 많은 사람이 그와 마리 여왕의 혼인을 제안했다. 이렇게 그는 거의 왕이 될 뻔하기도 했다! 유감스럽게도, 영국 성공회에 대한 가톨릭의 피비린내 나는 반동이 일어났을 때, 포울은 마리 여왕이 신임하던 참사였고, 그를 3백 명의 희생자를 낸 이 무자비한 탄압의 책임자로 지목하는 역사 가들도 있다. 그가 보여준 로마 교회에 대한 충성의 증거에도 아랑곳하 지 않고서 교황 파울루스 4세는 레지날드 포울의 친구 모로네 추기경 을 이단 혐의로 체포하고(1557년), 포울 추기경을 이와 같은 고발에 대 해 변호를 하려면 로마로 돌아오라는 교시를 내리면서 종교재판소 출 두를 명했다. 교황은 포울 추기경을 모로네보다 더한 이단자로 간주했 다. 추기경은 즉각 교황 전권대사직을 사임했으나, 영국을 떠나지는 않 았고, 그를 엮어 넣으려던 재판은 1558년 11월 18일에 그가 갑자기 사 망함으로써 중단되었다.

이렇듯, 이 사람은 거의 교황이 될 뻔했었고, 왕이 될 뻔하기도 했다. 하지만, 결국 모든 권위를 빼앗겼다. 이 사람은 청년 시절부터 프로테스 탄트 교리에 공감했다는 의심을 받았다―이것이 교황 선거에서 낙방한 결정적 이유였다. 그 뒤 이단을 탄압하는 과정에서 여왕 마리의 오른팔 노릇을 했고, 이단 죄목으로 기소된 재판을 눈앞에 두고서 사망했다.

이 친구의 기구한 운명을 미켈란젤로는 어떻게 생각했을까? 그는 교 황청과 계속 접촉하고 살면서 포울에 관한 모든 것을 훤히 알고 있었 다. 어쨌든, 비토리아 콜론나의 친구가 용인하거나 조언했던, 영국에서의 주요한 처형 사건과 자신의 '선의'를 어떻게 조화롭게 풀어나갈 수 있었을까? 모로네와 포울 추기경을 기소한 재판은 걱정이 많은 미켈란젤로를 크게 불안하게 했지만 아무튼, 만년의 종교적 시편에 증언하듯이 그는 죽을 때까지 그리스도의 보혈에 대한 믿음으로만 진정으로 정당화할 사상을 고스란히 간직했다. 이단적 사상이기는커녕 이 대담한 영국인 고위성직자와 대화의 화제였을 비정통파의 사상을….

140
가스파르 베세라

1508년 미켈란젤로는 처음으로 에스파냐 제자를 받아들였다. 그 제자 알론소 베루구에테(1480~1551)는 청년기에 이 거장의 영향이 얼마나 절대적이었는지 자신의 작품 속에서 적나라하게 보여주었다.

이로부터 40년 뒤에 에스파냐에서 거장을 찾아온 또 다른 예술가 한 사람이 훗날 베루구에테 이상으로 자신의 조국에서 미켈란젤로의 수법으로 승승장구하게 된다. 즉 가스파르 베세라가 그 사람이다.

미켈란젤로의 전기작가들은 그에 관해 말이 없다. 그를 잘 알았던 바사리는 그를 '비체라'라고 불렀다. 프레이는 그를 풀리고의 제자 피렌체 화가 도메니코 베체리와 혼동한다.

베세라는 1520년 안달루시아의 바에사에서 태어났다. 그는 1545년 쯤 어린 나이에 로마로 일을 배우러 왔다. 그는 즉시 환대받았다. 바사리는 1546년에 착수한 상서궁 벽화를 그릴 때 그를 조수로 삼았다. 조금 뒤 그는 미켈란젤로의 제자 다니엘레 다 볼테라의 곁에서 일하게 된다. 그는 트리니타 데이 몬티 예배당에 「동정녀 탄생」을 그렸다.

베세라는 조각을 통해서 입증하게 되듯이 미켈란젤로의 열렬한 추종자였다. 그는 미켈란젤로의 동료와 제자를 위해 일했다. 그가 거장의 자택으로 찾아가 조언을 구하지 않을 수 있었을까? 또 다른 에스파냐 화가로 미켈란젤로를 열렬히 숭배했던 프란시스코 파체코는 자신의 책 『회화예술』(1649)에서 이렇게 주장한다.

"가스파르 베세라는 베루구에테가 거두었던 영광을 거의 빼앗아갔다. 에스파냐는 물론이고 이탈리아에서도 미켈란젤로의 제자였다고 유명해진 덕분이다."

사실상, 에스파냐 미술사가 가운데 베세라를 부오나로티의 직계 제자로 간주하는 사람들이 있다.

이런 전통을 추인하는 다른 흔적도 있다. 우리는 미켈란젤로가 얼마나 해부학에 열의가 있었고 얼마나 당대 의사들과 이 주제를 열심히 토론했으며, 인체구조에 대한 책을 쓰고 싶어했는지 알고 있다. 1559년 베네치아에서 레알도 콜롬보의 해부학 저작이 출간되었을 때, 로마에서는 에스파냐 의사 후안 발베르데의 『인체 해부』가 나왔고 여기에 가스파르 베세라의 삽화가 다수 판화로 수록되었다. 이 에스파냐 청년의 해부도에 대한 애정은 미켈란젤로의 공감과 시선을 끌었을 수 있다. 후안 발베르데가 레알도 콜롬보의 제자로서, 부오나로티를 알았을 것이다. 고국으로 돌아간 베세라에게 행운도 찾아왔다. 펠리페 2세는 그를 후원하면서 궁정 화가이자 조각가로 임명했고, 그는 지금까지도 예찬하는 십자고상과 성모상들을 에스파냐 곳곳의 별장에 제작했다. 그의 걸작들 가운데 우리는 엘리사베트 발루아 왕비를 위해 아스토르가 대성당 제단 앞에 제작한 「고독한 동정녀」를 꼽을 수 있다. 이 작품에서 미켈란젤로의 영향은 뚜렷하다. 그는 이 이탈리아 거장의 스타일을 자명하게 알아볼 수 있는 상당수 프레스코도 남겼다.

미켈란젤로는 평생 수많은 이베리아 반도인을 만났다. 그래서 다른 어느 나라보다도 에스파냐에서 그의 예술이 더 잘 알려지고 모방됐을 것이다. '네 개의 못'을 사용하는 것은—각각의 사지에 하나씩—에스파냐 십자고상의 특징인데, 이는 제노아 상인이 세비야에 전한 그의 소묘 「십자고상」의 복제화 덕분에 보급되었다.

미켈란젤로의 '무서운' 성격과 또 에스파냐 미술과 혼의 특징 사이에 실재하는 자연적 조화를 주목한 적은 없었다. 극적이고 비극적이며 격정적이고 낭만적인, 요컨대 이베리아의 혼에 고유한 분위기가 일부나마 미켈란젤로의 예술에서도 마찬가지로 발견된다. 이런 친근성에 어긋나는 판단이라면 오직 그레코가 말했다는 이런 정의가 있다.

"미켈란젤로는 그림을 그릴 줄 모르는 용감한 사람이었다."

그렇지만 그레코는—그가 비록 미켈란젤로의 원작과 모사본 소묘를 다량 소장했던 줄리오 클로비오와 절친했지만—에스파냐 혈통이 아니었고, 베네치아 화파에서 수련을 쌓았다. 뮌헨에 그가 미켈란젤로의 소묘를 모사한 작품이 있고 그 자신의 회화도, 미켈란젤로에게서 시작된 전통에 고유한 매너리즘을 드러낸다.

파체코의 저작—회화예술—은 17세기에 미켈란젤로의 예술과 천재성에 대한 결코 물리칠 수 없는 영광의 하나이다. 세르반테스는 그의 사후 1617년에 펴낸 『페르실레스와 시기스몬드의 과업』에서 고대 그리스의 화가 파라시오스, 폴리그노트, 아펠레스의 반열에 "경건한 라파엘로 우르비노와 '신성한' 미켈란젤로"를 올렸다.

141
잠 볼로냐

미켈란젤로에게 접근한 외국인 미술가 가운데 잠 볼로냐라는 이름으로 이탈리아에서 알려진 플랑드르 조각가를 들 수 있다.

　장 불롱Jean Boulon은 1525년경에 두에에서 태어났다[*]. 소년기에 그는 르네상스 고전기의 영향을 확연히 보여주는 조각가 자크 뒤 브뢰위크의 문하에 들어가 조각에 입문했다. 청년기에 이탈리아에 갔었던 이 스승은 어린 제자에게 새로운 예술기법을 배우려거든 로마로 가라고 충고했고 장은 그 충고를 따랐다. 그는 1545년 로마에 도착했을 것이다. 그는 겁이 없는 청년이 그렇듯이 미켈란젤로에 견줄 욕심에 불타 고대와 현대의 작품을 연구하기 시작했다. 발디누치는 이렇게 썼다.

---

[*] 1529년생으로 밝혀졌다. 1608년 피렌체에서 사망. 잠 볼로냐라는 이름 외에는 완전히 이탈리아 사람처럼 조반니 볼로냐라고도 한다.

"그는 주위 사람에게 이렇게 말하곤 했다. 그가 어느 날 '공들여 만든' 모형을 들고서 미켈란젤로에게 보여주러 갔는데, 이 거장이 그것을 손으로 완전히 망쳐놓았다. 최소한 놀랍고 능숙한 솜씨로 그것을 수정해줄 것으로 기대했지만…. 그러고 나서 이렇게 말했다. '우선 밑그림을 그리는 것부터 배우게. 그러고는 작업을 마무리 짓는 것도 배워야 할 걸세.'"

이 일화는 1555년의 일일지 모른다. 당시 미켈란젤로는 칠순을 넘긴 나이였고, 알지도 못하는 외국인 청년이 보여준 소상을 주저 없이 다시 주물렀을 것이다. 깜짝 놀란 이 플랑드르 청년이 지켜보는 가운데 실제로 그것을 손에 쥐고 잠시 눈길을 준 다음에 그 자세를 바꿔가면서 고쳐주던 모습을 상상해볼 수 있다. 다듬고 꾸미기 이전에 완성을 향해 조형하는 방법을 가르치려고 말이다.

미켈란젤로의 전기작가들이 잊어버린 이 흥미진진한 일화는 거장이 플랑드르 사람을 대단치 않게 평가했지만 에스파냐 사람만이 아니라 국적을 가리지 않고 청년들을 인간적으로 너그럽게 대해주었다는 사실을 입증한다.

잠 볼로냐는 나중에 그의 작품에서 보게 되듯이 자신에게 호의를 보이게 될 미켈란젤로가 즉석에서 가르쳐준 교훈을 명심했다. 잠 볼로냐는 로마에서 생계를 유지하기 대단히 어렵게 되자 귀향하기로 했지만 우선 가는 길에 피렌체에 들르려고 했다. 그곳에서 그는 결국 베르나르도 베키에티의 환대를 받게 되고 그곳에서 여생을 다 보내게 된다.

그런데 베르나르도 베키에티는 미켈란젤로의 숭배자였다. 사실상,

215

그는 부오나로티에게 헌정한 시를 지었고 자신의 개인 미술관에 미켈란젤로의 소묘 「레다」가 있었다. 이렇게 미켈란젤로가 잠 볼로냐를 베키에티에게 소개하고 이탈리아에서 작가로 처음 성공할 수 있게 했을 가능성이 크다.

1560년에 잠 볼로냐는 넵투누스 분수를 위한 공모에 참여했고 미켈란젤로는 비록 암마난티를 지원했지만, 어쨌든, 그는 레오네 레오니를 통해서 그 거장이 자신의 공모안에 대해 어떻게 생각하는지 알게 되었다.

"그 플랑드르 청년은…. 그 점토를 아주 적절하게 빚었소."

잠 볼로냐는 낙방했고 암마난티가 주문을 따냈다. 하지만 단 하루 미켈란젤로의 가르침을 받았던 잠 볼로냐는 볼로냐에서 암마난티보다 더 큰 성공을 거둔 거대한 넵투누스 상을 빚어냈을 때 그 영광으로 설욕한 셈이었다.

142
중상하는 제자

라파엘로, 티치아노, 세바스티아노 델 피옴보의 경이로운 작품을 쏟아 냈던 그 세기의 뛰어난 초상화가로 자코피노 델 콘테[1510~1598]라 는 피렌체 출신이 있었다.

1535년 스물다섯 살에 자코피노는 안드레아 델 사르토의 화실을 떠 나 이 영원의 도시에 정착했다. 미켈란젤로가 이제 다시는 떠나지 않을 그 도시로 돌아온 그다음 해의 일이다. 물론 그는 이전부터 진정한 스 승으로 여겨왔던 그의 곁에서 작품을 연구하고 싶어했다. 자코피노가 로마에 와서 그린 초기의 초상화 가운데 부오나로티의 초상도 들어 있 었다. 미완으로 남았지만, 이 초상은 미켈란젤로의 '무서운' 얼굴을 가 장 운 좋게 조명해낸 것이 된다. 그 당시 자코피노는 거장의 저택에 수 시로 드나들게 되었고, 시스티나 벽화를 열심히 모사했다. 청년을 돕는 데 적극적이던 미켈란젤로는 이 고향 후배가 초상만이 아니라 본격적 인 회화를 하도록 이끌어주었다. 사실상 그는 피렌체 궁휼회로부터— 미켈란젤로의 추천이었을 듯하다—성 세례 요한 기도실 프레스코화의 주문을 따냈다. 1535년에서 1540년 사이의 작품인 이 그림에서 우리는 벌써 매너리즘을 확인할 수 있지만, 미켈란젤로 예술의 영향과 모방은 너무 뚜렷해서 세례자의 탄생을 예고하는 앉은 청년의 이미지 같은 것은 시스티나 나체화를 그대로 베낀 듯한 인상이다. 같은 그림에서 확실한 인정을 받으려고 자코피노는 오른쪽 어두운 구석에 거장의 근엄한 모습을 그려 넣었다. 자코피노는 지금은 런던 내셔널갤러리에 소장되어 있고, 벤투리가 정확하게 그의 것으로 다시 정정했지만, 지금까지도 여전히 미켈란젤로의 것으로 주장되는 「천사들에 둘러싸인 성가족」에서처럼 부오나로티의 수법에 너무나 완벽하게 동화되었다.

그러나 세월이 지나고 인간의 인정은 초록 이파리만큼도 오래가지 못한다. 자코피노는 그 사연은 알 수 없지만 미켈란젤로의 악착같은 유명한 적대자였던 바치오 비지오의 아들 난니와 친구가 된다. 또 난니는 1547년 어느 날 그에게 자기 마누라를 피렌체까지 데려가달라고 자코피노에게 부탁했다. 난니 비지오는 미켈란젤로를 대단히 시기했지만, 자코피노에 대해서는 그렇지 않았던 듯하다. 자코피노는 그 부인을 기분 좋게 동반하는 데 그치지 않고 피렌체에 이 늙은 거장에 대해 가혹하고 어처구니없는 중상을 퍼트렸다.

조반 프란체스코 우기는 이 역겨운 이야기를 친구인 미켈란젤로에게 1547년 5월 14일자 편지에서 전하고 있다.

편지에 따르면 자코피노는 난니 비지오가 산 피에트로의 새로운 모델을 제작하던 중이었다고 하면서 우기에게 이렇게 전했다.

"선생님의 도안을 헐뜯으려고… 그는 선생님을 마치 어린애처럼 황당한 일로 비난한다는 점을 아셔야 합니다. 선생님께서 창문 밖으로 돈을 집어던졌고, 사람들이 보지 못하도록 밤에만 작업한다고 하면서 말입니다. 건축을 전혀 이해하지 못하는 어떤 에스파냐 사람의 것을 선생님께서 충실하게 모방한다는 둥 그는 그보다도 못하지만…."

자코피노가 피렌체에 퍼트린 난니의 중상은 이러했다. 교양과 양식 있는 사람들조차 선보다 악을 믿기 쉬운 법이듯이—특히 유명하고 영예를 누리는 사람에 대해서라면—많은 사람이 이 거짓과 파렴치한 비난을 믿으려 했다. 난니 비지오의 역겹고 증오에 찬 감정을 입증하는 이런 비난은 그와 동시에 자기 예술의 수련에서 미켈란젤로에게 큰 빚을 졌던 자코피노의 배은망덕도 입증한다.

우기의 편지를 접한 부오나로티는 분노에 넘치는 쓰디쓴 말로 직접 소감을 덧붙여 산 피에트로 축성위원 바르톨로메오 페라티노에게 보냈다.

"내가 그들에게[난니와 자코피노에게] 준 기쁨에 대한 보상이 이런 것입니다. 그러나 그 더러운 시골뜨기 방탕아들에게 기대할 것은 아무것도 없습니다."

우리는 어떤 천박한 모함이 난니의 허풍과 섞이는지 보게 될 것이다. 그사이 자코피노가 어떻게 관대한 미켈란젤로의 무엄한 제자가 되는지도 보자.

그런데 아무도 건축을 전혀 이해하지도 못하고 미켈란젤로가 모방했다는 이 수수께끼 같은 에스파냐 사람에 대해 알아보려 하지 않았다.

나는 그가 누군지 찾았다고 생각한다. 부오나로티의 옛 친구 화가 이다
코에게 에스파냐에서 오래 살았던 아들이 있었는데, 그는 그곳에서 마
추카라는 유명한 화가이자 건축가의 전기에 이렇게 썼다.

"그즈음(1520년) 마추카는 이탈리아를 다녀왔다. 그는 미켈란젤로
의 제자로서 그라나다 왕국에 훌륭한 작품을 남겼다."

부오나로티의 전기작가들은 미켈란젤로의 베루구에테와 베세라에
이어 에스파냐에서 온 이 새 제자에 대해 말이 없다. 그러나 그는 실제
로 제자였다기보다 그의 작품을 깊이 이해했던 추종자였을 것이다.

어쨌든, 미켈란젤로의 견해를 수집했던 프란시스쿠 돌란다가 고대회
화에 바친 자신의 유명한 저작에서 마추카를 당대 회화의 '독수리'라
고 소개했다는 사실을 기억해두자. 마추카는 유명한 건축가이기도 했
다—그는 그라나다에 카를 5세 황제의 궁전 건설을 맡았을 정도였다—
그렇지만 그는 1520년에 이탈리아를 떠났으므로 난니 비지오가 험담
을 했던 문제의 에스파냐 건축가일 수는 없다. 어쨌든, 마추카에게 루
이스 호로츠코라는 아들이 있었다. 그도 이탈리아에서 아버지가 그곳
을 떠난 지 25년쯤 뒤에 건축가가 되었다. 바로 이 마추카의 아들이 아
버지의 사후에 그라나다 왕궁의 완공을 맡았는데, 이 궁전의 내부를 둘
러본 사람들은—16세기 이탈리아 스타일에 완전히 충실한—특히 궁정
응접실의 거대한 원주에서 미켈란젤로의 수법이 직접 차용된 것을 곧
바로 알아보았다.

1547년에 미켈란젤로를 자주 찾았던 에스파냐 건축가가 거장의 제

자인 마추카의 아들, 바로 이 루이스 호로츠코일 개연성이 크다. 미켈란젤로가 이 청년 건축가의 모범을 따랐던 것이 아니라, 바로 루이스 호로츠코가 그라나다 왕궁이 명백하게 증명하듯이 부오나로티의 자취를 추종하면서 그의 원주 스타일을 완성했을 것이다. 적어도 이 궁전은 그 고상한 비례만으로도 루이스 호로츠코가 미켈란젤로를 시기하는 적대자가 주장했던 것처럼 건축에 무지하지 않았음을 증명하고도 남는다.

143
브루투스와 로렌치노

1537년 1월 알레산드로 데 메디치 공작이 암살당했다는 소식이 로마에 퍼졌을 때, 피렌체 망명객들은 모여 이 독재자의 최후를 축하했을 것이다. 그리고 그 자리에 미켈란젤로도 있었을 것이다. 물론 그는 복수하는 사람도 피에 굶주린 사람도 아니었지만, 그에 대한 공작의 악행과 특히 피렌체 예속의 역겨운 도구였다는 사실을 잊지 못했으리라.

알피에리*보다 훨씬 전부터 미켈란젤로는 '독재자들을 혐오하는' 사람이었다. 잔노티의 『대화』에서 이 위대한 예술가는 '동포들의 피와 재산으로 기름지고 오만하게 타인의 것을 제 것으로 가로채는' 독재자들을 오랫동안 열거했다. 또 이렇게도 썼다.

• 비토리오 알피에리. 1749~1803. 이탈리아 시인 · 철학자 · 극작가. 고전적 이상과 낭만주의에 고취되어 많은 작품을 남겼다. 열렬한 공화주의자였다.

"독재자를 죽이는 사람은 사람을 살해한 것이 아니라 인간의 탈을 쓴 짐승을 살해한 것이다. 자연스럽게 누리는 동포의 사랑을 모르는 독재자이기에 인간적 정을 박탈한다고 하는 것도 결국, 인간이 아니라 짐승으로 간주하여 마땅하기 때문이다."

미켈란젤로의 감정을 이해하면서 그가 1537년 바로 이해에 브루투스의 두상을 조각하기 시작했으리라고 추정한다. 알레산드로 데 메디치가 암살당했을 때, 사보나롤라의 이 오랜 사제가 독재자에 품은 생각에도 부응한다. 그러나 이 연대는 옳지 않다. 바사리는 분명히 브루투스의 흉상이 도나토 잔노티의 주문에 따라 니콜로 리돌피 추기경을 위해 제작했다고 했다. 또 잔노티는 1539년 말부터야 로마에서 살았기 때문이다. 브루투스 흉상은 이보다 훨씬 뒤에 착수되었다.

『대화』에서 잔노티와 미켈란젤로는 단테가 지옥으로 떨어지게 했던 고난과 관련해서 브루투스를 주제로 길게 논쟁을 벌인다. 자기 친구의 생활을 낱낱이 알고 있었을 잔노티는 자신이 직접 작가에게 그 제작을 부탁했던 만큼 이 흉상에 대해 언급하는 것이 자연스러웠을 것이다. 『대화』는 아무리 빨라도 1546년에 쓰였고 이것으로 미루어 브루투스 흉상은 1547년이나 1548년에 제작되었을 가능성이 더 크다. 그 구상은 우선 독재자가 제거되고 나서 잔노티가 내놓은 발상으로 가정하는 로베르토 리돌피가 옳을 듯하다. 다시 말해서 1548년 6월 26일 베네치아에서 건너온 로렌치노 데 메디치의 잔혹한 죽음 바로 직후의 일이라고.

이 미완성 흉상의 제작 연도의 새로운 교정으로 미켈란젤로가 카이사르를 암살했던 주인공보다는 오히려 로렌치노의 얼굴에서 그가 간직해온 기억을 되살렸을지 모른다. 당시 실제의 브루투스에 대한 것으로 두 가지 이미지를 알 수 있다. 하나는 메달에 새겨진 옆모습으로 로마에서 주조되었을 것이고, BC 44년 3월의 사건 이후에, 다른 하나는 캄피돌리오, 콘세르바토리 궁 소장품인 흉상이다.

미켈란젤로의 흉상은 이 두 상 가운데 어느 것과도 닮지 않았다. 어떤 도상적 전통과도 무관하다. 그렇지만 그것이 고대인 브루투스의 초상이 아니라고 할 때, 이는 '새로운 브루투스'라고 불린 피렌체 망명객의 한 사람일 것이다.

미켈란젤로는 개인적으로 로렌치노를 알고 있었다. 두 사람 모두 클레멘스 7세의 궁전은 물론이고 망명객이 회동하는 자리에 자주 모습을 나타냈기 때문이다. 미켈란젤로는 1532년부터 1535년 사이에 종종 로마를 찾았다. 로렌치노는 1534년 2월과 3월쯤에 피렌체에 정착했다. 미켈란젤로는 같은 해 9월 말에야 로마에 영구 정착했다. '음흉한 자들'을 껄끄러워했던 미켈란젤로의 성격으로 미루어볼 때, 이 수상쩍은 로렌치노에게 크게 동정심을 보이지 않았을 것이다. 특히, 부오나로티는 로마와 고대미술에 대한 열렬한 찬미자로서 분개할 수밖에 없었던 일이 있었다. 로렌치노가 미치광이처럼 1534년 겨울밤에 콘스탄티누스의 개선문의 상들과 산 파올로 성당의 상들을 재미로 훼손했기 때문이다. 어쨌든, 이 어린 왕자는 피에트르프란체스코 데 메디치의 아들인 로렌초의 손자였다. 젊은 시절 그의 할아버지 피에트르프란체스코는 미켈란젤로를 후원하고 격려해주었고 이른바 메디치가를 '인기 있게' 했다. 그 밖에도 알레산드로의 암살이라는 것은 부오나로티와 같은 공화정의 친구에게는 영예로운 것이므로, 그 과거의 인상이나 견해 같은 것을 잊게 할 만한 사건이었다. 피렌체의 자유에 그토록 집착했던 미켈란젤로는 조국의 해방자에게 보상하려 생각했고, 가능한 한 자신의 재능으로 작품을 만들려고 했다. 이에 루이지 델 리치오가 로베르토 스트로치에게 보낸 1544년 7월 21일자 편지가 그 확실한 증거로 리옹에 남아 있다. 그는 이렇게 썼다.

"미켈란젤로가 당신의 기별을 전해달라고 합니다. 국왕께서(프랑수아 1세) 스키피온과 데오를 통해서 전달했던 것을 상기하면서, 즉 이 심부름꾼들이 만약 국왕께서 피렌체의 자유를 되찾게 해준다면, 그가 '자기 돈을 들여서라도' 그의 기마상을 제작해주겠노라고 그리고 시뇨리아 광장에 세우도록 할 것이라고."

따라서 그가 피렌체에 자유를 찾아주려 했던 사람의 영예를 위해서 흉상을 제작할 수 있지 않았을까?

결국, 의식했든 아니든 간에 그가 브루투스 흉상으로 독재자를 시해한 수수께끼 같은 개성적 인물을 재현한 기념상을 만들려고 했을 수 있다. 로렌치노의 초상은 존재하지 않아 유감이다. 정확성을 확인할 길이 없다. 당대의 초상이라고는 그 사건 직후, 즉 1537년 이후에 제작된 메달이 유일하다. 이 메달의 프로필과 미켈란젤로의 흉상을 비교해보면, 그 두 상 모두 도도한 표정이며, 특히 아랫입술을 앞으로 내민 엇비슷한 모습이다….

『대화』에서 드러나듯이 도나토 잔노티는 고대 브루투스를 공공연하게 찬미했다. 그는 피렌체 함락 이후 망명 생활 중이던 1533년에 브루투스에 관한 비극을 쓰기도 했는데, 지금은 전해지지 않는다. 반면에 미켈란젤로의 생각은 한결 복잡하다. 그는 독재자를 혐오했고 그 시해범은 보상을 받을 만하다고 주장했지만, 다른 한편 단테가 브루투스를 지옥의 악마(루시퍼)의 아가리 속으로 던져버린 것을 지지했다. '기독교적 견해를 신봉하면서' 단테는 하느님이 카이사르가 사유화한 로마의 보호 아래 세계의 통일을 원했으며, 브루투스와 카시우스가 그를 살해함으로써 로마 제국을 배신했다고 생각했다. 미켈란젤로의 정신 속에서 브루투스의 행위에 대한 감탄과 반박의 갈등은 확연해 보인다. 그는 독재자를 죽인 사람으로 그에게 감탄한다. 그러면서도 그를 비난하는 것은 그가 제국의 위엄과 하느님의 명령을 공격했기 때문이다. 이런 당혹함으로 브루투스 흉상에 붙은 라틴 2행시가—사람들이 생각하듯이 벰보가 아니라 잔노티가 지은—씌어졌을지 모른다.

사실상, 미켈란젤로는 이 조각을 끝맺지 못했다. 1555년 아니면 더 나중에 이 흉상은 티베리오 칼카니에게 넘겨졌지만 이 충직한 제자는 스승이 초벌 작업을 해놓은 얼굴을 감히 건드릴 생각조차 하지 못했고 옷자락만을 조각하고 말았다. 나중에 흉상은 1574년부터 1587년까지 군림했던 프란체스코 데 메디치 공작이 1천 에퀴에 사들였고 결국 페트라이아 별장에 소장되었다.

미켈란젤로와 메디치가의 역설적 관계를 확인해주는 이 작품의 기구한 운명이다. 미켈란젤로는 자신을 자식처럼 대한 대공을 제외하고는 내심 깊은 곳에서 그들을 비난했다. 다른 한편, 그는 항상 그들의 삶과 불가분하게 얽혀 복종해야 했다. 또 다른 메디치가의 암살자인 메디치가 사람을 재현했을지 모를 이 흉상은 대공 손자의 손에 들어갔고—로

렌초 리돌피는 로렌초의 딸 콘테시나의 아들이다―. 이 미완의 작품은
메디치가의 한 대공의 별장에 자리 잡게 되었다. 자유를 열망하던 예술
가가 조각한 암살자의 초상을 피렌체 독재자의 후손이 사들인 것이다.

144
레알도 콜롬보와 해부

미켈란젤로 만년의 중요한 친구로 당대의 명의 레알도 콜롬보가 있다. 콜롬보는 1520년 크레모네 출생이다. 파도바에서 플라티나에게 외과 수술을 베살레에게 해부학을 배웠다. 그는 1544년 약관 스물넷의 나이로 파도바 대학에서 스승을 이어 교수가 되었다. 1546년에 그는 피사 연구소에 초빙되었지만, 1548년에 로마로 건너가 그곳에서 오랜 세월을 지내면서 부오나로티와 친하게 사귀었다. 코시모 1세 공작에게 부친 1548년 4월 17일자 편지에서 그는 새로운 해부학 이론을 쓸 수 있도록 로마에서 살게 해달라고 간청했는데, 그 이유가 이 영원의 도시에서 '이런 연구에 큰 도움을 줄 이 세상에서 가장 훌륭한 화가와 교제할 기회'가 있기 때문이라고 밝혔다.

　여기에서 말하는 '이 세상에서 가장 훌륭한 화가'는 의심의 여지없이 여러 해 전에 시스티나 벽화를 끝낸 바 있는 미켈란젤로였다. 그렇지만 콜롬보는 속이 깊은 사람으로, 「최후의 심판」을 그린 거장으로서 그를 좋아했던 것만이 아니라, 능숙하고 끈기 있게 인체의 형태와 운동을 연구했던 사람으로서 그를 좋아했다. 그는 학자로서 화가에게서 협력자이자 동료를 얻고 싶어했다고 분명히 밝히는데, 이런 협동에 대한 증거는 콘디비의 책에서 입증된다. 콘디비는 이 거장이 예술가들에게 유용한 해부학 책을 쓰고 싶어했다고 암시하고서 이렇게 덧붙인다.

"레알도 콜롬보 씨에게 자문했다. 해부학자이자 탁월한 외과의사요 미켈란젤로의 친구이자 내 친구이기도 하다. 그는 미켈란젤로를 도우려고 대단히 잘생긴 무어인 청년의 시신을 보내주었다. 그의 의도에 딱 알맞은 것이었다…. 이 시신에 대해서 미켈란젤로는 내게 희귀하고 감춰진 많은 사실을 보여주었다. 결코 다시는 들을 수 없을지 모를 것을, 그래서 나는 그것을 모두 적어두었다."

부오나로티와 콜롬보는 진정한 협력 관계였을까? 콜롬보는 베네치아에서 미켈란젤로가 아직 살아 있을 때이던 1559년 『해부학』이라는 열다섯 권짜리 책을 펴냈지만, 그의 책에는 유감스럽게도 해부도는 전혀 없고, 콘디비를 제외하고는 아무도 인체에 대한 이 두 관찰자의 협동에 대해 시사하는 바가 없다.

우리가 알다시피, 미켈란젤로는 청소년기부터 시신을 해부하며 연구했고, 나중에도 사정이 허락하는 한 그 연구를 계속하곤 했다. 그는 해부학 책을 읽었지만, 알브레히트 뒤러에 관한 감상만 지금까지 전한다. 인체 비례를 다룬 이 독일 화가의 작품은 그의 사후인 1528년 뉘른베르크에서 출간되었지만 독일어로 쓴 것이다. 미켈란젤로는 같은 도시에서 1532년과 1533년 사이에 출간된 그 라틴어판을 보았다. 그러므로 그는 이탈리아 번역본을 보지 못했다. 이탈리아 번역본은 그의 사후인 1592년에야 나왔다. 어쨌든, 그는 이 책을 재미있어 하지 않았다. 콘디비는 이렇게 썼다.

"알브레히트 뒤러를 읽은 그는 이 책을 대단히 빈약하게 보았다. 사실 말이지, 알브레히트는 인체의 비례와 다양성만 다루고 있어 이 문제에서 어떤 확실한 규칙도 정할 수 없다. 그는 경건한 사람처럼 뻣뻣하게 선 모습으로 인체를 재현했다. 이보다 더 중요한 인간의 행위와 동작에 대해서는 한마디도 없었다."

우리는 여기에서 거의 순수하게 기하학적인 수법으로 비례를 탐구하는 독일 사람과 특히 운동을 재현하고, 사지의 형태를 통해서 근육과 그 긴장과 또 낮추고 앞으로 튀어나오고, 비틀리면서 인간의 모든 자유로운 자세를 보여주는 형상을 관찰하고 창조하려는 이탈리아 사람의 날카로운 대립을 본다.

레알도 콜롬보처럼 오래전부터 시신을 파헤치고 살아 있는 인물을 창조하는 데에 그토록 능숙했던 이 거장은 자신도 해부학 논문을 쓸 생각이었다. 콘디비는 이렇게 썼다.

"이 문제에서 그가 그토록 박식하고 실제 경험이 풍부한 경지에 도달했다는 것은 틀림없다. 그는 몇 번씩이나 조각과 회화 입문자를 염두에 두고서 저술할 것을 검토했다. 자세와 뼈와 인체운동을 자세히 설명하고, 오랜 경험에서 나온 기막히게 세련된 이론을 수단으로 삼아 만약 그가 자신의 능력이나 글을 잘 쓰는 학자가 하듯이 그와 같은 주제를 세련되고 권위 있게 다룰 수 있다는 점을 의심하지 않기만 했다면, 충분히 이 계획을 실현할 수 있었을 것이다."

이렇게 미켈란젤로는 그것을 포기했다. 이는 겸손이 조금 지나쳤기 때문이다. 왜냐하면 그는 낭랑한 토스카나 말로 우리 신체 기관의 비밀을 충분히 설명할 수 있을 것이었기 때문이다. 그가 홀로 혹은 콜롬보와 함께 이 저술을 했더라면 미켈란젤로는 그가 시의 역사에서 모습을 나타내듯이, 과학사에서도 영예롭게 등장했었을 텐데 아쉽다. 해부학자로서도 레오나르도 다 빈치를 능가할 수 있었으리라.

죽은 자의 시신에 대한 연구는 1549년까지 거슬러 올라간다. 그때 이미 일흔네 살이었다. 즉 그는 자신이 너무 늙었다고 느꼈고 제자의 말대로 "머릿속에 들어 있는 것을 세상에 보여주거나 글을 쓸 수 있다고 생각하지 않았다." 그러나 그가 레알도 콜롬보에게 자신이 청년기에 그린 소묘 몇 점을 주었을 듯하다. 그가 뚜렷이 기억하던 발견을 자신의 육성으로 직접 들려주면서…. 미켈란젤로는 무엇보다 예술가였고 콜롬보는 학자였다. 그렇지만 당시 이 창조와 지식의 두 세계는 오늘날처럼 그렇게 엄격하고 어리석게 분리되지는 않았다. 레알도가 가장 큰 일을 한 시절은 부오나로티와 절친했던 시절이다. 그는 그의 주치의가 되어 목숨을 구해주기도 했다. 그로부터 2년 뒤에 출간될 논문의 삽화로서 소묘 몇 점을 주지 않았을까?

145
미켈란젤로의 거부

미켈란젤로는 여러 차례 매우 중요한 작업을 파울루스 3세의 욕구와 지시에 따라야 했다. 어느 날, 그는 그것을 거절하고 완강한 교황이 반복하여 주장했지만 고집을 꺾지 않았다.

파울루스 3세는 산 피에트로 대성당 완공에 집착했으므로 어떤 대가를 치르더라도 그 광장 복판에 신축 중인 성당 쪽으로 거대한 이집트 오벨리스크를 세우려 했다. 오벨리스크는 서기 40년 칼리굴라 황제가 헬리오폴리스에서 로마로 가져왔던 것이다. 그 뒤 수 세기 동안 네로 광장에 서 있었다. 1547년 교황은 산 피에트로의 공사 지휘를 미켈란젤로에게 맡기면서 오벨리스크를 세우는 데 필요한 조치도 해달라고 부탁했다. 그렇지만 부오나로티는 파울루스 3세보다 더 완강하게 이 임무를 거절했다.

이 사건은 당시 토스카나의 석학 미켈레 메르카티가 전하고 있다. 그는 1561년 스무 살에 피우스 4세의 부름으로 로마로 가서 바티칸에 정원을 조성하는 일을 맡았는데, 이때 늙은 거장을 만났다. 메르카티는 자신의 저작에서(『로마 오벨리스크』, 1589년) 거장의 이런 거절에 경악했다. 그가 썼듯이 "바로 미켈란젤로가 건물 꼭대기에 거대한 돌을 올리는 기중기를 발명해서 로마와 이탈리아 전역에서 사용했기" 때문이고, 이런 점에서 그는 일급 건축가일 뿐만 아니라 노련한 기술자이기도 했기 때문이다.

그렇다면, 왜 거절했을까? 메르카티는 이렇게 썼다.

"그의 측근은 내게 이렇게 말했다. 그렇게 무거운 것을 간편하게 옮길 장비를 발명했던 그토록 감탄할 만한 지성인으로서 왜 수차례 부탁을 받고서도 교황의 비위를 맞추려 하지 않았을까…. 그의 대답은 간단했다. '오벨리스크가 깨지기라도 한다면 어쩌려고….'"

메르카티는 미켈란젤로가 이 새로운 시도가 실패할 경우 자신의 명예가 떨어질까봐 걱정했으리라고 암시한다. 다니엘로 바르톨리는 『도덕적 관점에서 풀이한 상징』(1680)이라는 저서에서 이 특이한 거절을 이야기하면서 이렇게 주목한다.

"발명에 그토록 재능이 뛰어나고 원하기만 한다면 기계를 작동하는 데에 그토록 전문가인 이 거장이 이 사건에서 모험을 피하려 했다. 예컨대 작업 과정에서 물건이 위험에 처하는 것을 원치 않았다. 이런 염려는 도전 정신이 부족해서가 아니라 노인 특유의 지혜로운 판단에 따랐기 때문이다."

233

어쨌든, 부오나로티에게는 또 다른 이유도 있었다. 무엇보다도 어마어마하게 시간이 소요될 이 작업의 실질적인 어려움 때문이다. 그 필요한 골조를 합친다면 오벨리스크는 바르톨리의 주장처럼 '일백만육천리브르[파운드]의 무게'에 그 높이는 25미터 50센티에 달한다. 나중에 1585년과 1586년 사이에 식스투스 5세의 지시에 따라 오벨리스크를 산 피에트로 광장에 세운 건축가 폰타나는 인부 9백 명을 동원해서 2년 동안 작업해야 했다. 이미 일흔을 넘기고 또 바실리카 완공에 매진했던 미켈란젤로에게 거대한 이 오벨리스크를 세운다는 것은 엄청난 시간과 국고가 들어가는 것이었고, 이는 산 피에트로의 영광에 유용해야 할 시간과 돈이었다.

더구나, "깨지기라도 한다면?" 이와 같은 걱정은 노파심이나 명예가 실추될까 하는 우려만이 아니라 역사적 선례에 따른 결과였다. 그는 플리니우스(XXXVI, XV, I)를 읽었을지 모른다. 오벨리스크를 칼리굴라가 로마로 가져왔다는 이야기를—바로 광장에 세우려 했던 그 오벨리스크—이 오벨리스크는 치르쿠스 막시무스 광장에 세울 때 파손되고 남은 단 하나였다. 이런 기억은 불길했다.

더 많은 다른 이유도 있다. 미켈란젤로의 이런 반대는 자부심과 저항의식을 감추고 있다. 그는 기술자가 아니라 건축가였다. 비석을 세운다는 것은 기술자나 석공 반장이 할 일이지 창조적 예술가에게 어울리지 않는다. 파울루스 3세는 최후의 심판을 그리도록 하면서 율리우스 2세의 영묘를 제쳐놓게 했었다. 그리고 파르네세 궁의 거대한 배내기를 제작하게 했다. 보루의 보강 작업도 시켰다. 이 모든 명령에 순종하고서 그는 보복으로 적어도 교황의 공교로운 명령을 한 번쯤은 거절하여 맞서려고 했다. 이번만큼은 파울루스 3세도 자기 목적을 이루지 못했고 오벨리스크는 미켈란젤로의 보기 드문 불복종의 증거로서 40년을 더 땅 위에 누워 있었다.

146
아랫사람의 증오

대부분의 거인처럼 미켈란젤로는 아끼는 사람에게 관대하고 인색하지 않았고, 재능이 없을망정, 예술을 사랑하는 사람에게 더욱 편안한 길로 인도하려고 자신의 이름과 영향력을 기꺼이 빌려주었다. 그러나 그는 번번이 배은망덕을 당했고, 심지어 미움을 사기도 했다. 인정과 존경이 과분한 자들은 자신들에게 혜택을 준 사람에 대한 의무를 벗어던지려고, 황당한 핑계를 찾기도 하기 때문이다. 이런 무엄한 자로서 굴리엘모 델라 포르타라는 롬바르디아 출신 조각가가 있었다. 아버지와 제노아에서 일했던 그는 아버지를 따라 1537년 로마로 건너왔고, 그 여로에서 당연히 피렌체를 들러 메디치 묘의 조각을 보고 공부하게 되었다.

그의 아버지, 조반 마리아 델라 포르타는 세바스티아노 델 피옴보의 친구였다. 그는 세바스티아노에게 아들에게 일거리를 찾아달라고 부탁했다. 조각가의 일이었던 만큼, 세바스티아노는 물론 미켈란젤로에게 부탁했고, 그는 자세도 훌륭하고 의욕에 넘쳐 보이던 이 청년을 파르네세 궁의 수많은 고대 석상을 정비할 조각가를 찾던 교황에게 소개해주었다. 바로 이 굴리엘모 델라 포르타가 현재 나폴리에 있는 유명한 파르네세 헤라클레스를 맡았고, 그 다리를 수리하게 되었다. 미켈란젤로는 굴리엘모의 작업에 매우 흡족해했다. 그는 1550년에 헤라클레스의 원작인 다리 부분을 다시 찾아냈을 때, 굴리엘모가 수선한 것이 완벽한 만큼 원작으로 굳이 교체할 필요가 없다면서, 수리한 대로 그냥 놓아두고 원래의 하체 부분은 궁전의 다른 방에 그대로 두기로 했다.

1547년 세바스티아노가 사망하고, 미켈란젤로는 그때까지 이 친구가 맡았던, 역대 교황의 모든 옥새를 봉인해야 했으므로 대단히 비용이 많이 드는 '봉인'에 필요한 조치를 취해야 했고, 이 일을 굴리엘모 델라 포르타에게 맡겼다. 그리고 자신은 조용히 자기 작업에 몰두하려고 했다. 바로 이때, 나중에는 '프라 굴리엘모'로 수도사가 되는 델라 포르타는 현재 나폴리 미술관에 소장된 파울루스 3세 상을 제작했다. 많은 사람이 미켈란젤로의 작품이길 바라 마지않는 작품이다.

1549년 교황이 사망했을 때, 그의 위엄에 걸맞게 묘를 산 피에트로에 짓기로 결정되자, 다시금 미켈란젤로는 알레산드로 파르네세 추기경에게 청탁해서 이 묘의 제작을 굴리엘모 델라 포르타가 맡을 수 있게 해주었다. 그 주문을 따낸 굴리엘모는 미켈란젤로에게 도안과 조언을 부탁했고, 거기에 들어갈 와상 중에 「신중의 우상」은 미켈란젤로가 산 로렌초 제의실에 제작했던 석상에서 영감을 취했던 것이 분명하다. 그러니 프라 굴리엘모에게 더 바랄 것이 무엇이 있을까? 부오나로티는 언제나 그에게 중요한 일감을 마련해주었고, 그 결과 단시간 내에 그는 대단한 수입을 올렸다. 도안과 모형도 제공했다. 그런데 굴리엘모 델라 포르타는 이 무렵부터 미켈란젤로의 맹랑한 적이 된다. 그는 파울루스

3세의 묘를 벽에 기댄 자리가 아니라 트인 공간에 자리 잡도록 정면을 둘로 만들려고 했다. 그는 걸작에 대한 의지가 확고했으므로, 이 묘를 대성당 한복판에 세우려 했다. 즉 중앙의 거대한 설교대의 첫 번째 홍예 밑에 말이다. 이는 우선 미켈란젤로의 동의가 필요했다. 그는 산 피에트로의 축성 책임자였고, 미켈란젤로는 그것을 브라만테와 자신이 설계했던 이 성당 평면도를 해칠 뿐이므로 묘 자리로서 부적합하다면서 거절했다. 프라 굴리엘모는 율리우스 3세의 재가를 얻어내려 했지만 부오나로티는 단호히 반대했고, 묘는 결국 여러 해 뒤에 미켈란젤로가 제안한 대로 벽감 속에 자리 잡게 되었다.

이때부터, 프라 굴리엘모는 그 거절의 정당한 미학적 이유를 인정하기는커녕 공공연하게 이 위대한 은인이자 거장에게 대항했다. 미켈란젤로가 거절한 까닭이 시샘 때문이라고 말하고 다닐 정도였다. 바사리는 이렇게 썼다.

"프라 굴리엘모는 그가 질투한다고 믿고서 미워하기 시작했다."

물심양면 도움을 주었을 뿐 아니라, 그토록 열등한 굴리엘모를 그가 어떻게 질투할 수 있을까? 보편적 영예를 누릴 때 거인은 자만에 빠질 수도 있지만, 반대로 진정한 거인을 질시라는 원죄에서 벗어나게 하는 법이다.

대성당에서 드러난 문제와 굴리엘모의 미켈란젤로에 대한 증오를 정확하게 알 수는 없으나, 굴리엘모가 갖은 방법으로 이 거장을 죽을 때까지 괴롭혔던 상갈로와 관련이 있었을 수도 있다. 이 무엄한 포를레차의 조각가는 부오나로티와 결별한 뒤로 다시는 기회를 잡지 못했다. 「파울루스 3세」상 뒤로 그는 어떠한 비중 있는 작품도 주문받지 못했는데, 아마 돈을 벌어야 했기 때문에, 매년 테스타치오〔행정단위로서 구에 해당된다〕축제 때 로마에서 제작하던 카니발에 쓸 마차 작업에 매달릴 수밖에 없었을 것이다.

147
잔 프란체스코 로티니

콘디비와 바사리는 잔 프란체스코 로티니를 미켈란젤로의 친구로 꼽는다. 1557년 산 피에트로 원개의 목재 모형을 이 늙은 거장에게 맡기도록 결정했던 사람들 중 한 명이다.

기왕에 누구이 이야기된 자질구레한 것을 항상 반복하는 데에 그치는 부오나로티의 현대 전기작가들은 로티니에 대해서도 관심을 두지 않는다. 기껏해야, 미켈란젤로를 피렌체로 다시 불러들이도록 하려는 코시모 공작의 임무를 수행한 사람으로서 슬쩍 언급할 뿐이다. 사실, 토르나부오니 주교가 로티니에게 1546년에 부친 편지가 있다. 이 편지에서 로티니는 그 자발적 망명객에게 코시모 공작의 제안을 반복해서 청하고 있다. 1559년에 그는 다시 공작을 대신해 이 임무를 맡게 되고, 1560년 4월 23일 코시모 공작에게 편지를 올리면서, 이는 미켈란젤로의 부탁이기도 했지만, 피렌체에서 제작했던 몇몇 작업에 관한 작가의 편지를 동봉했다.

따라서 로티니는 부오나로티를 알고 또 왕래가 있었다. 그렇지만 우정이 깊었을 가능성은 거의 없다. 사실은 정반대였을 것이다. 미켈란젤로는 로티니를 평가하지도 좋아할 수도 없었다. 되레 경멸하고, 가슴속 깊이 비난했을 것이다. 그가 친구였다면 이런 감정은 그의 일생일대의 수수께끼가 될 것이다. 어떤 전기작가도 로티니가 미켈란젤로의 친구인지 아닌지 묻지 않았다. 이런 더럽고 음흉한 인물의 전기를 추적하기도 사실상 어렵다. 그가 10판을 찍고 불어본으로 번역된 책을 한 권 쓰기는 했고—『시민에게 고함』—, 오늘날 정치사가들의 연구 대상이기는 하지만, 이탈리아 문학사에서 그의 이름을 볼 수 없고, 전기사전이나 백과사전에도 마찬가지로 별다른 내용이 없다. 어쨌든, 그의 처신과 관련된 여기저기의 확실한 정보는 많은 사람과 특히 미켈란젤로에게 역겨운 것이었으리라.

잔 프란체스코 로티니는 1512년 볼테라에서 태어났다. 불과 열일곱 살에 그는 치정에 얽힌 동포 살인 혐의로 기소되었다. 1530년에 그는 동료를 상해한 죄로 법정에 섰다. 나중에, 그는 또 다른 살인범이 되어 볼로냐로 도망치기도 했다. 여전히 젊어서, 그는 코시모 공작의 비서가 되었다. 이 교활한 군주는 이 청년의 유능함을 어떻게 평가했든 간에 1542년 그를 추방해버렸다. 베르나르도 세니의 이야기에 따르면, 사악한 행동을 저질렀기 때문이다. 세니의 『피렌체 역사』에서 우리는 코시모 공작이 "조신들로부터 그가 원하는 것이 무엇인지 들은 다음에, 선량한 풍속에 충실하게 행동하는 신하들에 둘러싸여" 그를 추방한 이유를 알 수 있다. 어쨌든, 로티니는 어떻게 그렇게 할 수 있었는지 알 길이 없으나, 공작의 사면을 받게 되고 신중치도 못한 이 사내에 걸맞은 여러 일을 맡았다. 코시모 공작은 수단 방법을 가리지 않고 알레산드로 공작의 시해범을 죽이려고 했고 베네치아의 밀정을 통해서 독재자를 시해했던 자를 처단할 적당한 때가 찾아왔다는 것을 알고서, 그토록 바라 마지않던 복수를 서둘러 준비하도록 이 도시로 잔 프란체스코 로티니를 파견했다. 로티니는 1548년 2월 11일에 베네치아에 도착해서, 단 열이레 만이던 2월 28일에, 로렌치노 데 메디치를 다른 자객과 함께 난도질했다. 자객 베보 데 볼테라는 로티니와 동향이었다.

얼마 뒤, 로티니는 로마 궁정에 나타났다. 그곳에서 아스카니오 스포르차 추기경의 비서가 되었고, 거친 산타피오라 추기경의 음모에 가담했다. 파울루스 3세의 사망에 뒤이은 1550년 교황 선출회의에서 그 유력한 후보자는 레오 10세의 조카, 니콜로 리돌피 추기경이었다. 도나토 잔노티의 후견인이자 미켈란젤로와 절친했고, 메디치 가문의 적수이자 반反에스파냐파였다. 그러니 카를 5세와 코시모 공작에게도 밉게 보였다. 그런데 리돌피 추기경은 갑자기 병에 걸려 궁으로 돌아가 1월 31일자로 급사했다. 마흔아홉이었다. 로마에서 성직자의 이면을 알던 사람들은 리돌피가, 코시모 공작의 명령으로 제국의 대사 멘도사의 지휘를 받은 하인에게 독살당했다면서 잔 프란체스코 로티니가 여기에 연루되었다고 말한다.

1555년, 로티니는 산타피오라 추기경의 환심을 사려고, 파울루스 4세를 분개하게 했던 범죄 음모에 공모했다. 교황은 그를 산탄젤로 성에 가두었다. 그는 재판에 넘겨졌으나 곧 방면되었는데, 1559년 교황 선출회의에서, 조반니 안젤로 메디치 추기경 편으로 다시 참여했다. 조반니 안젤로 메디치는 피우스 4세 교황으로 선출되었다. 그는 평판이 고약했지만, 로티니는 피렌체 공작의 후견 덕분이거나 보복에 대한 두려움 때문이거나, 교황들이 감히 건드리지 못했다. 마르셀 2세는 피에몬테 지방의 콜레 수도원을 그에게 맡기면서 참사회원 자격을 주었다. 피우스 4세는 그를 주교로 임명했다. 그는 1572년 8월에 사망했고 그의 저작 『시민에게 고함』은 그의 사후 1574년에 동생 지롤라모가 출판하면서 프란체스코 데 메디치 대공에게 헌정했다. 그는 또 『이교도는 왜 종교전쟁을 겪지 않았는가』라는 소책자를 미완으로 남겼는데, 이 원고는 파리 국립도서관에 소장되어 있다. 1703년에 불어로 출간된 『교황 선출회의』라는 책도 그의 것으로 보인다.

미켈란젤로와 관련해서 본다면 로티니를 충분히 혐오스럽고 비정한 인물로 생각할 만하다. 간계와 기만에 능란한 역량을 발휘했던 로티니는 '지옥에 떨어져' 신음했을 법하다.

미켈란젤로는 메디치에 적대적이었고 조국의 독재자들인 알레산드로와 코시모의 실각을 원했지만, 로티니는 오랜 세월 피렌체 공작의 자객이자 비서로 일종의 첩자로 일했다. 부오나로티가 조용한 것을 좋아하고 코시모를 배려하는 말을 했지만, 그는 내심 그를 증오하고 모든 구실을 다해서, 피렌체로 그를 돌아오게 하려는 공작의 계략을 빠져나갔다. 이런 불쾌한 초대를 전했던 로티니를 어떻게 동지로 삼을 것인가 말이다!

그뿐만이 아니다. 미켈란젤로는 다른 피렌체 망명객과 마찬가지로, 자신의 적인 알레산드로 데 메디치를 시해한 로렌치노를 칭찬했지만, 로티니는 이 독재자 시해범을 죽이는 데 결정적 역할을 했다.

미켈란젤로는 피렌체 군주에 대한 반감을 나누었던 니콜로 리돌피 추기경에게 헌신적이었으며, 그를 위해 브루투스 흉상을 조각했다.

그가 어떻게 그의 때 이른 죽음의 공모자였던 로티니를 좋아할 수 있을까.

재능 있는 사람을 찬미했던 미켈란젤로의 문인이자 사상가로서의 자질 때문에, 로티니가 범죄 행각을 했지만 용서할 수 있으리라고 생각할 수 없는 노릇이다. 그는 생전에 책을 펴내지도 않았고, 그의 대화를 들어보면 진정 뛰어난 지성인이었다고 장담하기 어렵다. 그의 정치적 사고는 민중의 자유보다 군주의 안전에만 몰두했기에, 부오나로티의 마음에 들 리가 없었을 것이고 독창성도 없었다. 그는 주로 구치아르디니를 비롯한 다른 이들의 논제를 다시 취했을 뿐이다. 주세페 페라리는 『이탈리아 정치 저술가들』을 쓰면서, 그에 대해 "현학 취미와 시시한 생각으로 넘치는 싱거운 바다에 구치아르디니의 소금을 풀었다"라고 했다.

모사꾼이자 음모자, 시해자, 암살의 공모자, 메디치 당파이자 독재의 옹호자인 로티니는 미켈란젤로의 은총을 받을 만한 것이라고는 전혀 없었다. 친분은커녕….

가령 로티니가 미켈란젤로로 하여금 원개의 모형 제작을 부추겼다 하더라도, 이 거장의 천재성에 감동한 사람의 충동은 아니다. 그는 단지 모형을 끝내기만 한다면, 산 피에트로의 책임을 진 이 건축가가 더는 로마를 떠날 수 없다는 평계를 대지 못할 터이고, 이는 코시모 공작의 집념을 채워줄 수 있으리라 기대했기 때문이었다. 그는 자기 주군을 흐뭇하게 하고 싶었던 것이지, 미켈란젤로의 신작을 세상에 보장하려고 했던 것이 아니다.

노대가는 이 흉측하고 음험한, 소위 친구라는 자의 과거를 모를 리 없었다. 그러나 코시모 공작의 압박에 시달리고, 이 로마에 와 있는 첩자의 함정을 걱정하면서 그는 로티니를 지원할 수밖에 없었고, 콘디비가 그를 자신의 친구로 쓰도록 내버려두지 않을 수 없었다. 그를 적으로까지 삼으려 하지 않았지만, 그렇다고 친구와 같은 감정을 표할 수도 없었다. 소극적인 저항 덕분에 그는 1546년부터 1560년까지, 오랫동안 로티니의 수작을 피할 수 있었다. 그는 자신의 편지에서 그를 단 한 마디도 거론한 적이 없었다.

가증스러운 위선자인 이 볼테라 사람은 미켈란젤로에게 위장한 적이 었을 뿐이고, 이 위대한 망명객은 최악을 피하려고 표정 관리를 했어야 했던 것이다.

148
율리우스 3세

파울루스 3세가 사망한, 1549년 11월 10일, 미켈란젤로의 감회도 깊었다. 고인이 된 교황이 율리우스 2세 이후로 자신이 봉사했던 모든 사람들 가운데, 자신을 가장 잘 이해하고 아꼈기 때문이다. 반면에, 이제 막 떠나버린 이 사람의 실수로, 자신이 다시 한 번 율리우스 2세의 영묘를 포기해야 했다는 점을 상기했다. 이 성미가 급한 교황이 끌보다 더 무겁고 내키지 않는 붓을 다시 쥐게 하고 여섯 해 동안이나 시스티나 벽과 파올리나 예배당에 매달려 있도록 했다는 사실을 회상했을 것이다. 그렇기 때문인지, 미켈란젤로가 지은 파울루스 3세의 애도송은 미지근하다 못해, 감정보다는 개인적 이해관계에 떠밀렸다는 인상이다. 그는 조카 리오나르도에게 이렇게 썼다.

"1549년 12월 20일 교황의 선종은 큰 슬픔이었다. 그분은 내게 많은 선의를 베푸셨고 앞으로도 더 많은 것을 기대할 수 있게 되었으니까. 이런 것이 하느님의 의지인가보다. 만사에 참을성을 가져야 한다."

미켈란젤로는 분명히 파울루스 3세가 1544년 저 유명한 교서로서 자신을 바티칸 축조의 총책임자에 명했다는 것을 잊지 않았다. 어쨌든, 그는 여전히 그보다 더한 일을 기대하는 듯하다. 이미 그는 다음 교황을 생각하고 있었다. 같은 편지에 이렇게 적혀 있다.

"이제 우리는 새로운 교황을 시시각각 기다리고 있다. 하느님께서 기독교도에게 필요한 것을 알고 계시니 그러면 됐지."

미켈란젤로는 파울루스 3세가 시도했지만 완수하지 못한 교회의 개혁을 암시했으리라.

얼마 뒤 지암마리아 델 몬테 추기경이 율리우스 3세로서 1550년 2월 22일 교황에 올랐다.

공식 전기작가, 콘디비와 바사리는 이 새 교황이 부오나로티에게 쏟은 애정의 자취를 끊임없이 늘어놓는다. 그렇지만 몇몇 일화는 예절에 따랐을 뿐이다. 콘디비는 율리우스 3세 치하에서 『미켈란젤로의 일생』을 출판해서 그것을 교황께 헌정했으니, 그의 호감을 바랐을 것이다. 사정은 전혀 딴판이다.

부오나로티는 일찍이 델 몬테 추기경이 율리우스 2세의 영묘에 관한 최종 합의를 중재했을 때부터 그를 알았다. 이런 사실만으로도, 그 경이로운 꿈의 비참한 종결에 연루된 이 사람을 그가 어떻게 생각했을지 알 만하다. 더구나 그는 부오나로티를 그렇게 후대하지도 않았다.

그렇지만 이 새 교황이 이 늙은 거장을 불쾌하게 했던 크고 작은 이유가 있었다. 미켈란젤로는 기독교 세계의 매우 급한 필요를 생각하고 있었지만, 율리우스 3세는 이런 시급한 필요가 아니라 자기 생활방식의 즐거움을 훨씬 더 챙겼다. 프라 파올로 사르피는 『트렌토 공의회의 역사』에서, 이 교황의 선출을 이렇게 썼다.

"그는 정부에 문제가 생겼을 때 정원에서 한나절을 보내고 멋진 건물의 설계도를 그리면서, 사무보다는 쾌락에 더 함몰된 모습으로 일을 처리했다."

이런 식으로 일에 임하는 교황에 상당히 적대적이었던 것은 이 성모 종복회 수사뿐만 아니라, 예수회의 스포르차 팔라비치니와 그 뒤로 과거의 아드리아니부터 현재의 파스토르에 이르기까지 모든 사가가 한결같았다.

상당히 오래전, 즉 델 몬테 추기경 시절부터 〔교황은〕 19세기 도스토예프스키의 삶을 바꾸었던 것 같은 심각한 모험을 즐겼다. 1527년 로마가 함락되었을 당시 그는 교황청의 인질로 붙잡혀 있었고 그 몸값을 기다리거나 아니면 결정되지 않았을 때, 세 번씩이나 캄포 데 피오리 광장의, 그의 몫으로 준비된 교수대 밑에서 미친 듯 도박에 열중하면서 도망치기보다는 무시무시한 죽음의 공포에서 벗어나려 했다. 교황이 된 그는 플라미니아〔로마에서 이탈리아 반도를 횡단하는 주 도로〕 도로변에 화려하게 확장 보수하길 원했던 지울리아 별장 포도밭에서 호사로운 잔치를 즐길 뿐이었고, 그렇지 않으면 아첨꾼, 예술가와 더불어 한담하며 소일했다.

즐겁게 살고자 했던 교황이기에, 그는 자기 주변에서 마음에 두는 사람만 보고 싶어했으며, 흥분하는 성정이었던 만큼 타인의 욕망에 쉽게 동의하거나 근거 없는 호의를 베풀면서도, 정작 심각하고 위중한 문제는 회피했다.

그가 건설에 관심을 두었다는 것은 미켈란젤로를 불쾌하게 할 수 없었을 터이지만, 그러나 이 거장은 오직 산 피에트로만 생각하길 바랐지, 교황의 호사스러운 사택이 될 별장을 장식할 생각은 없었다. 겨우 2년도 채 안 되어서 율리우스 3세의 신중치 못한 방종 때문에, 산 피에트로에 들어가는 돈이 바닥이 났고 공사는 딱하게도 지연되고 부오나로티는 크게 실망하고 안타까워할 수밖에 없었다.

분명히 율리우스 3세는 지울리아 별장을 화려하게 고칠 계획에 대해 조언과 의견을 구했지만, 미켈란젤로 대신 그 적대자, 즉 바사리가 "상 갈로 패"라고 했던 자들에게 귀를 기울이면서 또다시 그에게 못되게 굴었다. 미켈란젤로는 자신을 비난했던 추기경들 바로 앞에서 당당하게 자기주장을 폈다. 교황은 이에 따라 그에게 그럴듯한 말로 휴가를 내주었지만, 그는 파울루스 3세의 교지로써 보장받은 권리를 굽히지 않았다. 율리우스 3세가 위악스런 적대자들을 존중하고, 자신을 변호하지 않을 수 없게 했던 사건을 이 노대가는 결코 잊을 수 없었다. 영광의 정점에 달한 나이에, 부당한 비난에 맞서서 말이다…

율리우스 3세는 생전에 나이와 무관하게 변함없는 미켈란젤로의 천재성을 알아보지 못했다. 지울리아 별장 공사를 위해 그는 우선 바사리, 비뇰라와 접촉하고 나서, 미켈란젤로에게는 몇 가지 의견을 묻고는 끝이었다. 그는 또 그에게 벨베데레 별장 계단도 문의했으나, 이 작업은 곧 유예되었다. 율리우스 3세는 또다시 라 로테 궁의 설계를 요구했으나, 미켈란젤로는 사양했다. 그 건물은 훌륭했는데도 자금도 없이 새 계획을 실행할 욕심 때문에 교황은 그 기반을 아무렇지도 않게 파헤치게 했다.

바사리는 이렇게 전한다. 어느 날 율리우스 3세가 추기경 열두 명을 대동하고서 "아쿠아 베르지네[청수]" 샘 곁으로 산책에 나섰다. 이때, "미켈란젤로가 도착하자 교황은 그를 자기 곁으로 오라고 했지만 그는 극도로 겸손하게 사양했다."

율리우스 3세가 부오나로티에게 정중하게 대했다는 증거를 의심할 수는 없지만, 부오나로티는 단순히 겸손해서 그런 대접을 물리쳤던 것은 아니다. 무뚝뚝한 인상을 자아내는 긴 잿빛 수염을 기른 교황은 매부리코와 둔하고 뚱뚱한 모습으로 잘생긴 편이 아니었지만, 체격에서 미켈란젤로보다는 훨씬 매력적이었다. 율리우스 2세와 파울루스 3세는 아도니스도 안티노우스도 아니었지만, 자부심에 넘치고 당당한 그 모습과 빼어난 지성의 빛과 단호한 의지의 반영으로 이 위대한 조각가의 눈에 감탄을 자아낼 만했었다. 그러나 율리우스 3세는 반대로 타고난 고상함도 없고, 강인한 의지보다는 성화를 내는 편이었고 건강하기보다 유약했다. 특히 그는 대식가였다. 거의 폭식을 즐기면서, 특히 날이 갈수록 더 굵은 양파와 냄새가 강한 마늘을 즐겼다. 토스카나 사람의 건강에 익숙하던 미켈란젤로는 항상 천박하게 먹는 것을 끔찍해했고, 긴 수염에 아귀처럼 먹는 우아하지 못한 이 교황 곁으로 다가갈 수 없었다. 율리우스 3세는 인문주의자라기보다 법리학자였으며, 미와 예술을 진정으로 좋아하지 않았고 사치를 추구했다. 신앙심이 깊었던 미켈란젤로는 교황이 사제단과 악습의 개혁에 더 많은 관심을 기울이길 바랐다. 자기 부모에게 호사스러운 선물이나 하고 추기경 모자를 나누어주기보다는…. 1551년 5월 1일, 율리우스 3세의 칙령으로 트렌토 공의회가 재개된 것은 사실이다. 그렇지만 주저하는 카를 5세와 프랑스, 에스파냐, 프로테스탄트 등이 가져온 어려움과 특히 교황의 나약함 때문에 결과적으로 이 새로운 회의의 소득은 초라했다. 공의회는 중단되고 그다음 해 1552년 4월까지 재개되지 못했다.

콘디비는 집권 중인 교황의 환심을 사야 했고 미켈란젤로와 교황의 관계를 좋게 하려고 애썼다. 그러나 그 또한 별로 얻은 것이 없었다. 그는 "교황은 미켈란젤로에게 일을 맡기려 하지 않았다. 예술가의 나이를 고려해서"라고 썼다. 그리고 이렇게 덧붙였다.

"미켈란젤로는 타고난 겸손 덕분에, 아니면 거만하다는 평을 듣기도 하는 자존심 때문에, 그토록 위대한 교황의 관대한 성격과 선의와 은총을 입지 못했다."

이는 요컨대, 율리우스 3세가 부오나로티에게 거의 일을 맡기지 않았다는 말이고 부오나로티는 가능한 한 교황에게 접근조차 하지 않았다는 뜻일 뿐이다. 콘디비는 포를리 주교가 이렇게 말했다고 전한다.

"율리우스 3세는 할 수만 있다면 미켈란젤로의 목숨을 연장할 수 있게, 덧붙일 피와 자신의 목숨을 몇 년 치라도 떼어줄 의향이 있노라고 여러 차례 말했다. 세상 사람이 그와 같은 인간을 그토록 일찍 잃지 않도록…."

뻔히 터무니없는 이야기일망정 이런 생각이 분명히 교황의 영예를 높여준 것은 사실이다. 어쨌든, 율리우스 3세는 1552년에 이미 예순다섯 살이었고, 그렇게 살아갈 날이 많이 남아 있었던 것도 아니며 자신보다 더 나이 든 사람에게 선물을 할 수 없었을 것이다.

콘디비는 율리우스 3세의 다른 욕심에 대해서도 전했다. 미켈란젤로와 관계되어, 매우 의심스러운 취미에서 비롯된 공상으로, 이 사건은 거짓이고 취소되어 마땅하다. 콘디비는 교황이 이런 말을 했다고 주장한다.

"자연의 순리가 예상하듯이 미켈란젤로보다 더 오래 살게 되어, 그는 미켈란젤로를 미라로 만들어 자기 곁에 두고 싶어했다. 그의 시신이 작품처럼 영원히 보존되도록. 그는 이 말을 교황이 되자마자 미켈란젤로에게 직접 하기까지 했다."

자신을 미라로 만들어 바티칸 궁에 마치 성유물처럼 보관하겠다는 이 이상한 계획에 대해 미켈란젤로가 어떻게 생각했을지 종잡을 수 없다. 이 영감이 풍부한 피렌체 사람은 화려함과 인기에 대한 사랑과 족벌주의로 돈을 덜 착복하고, 그렇게 아낀 자금으로 산 피에트로의 완공을 서두름으로써, 교황이 서로에게 더욱 큰 영예를 누릴 것이라 생각했다. 하지만 미켈란젤로는 고작 입상이나 한 점 세워 자신의 사후에 로마가 인정한 조각가로서의 명성이나 기다릴 것이다—이런 명성은 오늘날에도 여전히 부족하지만—미라를 만드는 사람의 손에 맡기고, 율리우스 3세의 손길을 받는 덧없고 무기력한 해골이 되기보다는 말이다.

교황은 피 한 방울 흘리지 않았고 그 무질서한 통치기에 퍼진 또 다른 병을 피할 수 있었다. 왜냐하면 그는 1555년 3월 23일에 사망했고 미켈란젤로는 예상대로라면 교황보다 먼저 죽어야 했을 테지만, 나이가 더 많았던 그는 교황보다 아홉 해를 더 살았다. 이렇게 해서 그는 율리우스 3세가 미라를 만들려는 계획을 무산시켰던 셈이다. 게다가 율리우스 2세의 영묘를 더욱 초라해지게 했던 그 장본인은 실질적이고 진정한 묘비명 하나 건지지도 못했다. 그의 유골은 수수한 석관에 담겨, '교황 율리우스 3세'라는 간단한 비명만 붙여진 채 바티칸 지하 묘소에 묻혔다.

149
불꽃과 뱀

유명한 『회화예술론』(1584)에서 조반 파올로 로마초는 "마르코 데 시에나는 미켈란젤로의 제자로 탁월한 화가이다"라고 썼다. 이런 언급은 다른 어디에서도 찾아볼 수 없고, 부오나로티의 전기작가들도 침묵으로 일관한다. 어쨌든, 로마초는 미켈란젤로와 같은 시대 사람으로—그는 1538년생이다—당시 예술가라는 주제에 매우 밝았다. 그는 미켈란젤로를 예술의 일곱 지주 가운데 하나로 꼽았다. 그 나머지는 레오나르도, 가우덴치오 페라리, 폴리도로[라오콘 군상의 조각가], 라파엘로, 만테냐, 그리고 티치아노였다.

그는 미켈란젤로는 '탁월하지만, 무서운 화가'라고 부르면서 그의 말과 일화를 주제로 삼았다. 그는 『운문』(1587)에서도 미켈란젤로를 기념하는데, 그중에서 이상하고 믿을 수 없는 부분이 있다.

세르비우스 툴리우스의 고대 감옥
피렌체 사람 부오나로티가 그렸다.

그런데 시에나 출신 마르코라는 화가를 16세기 미술사가들은 잘 알고 있었다. 그 사람 마르코 디 피노°는 1525년에 시에나에서 태어났고 베카푸미의 제자였으며, 1549년에 로마로 건너와 그곳에서 다니엘레 다 볼테라의 지도를 받으며 바티칸의 중궁中宮을 비롯해 여기저기에서 일했다. 그는 영원의 도시에서 1557년까지 머물렀고 리차렐리의 소개로 미켈란젤로를 자주 만났다. 같은 해 그는 나폴리로 건너가 그곳에서 사망할 때까지 살았다(1588년). 그는 이 도시에 수많은 작품을 남겼고, 이 덕분에 미켈란젤로에게서 유래한 매너리즘을 대담하게 대변하는 작가로 인정받았다. 이탈리아 남부 지역에 미켈란젤로에게서 시작된 예술을 확산한 것에는 바사리보다 그의 역할이 컸다고 할 수 있다.〔특히 그의 판화가 사실상 널리 유통되었다.〕

그가 실제로 부오나로티의 제자였는지 확인되지는 않는다. 그렇지만 이 시에나 사람은 그렇게 불릴 만하다. 그의 지적인 재능을 피어나게 했던 예술 이론의 가장 중요하고 독창적인 점을 미켈란젤로에게서 배웠기 때문이다.

로마초의 『회화예술론』에서 이런 단락을 읽을 수 있다.

"미켈란젤로가 어느 날 제자인 시에나의 마르코에게 이렇게 충고했다. 인체를 하나, 둘, 셋씩 겹친 형태로 뱀 모양의 삼각형(피라미드)

• 1521~1583. 로마에서 유명한 '에스파냐 광장' 언덕 위에 서 있는 트리니타 데이 몬티 성당 프레스코화를 그렸다.

을 그려야 한다고. 이런 전제 아래 회화의 모든 비밀이 있다. 운동을 표현하려면, 이보다는 화염 형태가 유리하다. 아리스토텔레스와 모든 철학자가 말하듯이, 가장 활력적인 요소이고, 화염 형태는 다른 어느 것보다도 운동감에 대비하기 때문이다. 사실상, 불꽃은 뿔이나 첨탑처럼, 대기를 뚫고서 둥근 천계까지 비상하려는 듯하다. 그래서, 인체가 이런 모양을 띨 때 가장 아름답다."

이와 같은 '황금법칙'에서 어디까지가 미켈란젤로가 한 말인지, 로마초가 무엇을 덧붙였는지 알 수 없다. 로마초는 삼각형은 뒤집힐 때도 있다고 하면서 이렇게 이어간다.

"삼각형에 두 가지 종류가 있다. 하나는 율리우스 카이사르의 피라미드라고 부르는 로마, 산 피에트로 곁에 서 있는 것이고, 다른 하나는 화염 형태로서, 미켈란젤로가 뱀 같다고 부른 것으로 살아 있는 뱀이 구불구불 길을 갈 때 바로 화염 형태를 바닥에 그리는 그런 것이다. 이 형태는 인체가 바로 이렇게 서 있거나 자빠진 S자 형태를 그릴 때 가장 아름다워진다."

미켈란젤로의 작품에서 우리는 이런 미묘한 이론의 모범을 찾아볼 수 있다. 특히 그 만년의 조각이 그렇다. 한편, 이 이론은 철학과 상상을 반영하는 만큼, 부오나로티의 첨예한 지성이 담겨 있다. 화염과 뱀에 대한 호소는 화가의 것인 것 못지않게 조각가보다는 시인의 것이고, 그 진정성의 최상의 자취이다. 미켈란젤로가 예술에 끌어들인 참신성은 운동과 빛의 재현과 탐구이고, 이 경우 운동은 뱀의 이미지로 표현되고 운동과 빛은 불꽃으로서 하나가 된다. 로마초가 전하는 이런 전제는 매너리즘에 활력을 준 원리가 되었다. 그런가 하면 제대로 이해하지는 못한 채, 18세기 영국의 유명화가 윌리엄 호가스가 자신의 『미의 분석』(1753)에서 로마초의 말로 미켈란젤로의 사상을 전하면서 또다시 인용했다.

이 밀라노 화가이자 이론가가 어떤 근거에서 늙은 부오나로티가 마르코에게 충고한 이론을 상세하게 끌어냈는지 알아보려 한 사람은 없다. 이는 분명히 구전口傳이다. 다른 책자에서 전혀 찾아볼 수 없는 이야기이기 때문이다. 그러나 16세기 밀라노와 로마의 예술적 교류는 드문 편이었고, 로마초는 롬바르디아를 벗어난 적도 없었던 듯하다. 또다른 이유로 로마초는 서른세 살에 눈이 멀었다. 바사리는 1566년에, 롬바르디아를 방문했고, 바프리오 아다로 레오나르도 다 빈치의 제자이자 상속인 프란체스코 멜치를 찾아갔었다. 그러나 이는 단기간의 방문이었고, 그가 로마초를 만났을 가능성은 희박하다. 로마초는 아마 1562년에 로마에 있었던 레오네 레오니를 통해서 미켈란젤로의 가르침을 들었을 듯하다.

하지만, 다른 곳에서 전해졌을 확률도 여전히 높다. 당시 유명한 매너리즘 작가로 로마 시절을 자세히 기억하고 있었을 펠레그리노 티발디°에게서 나왔을 수도 있다는 말이다. 티발디는 1527년 푸리아 디 발솔다 출생으로, 스물두 살이던 1549년에 로마를 찾아가, 바로 시에나의 마르코가 리차렐리와 그림을 그리던 때에 다니엘레 다 볼테라 곁에서 일했다. 1549년부터 1553년까지. 그는 따라서 마르코는 물론이고 미켈란젤로도 알았고, 나중에 밀라노에 정착했을 때인 1570년부터 1587년 사이에 로마초를 만나 로마의 이야기를 전하는 가운데 그 말을 전했을 수 있다. 로마초가 『회화론』을 저술하던 시절이다.

불꽃과 뱀의 원칙은 따라서 거의 확실하게, 티발디가 전했을 것이다. 그는 사실상 볼로냐와 에스쿠리알[에스파냐]에 남긴 그림에서 그것을 모방했다. 이런 근거를 인정해도 좋을 듯하다. 티발디는 미켈란젤로를 존경했고 로마에서 이 거장과 긴밀하게 지냈기 때문이다.

그렇지만 왜 부오나로티는 자기 예술의 비밀을 어리고 잘 모르는 마르코에게 전했을까? 마르코가 로마를 떠났을 때는 서른 살 때쯤이었고, 미켈란젤로의 인간적 품위와 지적 활력을 좋아했을 것이고, 다른 제자보다 더 이론적 관심이 높았을 것이다. 이 시에나 화가는 나폴리에서 오늘날 유실된 「건축론」을 썼다. 그러나 이로써도 그가 예술 이론과 원리를 공부하는 데에 관심과 자질이 있었음을 알 수 있다. 티발디와 로마초가—그리고 우선, 마르코 디 시에나가—화염과 뱀 이론이라고 불러도 될, 미켈란젤로의 가장 독창적이고 찬란한 이론을 전해주었다고 인정할 만하다.

• 1527~1596. 매너리즘 작가. 1566년 밀라노 대성당 건축 책임자였다. 그는 첫 번째 로마 체류 시절, 산탄젤로 성의 장식화를 그린 페리도 델 바가 밑에서 일했으므로 같은 곳에서 일했던 마르코를 만났던 것은 거의 확실하다.

150
아스카니오 콘디비

1547년에, 스무 살의 나이로 미술 공부를 위해 로마에 도착한 마르케 지방의 한 청년은 미켈란젤로 덕분에 전 세계적으로 유명해진다.

그의 이름은 아스카니오 콘디비. 아드리아 해 부근의 소읍, 리파트란소네에서 태어나 그곳에서 무명 화가 빈첸초 파가니에게 그림을 배웠을 것이다. 누가 콘디비를 로마로 보냈는지 알 수 없다. 나중에 처삼촌이 된 동향인 안니발 카로일지 모른다. 그의 맨 처음 후견인은 피렌체 신사 로렌초 리돌피였다. 리돌피 궁을 장식하기 위한 「실라*」 청동 흉상을 그에게 주문했다. 우리가 알다시피, 미켈란젤로는 리돌피와 친분이 있었으므로 두 사람 중 하나 또는 카로가 그에게 이 청년 작가를 소개하지 않았을까. 우리의 거장은 이 초보생에게 금세 정을 느꼈을 것이다. 그 지적 능력보다 착하고 온화한 성격에 끌렸을 테니까.

• 기원 전 로마 정치인.

콘디비에게 이 만남은 일생일대의 사건이었다. 부오나로티를 열렬히 존경했지만, 감히 접근할 수 있으리라고는 상상도 못 할 일이었기 때문이다. 그는 나중에 이렇게 썼다.

"그때부터 하느님은 특이한 선의로써 내게 위신을 찾아주셨고, 단지 미켈란젤로를 만날 수 있게 했을 뿐만 아니라(이런 일이 내게 있으리라고 바랄 수도 없었다), 그의 정을 받고, 대화를 나누고, 긴밀하게 지내게 해주셨다…. 나는 예술 문제에서 그가 내게 주었던 원리만이 아니라, 그의 말과 행동과 생활방식 등 그의 모든 생활에서 모방할 만하고 놀랍기만 한 모든 것을 매일같이 기록해두려고, 조심스럽게 관찰하려고 했다."

이 글을 읽어보면, 콘디비는 거장을 알게 되면서부터 즉시 그의 전기를 쓰려고 깊이 생각했었음을 알 수 있다. 이런 생각은 콘디비가 아니라 몇 해 뒤에 미켈란젤로가 직접 제안했던 것으로 보인다. 1550년, 바사리의 『예술가열전』의 마지막 편이 나오면서 비로소 완간되었을 때, 미켈란젤로의 전기도 수록되어 있었지만, 그는 이 바사리가 쓴 허점과 오류로 가득한 자신의 최초의 전기를 마땅치 않아 했다. 그의 실제 반응은 콘디비의 "독자에게 드리는 글"에서 드러난다.

"필자처럼 그렇게 이 보기 드문 사람을 자주 찾아보지도 않고서 쓴 것은(적어도 내가 생각하기에), 결코 있지도 않았던 일을 지어낸 한편, 주목해야 할 많은 일을 제쳐놓았다."

이런 암시는 분명히 바사리를 겨냥한 것이리라. 왜냐하면 그보다 훨씬 전에 폴 조브가 쓴 짧은 전기는 그 거인의 진정한 삶이라는 주장을 한 적이 없었고, 당시에는 다른 전기는 없었기 때문이다.

부오나로티는 조르조 바사리가 쓴 허점과 오류투성이의 전기를 읽고 나서, 자신이 직접 자기 일생을 이야기하겠다는 꿈을 꾸었지만, 그는 이것을 거만하다 생각했거나 아니면 시간이 없어서였거나, 산 피에트로와 캄피돌리오 공사에 바빴으므로, 그는 이 시도를 다른 사람에게 맡길 생각을 했다. 그는 많은 선량한 문인의 친구였지만, 유명 문인이란 대체로 사실의 소박한 진실성을 재현하기보다는 자신의 재능에 대한 칭송을 늘어놓기에 급급한 채 자기 식으로 저술하기를 바랄 것이라 생각했다.

충실한 초상을 쓰자면, 최상의 방법은 야심적인 형식에 관심이 큰 사람보다, 보스웰*이나 에커만*처럼 재능은 평범하더라도 성실하고 정직한 문인이 더 낫지 않을까….

미켈란젤로는 아스카니오가 그런 일에 적합한 선량한 인물이라 보았다. 이렇게 자신이 직접 그를 좋아했고 자기에게 순종했던 청년의 작업을 통해서 사실을 규명할 수 있는 일종의 자서전을 쓸 수 있을 것이다. 콘디비는 그에게서 상세한 부분을 끌어냈다고 주장한다. "그 자신의 입에서 참을성 있고 능숙하게." 그렇지만 어떻게 갓 스물을 넘긴 청년

- 제임스 보스웰, 1740~1795. 스코틀랜드 작가. 특히 코르시카 기행을 남겼다.
- 요한 페터 에커만, 1792~1854. 독일 시인. 『괴테와의 대화』로 유명하다.

이 이 거장에게서 그토록 넘치는, 정확한 기억을 '끌어낼' 수 있을까? 부오나로티가—겸손하고 말이 없는 그를—믿고서 이야기를 자발적으로 하지 않는다면 말이다. 무명이자 헌신적인 이 제자의 인품에서 그는 누구의 질투심도 자극할 수 없었던 싹싹한 비서를 보았고, 첨가나 변질 없이 예술가가 자신의 과거사를 밝히고 싶어했던 것을 전할 수 있다고 보았다….

이 제자는 미켈란젤로의 의도에 놀랍게 대처하면서 1550년부터 1552년 사이에 그 소중한 전기를 썼다. 이 전기는 1553년 여름에 로마에서 블라도가 출판했다. 콘디비는—지금까지 전해지는 그의 편지에서 드러난다—정확하고 세련된 문인은 못 되었고, 거장의 신뢰를 받는 어떤 문인이 그 거친 초고를 윤문했으리라 생각된다. 이 교정 작업은 두 사람의 친구인, 안니발 카로가 했을 것이다. 카로는 얼마 뒤 1555년에 자신의 열다섯 살 난 조카딸 포르치아 카로와 아스카니오가 결혼하게 되어 그의 처삼촌이 되었다. 콘디비는 글을 쓰면서 누구의 도움도 받지 않았다고 주장한다. 그러나 그는 미켈란젤로의 친지를 열거하면서, 그의 삶과 긴밀했던 사람들 가운데 몇을 덧붙이지 않았지만—도나토 잔노티, 토마소 데 카발리에리 같은—각별히 칭송하던 카로를 덧붙였다.

"마지막으로 그는 안니발 카로와 많은 시간을 보냈다. 자신이 좀 더 일찍부터 그토록 취미가 잘 맞는 이 사람을 자주 만나지 못했다며 아쉬워했다."

이렇게 콘디비가 쓴 『전기』의 내용은 미켈란젤로의 기억으로 짜이고, 카로가 그 문체를 다듬었다. 이 전기는 부오나로티의 서간문과 그 가족의 문헌자료와 나란히 미켈란젤로를 이해할 최상의 원천이다. 사실상 그 성공 또한 대단했다. 1746년에는 재판을 찍었다. 그러나 19세기와 오늘날에는, 수많은 이본과 번역본이 쏟아져 나왔다.

콘디비의 혹평에 상처를 받은 바사리는 복수를 별렀다. 1568년에 출간된 그의 『예술가열전』 제2판에서, 그는 미켈란젤로 편을 대폭 수정했고, 이를 위해 참고도서에서 콘디비의 전기를 인용하지도 않고 노략질하는 편법을 서슴지 않았다. 그는 콘디비를 위악적이며 경멸하는 말투로 단 한 번 언급했다.

"리파트란소네 출신의 아스카니오는 대단히 수고를 했지만, 작품의 형식이든 소묘의 형식이든 이렇다 할 결과는 보이지 않는다. 그는 여러 해 동안 미켈란젤로가 밑그림을 그려준 그림 한 점에 매달려왔다. 그에게 기대했던 선의는 허공에 사라졌고, 그의 헛된 노력을 동정한 미켈란젤로는 손수 그를 도와주었지만, 이것도 별 소용이 없었다."

이는 역사가라기보다 복수심에 불타는 사람의 말이다. 가엾은 마르키 청년은 특히 이 아레초 미술가의 것보다 더 풍부하고 정확한 전기를 썼다는 것이 죄였을 뿐이다.

콘디비가 미술에서 무능했다는 것은 사실과 다르다. 1554년 말쯤에 고향으로 돌아간 그는 그 지역 성당에 수많은 그림을 그렸지만 오늘날에는 거의 유실되었다. 작은 화폭 열다섯 점이 남았는데 리파트란소네의 도미니쿠스회 성당에 「동정녀의 신비」를 그린 연작이다—평범한 솜씨를 보여준다. 카르멜 성당에 있는 「십자가에서 내려서는 그리스도」도 그의 것으로 간주되는데 여기에서 미켈란젤로의 영향이 뚜렷이 비친다. 그의 아내의 모습으로 보이는 젊은 여인상이 새겨진 둥근 그림도 전해진다. 그 밖에도 그는 파올리나 예배당 프레스코에서 미켈란젤로의 조수로 일했을 것이다.

그는 로마를 떠나서도 미켈란젤로를 결코 잊지 않았다. 1556년 5월 23일, 그는 치비타노바(카로의 고향)에서 그에게 정다운 편지를 썼다.

"부디… 저를 써주십시오, 비천한 하인을 부리듯이."

1561년 로마에 대사 자격으로 파견되어 왔을 때, 그는 거장을 마지막으로 보았다.

그는 자신의 우상이라고 했던 사람과 계약을 맺었을 때 대단한 구애를 받았다고 생각하지 않았고 예술에 관한 한, 그를 기독교 세계의 교황으로 여겼다. 그는 미켈란젤로의 운문을 모아 출간하자고 제안했고—이것이 성취되지 않았던 것은 깊은 유감이다—거장이 자신에게 맡기고 그가 주해를 달고 기록했던 회화적, 조형적 해부학의 감탄할 비밀과 이론을 출간하자고 제안했다. 그의 때 이른 죽음으로 그가 『전기』에서 했던 이 약속을 지키지도 못했고, 그는 쉰을 넘기기도 전이었던, 1574년 12월 10일, 마레키아에서 비참하게 익사했다.

세월이 가면서 콘디비는 예술가였던 이상으로 존경받는 시민이자 훌륭한 가장이며, 안락한 영주가 되었지만, 그가 쓴 작은 전기가 분명히 보여주는 것과 우리가 그에 관해 아는 모든 것은 그가 청년기에 여전히 더 두드러져 보였을 타고난 관용과 선의의 감정을 드러내준다. 그가 매일 마르첼 데코르비 가를 드나들고, 부오나로티의 정과 믿음을 받았을 때 말이다. 그는 위대한 예술가도 탁월한 문인도 아니었다. 그렇지만 미켈란젤로를 좋아했던 모든 사람은 그가 스승에게서 깊은 사랑을 받았으며, 스승의 인간적 · 예술가적 기억을 세상에 내놓으려고, 그의 입장을 붓으로 기꺼이 옮겼다는 데에 고마워했다.

부오나로티는 자신의 편지에서 그를 입에 올린 적은 없었다. 그러나 편지들이 이 전기작가가 급사하고 나서 유실되었을 수 있다. 해부학에 관해 콘디비가 적어두었던 비망록과 함께 말이다. 정이 많고 감사할 줄 아는 미켈란젤로가 그에게 단지 성질이 고약한 바사리가 말하던 '동정'만을 하지는 않았을 듯하다. 그가 콘디비에게 자신의 과거와 정신의 비밀을 그렇게 털어놓은 것은 그가 그 순진한 심성과 진정한 애정을 존중했다는 증거이다. 미켈란젤로가 그를 사랑했다고 확신할 수 있다. 그의 사랑은 그의 이름을 이 '신성한 인간' —그 자신의 말이다—과 그 작품이 '인간적이라기보다 신적이다'라고 했던 사람의 이름과 영원히 결부되는 위엄을 가져다주었다.

151
"내 얼굴에 겁이 나는 무언가가 있다"

콘디비의 전기를 따라가면서 우리는 미켈란젤로가 팔순이 다 된 1553년에 당도한다. 이제 비로소 이 사람의 인간적 외모와 성격, 주거와 생활의 과정과 조직에 더 바짝 다가서볼 여유가 생겼다. 그의 용모부터 시작해보자.

누구도 감히 드러내놓고서 쓰지 못했지만, 미켈란젤로가 못생겼음은 확실하다. 표정이 풍부하고 특이한 추남이다. 당대의 증인은 그 말을 입에 올리지 않지만 이런 사실을 반드시 밝혀야 한다는 점에 추호도 의심할 여지는 없다.

콘디비와 바사리는 그를 사랑하고 오랫동안 관찰하기 쉬웠던 만큼 그의 얼굴과 신체를 자세한 묘사해놓았다. 이 두 사람의 묘사는 모든 점에서 일치하며, 어떤 점에서 '문자 그대로' 똑같다고 할 수 있다.

이 초상들은 미켈란젤로가 흉측해 보인다는 인상을 준다. 잘린 피라미드를 뒤집어놓은 듯하다. 머리의 윗부분은 둥글고 너무 커서 관자놀이보다 더 넓다. 관자놀이는 귀보다 넓어서 이번에는 뺨 위로 불쑥 뛰어나왔다. 어깨는 넓은 반면에 나머지 동체는 호리호리하다. 이 유별나고 기이한 신체 골격은 얼굴로 미화되지 않는다. 네모진 이마는 곧게 뻗은 일곱 개의 주름으로 파였다. 눈썹은 성글고 겨우 알아볼 수 있을 정도이다. 눈은 작고 '뿔빛'이다. 즉 노르스름하다. 시선은 늘 어둡고 강렬하게 빨아들일 듯하며, 코는 토리지아노의 주먹에 맞아 깨졌고 한가운데가 작게 주저앉았다. 윗입술은 얇지만 더 두꺼운 아랫입술은 튀어나왔다. 모발은 까마귀처럼 검고 약간 곱슬이다. 턱수염은 부스스하며 염소처럼 둘로 갈라졌다. 안색은 창백하고 몸집은 작지는 않아도 빈약하다.

전체적으로 특히 얼굴은 이렇게 불규칙하고, 매끄럽지 못한 데다 기형에 가깝다. 천사 같다기보다 악마적인 면이 있다. 당대인이 미켈란젤로의 '무서움'에 대해 이야기할 때, 상당히 두려움을 주는 용모가 이런 판단에 한몫했을 듯하다. 스스로도 자신이 그런 감정을 불러일으킨다고 알고 있었다. "내 얼굴은 겁나는 데가 있지"라고 썼고, 이런 과장법 속에서도 진실에 대한 공포가 훤히 드러난다.

그림이건 조각이건 그의 초상들은 대체로 콘디비와 바사리의 묘사를 확인시켜준다. 그러나 예술가들은 자연스러운 존경심 때문에, 이런 특징을 감추거나 최소한 완화하려고 했다. 수많은 미켈란젤로의 초상이 남아 있지만, 실물을 보고서 제작한 것은 거의 없고, 오직 부지아르디니, 자코피노 델 콘테, 베누스티 등의 것만이 직접 그를 모델로 삼았을 것이다.〔미완성작인 자코피노 델 콘테의 유화는 최후의 심판을 그릴 무렵의 미켈란젤로를 보여주는 반신상인데 현재는 뉴욕 메트로폴리탄 미술관에 있다.〕프란시스쿠 돌란다의 소묘와 다니엘레 다 볼테라의 흉상은 그를 아는 사람의 작품이라고 해도, 나중에 기억을 되살려 작업했다. 이 모든 초상과 그 작가들은 미켈란젤로의 얼굴이 어둡고, 슬프고, 약간 무뚝뚝하며, 비례가 불완전하고, 표정이 딱딱하며, 잘생긴 것과는 거리가 멀다는 증거를 보여준다.—하지만 여기에서 잘생겼다는 말은 적어도 그리스와 르네상스의 고유한 의미를 따를 때이다. 또한 우리 현대인처럼 개성적인 아름다움이 있었다. 고뇌하고, 낭만적이면서 약간은 위악스러운 아름다움이다. 그의 초상을 바라보면, 부오나로티가 베로나의 선량한 여인이 단테를 보던 모습 같다고 할 수도 있겠다. 지옥에서 생환한 사람의 분위기 같은 것을….

이런 추함이 미켈란젤로의 가슴을 가장 아프게 한 은밀한 고통이었으리라. 그렇다고 그것 때문에 여러 가지 방식으로 여러 번씩 자화상을 시도하는 데 장애가 되지는 않았다. 사실상 그 자신의 초상으로서가 아니라 자기 작품 속에 자신의 얼굴을 집어넣는 식으로.

시스티나 궁륭에서 수염을 기른 다윗 상을 미켈란젤로로 보려는 사람도 있고, 포르타 피아의 실내 정면을 장식한 마스카롱[광대] 중 한 인물을 그로 보려는 사람도 있다. 그러나 이런 가설은 설득력이 없다.

반면 부오나로티가 시에나, 피콜로미니 제단의 성 바울을 자기 자신으로 재현했을 것이라는 크리그바움*의 견해는 믿음직하다. 이 입상은 1502년에서 1503년 작인데, 당시 그의 나이 삼십대에 접어들었을 때였다. 그 사도 바울의 얼굴은 의심할 나위 없는 미켈란젤로의 것인 데 반

• 1901~1943. 16세기 토스카나 조각의 발굴에 이바지한 미술사가.

해, 상당히 변형되었다고 하겠다. 그가 자신을 그런 모습으로 그리길 바랐던 자화상이다.

가장 확실한 초상, 가장 무섭고 영적으로 그를 가장 닮은 자화상은 최후의 심판도에서 성 바돌로매의 살가죽에 그려 넣은 모습이다.

이 어리둥절한 초상은 우리 시대에 와서야 확인되었고, 간략한 붓질로 그려졌어도 무서우리만치 닮았다. 왼쪽으로 약간 숙인 얼굴은 장례용 가면을 뚜렷한 음영으로 드러낸다. 검은 자국은 모발을, 어둡고 길게 처진 두 눈, 희미한 그림자처럼 입과 수염이…. 전체는 밝고 시원한 이마와 코가 두드러진다. 이 초상은 희생자의 모습이다, 가엾게 죽은 희생자, 그리고 그 전체는 잊을 수 없는 인고의 고통을 연상시킨다. 운명과 적의 손에 찢어지고, 가죽이 벗겨진 미켈란젤로는 그가 어느 날 겪었듯이, 괴로운 자기연민으로 포착되었다. 그 얼굴의 특징은 파올리나 예배당의 성 바울에서도 나타난다. 전통적 모습이 아니라, 자기와 마찬가지로 늙은 성 바울은 빛과 그리스도의 목소리에 눈이 멀고 겁에 질린 모습이다.

더 나중에, 그는 조각으로 자신을 표현하려고 했다. 현재 피렌체 대성당에 있는 피에타 상에서. 이 군상에서 그는 성자로서 예수를 떠받치는 늙은 니고데모로 재현되었다. 머리두건 같은 것을 쓴 늙은 미켈란젤로의 얼굴은 이제는 성 바돌로매의 얼굴처럼 어둡고 절망적이지 않다. 깊은 비애가 감지되지만, 비극적이라기보다 침울하게 젖어드는 슬픔이다. 그는 하느님 아들의 시신을 맞잡으려는 경건한 동작의 성녀들을 돕는 중이다. 깊은 곳에서 우러나는 인자함이 넘치는 그의 얼굴에서, 그리스도의 사랑에 사로잡힌 늙은 미켈란젤로의 특징을 볼 수 있다. 고독

속에서 기도하려고 고개를 숙일 때 드러날 표정이다. 성 바돌로매의 살 가죽에서, 부오나로티는 고통에 신음하는 모습이다. 하지만 피에타의 니고데모에서 부오나로티는 그리스도와 함께 고통을 겪으며 그를 통한 구원을 바라는 모습이다. 시에나의 성 바울 상과 마찬가지로 둘 다 영적인 초상이다. 하지만 미켈란젤로의 이중적 정신을 표현하고 있다. 인간 때문에 끔찍하게 시달리는 영혼과 하느님에게 위안 받는 영혼이다.

추한 모습 또한 부오나로티의 삶에 감추어진 비극의 하나다. 그의 내면적 자부심을 고취하면서 여자와 자연스러운 사랑과, 결혼까지도 멀리하게 했던 추함이다. 모든 사물과 모든 인간에게서 아름다움을 사랑했던 사람인데도, 추하기 때문에 결국 사랑받을 만하지 못하다고 자인해야 했다. 그의 영혼을 삼킨 불꽃은 그의 얼굴의 빛과 일치하지 않았고, 그는 타인을 사랑하는 데 만족해야 했다. 특히 자신에게는 없는 청년의 아름다움을.

152
고질痼疾

히포크라테스의 말대로, 만약 인간이 병자일 뿐이라면 우리는 미켈란젤로에게서도 이 우울한 격언의 확증을 볼 수 있다. 나이 여든에 다가섰는데도 그의 생활은 종종 죽음에 맞서 힘겨운 싸움으로 버텨내고 있었다.

일찍이 젊어서 나약하고 병들어 어머니를 잃었던 그는 태어날 때부터 건강하고 튼튼한 체질이 못 되었고, 콘디비에게 털어놓았듯이 "어렸을 적에 병약했다." 1552년에 그는 성년이 되어서도 두 차례 병을 앓았지만, 실제로는 그 이상 여러 번 병에 걸렸다.

스물다섯 살이 된 1500년까지도 아들을 잘 알던 아버지는 그가 병에 걸리지 않을까 걱정한다.

우리는 A. 미히엘이 마르실리오에게 보낸 편지에서, 1520년에 미켈란젤로가 피렌체에서 병들었다는 사실을 알게 된다. 이 중환은 1521년 말에야 회복되었다. 사실상 1522년 1월 4일에, 친구 리오나르도 셀라조는 미켈란젤로에게 이런 편지를 썼다.

"내게 전한 우선 급한 소식이, 거의 회복되지 않는 병이 다 나았다는 말이신지?"

이렇게 위험한 병일 텐데, 대체 무슨 병이었을까? 리오나르도가 그 며칠 뒤, 1월 22일에 쓴 편지에서 도움을 받을 수 있다.

"정신적으로든, 육체적으로든 위험천만한 병에서 회복되었다니 다행입니다."

병의 이름을 들먹이지는 않았지만, 정신을 암시한 것으로 미루어 이 병은 원죄와 관련된 것으로 생각할 수 있다. 당시에 천한 '프랑스 병'이라고 부르던 매독일 가능성이 있다. 이렇게 미켈란젤로 또한 16세기에 흔했던 이 병에 걸렸을 것이다. 아무도 수치스럽게 생각하지 않았고, 프라카스토로 *의 시를 고쳐시켰던… 이 유명한 베누스의 애인은 지나치게 세속적인 베누스의 유혹에 빠졌다가 벌을 받았다.

10년 뒤에, 미켈란젤로는 다시 급한 처지가 되었다. 그의 친구 G. B. 미니가—제자 안토이노 미니의 삼촌—1531년 9월 29일, 바초 발로리에게 부친 편지를 통해서.

"미켈란젤로를 여러 달째 못 보았네. 수 주일째 집 안에 처박혀서 격

• 1478~1553, 시인이자 의사.

정하나보오…. 미켈란젤로는 여위고 기진맥진한 듯했어…. 이 문제에 대해 부지아르디노와 안토니오 미니하고도 이야기했지…. 결국, 미켈란젤로가 회복되지 않는 한 얼마 못 살지 않을까 생각되네. 너무 일만 많이 하고, 제대로 먹지는 않고 잠도 제대로 못 자고, 한 달 전부터 설사 두통과 현기증에 시달리니. 사람들 말에 따르면, 그의 생각과 마음이 따로 노니 문제일세."

이런 자세한 이야기를 고려할 때, 미켈란젤로가 극도로 탈진한 상태이고, 눈과 머리에 염증이 생겼다고 할 수 있다. 점령기의 불편과 정식적 고통이 몸과 신경을 뒤흔들고 약하게 했다. 그는 잘 못 먹고 잘 못 자면서도 또다시 메디치 묘의 작업에 매진해야 했다. 미니는 사실상 그가 「밤」과 「오로라」를 끝냈다고 전한다. 통증과 걱정을 잊으려고, 그는 말이 아닌 몸으로 이 일에 달려들었고, 교황에게서 벗어나 자유를 되찾고 싶어했을 듯하다. 마음은 급했지만 몸은 따라주질 않았다. 그는 야위어갔고, 자신의 목숨을 걱정할 정도로 불안해졌다. 똑똑한 미니는 발로리를 통해 클레멘스 7세에게 머리와 가슴을 아프게 했던 질병을 고칠 수 있게 하도록 알렸다. 즉 일에서 손을 좀 떼고, 저 말썽 많은 율리우스 2세의 상속인들이 가하는 협박에서 벗어날 수 있게 해달라고. 이렇게 정신적인 고통이 육체에 무섭게 영향을 주었다. 클레멘스 7세는 그의 회복을 위해 취해달라는 청을 들어주었고, 사실상 미켈란젤로는 1534년까지 산 로렌체의 일을 계속할 수 있을 만큼 나아졌다. 1544년 여름에 그가 로마에 있었을 때, 또 다른 질병에 걸렸는데, 이번에는 루이지 델 리치오 같은 친구를 놀라게 했고, 마르첼 데코르비의 초라한 집에서 그의 병구완을 하기란 불가능하다고 생각했다. 리치오는 로마의 스트로치 궁으로 들어가 요양하라고 설득했고, 이 탁월한 의사의 치료로, 7월 말에 고비를 넘겼다.

미켈란젤로의 이 병이 무엇이었는지 알 수 없다. 그렇지만 거의 사망할 뻔했다는 사실은 알고 있다. 나중에, 1546년에 그는 루이지 델 리치오에게 쓴 편지에서 "죽음을 모면했다"고 단언했으니까. 이 병의 성격에 대한 유일한 암시는 앞에서 인용했던 니콜로 마르텔리가 의사 바초 론티니에게 부친 편지로 알 수 있다. 그는 여기에서 의사가 미켈란젤로의 생명을 두 번씩이나 구했다고 밝힌다. "두 차례 모두 지독한 고열에 시달렸다"라고 하면서. 리치오는 1544년 7월 21일에 로베르토 스트로치에게 보낸 편지에서 열병을 시사하면서 미켈란젤로의 건강에 대해 이렇게 적었다.

"이제 열이 떨어진 지 며칠 되었습니다. 어쨌든 대단히 쇠약하지만, 집을 오가면서 치료하고 있으니 곧 완쾌될 것입니다. 당신께서 생명을 구해준 관용에 빚을 졌다고 합니다…."

7월 31일, 미켈란젤로는 직접 리치오에게 이런 편지를 썼다.

"몇 해 더 살았으면 하오. 하늘이 바초 선생의 손으로 내게 건강을 다시 주셨으니, 올리비에리 포도주로 그것을 다스렸네."

이 바초가 그토록 친절한 의사 론티니이다. 1540년 최후의 심판을 그리던 비계에서 떨어진 미켈란젤로를 치료해주었던 사람이다. 이 환자가 회복하고서 편지에 썼던 이 박학한 의사와 좋은 포도주에 대한 이야기는 농담이겠지만, 바사리에 따르면, 론티니는 약초의 효험을 믿었던 만큼 포도의 효능도 믿었을 터이므로, 그가 분명히 미켈란젤로에게 건강 상태가 어떻든 최상급 '트레비아노'* 포도주를 몇 잔씩 마시라고 권했을 것이다. 바쿠스의 조각가이자 노아의 화가, 바쿠스의 주연酒宴을 그린 이 사람이 이런 회복기에, 디오니소스의 축복을 받았던 것이라고나 할까?

물론 수수께끼 같은 이 병이 매우 위중했고, 미켈란젤로가 사망했다는 소문이 피렌체까지 퍼져, 조카 리오나르도가 로마로 황급히 달려와 늙은 삼촌의 책망을 들었지만, 어쨌든 그는 1544년 7월 11일에 이렇게 썼다.

"꽤 아팠다. 그런데 너는 조반 프란체스코의 성화로 나를 죽게 하고서, 내가 남긴 것이 있나 하고 보러 왔구나."

몇 해 뒤 1548년에서 1549년 사이에, 끔찍한 병으로 미켈란젤로가 위독하다는 소식이 전해졌다. "소변을 못 볼 만큼 나쁘다"라고 조카 리오나르도에게 1548년 5월 2일에 그는 편지를 썼다. 1549년 3월 15일의 소식은 더 우울했다.

• 나폴리 남쪽 지방 산 또는 산 미니아토.
• 백포도주용 포도 품종으로 남부 캄파니아 지방이 주산지.

"소변을 볼 수 없는 것 때문에 병이 아주 깊어졌다. 밤낮으로 잠 못 자고, 쉴 수도 없고, 의사 소견대로라면, 돌이 끼었다든가…. 확실하지는 않지만. 치료는 하고 있다. 어서 낫기만 바랄 뿐이지."

우리가 아는 한, 그의 주치의는 유명한 해부학 전문의 레알도 콜롬보였고, 그의 치료는 효과적이었던 듯하다. 1549년 3월 31일에 미켈란젤로는 조카에게 반가운 소식을 전했다.

"지난번에 담석이 아닌가라고 했지. 내가 겪은 대로 끔찍하다. 그런데 물을 많이 마시라고 들었고 그렇게 했더니 엄청나게 맑은 소변을 쏟아냈지 뭐냐. 돌가루 같은 것도 나왔지. 그러고 나니 기분이 훨씬 나아졌다. 얼마 뒤면 완전히 나을 수 있기를 바라보자. 하느님과 헌신적인 분들 덕이다."

이번에도 다시 한 번 그는 사경을 헤맸었다. 그로부터 한 달 뒤, 1549년 4월 25일자로, 리오나르도에게 쓴 편지에서 밝혀진 대로….

"아픈 것은 훨씬 좋아졌다. 기쁘기 그지없게도, 나 자신 그렇게 믿게 되었으니 말이다. 의사가 훌륭했지만 약보다는 기도를 더 믿었다."

이런 회의론에도, 그는 피우지 *의 약수를 줄곧 마셨다. 6월 8일에는 더욱 안심한다는 소식을 리오나르도에게 전했다.

"이전보다 아주 잘 지낸다. 두 달가량 아침저녁으로, 로마에서 40마일 떨어진 곳의 약수터 샘물을 마셨지. 그 샘물이 돌만 부수는 줄 알았지만 내 몸속의 돌도 녹여버린 것 같구나. 아주 시원하게 소변을 보고 있다."

이번에도 미켈란젤로는 구원받았고 계속 살아갈 수 있었다. 15년을 더, 물론 다른 병과 짜증이 없지는 않았다. 1562년 2월 20일에, 그는 리오나르도에게 "복통에 약간 시달렸지만, 이제 괜찮다. 아주 잘 지내고 있다"라고 썼다. 그러나 결석結石은 대단히 위험했다. 이 지칠 줄 모르는 일꾼, 그토록 커다란 돌을 떡 주무르듯 하던 이 일꾼이 늙은 몸속에서 음험하게 자라난 작은 돌조각 때문에 생명을 잃을 뻔했다. 어쨌든 수차례의 질병에 시달리면서도, 그는 네 번이나 죽음과의 전쟁에서 싸워 이겼다.

● 로마 남쪽의 마을.

153
마르첼 데코르비의 집

마르첼 데코르비라는 낭만적인 거리 이름은 확실히 중세적이다. 썩은 시체 고기 위로 날아드는 불길한 까마귀들 사이로, 중세 시인 프랑수아 비용의 침울한 산책을 연상시킨다. [*]

이런 을씨년스런 이름의 로마 거리에 미켈란젤로의 집이 있다. 폐허로 방치된 트라야누스 광장 맞은편에, 단테가 자기 글에서 정의의 월계관을 씌어준 이 이베리아 반도 출신 황제를 여전히 연상시키는 원주 근처에.

이곳 마르첼 데코르비 가街의 집에서, 미켈란젤로는 1534년부터 1564년까지 삼십 년 넘게 살았다. 이 집은 그가 로마에 정착하기로 하기 전부터 있었던 듯하다. 하지만, 피렌체에 살았기 때문에 그 집은 심하게 훼손되었고, 그 뒤로 누군가에 의해 황폐해져버렸다. 세바스티아

---

[*] 문자 그대로 옮기면, '까마귀 떼의 살육' 이다.

노 델 피옴보가 1531년 2월 24일에 미켈란젤로에게 보낸 편지를 읽어보자.

"그 집은 정말로 형편없는 꼴이었고 위에서 아래까지 지붕부터 바닥까지, 그림이 있는 방의 천장이 무너진 것을 보시지는 않았겠지요. 이미 작업했던 대리석도 딱한 지경입니다."

같은 해 6월 16일, 세바스티아노는 다시 한 번 집의 비참한 상태를 전한다.

"사정이 정말 좋지 않습니다. 선생님의 집은 경찰의 손에 들어갔는데, 그는 우리를 우롱하면서 이것저것을 했다고 주장하고 있습니다. 사실 수리하자면 상당한 돈이 필요할 것입니다. 당분간 폐허 같을 수밖에요."

그렇게 경찰이 돼먹지 못했다면, 반대로 그 아내는 반듯하고 선의로 가득한 사람이었다. 이듬해, 1532년에 미켈란젤로가 로마로 되돌아올 뻔했을 때, 세바스티아노는 8월 15일에 이런 소식을 전했다.

"경찰의 부인이 선생님을 아주 좋아합니다. 그녀는 내게 침대와 일상 도구뿐 아니라 암탉까지도 주었습니다. 그 여자가 선생님 곁에 있게 된다면 여러모로 유익하겠지요…."

마르첼 데코르비 가의 집은 넓고 화려하지 않았다. 미켈란젤로는 콘디비에게 자신이 부자라고 해도 가난한 사람처럼 살았다고 털어놓았다. 부오나로티의 사후에 재산 목록을 보면, 그의 집은 단지 다섯 칸짜리였다. 아래층의 주랑(테라스), 그리고 텃밭이 붙어 있었을 뿐이다. 침실이 두 개, 아래층 방은 작업실로 사용했고, 식당과 창고(대리석 덩어리가 발견되었다), 그리고 마구간이었다.

이 목록으로 미루어보건대, 방이 화려할 턱이 없었다. '그가 보통 잠을 자던 방'에는 '밀짚을 넣은 매트가 붙은 작은 철 침대, 커다란 옷장, 자물쇠로 채우는 돈과 소묘를 넣어두던 '궤짝'이 있었지만 장식물이나 다른 가구는 없었다. 이 비좁고 어두운, 거미들이 득실거리는 초라한 방에서 신과 같은 미켈란젤로는 삼십 년 동안이나 명상하고, 꿈꾸고, 고뇌하고 쉬었다. 그는 우울하고 해학적인 어조의 운문으로 자기 집 생활을 이렇게 묘사했다.

나는 마치 병 속에 갇힌 영혼처럼,
가난하게 이곳에서 홀로,
껍질 속의 무른 알맹이처럼 갇혀 있네

이 어두운 묘는 작은 비상만을 허락하네
거미들은 수천 가지 피륙을 짜고
또 실을 자아내면서 스스로 방추가 되네.

그는 이제 부자였고 다른 예술가처럼 테베레 강변의 멋진 저택이나 피렌체 사람들이 모여 사는 방키 동네에서 살 수도 있었겠지만, 가구도 변변치 않은 이 누추한 방의 '컴컴한 묘'를 떠나지 않았다.

미켈란젤로는 왜 이 비참한 주거를 포기하지 않았을까? 낭비를 두려워했거나 겸손했거나, 어떤 식이든 과시하기를 천성적으로 싫어했기 때문이거나, 어쨌든, 이 집 안은 슬픔에 갇힌 그의 기질에 가장 잘 어울렸다. 그 자신도 이렇게 말한다.

우울함이 낙이요,
불편이 휴식이라,
(…)
동방 박사의 잔치에서 나를 보았던 사람은
아주 교활하리라, 그가 그토록 화려한 궁전 한복판에서 내 집을
본다면 무어라 할꼬.

이 집에서 유일한 장식이라곤 해골 한 점뿐이었다. 그가 계단 위에 그려놓았던 것이고 그 아래 이런 운문을 써놓았다.

이 세상에 영혼과 육신과 정신을 모두 가져다준 그대,
그대에게 말하노니.
이 어두운 궤 속에 그대의 묘지가 있다고.

미켈란젤로는 신앙심 깊은 먼 조상에게서, 중세적 정신의 잔재와 '주검의 춤'의 중세와 자코포네 다 토디의 시를 물려받았을지 모른다. 그

리하여 그의 집이 그에게 하나의 이미지요 장차 묘가 될 곳으로서. 마르첼 데코르비 거리는 오랜 세월, 지칠 줄 모르는 이 천재가 활짝 피어났던 곳이지만 쾌적하지는 않았다. 언젠가 갑자기 기분이 좋아져서 그는 자신이 피렌체 사람이자 베르니의 친구라는 사실을 문득 기억하고서, 자기 동네의 더러움에 대해 해학적인 노래를 지었다.

이 집 문간은 큰 똥덩어리로 둘러싸였지.
누군가 포도를 먹거나 약을 먹었나보군.
용변을 보려고 다른 데로 가지 않고서.

나는 뒷간을 가르쳐주었네.
그리고 하수도가 어디로 빠지는지,
날도 밝기 전 새벽부터 나를 깨우는 이 바보들 덕분에

고양이, 썩은 고기, 방 안의 항아리며, 변기들
사방에서 나를 포위하네, 내가 여행을 떠났다가
돌아와도 늘 이 모양이겠지.

이 향기롭지 못한 장면에서, 희화적인 시가 언제나 그렇듯 약간 과장되었지만, 미켈란젤로의 작고 초라한 집이 서 있던 골목은 그 호사스럽던 시대에도 공중위생을 배려하지 않았기 때문에 공중 화장실과 다름없었다. 로마에 지은 라파엘로의 아름다운 소궁小宮이나, 베네치아에 있는 티치아노의 궁, 아니면 더 화려했던 조각가 레오네 레오니의 밀라노 궁을 생각해보면, 미켈란젤로의 기질과 생활방식을 더욱 잘 이해하게 된다. 이렇게 그 세기의 가장 위대한 천재는 죽는 날까지 가구도 형편없는 일종의 초막 같은 곳에서 악취와 오물에 둘러싸여 살았다. 이집의 유일한 광채는 그 수수함 이상으로 영원한 상을 조각하려고 손질해놓은 대리석 덩어리에서 나올 것이다.

금세기〔20세기〕 초에, 미켈란젤로의 집에 보관되었던 유물은 비콜로 데이 포르나리 212번지로 옮겨졌다. 이곳도 비토레 엠마누엘레 2세의 거대한 기념 건물을 세울 부지로 1902년에는 헐어버렸다. 이렇게 이탈리아와 세계를 통틀어 가장 위대한 조각가의 거처는 제3기 로마의 가장 크지만 가장 추한 건물 때문에 땅속에 파묻혀버렸다.

154
절약하는 사람

로맹 롤랑부터 개시된 미켈란젤로에 대한 낭만적 전기들은 그를 마치 비극적 암흑과 폭풍 같은 광채 사이에서 고뇌하는 야만적인 외눈박이 거인으로 표현하는데, 이는 항상 틀린 것만은 아니다. 그들은 미켈란젤로의 『운문집』과, 서한문과 그의 작중 인물 가운데에서 임의적으로 풍부하게 인용하곤 했다.

그렇지만 이 전기작가들은 그의 삶의 또 다른 측면을 무시하고 침묵한다. 미켈란젤로는 작품을 제작할 때, 바로 반신半神의 노예처럼 저항하고 고뇌하고 꿈꾼다. 특히 일상생활에서, 그는 신중한 피렌체 시민으로서 훌륭한 창작에만 골몰하지 않았으며 자신이 번 돈을 잘 지키려고 생각한다. 그에게서, 에로스에 사로잡힌 플라톤주의자와 '박애'에 끌린 기독교도가 공존한다. 고뇌하는 조물주와 동시에 정직하고 문화재를 쌓아올린 명민한 인간이 공존한다. 이런 이원성은 다른 위대한 거인에게서도 볼 수 있으므로 추문거리는 못 된다. 어떤 르네상스 철학자에 따르면 진정한 지혜는 신처럼 생각하면서 세속인처럼 생활하는 것이다.

피렌체 사람의 오래된 절약정신을 물려받은 미켈란젤로는 알베르티가 '티끌 모아 태산'이라고 했던, 가족의 재산을 지키고 또 불리는 토스카나 식의 덕목을 지녔다. 부오나로티 가는 이미 미켈란젤로의 출생 당시에, 세티가노 인근에 부동산이 있었다. 그의 시지스몬도가 오랫동안 그것을 경작했다. 1506년부터 1560년까지 미켈란젤로는 그 든든한 재산과 집과 밭에 자기 돈을 꾸준히 투자할 생각을 했다.

1506년 1월 27일 로마에서 처음 소득을 올렸을 때, 그는 카피테토라고 부르는, 산토 스테파노 디 포촐라티코의 마을 근처에 땅을 사들였다. 그는 이 첫 번째 소유지에 매우 애착을 뒀던 듯하다. 왜냐하면 1537년 그 땅을 조카딸 프란체스카에게 양도했다가, 1540년에는 그것을 되찾아야 한다고 생각한 끝에, 7백 두카토에 다시 사들였기 때문이다.

1512년 5월 28일에, 그는 '라 로지아'라고 부르는 리프레디 부근의 산토 스테파노 인 파네 마을에, 가옥이 딸린 대지를 사들였다.

같은 해 6월 20일에는 같은 곳, 산토 스테파노 인 파네 지역의 '로 스트라델로'라고 부르는 또 다른 땅을 샀다.

1514년 4월 7일, 그는 산타 마리아 누오바 병원 부속 건물을 사려고 금화 70플로린을 지급한다.

1515년, 산타 마리아 디 세티가노의 토지를 산다.

1518년 7월 14일, 그는 산타 마리아 델 피오레 참사회에서 자신의 소유지에 인접한 모차 가街에 땅을 산다. 금화 170두카토였고, 이곳에 집을 한 채 지었다.

1519년 10월 27일에 그는 일 파토이오라고 부르는, 로베차노 지방의 산 미켈란젤로 마을에 토지를 사면서 금화 6백 플로린을 지급한다.

1520년에 산타 마리아 데 세티가노에 또 다른 땅을 산다. 1521년 3월, 그는 자신의 소유지 곁에 붙은, 모차 가의 줄리오 포르테게리의 집을 사려고 흥정한다.

1532년에, 율리우스 2세의 상속인과 새로운 계약을 유리하게 이끌려고, 소유지 일부를 팔아야 했다. 그렇지만 1534년에 작성된 재산 목록을 보면 그는 이전에 사들인 땅을 계속 소유했다. 여기에는 가옥 세 채도 포함된다. 기벨리나 가에 두 채, 모차 가에 한 채.

한동안은 새로 땅을 사들이지 않았다. 1555년 7월 19일에 그는 피렌체 산 갈로 가街의 땅을 팔아버리기도 했다. 언제 산지 알 수 없는 보니 파초 루피 병원〔당시 병원이란 구빈 시설이었다〕 근처의 토지이다. 그러나 1556년 7월 12일에, 그는 또 다른 땅과 집 한 채를 스코페르토라고 부르는 산타 마리아 데 세티가노에서 사들인다. 그런데 이렇게 토지 구입은 자료에 남아 있는 것이 아니라, 그가 아버지와 형제에게 쓴 편지에서 드러난다. 그는 새로운 매입 건에 대해 조언하거나 지시하고 있다.

1507년 1월 31일, 그는 아버지에게 새 땅을 사는 데에 1천 두카토까지 지급해도 좋다는 편지를 쓰기도 했다. 1509년 1월에, 그는 아버지에게 새로운 토지 구입을 맡긴다. 같은 해의 또 다른 편지에서는 산타 마리아 누오바 병원장 소유지를 언급한다. 1512년, 루도비코에게 부친 편지에서 그는 발드라노와 프라토 가의 땅에 대해 이야기한다. 1512년 같은 해에, 그는 아버지에게 땅을 살 수 있는 2천 두카토의 여유가 있다고 말한다. 1513년, 그는 바로 마르첼 데코르비의 집인, 로마의 집한 채를 살 작정이라고 쓰고 있다.

1518년 9월 2일, 그는 부오나로토에게 니콜로 카포니의 소유지를 사는 문제를 상의하는 편지를 부쳤다. 같은 해 9월 16일에, 그는 다시 피에솔레 너머의 농장을 사자고 제한한다. 이해에 또다시 그는 산타 카테리나에 집 한 채와 대지 구입에 서명한다.

1544년은 조카 리오나르도에게 부친 사업상의 편지로 시작된다. 3월 29일에 그는 루이지 제라르디의 소유지를 살 의사가 없다고 조카에게 썼다.

"피렌체에서는 이미 있는 것이면 충분해. 많으면 골치 아프니."

그런데 1545년 1월 16일에는 조카에게 피렌체에 좋은 집 한 채를 사고 싶다고 했다 이 문제에 대해서 여러 해 동안 강조하고 있다.

1546년 4월 29일, 그는 조카가 제안한 집 두 채에 대해 이런 의견을 내놓았다.

"마르텔리 가街의 것은 우리에게 부적합하다. 세르비 가의 것이 안성맞춤이겠지만. 리오나르도야, 값을 잘 알아보거라, 돈은 길에 굴러다니지 않으니까."

1546년 11월 13일, 그는 리오나르도에게 다시 편지를 써서, 1천 5백 에퀴쯤이나 그 이상의 좋은 집을 사고 싶다고 반복한다. 12월 14일 그는 이 문제를 재론한다. 집을 사는 데에 2천 에퀴를 지급할 수 있고, 산타 크로체 구역이면 좋겠다면서 "시내의 번듯한 집이면 매우 영예롭겠지. 돈보다 더 잘 보일 테니까"라고 덧붙였다.

1547년 2월 11일, 그는 조카에게 5백 에퀴를 보내면서 당연히 이렇게 털어놓았다.

"집에 돈이 있다면, 손 타지 않게 조심하거라. 대단히 위험하니까."

1547년, 이번에도 조카에게 그는 다른 땅을 사지 말라면서, 하지만, 산타 크로체 광장의 코리시 가의 집이면 아주 좋겠다고 밝힌다.

같은 해에 쓴 여러 통의 편지에서, 그는 항상 훌륭한 집을 사야 한다고 반복한다. 너무 비싸지만 않다면.

"어쨌든, 물건이 좋다면야 1백 에퀴쯤 더 들어도 상관하지 말아라."

1548년 4월 14일, 그는 투로나부오니 가家의 집을, 7월 28일에는 부온델몬티 가의 아파트에 대해 이야기하고 있다. 그 몇 해 전부터, 그는 더는 피렌체에 땅을 사지는 않겠다고 말해왔으면서도, 1548년 10월에는, '알 프로토' 문밖에 1천 3백 에퀴짜리 토지를 흥정할 태세임을 보여준다. 한편 10월 20일에, 그는 산 미니아토 알 테데스코에 나온 토지에 대해서는 관심이 없다고 선언한다. 1548년 12월 29일에 그는 이렇게 썼다.

"먼저 말했듯이, 고향으로 돌아가고 싶은 욕심이 여러 차례 들었다. 편히 살고 싶었지. 늙었고, 더 바랄 것도 없으니까. 그런데 지난 한 달 동안, 그 욕심은 절반이나 줄었다."

1549년 1월 7일, 그는 코코메로 가街의 주택 매입 건에 대해 대답하고 있다. 2월 1일에는, 몬테스페르톨리의 땅 문제를, 4월 13일에는 프로콘솔로 가의 주택에 대해, 4월 25일에는 키안티의 토지와 관련해서,

또 포르타 로사의 가게 채가 거론된다. 그는 금화 4천 두카토의 여유 자금이 있었지만 "이것은 은행에 맡겨주는 편이 좋겠다. 왜냐하면 돈 이란 믿을 수 없으니까"라고도 했다. 그는 키안티와 몬테스페르톨리의 토지도 재차 언급하지만, 같은 해의 또 다른 편지와 1550년 2월 16일의 편지에서, 피렌체에 은퇴해 살 거처를 마련하고 싶다고 반복한다.

"늙어서 구걸하고 싶지도 않고, 더구나 힘겨운 일로 다른 사람을 부 자로 만들고 싶지는 않으니까."

1550년과 1551년에, 그는 종종 집과 토지를 사고 싶다는 의사를 밝힌다. 1552년 11월 5일에, 그는 집 한 채에 1천 내지 2천 에퀴를 들이고 싶고, 같은 달 21일에는 "터가 좋은 자랑스러운 집을 갖고 싶다. 정말 피렌체로 돌아가게 된다면, 어디 살아야 할지 알아야 할 것이고 게다가 늙었으니까"라고 했다.

1556년에, 세티가노의 땅이 다시금 문제가 된다. 12월 2일에는 자랑스러운 집을 2천 에퀴에 구했으면 하고 바라고 있고, 1560년 1월 7일에는 물건을 가져다놓을 수 있는 이 집을 사자고 주장한다.

미켈란젤로는 항상 유능한 행정가였다. 그는 1525년 기벨리나 가의 자기 집 세입자들이 낸 임대료를 기록해두었고, 같은 해 포촐라티코의 토지에서 거둔 소득을 꼼꼼히 적어놓았다. 밀 7부아소〔곡식 약 13 리터 들이 말〕, 귀리 2부아소, 포도주 60통, 기름 20통, 과일 10두카토〔금화 의 단위〕 분, 목재 2더미 그리고 자신의 농장에서 거두어들인 것이나 받은 것을 직접 챙겨 적어둔 비망록이 있다.

1538년 7월 11일의 기록에서 우리는 금화 490플로린을 7부 이자로 피에로 부오나귀시에게 빌려줬음을 알 수 있다. 1529년, 그는 몬테 디 피에타*의 어음을 조카 리오나르도의 이름으로 7부 이자로 104플로린에 사들였다. 오늘날의 신용대출 같은 것이다. 1558년, 그는 몬테 디 피에타에서 발행한 어음을 9백 에퀴에 샀다고 썼다. 다시 말해서 먼젓번과 같은 어음 거래를 했던 것이다. 그는 예술가로 일하면서 언제나 상당한 수익을 올렸다. 콘디비와 바사리는 예컨대, 시스티나 궁륭에 대해 3천 두카토만 받았다고 했지만, 기록을 꼼꼼히 따져보면, 거의 그 두 배를 받았음을 알 수 있다.

　　그의 작업에 대한 보상으로 받은 금전 이외에도, 다른 수익도 있었다. 1535년 9월 1일, 교황 파울루스 3세는 포에서 피아첸차로 다니는 통행세를 그의 몫으로 하는 데에 동의했다. 이는 거의 매달 금화 46에퀴에 해당한다. 그 뒤에 몇 가지 사건으로 수입을 잃게 되었을 때, 1547년 9월 10일에 리미니의 참사회의 대부금으로 매달 금화 22에퀴의 소득을 올렸다. 바티칸 궁의 건축가로서 직무와 피렌체에서 거둔 임대 소득을 합쳐본다면, 미켈란젤로는 늘그막에 부자가 되었다고 할 수 있다. 사실상 그가 사망했을 때, 그의 방에서 상당한 종류와 가치가 나가는 현찰이 발견되었다. 거의 8400두카토에 달했고, 이는 오늘날 수백만 (리라)에 해당한다.

　　열심히 모으고 사들이는 문제에서 우리는 두 가지 사실을 알 수 있

---

* 1462년에 창립된 대부업체.

다. 우선 그는 항상 가족의 요구를 크게 배려했고, 모든 수단을 다해 일해서 벌어들인 것으로 아버지, 형제, 조카를 도왔다. 그는 부오나로티 일가가 피렌체에서 유복하고 존경받는 집안으로 간주되도록 온 힘을 들였다.

그는 부조도 많이 했다. 로마와 피렌체에서 처녀들이 시집갈 때 축의금이나 불행한 사람을 돕는 등…. 자신이 죽어서도 가난한 사람을 도우려 했다. 1552년 2월 10일 그는 조카 리오나르도에게 유언을 남겼다. 그는 조카들에게 모든 것을 맡기면서도, 그들에게 그 권리만을 양도했을 뿐, "모든 것을 성 마르티노에게 돌려드려야 한다. 수입은 하느님의 사랑을 위해서 불행한 사람, 가난한 동포에게 주어야 한다"라고 했다.

인색함을 끔찍하게 싫어했던 그였지만 인색하다는 비난을 사기도 했다. 1515년 1월 10일, 그는 부오나로토에게 이렇게 썼다.

"인색함은 대죄야. 대죄가 있는 곳에 행복한 종말은 없지."

미켈란젤로는 토스카나 사람으로서 지칠 줄 모르는 일꾼이자 깐깐한 절약꾼이고, 노련한 살림꾼이었지만 이렇게 모든 재산을 방탕이나 자기 이익을 위해서 쓰지 않았다. 그 자신은 항상 가난하게, 사치도 으리으리하지도 않게, 알뜰하고 검소하게 살았기 때문이다. 그는 자신보다 타인을 더 생각했고 자신의 부를 가족을 부양하고 가엾은 사람을 위로하는 데에 사용했다.

155
이상적 아내

미켈란젤로는 결코 아내를 취하려고 하지 않았다. 청년 시절에도 결혼할 생각이 없었다. 바사리는 왜 여자와 아이를 거부하게 되었는지 그 이유를 이렇게 전한다.

"그의 친구인 신부 한 사람이 그에게 이런 말을 했다. 결혼하지 않는 것은 유감이요. 아이를 많이 낳을 수 있을 텐데. 자식에게 명예로운 작업의 결실을 남겨줄 수도 있지 않소. 미켈란젤로의 대답은 이러했다. 여자보다 더 불가분한 것이 있네. 예술만으로도 힘겨우니. 자식이라면 내가 남긴 작품이 있지 않소. 아무것도 가져다주지 않겠지만 작품은 오래 살 거요. 바르톨루치오 기베르티의 아들 로렌초가 얼마나 불행하오. 그가 산 조반니 세례당 문을 만들지 않았더라면 어떻게 할 뻔했소. 자손이 그가 남긴 모든 것을 팔아치우고 탕진하지 않았소. 하지만, 문은 거기 멀쩡하게 있지 않소⋯."

재치 있는 대답이지만 그렇다고 단지 재치만은 아니다. 거기에는 진실이 담겨 있다. 영적 생활의 부름을 받은 사람은 자기 작품에 필요한 자유를 사랑하고자 가족을 포기할 용기가 있어야 한다는 사실에 대한 인식이다.

이렇게 결혼을 멀리했다는 데에서, 미켈란젤로가 동성애자였다는 소문을 확신하려는 사람도 있다. 몇몇 현대 작가와, 헤이브로크 엘리스[•]나 앙드레 지드는 분명히 동성애자였다. 하지만, 미켈란젤로가 남색이었다고 생각되지 않는다. 페보 델 포지오, 토마소 데 카발리에리, 체키노 브라치 같은 미남 청년을 좋아한 것은 열렬하고 순수한 찬미로서, 조형작가이자 플라톤주의자로서, 그 대상을 가리지 않고서 모든 형태의 완벽성에 대한 편애로 보인다.

그렇다고 해서 사랑하는 기질이 있었고, 한동안 자유로운 사랑에 관대하고 좋아했던 미켈란젤로의 일생에서, 애인도 여자에 대한 모험도 없었다고 해서 그가 불능은 아니었던 듯하다. 콘디비는 그가 대륙적〔절제하는 사람〕이라고 했다. 그가 호색한이 아니었다고 해서 고자는 아니었다. 이렇게 그는 성불구자가 아니었다. 그는 사십대에 우리가 앞에서 보았듯이, 성병에 걸리기도 했다. 어떤 예술가가 오로라나 레다의 우상을 직접적인 체험이 없이, 사랑을 나누기 전과 나눈 후의 여인의 표정을 모르고서 조각할 수 있을까.

그에게 아마 자신의 못생긴 용모에 대한 '콤플렉스'가 있었던 듯하

• 1859~1939. 영국 심리학자, 방대한 『성 심리학』을 펴냈다.

293

다. 그는 자신을 기형으로 보았을 만큼 인체의 아름다움을 속속들이 알고 느꼈기 때문에, 미녀의 사랑을 깨우거나 받을 만하지도 못하다고 생각했다. 그의 건강에 대한 염려도—소년기부터 콘디비가 증언하듯이 줄곧 허약했다—결혼에 등을 들린 이유였을 듯하다. 1552년에 조카에게 부친 편지에서 이 문제에 대해 솔직하게 고백하고 있다.

"여자를 품을 만큼 건강하지 못하다고 느낀다면, 이 세상의 다른 인간 때문에 너를 죽이지는 말고 너 자신을 챙기도록 온 힘을 다하는 편이 좋을 게다."

미켈란젤로는 건강이 썩 좋지는 않았다—볼테르를 생각해보면, 나이가 들면 누구에게나 나타나듯이—예술을 줄기차게 시험할 에너지가 얼마나 많이 필요한지 알고 있었으므로, 조카에게도 말했던 생각을 자기 자신도 마찬가지로 삼았을 듯하다.

미켈란젤로는 청년기부터 집안 문제로 늘 심각하게 고민했다. 그는 어떤 면에서 자신의 아버지의 아버지 노릇을 하기도 했을 정도로 가장 역할을 했다. 1553년에 리오나르도에게 "형제 일로 육십 평생을 바치지 않았소"라고 하지 않았던가. 이런 운명에서 그는 경험을 통해, 가장을 짓누르는 모든 종류의 지겨움과 방해와 근심과 어려움과 역경을 겪었다. 그랬던 만큼 또 다른 가족을 책임지고 싶지 않았을 것이다. 만약 조반 시모네라든가 시지스몬도 같은 자식을 갖게 된다면, 이는 그에게 아버지의 진정한 공포라고 느꼈을 것이다.

살아가면서 그는 르네상스 거장의 모범을 따르려 했다. 마사초, 레오나르도, 티치아노, 라파엘로 이들 모두가 정식 결혼을 하지 않았다. 당시 결혼에 대해 많은 글이 쏟아져 나왔고, 예술과 사상에 헌신했던 사람에게 결혼을 권하는 것을 대체로 마땅치 않게 생각했다.

고대의 이교도 현인과 기독교 도덕주의자는 이 점에서 같은 의견이다. 고대에 키케로와 세네카가 그랬고, 기독교도로서 성 히에로니무스부터 일군의 사람이 있다. 중세에 유행하던 신성한 결혼생활에 대해서는 이브 드 샤르트르[1040~1116]가 『교회법령』에서 공식적으로 밝혔다.

이런 고전적, 기독교적 논지는 엘로이즈[11세기 프랑스 수녀로서 스승 수도사 아벨라르와 사랑했던]가 다시 취해 반복했다. 비록 아벨라르와 깊은 사랑에 빠졌지만 자신의 자유를 잃지 않고, 정신적 일에 헌신하는 자에게 불가분한 순수성을 잃지 않으려고 결혼하지 말라고 권했던 것이다.

미켈란젤로도 보카초의—그 또한 고집스러운 독신이었다—『단테의 일생』을 읽었을 것이다. 그 화자가 공부하는 사람에게 결혼을 만류하는 고대인의 근거를 되풀이하면서, 이 시인이 결혼에 불평하던 것을. 미켈란젤로의 친구 프란체스코 베르니는 「구운 게와 연작류」라는 유명한 소네트를 지었다. 그 결말은 이렇다.

따져보면 볼수록
이 모든 권태와 고통을 헤아려보건대
최악은 여자를 얻는 것이네.

짓궂은 결말이지만 이는 16세기에 문인, 예술가 사이에 아주 널리 퍼졌던 견해를 반영한다. 미켈란젤로가 결코 결혼을 진지하게 검토하지 않았다면, 그는 예술과 공부에 투신할 생각이었고 그것을 포기하는 편이 더 좋겠다고 생각할 수밖에 없었을 것이다.

끝까지 독신을 지킨 이 결정으로, 그는 고대와 중세, 르네상스의 오랜 전통에 충실하려 했다.

탁월한 일을 맡지 않은 보통 사람에 대해서 그는 결코 결혼을 반대하지 않았고 이는 동생과 조카에게 했던 조언에서도 입증된다. 그러나 부오나로토에 대해서, 그는 기다리라고 조언했다. 1511년 그는 이런 편지를 썼다.

"그 사람이 자기 딸을 너와 혼인시키려고 한다고 들었어. 그가 주게 될 모든 것, 즉 색시를 포함한 모든 것이 너한테는 부족할 거야. 여자들이란 네가 원할 때 언제든지 얻을 수 있지 않겠어?"

그러나 한참 뒤에 부오나로토 아들의 혼사가 오갔을 때, 노련한 이 늙은 삼촌은, 그것을 반대하지 않았고 색시의 자질에 관해서만 관대하게 충고했다. 미켈란젤로가 신중하게 생각했던 결혼에 대한 자잘한 이론을 한데 모은다면, 그가 만약 결혼하려 했다면, 그가 꿈꾸던 아내가 어떠했을지 짐작할 수 있다.

미켈란젤로가 인색하다는 말이 있었다고 하더라도, 이 경우 그는 돈이나 예물에 대해서는 전혀 걱정하지 않았을 듯하나, 다른 것에 더 신경을 썼을 것이다. 즉 젊음과 선의와 건강을.

"색시와 그 신랑은 적어도 나이가 10년 차이는 있어야 한다는 점을 명심하고, 마음씨만이 아니라 건강한지도 확인해야 한다. (⋯) 대단한 예물을 받을 생각일랑 말고, 오직 몸과 마음이 건강한지 혈통이 고상한지 바라야 할 것이다. 품행이 깨끗한지 부모가 어떤 사람인지. 이는 아주 중요한 문제야."

그 밖에도, "금전에 혹하지 말고, 오직 마음씨와 평판을 염두에 두라고 누누이 말하지 않겠다"라고 덧붙였다. 그는 심지어 장차 색싯감은 가난해야 한다고 주장할 정도였다.

"잘 자랐고 건강하고 고상한 처녀를 만난다 하더라도 가난한 처녀가 좋다. 평화와 안정을 위해서는 최상이지. 지참금을 보고 혼인하지 말고, 오로지 하느님의 사랑으로 하여라."

그는 신앙심을 그다지 문제 되지 않는다고 했지만 일은 잘해야 한다고 주장한다.

"독실한 신앙 생활을 위해서 선반에 물건을 쌓아놓는 것보다 더 중요한 것은 실과 천을 짜는 데에 부지런해야 하겠지."
"부끄러움이 없는 여자를 찾아야 하고, 부엌일과 가사를 잘해야 할 뿐만 아니라, 불필요한 사치와 미친 짓거리로 내 재산을 축내지 않는 여자라야 해."

가문의 위신과 부는 걱정거리가 될 뿐이다. 왜냐하면 그런 것은 지혜나 자유와는 어울리지 않기 때문이다.

"몇몇 집안에서 보는 사치와 광기가 두렵다. 네가 여자의 노예가 될지 모르니까."

그렇지만 아름다움을 끔찍하게 중시하는 그는 조카에게는 미녀를 고르라고 성화하지는 않았다.

"너도 피렌체 제일가는 미남이 아닌 만큼, 미녀를 너무 염두에 두지 마라. 색싯감이 지나치게 엉망이거나 혐오감을 줄 정도만 아니라면 말이다."

하지만, 귀가 너무 얇은 경향이 있다면 주의하라고 당부한다.

"자루 속에 든 고양이 새끼를 사지는 말아야 하겠지. 너도 잘 알지만, 네 눈으로 확인해보아야 한다는 말이다. 흠이 있거나 병들었을 수 있으니까, 그러면 나중에 후회하지 않겠지."

미켈란젤로가 바라던 여자는 이렇게 건전하고 우선 착한 여자였고, 고상한 집안 출신에 부자는 아니며, 지나치게 아름답지도 지나치게 독실하지도 않으면서, 가사에 충실하고 순종적인 여자였다. 이런 자질이 지참금보다 중요하며, 남편의 평화와 자유를 보장한다고.

그가 조카에게 이런 조언을 했을 때 그의 나이 여든이었으니까 후회 같은 것은 이미 다 졸업했을 때였다. 청년기에 그는 예술과 결혼하기로 결심했고 그것을 후회한 적이 없었다. 어쨌든 그는 하인들과, 수수하고 불편하기 짝이 없는 집에 기대어 평생을 살았다. 마누라 생각이 간절한 때도 있었으리라. 리오나르도에게 설명한 대로, 때맞춰 장가들었다면 훌륭한 배필이 되었을지 모르고, 권태와 울화와 도난이 줄어들었을지 모른다. 그러나 예술은 '그의 우상이자 절대적 존재'로서 그의 재능을 절대로 양보하지 않았고 고독한 만년에도 사랑스러운 여인의 위로조차 앗아갔다.

156
미켈란젤로의 하녀들

소설 같은 생활을 특히 좋아하거나 낭만적인 전기작가들은 미켈란젤로를 고뇌에 찬 비극적 삶을 살았던 인간이자 창작가로서만 보려고 한다. 그런 전기를 읽어보면, 그는 항상 천둥 번개가 치는 올림포스 산 위에서 살았고, 폭풍과 뇌우 속에서 거인만 조각하면서 살았을 듯하다.

이런 이미지는 극히 일부분에 불과하며—그의 가장 숭고한 부분이겠지만—미켈란젤로의 성격이나 그 밖의 생활과 걸맞지 않다. 그는 신성한 정신의 소유자였을 뿐만 아니라 일상생활의 요구와 불편을 생각해야 했고, 친구들과 어울려 즐길 시간도 있었으며, 재산을 관리해야 하고 미혼의 독신이었으니까, 가사도 챙겨야 했던 한 남자였다.

60여 년 가까이, 그는 혼자 살면서 조수와 제자와 하인의 도움으로 일이며, 의복이며 식사를 해결해야 했다. 그의 오랜 삶에서 우르비노를 제외하면, 열두어 명의 주변 사람이 있었지만 아무도 그를 흡족하게 해주지 못했다. 외지인의 끊임없는 도움을 받아야 했고 일꾼을 감독하고 충원하고 해야 했는데, 이런 일은 아주 고되었다. 비극은 아니더라도.

특히 하녀는—처녀, 유부녀를 막론하고—항상 골칫덩어리였다. 미켈란젤로는 가사를 꼼꼼히 기록하곤 했고, 그의 '회고'와—지금까지 전해지지 않지만—기타 기록을 통해서, 집안일 때문에 고용한 여성과 말썽 많은 이야기를 볼 수 있다.

맨 처음 하녀는 볼로냐 처녀로 1513년쯤에 그의 곁에서 일했다. 두 번째는 모나 아뇰라라는 유부녀였다. "1524년 1월 1일에 어떻게 모나 아뇰라가 자진해서 다시 돌아왔는지 기억한다." 그렇다면, 그녀는 이전에도 그의 곁에 있었다는 이야기가 된다. 그녀가 자진해서 되돌아왔다고 강조했다면, 먼젓번에 제멋대로 떠났다고 짐작할 수 있다.

하지만, 그녀는 오래 있지 못했다. 1525년 7월 16일, 그는 모나 로렌차라는 다른 여성을 고용했기 때문이다. 어쨌든 이 부인은 아기 때문에 매일 저녁 귀가해야 했고, 미켈란젤로를 혼자 남겨두어야 했다. 1527년 7월 4일에 갑자기 다른 하녀, 모나 키아라가 고용된다. 하지만 그녀는 "하녀도 없이 나를 놔둔 채 아무 말도 없이 떠났다."

1528년 12월 21일, 그는 부오나로토의 하녀였던 모나 지네브라를 병을 앓을 때 고용하지만, 임금 문제로 까다롭게 굴었던 듯하다. 1529년 9월 14일, 그는 카테리나라는 하녀를 데리고 있었다.

여기에서 '회상'에 큰 구멍이 생긴다. 1547년까지 아무런 기록이 없다. 그해 2월에, 그는 줄리아노의 딸로 또 다른 카테리나를 하녀로 삼았고, 그녀의 딸도 자기 집에 기거하게 했다. 카타리나는 병이 들었고, 미켈란젤로는 그녀가 병상에 있던 두 달 치 봉급을 지급하지 않았다.

"9월과 10월 그녀가 병들었다. 그녀는 봉급을 받지 못했다. 그녀의 병구완을 할 다른 여자가 필요했다. 이렇게 의사와 약값을 더해 금화 9에퀴가 그녀에게 들어갔다."

1553년 4월, 빈첸차 다 티볼리가 등장한다. 1554년 1월에는 우르비노 출신, 리사베타 드 카스텔두란테가 등장한다. 어쨌든 하녀 한 사람으로는 부족했던 듯하다. 같은 해 1월에 그는 빈첸차 출신의 여성과 4년간 조건으로, 그녀가 그에게 가져올 수도 있는 어떤 방해나 위험에 대한 전제도 없이, 색다른 계약을 맺었다.

"오늘 확인하는바 1554년 1월 1일, 본인 미켈란젤로 부오나로티는 빈첸차라는 미켈레 씨의 딸이 신랑을 찾을 때까지 마르첼 데코르비의 식모로 채용한다. 4년 뒤에도 여전히 훌륭하게 자기 일을 해내고 훌륭한 행실을 보여준다면, 금화 50에퀴를 추가로 지급한다는 조건이다."

그러나 이 영예로운 팔순 노인을 황당하게 했던 극적인 사건이 한 해 반 만에 터지게 되었다. 미켈란젤로의 말을 들어보자.

"1555년 9월 26일 오늘 빈첸차의 오빠 자코포가 나를 찾아왔다. 내 문을 박차고 들어온 이 친구는 병상에 있던 우르비노 여자를 물리치고 그녀(빈첸차)를 데려갔다."

미켈란젤로는 이 장면을 특별히 적도록 했을 만큼(콘디비에게) 이 믿을 수 없고 무례한 행동을 중시했다. 오빠가 그렇게 거칠게 미켈란젤로의 노년을 이용해서, 또 다른 하녀가 병든 틈을 타서, 누이를 데려간 그 이유는 알 수 없다. 마르첼 데코르비의 집에서 받은 대접이 불만스러웠기 때문이었을까? 아니면 미켈란젤로 주변의 누군가가 이 여자에게 귀찮게 굴었기 때문일까? 더 개연성이 높겠지만, 그녀가 혼인을 서둘러야 했기에 1558년 1월까지 기다릴 수 없었기 때문일까?

훗날의 회상에서 미켈란젤로는 빈첸차에 관해 더 말이 없으나, 학자들은 그에게 불쾌했던 이런 모험의 결말이 어떠했는지 보여주는 기록을 찾아냈다. 빈첸차는 제나차노의 콜라 데 아미치스라는 사내와 결혼했는데, 이 사내는 누이를 끌고 갔던 매부 자코보와 약속을 맺어 미켈란젤로를 거북하게 했다.

이들은 모두 임금 문제를 놓고서 합법적, 비합법적 수단을 가리지 않고서 미켈란젤로를 괴롭혔다. 빈첸차가 겨우 그의 집에서 스무 달을 넘겼으므로, 기껏해야 20에퀴를 받으면 되었겠지만, 부오나로티는 좋든 싫든 1556년 1월 23일 공증인 비탈레 갈가노 앞에서 거짓 선서를 해야 했다. 즉 자신이 이 하녀를 1555년 9월 26일에 돌려보냈다고, 그 하녀의 남편과 오빠를 비롯한 증인들의 공증인 앞에서, 하녀가 남편에게 지참금으로 전달할 금화 25에퀴를 지급해야 했다. 이렇게 이 사건은 미켈란젤로에게 손해를 입히고 끝났다.

10월 1일, 앞에서 인용했던 리사베타 처녀인 카스텔 두란테의 루치아와 그녀의 어머니가 그의 집에 들어왔다. 1558년 4월 또 다른 카스텔 두란테의 두 여자, 라우라와 베네데타가 들어왔는데, 라우라는 1560년 4월에 집으로 돌아갔다. 1559년 6월에 카스텔 두란테의 지롤라마라는 여자가 그의 집에 들어왔지만, 그다음 해 8월에 쫓겨날 때까지 갖가지 일을 벌였다. 이 문제에 대해 그는 '회고'에서 "아이고 다시 돌아오지 않아야지!"라고 적었다. 미켈란젤로의 집을 드나들었던 하녀들의 행렬이 놀랄 일은 아니다. 독신자의 집에 일하러 오는 여자는 안주인의 지시와 감독을 받지 않았기 때문에 갖가지 유혹(절도 등)에 빠지고, 청소도 제대로 하지 않고, 못된 습관에 물들기도 했기 때문이다. 미켈란젤로처럼 까다로운 노인을 만족하게 하기란 쉽지 않았을 것이다. 그는 물론 성격과 변덕도 특이했겠지만 그 옛날에도, 정직하고 성실하며 깔끔하고 부지런해, 주인과 집을 잘 돌볼 수 있는 여자를 찾기란 쉽지 않았을 것이다.

미켈란젤로는 항상 자기 집 하인에게 엄격했다. 조카에게 부친 편지에서, 1550년 8월 10일, 그는 피렌체에서 '착하고 깔끔한' 하녀를 찾아달라고 부탁하고 있다. 그는 정직하고, 깨끗한 하녀를 원했지만, 우울한 경험이 있었던 만큼 이렇게 덧붙인다.

"그렇게 쉽지는 않겠지…. 하녀들이란 갈보 같고 더러우니 말이야."

그러면서도 희망을 잃지는 않았다.

"어서 알려다오, 매달 10율을 주겠다고. 나는 가난하지만 후하게 준단다."

"나는 가난하지만"이라는 말에서 하녀들이 그렇게 자주 드나든 이유를 찾을 수 있다. 독신남의 집으로 들어오는 여자는 부드럽게 자신을 치장할 기대를 하게 마련이며, 너무 고된 생활을 하거나 절약할 생각도 없기 때문이다. 그녀들은 종종 자신이 안주인이라고 느꼈고, 미켈란젤로의 소박한 생활이 이런 하녀들에게 전혀 어울리지 않았기 때문이다. 젊든, 늙었든 간에.

어쨌든 하녀마다 미켈란젤로의 생활과 평화를 뒤흔들었고, 그의 근심과 우울을 증폭시켰다.

이런 일은 누구나 겪는 짜증이자 불운일 뿐이라고 말하는 사람도 있다. 하지만 하녀를 다루고, 먹여 살리고, 속상해하고, 내보내고 하는 것은 이런 천재적인 인간에게는 무시할 수 없는 일이었다.

평범한 사람의 생활에서 이런 고통이 그다지 문제 되지 않는다. 그렇지만 수천 배 더 예민한 사람의 역사에서, 그 무게와 의미는 결코 가볍지 않다. 노예상을 조각한 사람 자신이 종종 하녀의 노예가 되었다. 때로는 가장 헌신적인 노예가. 이런 가사를 위해서 그는 영원한 독신으로 자랑하는 자유를 희생해야 했다.

157
일명 우르비노라는 프란체스코

미켈란젤로는 여자 때문에 방해받고 싶지 않았고 아이도 원치 않았다. 그는 자신을 완전히 예술에 바칠 욕심이었다. 그러나 완전한 해방은 순진한 환상일 뿐이다. 자기 가족 걱정과 책임감에서 결코 벗어나지 못했기 때문이다. 그는 가족—아버지, 형제, 조카—과 사사로운 일도 해결해야 했다. 하인을 둔다는 일은 이 천재에게 가장 보람 없는 일이었다. 죽는 날까지 미켈란젤로는 이 문제로 쓸쓸한 경험을 해야 했다.

사고와 작업에 완전히 파묻힌 예술가가 자기 집에 어울리는 정답고 똑똑한 동반자가 없을 때, 그 자신과 일상생활의 물적인 문제를 중재해주는 믿을 만한 사람이 필요했다. 완전한 정신적 자유 속에서 생활할 수 있도록 해줄 사람들이 필요했을 것이다. 미켈란젤로의 집에는 항상 하인과 조수 등 식객이 있었고, 그들 가운데 60년 세월 동안 그는 그가 찾아 마지않았던 단 한 번, 한 사람이 있었다.

젊었을 때부터 그는 늘 주변에 그에게 신세를 진 많은 청년에게 둘러싸여 있었다. 제자, 비서, 관리인, 하인에게.

어쨌든, 그들이 항상 그에게 행운은 아니었다. 1508년, 그는 아버지에게 피렌체에서 어린아이 하나를 구해달라고 부탁했다.

"저와 함께 살면서 잔심부름도 하고 집안일도 할 수 있는, 가난하지만, 선량한 집 자식을."

아버지는 그에게 한 아이를 보내주었던 듯한데, 그러나 미켈란젤로는 금세 후회하고 말았다. 1510년 1월의 편지에서 그는 "이 아이는 정말이지 형편없습니다"라고 쓰고 있다. 집 안을 잘 지키기는커녕, 자신이 되레 그 소년을 뒤치다꺼리해야 했기 때문이다. 소년은 미술을 배우려 했고, 다른 것은 손 하나 까딱하지 않으려 했다. 그가 '가진 것이 없는' 아이를 원했던 것은 이 실망한 거장이 말한 대로, 정반대였다.

피에트로 파에사노, 안토니오 미니, 피에트로 우르바노, 아스카니오 콘디비, 다니엘레 다 볼테라, 토베리오 칼카니 등은 하인이라기보다 학생이었다. 그렇지만 이들도 스승의 작업과 단순한 집안일을 맡기도 했던 충직한 조수였다. 그의 '회상'에는 니콜로 디 페스키아, 자코보, 안토니오 데 카스텔 두란테, 또 다른 안토니오, 리카르도 프란체세, 실비오 팔코니, 마글리아노, 가브리엘로, 피에르 루이지 가에타 등이 등장한다. 그런데 친형제나 친구처럼 사랑하고 아꼈던 유일한 사람은 카스텔 두란테 출신의 프란체스코 아마도리뿐이었다. 그는 1530년부터 사망하던 1555년까지 그와 함께 스물대여섯 해 동안 살았다.

마르케 지방에서 건너온 이 청년은 출신은 비천했지만 감정은 고상했다. 그는 미켈란젤로에게 깊은 정을 느꼈고 정직했으며, 그의 뜻을 정확히 실행했다. 그는 작업에서는 조수로 그를 도왔으며, 그가 병들었을 때 사랑으로 돌보았고, 요컨대 그의 오른팔이요, 모든 일을 관장하는 '집사'로서, 보호자인 셈이었다. 그는 미켈란젤로를 아버지처럼 존경했고 친구처럼 막역했다. 그는 부오나로티 같은 위대한 창작가에게 필요했던 실생활에서, 충직하고 성실한 '또 다른 자신'이었다. 그가 죽고 나서도 거장은 그를 변함없이 사랑하고 기억했다.

마누라를 원치 않던 미켈란젤로는 이 청년을 장가들게 하고서 그의 아내와 함께 자기 집에 살도록 배려했고—그의 아내 코르넬리아 콜로넬리 데 카스텔 두란테—그녀의 시중을 들어줄 하녀도 챙겨주었다. 그는 젖먹이까지 부양했다. 우르비노의 맏아들은 미켈란젤로라는 이름을 지어주었고, 거장은 그의 대부가 되었다. 그의 '회상'에서, 그는 이 하인과 아내의 도착을 꼼꼼히 적어두었다.

"1551년 8월 20일 우르비노에게 12에퀴 7율을 주어 아내를 맞이할 방을 정돈하는 등, 집안일에 쓰게 했다… 9월 25일, 우르비노가 카스텔 두란테에서 아내와 하녀를 데리고 왔다."

이 훌륭한 프란체스코는 당시 집사였을 뿐 아니라 마르첼 데코르비의 집주인에 가까웠다. 첼리니의 짓궂은 말을 믿어본다면, 그는 이 늙은 주인에 대한 권위를 감추려 하지 않았다. 첼리니를 다룬 장에서 보았듯이 가령 우르비노가 첼리니를 대했던 언행이 정말 그와 같았다면, 우르비노가 다른 자료를 통해서 상상할 수 있는 세련된 사람이 아니라, 주인인 거장을 지나치게 지배하려 들었다고 생각할 수 있다. 그러나 이런 이야기는 믿기 어렵다. 특히 거장이 늙어, 하인이 불가분했기 때문이었을 듯하다. 어쨌든, 모든 것을 헤아려보건대, 미켈란젤로의 증언이 더 믿음직하다.

첼리니는 우르비노가 미술에 대해 배운 것이 없었다고 하지만, 그가 상당한 수준에서 미켈란젤로가 시스티나에서 최후의 심판과, 파올리나 예배당 벽화를 그릴 때, 조수 노릇을 했음을 알고 있다.—순전히 수공적인 부분에서. 1545년에 거장은 그에게 현재 아라 코엘리 성당에 있는「체키노 브라치 흉상」을 제작하게 시켰다고 알고 있다. 이 작품은 걸작은 못 되지만, 프란체스코가 끌을 다루고 기초 작업을 할 줄 알았다는 홀륭한 증거이다. 미켈란젤로는 그가 다방면에 소질이 있었기 때문에 그를 부자로 만들어주려고 했다. 바사리는 어느 날 미켈란젤로가 그에게 이렇게 말했다고 전한다.

"내가 죽으면 뭘 하려고?" "또 다른 거장을 돕겠습니다." "이런 딱한 친구 보았나"라고 하면서 미켈란젤로는 그에게 즉시 2천 에퀴를 내주었다. 이는 황제나 위대한 교황만 할 수 있는 일이었다."

우르비노는 미켈란젤로보다 훨씬 어렸지만, 그는 되레 그보다 오래 살지 못했다. 그는 거장보다 먼저 세상을 떠났다. 1555년 말에 그는 중병에 걸려 유언을 하려고 했다. 이 유언은 대단히 길고 아내와 어린 자식에 대한 세심한 배려로 가득했다. 부오나로티에 대해서도 언급하고 있지만, 이는 오직 유언 집행의 증인으로서 간단한 것이었고, 후회와 정을 표하지는 않았다. 미켈란젤로는 우르비노가 자신을 사랑했던 것보다 더 그를 사랑했던 것일까? 거장의 정과 슬픔은 편지에서 잘 드러난다. 1555년 11월 30일, 미켈란젤로는 조카 리오나르도에게 이렇게 썼다.

"네 편지를 받고서 시지스몬도의 사망을 알았다. 너무나 슬픈 일이다. 체념할 수밖에. 그렇게 한창 나이에, 교회의 성사를 받고서 주님께 감사해야겠지. 요즘 나는 걱정이 많다. 우르비노마저 병상에 누워 있으니…. 스물다섯 해 동안이나 내 곁에 성실하게 있었던 아들이나 다름없으니 내 슬픔이 어떤지 알겠지. 네 곁에 독실한 사람에게 그가 건강을 회복할 수 있도록 해달라고 기도를 부탁해주었으면 한다."

이 편지에서, 그가 형제의 죽음보다 병든 하인을 더 애통해하는 것을 볼 수 있다. 단지 이기적인 동기에서만은 아니다. 12월 4일 그는 조카에게 이렇게 썼다.

"어제저녁, 12월 3일, 네 시에, 프란체스코 우르비노가 저세상으로 갔다. 너무나 애석하다. 그가 남긴 고통과 슬픔으로, 차라리 이 친구와 함께 떠나는 편이 더 나았을 듯싶구나. 그에게 얼마나 정이 들었는데…. 그럴 만한 친구였지. 값지고, 독실하고 충직하지 않았더냐. 그가 죽었으니 살아 있는 게 아닌 듯하다. 어디서 마음의 위로를 찾을 수가 없다."

어떤 하인의 죽음에 대해서도 거장이 이런 말을 한 적은 없었다. 그와 함께 죽지 못해 아쉽다는 말은 비토리아 콜론나가 사망했을 때에도 하지 않았던 진지한 표현이다.

그가 1556년 2월 23일 바사리에게 부친 편지에서도 이런 애석함을 표현한다.

"우르비노가 어떻게 사망했는지 알고 있을 테지. 나로서는, 하느님의 은총을 보기는 하지만, 나는 너무 소중한 친구를 잃었네. 슬픔은 끝이 없고. 은총을 받았으리라는 것은, 그가 살아서는 내 삶이요, 죽어서는 후회가 아니라 기꺼이 죽음을 받아들일 수 있다는 것을 가르쳐주었네. 나는 이 친구를 스물여섯 해나 데리고 있었지, 그는 언제나 충직하고 성실했지. 이제 그를 부유하게 해주고, 내 늙은 지팡이를 맡기고서 쉬려던 참에 그가 가버렸네. 천국에서나 다시 만나길 바라야겠지. 하느님께서 그의 아름다운 죽음으로 나를 안심시켜주셨네. 이 걱정과 추태로 가득한 세상에서 나를 살게 내버려두기보다 죽는 편이 덜 후회스러울 것일세. 그와는 항상 모든 것이 최고였지. 내게 이제 불행만 남았네."

미켈란젤로가 편지에서 이렇게 아픔을 호소했던 적은 극히 드물었다. 심지어 자기 아버지가 사망했을 때에도 이토록 비통한 감정을 드러내지는 않았다. 우르비노에 대한 생각과 추억은 결코 그를 떠나지 않았다. 친구 안토니오 베카델리에게 1556년쯤에 바친 소네트에서, 그는 우르비노에 대해서 저세상에서 다시 만나고 싶다는 욕심을 드러낸다.

나는 울고 있네, 죽은 우르비노를 부르고 있네.

…그의 죽음은

또 다른 여로로 서둘러 오르게 하네.

그가 기다리는 곳으로 가서 그와 함께 살고자….

이런 뜨거운 정이 담긴 절망적인 말로 미루어, 그가 그와 동성애 관계였다고 추정하는 위악스런 사람도 있다. 바사리에게 쓴 편지는 이와 반대로 미켈란젤로의 애정의 본질이 무엇인지 보여준다. 변태, 사기꾼, 도적놈, 악한이 우글우글한 세상 한복판에서, 그는 어쩌면 세련되지는 못했어도 소박한 사람, 고매한 사상에 젖은 이 노인에게 절대적으로 충직했던 그 사람이 자랑스러웠을 것이다. 이 뒤치다꺼리를 해준 사람이 사라지고 나서, 나이와 병에 묶인 노인은 이런 지지대와 함께 삶 또한 시들해졌다고 느낀다.

미켈란젤로는 우르비노가 사망하고 나서 그가 남긴 과부와 자식에게도 꾸준히 관심을 쏟으면서 그에 대한 애정을 계속 표명했다. 그가 과부 코르넬리아에게 부친 편지는 단 한 통이 전해진다. 이 편지에서 그는 "비록 우르비노가 가고 없지만, 그에 관한 자신의 관심과 사랑은 여전하다"고 안심시킨다. 그는 어린 미켈란젤로가 성장하면 미술을 가르치겠노라고 과부에게 약속했다.

한편, 코르넬리아가 부오나로티에게 부친 편지가 많다. 그것들은 이 교양 없는 시골 아낙네가, 깍듯하고 세련되게, 남편과 그 주인에게 걸맞은 존경의 감정을 드러낸다. 그녀는 미켈란젤로를 완전히 신뢰하면서, 그녀의 누추한 생활과 가족의 성화에—그녀의 친정에서는 그녀를 재혼시키려 했다―대해 털어놓으면서, 딸이 아버지에게 구하는 듯한 조언을 부탁하고 있다. 코르넬리아의 이 서한은 부오나로티가 결코 무뚝뚝하며, 까다롭고 비인간적인 반신半神이기는커녕 비천한 사람에 대한 선의와 온화함을 보여주었다는 주장을 확인해준다.

그의 대자代子였던 미켈란젤로 아마도리에 관한 것은 전혀 남아 있지 않아 유감이다.

158
산 피에트로의 비극

미켈란젤로는 율리우스 2세의 영묘에만 비극이라는 표현을 썼다. 하지만, 비극은 이뿐만이 아니었다. 만년에야 끝마친 시에나 '제단의 비극'이 있었다. '산 로렌초의 비극'도 있었다. 피로와 실망 속에서 3년 넘게 허송세월하게 했던. 그리고 마지막이 바로 '산 피에트로의 비극'이라고 할 수 있다. 1546년에 시작되어 좌충우돌, 논쟁과 배신으로 점철된 17년 세월이 지나고 나서 그를 못살게 굴던 사람이 사망하고서야 종지부를 찍었던 사건이다.

부오나로티가 맡은 이 마지막 사업을 '비극'이라고 한다고 의아해할 사람도 있을 것이다. 하지만, 이는 과장이 아니다. 그렇게 불러야 마땅한 이유를 기록을 토대로 요약할 수 있다.

1547년, 파울루스 3세가 '준공 교서'로써 미켈란젤로를 산 피에트로 건설 책임자로 앉혔을 때, 그는 벌써 상당히 늙은 나이였다—일흔둘이었다—이 작업에 엄청난 노고와 책임이 뒤따를 텐데….

비록 그가 이전에 피렌체 보루와 제의실 설계도와 산 로렌초 정면과

도서관을 위해 일하기는 했지만, 원래 건축가는 아니었다. 그는 산 피에트로 축성에 관여하고 있었던 사람들 대부분을 무능하거나 도적놈으로 알았고, 염치없는 사기꾼을 이 성전에서 일소하려면 헤라클레스가 되어야 한다고 알았다.

이 대성당의 구상과 초안은 그 자신이 아니라 브라만테의 것이었다. 게다가 브라만테의 후계자들은 그 위대한 전임자의 당초 훌륭한 구상을 훼손하고 배반했다. 이런 상황에서, 미켈란젤로는 자신의 것도 아니요 불충한 후계자들이 망쳐놓은 부분까지 고쳐야 하는 막중한 일을 떠안아야 했다.

이 무렵 그는 또 다른 힘든 작업에도 매달려 있었다─캄피돌리오 정비, 보르고 요새, 파르네세 궁, 파올리나 예배당 벽화 등─아무리 신과 같은 능력을 지녔을지라도 노인으로서 그토록 엄청난 새로운 임무를 걸머지기에는 거의 불가능했다.

사실상, 미켈란젤로는 이 모든 이유에다가 우리가 모르는 다른 이유 때문에, 파울루스 3세의 의지에 순종하지 않을 수 없었다. 바사리는 1557년에 자신이 받은 미켈란젤로의 편지에서 자신의 주장을 입증했다고 장담한다.

"하느님이 아시듯이 이것은 내 의사에 반하는 것이네. 교황 파울루스 3세 때문에 정말이지 갑갑하네. 나더러 산 피에트로의 건설을 맡으라니…."

그는 리오나르도에게도 이와 같은 편지를 썼다.

바사리에 따르면, 파울루스 3세는 다음과 같이 간청할 수밖에 없었다고 한다.

"받아들이도록 명령을 내려서(교서로), 불쾌해하고, 할 의사가 없더라도, 그 일을 맡을 수밖에 없도록 …."

왜 그토록 내키지 않는 이 끔찍한 일을 받아들일 수밖에 없었을까?

무엇보다, 교황의 강력한 명령에 복종해야 했기 때문이다. 선량한 가톨릭 신자가 그리스도를 대신하는 사람의 의지를 어떻게 거스를 수 있단 말인가? 그러면서도 불같은 신앙심과 자신의 구원에도 유리한 동시에 하느님을 기쁘게 할 만한 일을 하겠다는 열망을 다시금 불태웠다. 가장 위대한 성소에 그리스도의 교회를 세움으로써. 나중에 그는 이 일을 하느님께서 직접 맡기신 것으로 생각했다. 그는 1557년 7월 1일 리오나르도에게 쓴 편지에서, 산 피에트로 축성 작업을 거의 마무리 짓기 전에는 로마를 떠날 수 없다고 했다.

"다른 이들처럼 나도 하느님이 이 자리를 마련하셨다고 믿고 있기 때문이다."

미켈란젤로의 저항은 그 자신이 털어놓은 대로, 처음으로, 그 지존의 위엄으로 이 마지막 비극의 인간적 사건에 개입하신 하느님의 뜻을 거역하는 일이 될 것이므로….

미켈란젤로는 사실상 이 과도한 산 피에트로 건축가로서의 임무를 두 가지 조건으로 수용했다. 그 일의 전권을 맡겨주고, 자신의 모든 노력을 영혼의 구원으로 대신하길 바라면서, 이 일에 대한 금전적 보상을 받지 않는다는 것이었다. 교황은 첫 번째 조건은 수용했지만 두 번째 조건은 거부했다. 어쨌든 파울루스 3세가 그에게 돈을 보내려고 했을 때, 그는 완강히 거절했다. 바사리는 이렇게 말한다.

"교황이 사례로 수차례 돈을 보냈을 때, 그는 절대로 받지 않았다. 교황의 시종 알레산드로 루피니, 포를리 주교 피에르 조반니 올리오티가 증언하듯이."

이런 사양은 콘디비의 이야기에서도 확인된다.

"이 일에 대해 미켈란젤로는 어떤 것도 받으려 하지 않았고, 교황의 '친서'에서 이런 입장을 명백히 밝혀주길 바랐다. 그래서 지금은 포를리 주교이지만 당시 성하의 재정관 피에르 조반니 씨가 '축성 자금'에서 보수의 한 달 치 선금이라고 명시하고서 금화 100에퀴를 보냈을 때, 이 일에는 걸맞지 않는다면서 받으려 하지 않았고, 이에 교황 파울루스 3세는 분개했다."

이렇게 미켈란젤로는 과중한 새 임무를 하느님에 대한 사랑과 자신의 원죄를 정화하고자 받아들였다. 인간적이고 우발적인 이유 때문에도 그것을 맡을 수밖에 없었지만, 특히 교회에 봉사하기보다는 돈벌이 수단으로 삼으려는 자의 손에 이 공사가 들어간다면, 그 공사는 수백년 지체되고, 그 배임자들의 잘못으로 교황청에 엄청난 비용을 낭비하게 되리라는 걱정이 중요했다. 그는 콘디비에게 "산 피에트로의 완공은커녕 그전에 세상의 종말을 보게 될 게야"라고 했다. 조카에게 부친 1557년의 편지에서, 축성의 책임을 지겠노라면서 "상습적으로 그래왔고, 다시 시작할 기회만 노리는 횡령을 일삼는 도둑놈들에게 넘기지 않으려면"이라고 썼다.

바사리는 이렇게 전한다. 사실상 임명되기에 앞서, 미켈란젤로는 공사에 애착을 보이던 모든 사람에게, 다시 말해서 '상갈로' 일당에게, "이 일의 지휘를 방해하지 않겠다고 동료에게 약속함으로써, 그가 이 일을 맡는다 하더라도 그들을 절대로 개입시키지 않겠다"고 공언했다. 공중 앞에서 행한 이런 발언은 그들에 대한 공격이었고, 따라서 우리가 상상할 수 있듯이, 날이 갈수록 이를 갈면서 증오를 키우게 했고, 안팎으로 모든 것이 바뀌는 것을 보면서, 그들은 다양한 수법으로 괴롭히려고 갖은 계략을 짜내면서 결코 그를 조용히 내버려두지 않았다.

비극의 서막은 이제 분명하다. 하느님과 교황의 뜻을 거스를 수 없었던 미켈란젤로는 격전장으로 뛰어들었다. 적들은 그를 중상하고 가해하면서, 그 자리를 차지하려고 혈안이 되었다. 이런 무자비한 싸움의 소동이 '산 피에트로의 비극'의 주 내용이다. 단테의 『신곡』과 마찬가지로, 이 비극 속에, 모든 비극처럼 주인공인 영웅의 죽음으로 막을 내리는 운명이 개입한다.

159
비극의 전개

미켈란젤로의 혐오와 적들의 공격은 산 피에트로가 르네상스의 가장 거대하고 유명한 건축적 시도라는 점을 생각하면 쉽게 이해된다. 이것은 사도들의 군주의 바실리카이자, 교황의 성당이고, 기독교 세계의 중심지에서 가장 큰 성전이며, 이 지상에서 가장 신성하고 방대하며, 화려해야 했다.

미켈란젤로는 콘스탄티누스(시대에 지어진)의 경탄할 만한 옛 성당을 보았고, 그것이 파괴되는 것을 경악하면서 지켜보았으며, 브라만테의 설계도와 초기 공사도 보았다. 브라만테가 사망하자, 그 건축 책임자 자리는 라파엘로에게 넘겨졌다가, 뒤에는 발다사레 페루치를 거쳐 마침내 안토니오 다 상갈로가 인수했다. 상갈로는 청년기에 브라만테의 조수였다. 그는 40년 동안 그 현장에서 일했다. 그는 자기편 사람을 여기에 동원했고 결국 맨 처음 이것을 맡았던 것도 아니었으므로 제멋대로 브라만테의 원래 설계를 변경하면서 거장 행세를 했다.

미켈란젤로는 따라서, 힘에 겨운 막중한 유산을 떠안게 된 셈이었다.

일흔둘의 나이로, 그는 유럽에서 가장 큰 건물을 개혁하고 완공해야 한다. 그는 용기를 잃지 않고서, 청년 같은 열성으로 일했다. 단 보름 만에, 약간의 수정만을 가한 채, 브라만테의 초안을 다시 취한 새 건축 모형을 제작했다. 다시 말해서 그리스십자 평면에, 거대한 원개를 올린 중앙집중식 설계안이었다.

곧바로 검증과 험담, 중상이 시작되었다. 1547년 5월 14일, G. B. 우기가 미켈란젤로에게 보낸 편지에서, 난니 디 바치오 비지오와 그의 상갈로 패거리가 로마에 퍼트린 이야기를 알 수 있다. 난니는 미켈란젤로의 것을 대신할 다른 모형을 만들었다며 뽐냈다. 우기는 이렇게 썼다.

"선생님께서 유치하고 엉뚱한 것을 만들었다고 합니다. 어떻게 해서든 그것을 내치게 할 것이라면서요. 게다가 자신이 선생님보다 더 교황의 총애를 받고 있다고 합니다. 선생님께서 남들이 볼 수 없게 몰래 야간에만 작업한다면서, 셀 수 없는 비용을 낭비하게 하셨다고도 합니다."

이 난니는 어리석은 데다 모욕적인 말도 덧붙였다.

우기의 편지를 받아든 미켈란젤로는 그것을 곧장 바르톨로메오 페라티니에게 전달했다─그는 이 건축물 감리단에서 가장 영향력 있는 인물이었다─. 그리고 그 '탐욕스럽고 비열한' 두 사람이 산 피에트로에 대해서 모든 방면의 거짓말을 늘어놓고 있다고 덧붙였다.

한동안 난니는 잠잠했고, 파울루스 3세가 사망하면서(1549년), 새 교황 율리우스 3세가 산 피에트로 건축가로서 미켈란젤로에게 전권을 맡겼다. 그러나 거장의 적들은 무장을 해제하지 않았다. 1551년, 그들은 이 노인에게 또 다른 공격을 시작했다. 프랑스 왕의 예배당 벽을 세우는 작업에서, 빛이 너무 줄어들었다며 오류라는 지적이 나왔다. 미켈란젤로의 적들은 영향력 있는 두 감사, 살비아티와 체르비니 추기경을 끌어들여 이 이야기를 교황에게 알렸다. 교황은 대책회의를 소집하고서 미켈란젤로에게 변론의 기회를 주었다. 교황은 회의석상에서 미켈란젤로에게 이렇게 말했다.

– 재산관리위원이 이 벽감이 빛을 가로막는다고 합니다.
미켈란젤로는 대답했다.
– 그 사람들의 의견을 직접 듣고자 합니다만….
마르첼로 추기경이 이렇게 대답했다.
– 우리가 있지 않소….
미켈란젤로는 이렇게 응대했다.
– 그 궁륭 창들 위쪽에, 석회를 앉혀야 합니다, 세 개가 더 있습니다.
추기경은 받아쳤다.
– 우리한테 말한 적이 있습니까?
미켈란젤로는 반박했다.
– 말할 의무도 없고, 말하고 싶지도 않소이다. 성하께도 누구에게도…. 내가 해야 하고, 하고 싶은 것이 무엇인지 말입니다. 당신들은 자금을 관리하고 도적을 멀리하는 일을 맡고 계시지요. 건축 도면이라면, 여러분의 걱정을 바로 제가 덜어드려야 합니다만."
이렇게 말하고 나서 교황을 향해 이렇게 고했다.

- 성하마마, 제가 얼마 버는지 아시지 않습니까. 제가 견디는 어려움
이 제 영혼에 유익하지 않다면 저는 시간과 일을 빼앗길 뿐입니다.

그를 아끼는 교황은 손을 내밀어 어깨를 짚고서 이렇게 말했다.

-거기서 영혼을 구하시구려, 몸 걱정은 하지 마시게.

미켈란젤로는 이렇게 당당한 발언으로 그 체르비니 추기경이 1555
년 4월 10일 교황이 되면서 비싼 대가를 치를 뻔했지만, 이 새 교황은
단 22일간 재위에 있었으므로 산 피에트로 건축가에게 신경 쓸 여력이
없었다. 미켈란젤로는 그가 교황이 되었다는 소식을 들었을 때, 로마로
부터 도망치려고 했다. 더구나 그 마르셀루스 2세[1501~1555]의 뒤
를 이은 파울루스 4세 또한 미켈란젤로에게 우호적이지 않았다. 새 교
황은 파울루스 3세가 그에게 보장했던 권한 일부를 박탈했고, 최후의
심판을 지워버릴까 검토했으며, 부오나로티를 중상하는 자들에게 솔깃
해했다. 이 새 교황은 "유치해졌다면서 또다시 미켈란젤로를 괴롭혔
던" 나폴리 출신 피로 리고리오[1510~1583]를 후견했다. 피로 리고리
오는 어려서 로마로 와서 라파엘로풍의 졸작을 그려왔는데, 1549년 이
폴리토 데스테 덕분에 건축과 고고학에 발을 들여놓았다. 미켈란젤로
의 사후에, 그는 비뇰라와 나란히 산 피에트로 건축가에 임명되었지만,
1572년 그 직위를 잃었기 때문에 불과 몇 년 동안 일했을 뿐이었다. 부
오나로티의 입안을 충실하게 따르지 않았다는 이유인데, 이렇게 부오
나로티는 사후에 복수를 했던 셈이다.

1557년 여름 내내, 그는 자신이 저지르지도 않은 실수로 고통을 겪었
다. 나이와 건강이 좋지 않아 자신이 직접 날마다 현장을 지키지는 않

았던 만큼, 프랑스 왕의 예배당 궁륭 벽을 올리면서 십장이 중대한 실수를 저질러 상당 부분 재시공을 하게 되었다. 그는 바사리에게 이렇게 썼다.

"이 실수는 노년인 탓에 현장을 내내 지키지 못한 탓이네. 차라리 이런 수치라면 죽는 것이 더 나을 것일세, 더는 살고 싶지 않네."

적들은 미켈란젤로와 투쟁을 계속하고자 이 기회를 악착같이 이용하려 했고, 미켈란젤로는 자금이 달려 작업이 더뎌지는 것을 보고, 특히 유감스럽게도, 체사레 데 카스텔 두란테나 피에르 루이지 가에타 같은, 항상 임무에 충실했던 것만은 아니었던 조수들에게 맡겼던 것을 안타까워했다.

해가 갈수록 험담과 모략이 늘어갔고, 1560년 9월 18일에 미켈란젤로는 자신의 사임을 피오 다 카르피 추기경에게―건축 감사들 가운데 친했던 인물이다―사직서를 제출할 정도가 되었다. 그는 이렇게 썼다.

"프란체스코 반디니 씨가 어제 내게 경애하는 성하께서 산 피에트로 공사가 이렇게 더욱 더딜 수가 있느냐고 말씀하셨다고 전했습니다. 크게 우려되는 것입니다. 당신이 잘못된 정보를 듣고 계신다 하더라도 이는 내 의무인 만큼, 나는 누구보다 그것을 잘해나가려는 욕심입니다. 그러니 고통스럽기는 하지만, 내가 이렇듯 훌륭한 진행을 보장하지 못하고 있다면, 다른 누구도 이보다 더 잘할 수는 없다고 생각합니다. 어쨌든, 제 사정으로 보나 나이로 보나, 일을 쉽게 그르칠지도 모르오며, 제 의사야 어떻든, 잘못을 일으키게 되거나 공사에 차질을 일으키게 될 수도 있으므로, 가능한 한 빨리 성하께 제 사임을 청하여주셨으면 합니다. 마찬가지로 경애하는 성하께서 시간을 절약하실 수 있도록, 제가 무상으로 맡았던 이 막중대사를 덜어주시길 원하옵고, 아시다시피 지난 17년간, 성하의 명령에 따랐던 (…) 이 모든 세월 동안 이루어진 공사가 어떤 것인지 헤아려주셨으면 합니다. 그러니 다시 한 번, 청컨대 자유를 주시길 바라옵니다. 단 한 번만이라도 제게 큰 은혜를 베푸실 수 없으시나이까."

이렇게 계략과 반대에 그토록 부딪힌, 이 여든다섯 나이의 존경스러운 일꾼은 평화와 자유를 호소했다. 한편 끈기 있고 명철한 이 거장을 진정으로 존경했던 피우스 4세는 그의 사직을 수락하지 않고 평소와 다름없는 후의를 표했다.

공교로운 사건과, 파렴치한 경쟁자의 공격과 그의 자리를 차지하려는 시도는 결코 만만치 않게 이어졌다. 산 피에트로의 비극의 제3막은 이로부터 3년 뒤인 1563년, 난니 비지오가 이전보다 더 극렬한 역을 맡으면서 시작된다.

160
난니 디 바초 비지오

만년의 미켈란젤로에게 가장 악착같고 황당한 적은 피렌체 조각가이자 건축가, 바르톨로메오 리피의 아들 조반니로, 일명 난니 디 바초 비지오로 통하는 자였다. 종종 그렇듯이, 이 자는 배신하고서 진영을 바꾼 제자였다.

어렸을 때, 그는 진정으로 미켈란젤로를 찬미했고, 암마난티와 함께 스승의 소묘를 서슴없이 훔치기도 했다. 그 뒤 그는 미켈란젤로의 제자, 라파엘로 데 몬텔루포 밑에서 조각에 입문했다. 1540년에 그는 로마에 정착했고, 1542년에 「피에타」 두 점을 복제했는데 그중 하나는 미켈란젤로의 친구, 루이지 델 리치오에게 건네주었던 것으로 현재 피렌체 산토 스피리토 성당에서 볼 수 있다. 그는 자신의 재능을 과신하고서, 안토니오 다 상갈로 2세의 도움으로 건축가로 전행했고, 이때부터 상갈로 패가 되어 미켈란젤로를 유치하다고 공격하는 음모를 꾸몄다.

어쨌든, 난니는 건축가로서 그다지 성공하지 못했다. 그는 1549년 파르네세 추기경의 호의 덕분에, '폰토 로토'라고 부르는, 붕괴 위험에

처한 산타 마리아 다리의 보수공사를 맡았다. 파울루스 3세 시절에 이 작업은 적당한 규모를 제시했던 미켈란젤로에게 위임되었지만, 난니는 미켈란젤로에게 일언반구도 없이, 제멋대로 그것을 구상하고 공사한 끝에 결국 1557년에는 다리가 무너져버리고 말았다. 부오나로티는 이 사건을 예견했고 바사리도 이에 대해 말하고 있다.

"그와 함께 말을 타고서 그곳을 지날 때, 그는 내게 이렇게 말씀하셨다. 조르조, 이 다리는 흔들리고 있구먼. 우리가 지나는 동안 무너지지 않게 어서 서두르세."

난니는 적성이 없는데도 불구하고, 안코나로 파견돼 그곳에서 항구 청소를 맡았는데, 바닷물로 십 년이 걸릴 것을 단 하루에 건자재로 채워버렸다.

한편, 난니는 건축에 무식했으면서도 야심만은 대단했다. 그는 산 피에트로 공사의 지휘를 미켈란젤로에게서 뺏어내려 고심했다. 난니에게는 바티칸에 지지자와 후견인이 있었다. 그렇지만 더욱 확실하게 하려고 1562년 코시모 1세 대공에게 성하께 자신이 일을 맡을 수 있도록 손을 써달라고 청탁했다. 같은 해 4월 19일, 코시모 대공은 미켈란젤로가 살아 있는 한 자신은 그런 일을 하기 어렵다고 답했다. 난니는 부오나로티를 자리에서 쫓아내려는 음모를 줄기차게 꾸몄고, 잠시 성공을 거두기도 했다. 1563년 8월, 산 피에트로 공사에서 미켈란젤로의 수석조수 체사레 디 카스텔 두란테가 살해당했고, 거장은 그 대신 피에르 루이지 가에타라는 아주 젊지만 신뢰했던 청년을 선발했다. 그러나 공사 감리위원들은 가에타를 돌려보내고, 미켈란젤로가 노환 때문이거나 그밖의 이유로 대성당 공사에 몰두하려 하지 않는다는 소문을 퍼트렸다.

미켈란젤로는 다니엘레 다 볼테라를 참사회원 페라티노 주교에게 보내 이런 소문을 부인했다. 페라티노는 다니엘레를 가에타의 후계자로 임명하겠다고 약속했고, 미켈란젤로도 이에 동의했다. 그 뒤 페라티노는 이 약속을 어기고서 그 자리에 난니를 앉혔고 난니는 주인처럼 행세하며 산 피에트로로 들어왔고, 이롭지도 않고 위험하기만한 새 공사들을 발주하면서 일을 망치기 시작했다.

비록 공사 현장을 직접 지키지는 않았지만, 이 사태를 자세히 알고 있던 미켈란젤로는 크게 분개했다. 어느 날, 캄피돌리오 광장에서 피우스 4세를 만난 그는 과거에 율리우스 2세에게 했듯이 대담하게 항의했고, 그가 노인이었지만 소란이 적지 않았으므로, 교황은 그를 아라 코엘리 수도원의 방으로 불러들여 자초지종을 들으려 했다. 노인은 흥분해서 이렇게 말했다.

"성하 마마, 재산관리 위원들은 제 자리에 어디에서 온지도 모를 자를 앉혔습니다. 만약 이분들과 성하께서 제가 제 사명을 다할 수 없다고 판단하신다면, 저는 피렌체로 돌아가 쉬겠습니다. 그곳에서 대공이 저를 보고 싶어하시니, 저를 돌보아주실 것이며, 제 생을 마칠까 합니다. 그래서 저의 사의를 받아주십사 하고 청했나이다."

교황은 그를 좋은 말로 위로했고, 다음 날 아라 코엘리 수도원으로 다시 와서, 사태 해결을 위해서 산 피에트로 재산관리위원회를 소집하겠노라고 했다. 이 회의에서, 상당수 위원이 난니의 편을 들어, 공사가 위협받고 있노라고 주장했다. 미켈란젤로의 잘못으로 무너질 위기에 처했다면서…. 피우스 4세는 가브리오 세르벨로니에게 현장 조사를 명했다. 세르벨로니는 전문가들을 대동하고서, 그들의 의견을 경청한 다음에, 철저한 조사를 통해서 미켈란젤로에 대한 비난이 그릇된 것임을 이해했다. 이런 악행의 결과를 바사리는 이렇게 전한다.

"난니 디 바초 비지오는 수많은 사람이 지켜보는 가운데 공사에 대한 아첨꾼들도 잃어버린 채 쫓겨났다."

이번에도 늙은 미켈란젤로는, 굳은 의지와 명예를 중시하고, 분노할 줄 아는 무서운 사람으로서 승리했다. 난니는 세르벨로니로부터 망신을 당하고서 종적을 감추어야 했다. 얼마 뒤 1564년 2월에 미켈란젤로가 사망하자, 그는 다시 한 번, 코시모 대공에게 산 피에트로 건축가로서 부오나로티의 뒤를 잇게 청을 넣어달라고 부탁했다. 실제로 그는 그임무를 맡게 되었지만, 시간이 지나면서 입증된 것이라고는 그가 명예를 잃었다는 사실뿐이다. 그의 실수는 미켈란젤로의 그림자를 지워버렸다. 이렇게 그릇된 선동자의 교만으로부터….

161
십자가 위의 하늘

자신의 의지와 다르게 산 피에트로 건축가직을 수락했던 늙은 미켈란젤로는 모함과 음모, 자존심의 상처와 그리고 우리가 말했던 어긋난 사건의 고비들을 넘겨왔다. 이런 지겨움과 함정은 우리 현대인에게, 어느 시대에나 예술가의 삶에서 나타나는 질투에 가득한 악의적인 시도로 보인다. 어쨌든, 사람과 사건에 따라 공격이 효과적일 때도 있다. 자기 동기에게 '바보'라고 한 것은 미움이라는 죄를 짓는 일이겠지만, 멍텅구리에게 그런 말을 한다면 이는 그저 참지 못해서이기 때문이다. 미켈란젤로는 당대의 가장 영광스럽고 기적적인 예술가였고, 인류가 지상에 세웠던 가장 유명하고 웅장한 건축물의 총책임자였다는 점을 상기해두어야 한다. 그에 대한 명예훼손과 그를 그 높은 자리에서 끌어내리려는 모든 시도는 '한몫 챙기려는' 수천 년의 보편적 역사에서 흔하지도 않지만, 그 비극의 와중에서 그 주인공이 당대의 천재이자 거장으로서 기독교 세계의 최고의 성전을 지키려고 여러 해 동안 싸웠던 줄기찬 투쟁이라는 점도 특이하다.

필자가 '산 피에트로의 비극'이라고 부르는 것은 음모와 사자에게 대드는 사냥개들의 위협에 그치지 않았다. 이번에 또다시—영묘의 비극처럼—종국적인 패배에 부딪히게 된다.

미켈란젤로는 중앙에 둥근 지붕을 올린, 그리스십자 형태인 브라만테의 초안으로 복귀하려고 했으나 그렇게 되지 않았다. 미켈란젤로의 선임자와 후임자의 잘못으로, 산 피에트로 대성당의 현재 모습은 큰 시차를 두고서 그 공사에 동원되었던 이 두 천재가 바라던 형태가 아니다. 거기에는 브라만테가 꿈꾸었고 뒤이어 부오나로티가 더욱 열렬히 꿈꾸었던, 둥근 공 모양을 올린 정방형의 완벽한 조화가 없다. 상갈로부터 마데르노*까지, 이 거장들과 비교하기 어려운 다른 모든 건축가는 그것을 지금 같은 모습으로 만들었다. 비례는 거창하지만, 각 부분의 거대한 성격이 아니라 숭고한 개념으로 빛나는 통일성에서 비롯되는 진정한 위대성은 빠졌다. 오늘의 산 피에트로는 웅장하기는 해도 완전히 집중되지 못했다. 그것은 밝고 경건하기보다 화려하고 사치스럽다. 그것은 그리스도의 대리인이 등장하는 순교자의 영묘를 닮았다기보다 과시적인 집회를 위한 로마 제국의 원로원에 가깝다. 이는 브라만테와 미켈란젤로의 잘못이 아니다. 그들이 그린 초안을 보기만 해도 형편없는 인물들이 저지른 왜곡과 추악해진 결과를 단번에 알아볼 수 있다. 아! 가장 커다란 시도 가운데서도 항상 소인배의 시도가—더 빈번

• 1556~1629. 미켈란젤로의 산 피에트로 정면 설계를 변경하고 완공했다. 바로크의 대표적 건축가로서 로마의 바르베리니 궁을 비롯한 중요한 건물을 지었다.

하고 더 뻔뻔한—결국 위대한 자가 옳았음을 보여주게 되지 않던가. 정면만 보아도 충분하다. 아테네와 로마의 단순성에 고유한, 신성한 위엄에 고취된 미켈란젤로는 매우 높은 원주 4개만으로 구성된 거대한 주랑을 구상했었다. 이 주랑은 기독교 세계 최대의 성전 속으로 장엄하게 빨려 들어갈 수 있게 해줄 터였고, 원개 뒤에 자리 잡은 육중한 본당의 모습을 가리지도 않았을 것이다. 이 정면에 대해 미켈란젤로의 초안에 충실하자고 끊임없는 항의가 있었지만 결코 실현되지 못했다. 또 지금 우리가 보듯이, 의심의 여지없이 산 피에트로의 가장 형편없는 부분이 돼버린 마데르노의 우스꽝스럽고 둔중한 정면으로 둔갑했다.

완전하지는 않더라도 미켈란젤로는 원개에서만 성공했다. 브라만테는 진정한 의미에서 원개라기보다, 판테온의 것과 비슷한 아래쪽이 넓게 퍼진 일종의 반구형 빵모자 같은 것을 도안했었다. 상갈로는 그것을 세우려 했지만 그렇게 하지 못했고, 위에 얹은 장식과, 굵은 원주와 복잡한 소원주로 불규칙하게 잘린 모형은 그의 상상력이 얼마나 빈약하고 무기력한지 보여준다.

어려서부터 미켈란젤로는 경이롭게 산타 마리아 델 피오레의 원개를—초기 르네상스의 가장 진솔한 건축적 기적이다—바라보곤 했다. 산 피에트로 건축가로 임명되기 전에도, 그는 내심 두 번째 기적을 다짐하면서, 높이 솟아오른 둥근 지붕만이 산 피에트로의 왕관이 될 수 있다고 예상했다.

그의 발상에는 신비적인 뜻과, 그의 기독교 신앙을 암암리에 나타내는 신성함이 담겼다. 지상에서 솟아올랐던 방대한 십자정방 형태는 화강암과 대리석으로, 인류가 준비한 시련의 도구〔예수를 매달았던 십자가]를 재현했다. 이 복판에 창공을 닮은 궁륭을 올렸어야 했다. 육중한 십자 형태는 지상을 상징했다. 그 위에서 마치 옛날 골고다 언덕에서처럼 하늘이 나타나야 한다. 다시 말해서, 하늘에 계신 하느님이 지상에 사는 사람들을 자기 나라로 데려가고자 내려온 것이다. 이런 식으로 구상된 산 피에트로 대성당은 하나의 관념인 동시에 돌덩어리로써 대속의 중심적 사건을 함축하며 그 모범이 된다. 십자가에 매달린 하느님, 지상과 왕관과 하나가 된 하늘이다. 이런 조건에서, 산 피에트로 대성당은 미켈란젤로의 구상에 따르면, 기독교 신앙의 본질적 신비가 말없이 살아 있는 상징이었다. 예배로 반복적으로 기념되는 희생이 영원히 구체화한 것으로서….

건축에 대한 통상적인 사색을 훨씬 뛰어넘은 이 상징은 그에게서 창조주의 천재적 힘이 다시 찬연하며, 기독교적 사랑의 불꽃을 태우는 바로 미켈란젤로라는 한 인간을 통해서만 이해할 수 있다. 그는 당대인은 물론이고 후손까지도 훌쩍 벗어난다.

시인 포스콜로는 기독교적이기보다 이교도적 상상의 시인으로서, 미켈란젤로의 문제에서 원개만 상상했지 그것을 '새로운 올림푸스 신전'이라고 잘못 이해했다. 미켈란젤로는 분명히 그것을 신들이 지상에서 사는 곳으로서 구상하지 않았지만, 그러면서도 신적인 것 이상의 수법으로, 마치 천국의 상징적 출현 같은 것, 요컨대 지상에 내려왔다가 다시 그곳을 떠난 하느님의 상징적 출현 같은 것으로 구상했다.

전권을 쥐고서 미켈란젤로가 산 피에트로 공사 지휘를 맡으면서부터, 그 지고한 왕관이 될 원개를 생각했음이 틀림없다. 그는 동료의 도움을 받았고 간략한 밑그림을 그렸지만, 건설에 시급한 문제는 여전했고, 그가 원했듯이 자신의 초인적 꿈의 최정상을 이루는 것에 전념할 수 없었다. 그는 그것에 대해 명쾌한 '아이디어'를 갖고 있었고, 정신의 눈으로 보고 있었으며, 진심에서 우러나온 기독교적 애정으로 그것을 꿈꾸었다. 원개는 아마 그의 살고자 하는 의욕을 자극했을지 모른다. 그렇지만 지주와 궁릉, 후진과 설교단은 여전히 미완이었다. 사지의 골격을 끝내지 않고서 머리를 올릴 수는 없는 법이다. 미켈란젤로는 우리가 말했던 건축에 대한 신비적 사고 이외에도, 전적으로 인간적인 관념도 갖고 있었다. 이는 신비적 사고와 모순되지 않았다. 그는 1560년 피오 디 카르피 추기경에게 부친 편지에서 산 피에트로 공사에 대해 이렇게 썼다.

"건축 구조의 골격이 인체의 사지와 관련이 있음은 분명합니다. 인체 상을 제대로 만들 줄 모르거나, 특히 해부학을 모르는 사람은 건축을 전혀 이해할 수 없습니다."

조각은 그의 유명한 판단에 따르자면 모든 예술의 중심에 있으며, 회화는 조각에 접근할수록 최상이 된다. 마찬가지로, 건축도 인체에서 출발하고 인체에 고취되어야 한다. 인체의 형태를 빚을 줄 아는 사람만이 건축에서도 거장이 될 수 있는 법이다.

이런 개념에서 출발해서, 그는 원개를 인체의 가장 고상한 부분, 즉 머리와 같은 것으로 여겼고—성 바울이 이미 인체를 한 채의 신전과 같다고 하지 않았던가—, 따라서 부오나로티는 다른 기관이 지어지지 않은 상태에서 그것을 올릴 수 없었을 것이다. 이런 관점은 그가 원개를 그리스도의 상징으로 여겼던 것과도 같은 개념이다. 그리스도는 모든 성부와 신학자의 증언대로, 바로 교회라는 이 신비한 [신체]기관의 우두머리 아니던가. 그로서는 모든 기독교도와 마찬가지로, 그리스도는 진정한 인간이자, 실제 하느님이었다. 다시 말해서 인간의 형태를 취했던 하늘나라의 왕이었으므로, 원개는 결국 두 가지 상징이 된다. 하늘의 궁륭이자, 인간의 가장 신성한 부분이다. 해가 가고, 미켈란젤로는 점점 늙어가면서 자신의 재능을 담보한 이 건물의 가장 숭고한 부분의 모형조차 끝내지 못하고 있었다.

가까운 친지들은 동요했다. 그의 이 최후의 꿈에 어떤 가시적 형태를 남기지 않고서 그가 갑자기 죽기라도 하면 어쩌나 걱정했다. 그는 1547년부터 48년까지, 디오니시오 피카르도와 롬바오에게 그 첫 번째 모형을 만들게 했지만 작은 크기로 최종적인 것은 아니었다.

1558년—산 피에트로 공사를 맡은 지 11년째 되던 해에—그의 가장 충실한 벗, 즉 도나토 잔노티, 토마소 데 카발리에리, 프란체스코 란디니는 그토록 바라 마지않은 이 모형을 제작하도록 적극적으로 권했다. 바사리는 이렇게 쓰고 있다.

"아무것도 해결을 보지 못한 채로 여러 달이 지났다. 결국 그는 작은 점토 모형을 빚기 시작했고, 그것을 토대로, 그가 도안했던 평면과 입면을 활용하면서, 더 큰 목재 모형을 만들어내려고 했다. 이 최종 모형에 착수한 지 1년 뒤, 엄청나게 힘겨운 작업 끝에 조반니 프란체세가 그것을 끝냈다."

1558년부터 1559년 사이에 카라라 출신, 바티스타의 아들 지미냐노와 자코모 데이 콘티가 제작한 이 모형은 지금도 산 피에트로 박물관에 소장되어 있으나, 이는 전적으로 미켈란젤로의 작품이라고 할 순 없다. 나중에 계승자들이 수정했기 때문이다.

미켈란젤로가 사망했을 때, 원개를 떠받치는 거대한 초석礎石의 일부만 쌓아올린 상태였고, 그는 자신의 이 걸작을 축소된 나무 모형과 상상의 비전으로서만 바라볼 수 있었다.

이렇게 그 주인공이 네 번씩이나 패배를 거듭한 끝에 '산 피에트로의 비극'은 막을 내렸다.

끈덕지게 노력했지만, 미켈란젤로는 자신과 브라만테가 원했던 그리스십자 평면설계를 성취하지 못했다. 미켈란젤로의 정면을 위한 밑그림도 실물로 제작되지 못했고, 마데르노는 그것을 거칠게 무시했다.

부오나로티가 구상했던 중앙 원개를 보완하는 네 개의 소원개 가운데 두 개만이 세워졌고, 나머지 부분은 베르니니의 무례한 종루로 대체되었다.

중앙 원개조차—자코모 델라 포르타와 폰타나가 1590년에 완공시켰다—그 구조에 기본적 변화가 있었다. 즉 4미터 이상이 높아졌다. 따라서 지금, 미켈란젤로가 모형을 만들었던 가장 높은 부분과 다르다.

산 피에트로 대성당은 17년 가까이 공사를 지휘했던 거장의 자취를 담고 있다. 그러면서도 이 건물은 미켈란젤로가 꿈꾸고 설계했던 것과 전혀 다르다. 죽기 직전까지도 그를 못살게 굴었던 압박과 고통이었지만, 산 피에트로를 마치 기하학과 신비의 종합이자, 단순하고도 유기적인 통일의 기적으로 보았던 그의 '고귀한 상상력'에 따른 예술가의 일생일대의 이 궁극적 시도는 결국 패배했다. 그는 죽어가면서, 자신이 구상했던 거대한 덩어리의 단편만 보았을 뿐이다. 그의 뒤를 이은 사람들은 17세기까지, 브라만테와 그의 신성한 꿈을 더럽혔다. 물론 그들이 그 꿈을 완전히 파괴하지는 못했지만, 여러 군데에서 배신하고야 말았다.

16세기 여명기에, 르네상스의 발가벗은 거대한 청년상처럼 구상된 산 피에트로는 차츰, 어마어마한 괴물처럼, 바로크의 야심에 따라 장식되고 훼손되었다. 죽음 덕분에 미켈란젤로는 그 마지막 비극의 종장을 그나마 목격하지 않았다.

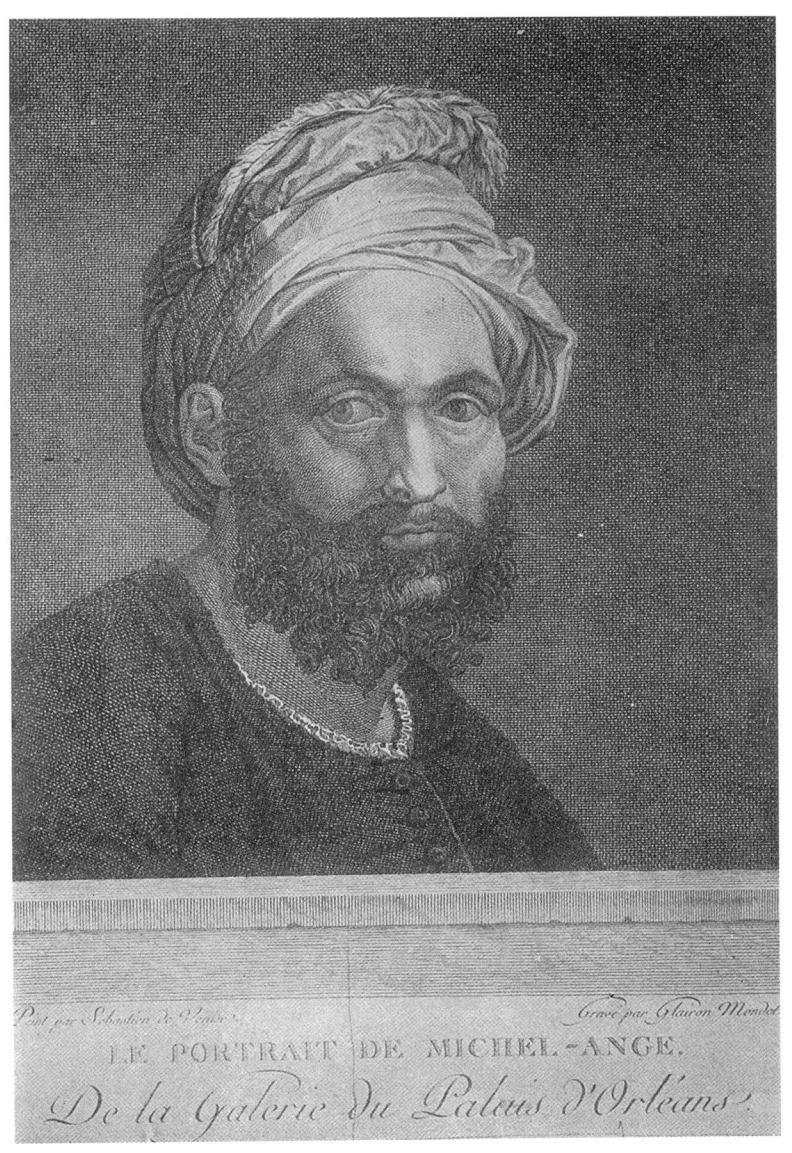

「미켈란젤로 초상」, 18세기 팔레 루아얄에서 공개된 초상, 파리
파리에 있는 두세 연구에서 이 판화를 사진으로 복제했다.
세바스티아노 델 피옴보의 작품을 판화로 옮긴 것으로 간주되었다.

제8부

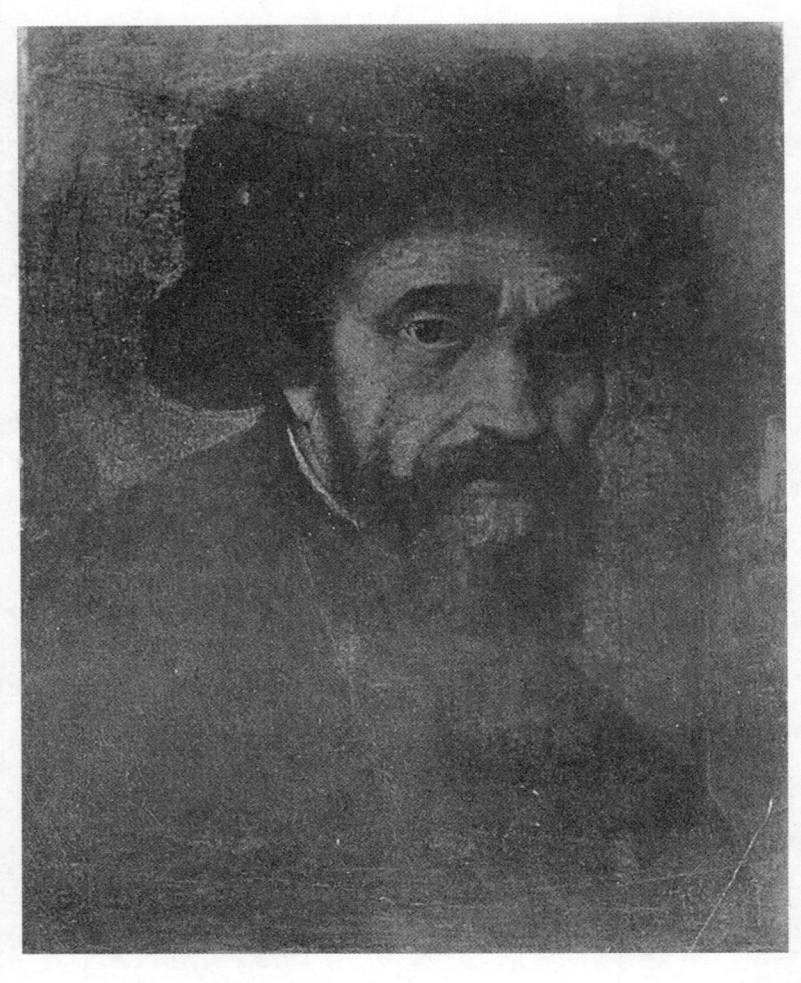

「미켈란젤로 초상」, 과거 스투파 궁 소장
1875년에 구입했던 것이다. 그후 다시 판매되어 사라진 지 25년쯤 되었다. 자코포 델 콘테의
작품을 보장해서 줄리오 보나소네가 모자를 얹은 판화로 재해석했다.

162
마지막 피에타

미켈란젤로는 최후의 순간에 「피에타」 2점을 미완으로 남겼다. 팔레스트리나의 바르베리니 궁 부속 산타 로살리아 예배당에 있는 것—지금은 피렌체 아카데미아 미술관 소장이다〔현재 피렌체 대성당 박물관 소장〕—과, 몇 해 전까지 로마 코르소의 산 세베리노 비메르카티 궁에 있던 일명 「론다니니의 피에타」가 그것이다.〔이 작품은 현재 밀라노 스포르체스코 성에 있다. 높이는 195센티미터.〕

첫 번째 작품은 「팔레스트리나의 피에타」라는 이름으로 알려졌다. 이 작품에 관한 자료나 당대인의 기억은 전혀 없다. 오직 오래된 그 고장의 전설에 따르면 미켈란젤로가 산에서 캐낸 돌덩어리로 직접 조각했다고 한다. 하지만, 이것은 고대 로마 제국의 석재로 만든 것으로 인정된다. 그 한쪽 면에 아칸더스 잎장식을 쪼았던 자취가 그대로 남아 있다.

어쨌든, 거장의 작품에 정통한 평론가들은 오늘날 이것이 그의 진품이라는 데에 동의한다. 힘차게 솟아오른 이 군상 앞에서—17세기에 쳐놓았던 치졸한 휘장을 걷어치우고 난 마당에—그것은 한눈에 그의 이름만을 상기시킬 뿐이다.〔1550년경 작품으로 추정된다. 높이 226센티미터.〕 그런데 16세기 말에 살았던, 그 재능과 스타일이 모든 점에서 부오나로티를 빼닮은 어떤 조각가가 그를 기념하고자 이런 유일한 작품을 남겼다고 상상할 수도 있다. 하지만, 그 구성과 쓰러지는 그리스도를 떠받치는 두 여인의 얼굴과, 미완의 부분에서 드러나는 특별한 솜씨와, 전체의 엄격하고 비극적인 위엄, 이 모든 것이 당대의 그 뒤를 이은 어떤 다른 예술가도 이와 같은 솜씨로 작품을 구상하고 실현할 수는 없었을 듯하다.

「론다니니의 피에타」는 당대인과 바로 그다음 세대의 증언이 실재하기 때문에 그 원작의 확실성에는 의심의 여지가 없다. 미켈란젤로는 이 작품을 직접 제작했을 가능성이 크다. 이 가장 숭고한 작품을 그의 최후가 다가오는 날들에 흔들리는 촛불 아래서, 밤잠을 설치면서…. 이 작품은 고대 로마의 거대한 원주를 재료로 삼았다. 죽은 그리스도 외에, 슬픔에 잠겨 무기력하게 처진, 초췌하고 신성한 시신을 놓치지 않으려고 안간힘을 쓰는 나약한 여인만이 있다. 일종의 돌로 빚은 투구 같은 것에 파묻힌 성모의 머리는 초벌 상태인데도, 이를테면, 겸허하게 굳어진 고통을 보여준다. 구세주는 고문의 고통 때문에 갑자기 탈진하고 짓눌린 모습이다. 흉곽은 길게 늘어지고 그 완만한 추락 속에서 다시 조여진다. 얼굴에서 입은 보이지 않는다. 그렇지만 반쯤 감은 눈은 땅을 바라보면서 마치 관 속의 어둠과 안식을 찾는 듯하다. 이 피에타처럼, 짧지만 무시무시한 그 순간의 괴로운 고독을 재현할 수 있었던 예술가는 아무도 없었다. 수난에서 터져나온 신음과 부활의 구원 사이에서 빚어지는, 모든 것이 끝나고 아무것도 다시 시작할 수 없을 때, 몇 시간 동안, 하느님의 희생이 무용한 비극처럼 보였을 때.

미켈란젤로는 청년기부터 피에타의 악몽이랄까, 강박관념 같은 것에 시달렸다. 마르치알라의 것에서부터 산 피에트로의 것에 이르기까지, 세바스티아노 델 피옴보가 그린 소묘에서부터 비토리아 콜론나를 위해 그린 것까지, 자기 자신의 묘를 위해서 그렸던 듯한 피렌체 대성당의 것에서부터 만년의 최후의 피에타 두 점에 이르기까지. 그는 로마 미네르바 성당 십자가에 걸린 살아 있는 그리스도와, 최후의 심판에서 심판관의 자세를 취한 것 단 두 번을 제외하면, 젊은 그리스도를 거의 재현하지 않았다. 대속이라는 구원의 미덕을 깊이 믿은 그였기에, 그리스도는 특히 시신으로서 나타난다. 그는 부활한 모습으로 재현하겠다고 생각했을지 모른다. 그리스도가 열린 관에서 나오는 소묘가 전해지는데, 여기에서 참을성 없는 하느님처럼, 젊은이다운 성급함으로 자신의 왕국인 하늘나라로 되돌아가려는 모습을 보여주기 때문이다.

어쨌든, 미켈란젤로는 회화에서나 조각에서나, 부활을 주제로 작품을 남기지 않았다. 그는 제2위인〔삼위일체론에서 볼 때〕시신의 화가이자 조각가로서 탁월했던 것이다.

그의 마지막 피에타 작품들에서, 뜻 깊어 보이는 변주가 보인다. 프라 바스티아노가 채색한, 비테르보의 그림을 비롯한 다른 작품에서 대속자의 육신은 그 어머니의 무릎에 펼쳐지고, 만년의 피에타에서 그 시신은 어머니의 고운 손으로 떠받쳐진다. 하지만 어쨌든 비참하게 십자가에 걸리고 나서 나락으로 굴러 떨어지듯 지상으로 떨어지는 모습이라고 할 만큼, 위에서 아래로 굴러 떨어지는 자세로 표현되었다.

초기의 피에타에서 그리스도는 '애통해하는 성모'의 품에 안겨 어린 아이 같은 모습으로 되돌아간다. 그러나 만년의 피에타에서, 둔한 물건 같은 그리스도의 시신은 이제는 신성한 영혼을 벗어던진 채, 묘의 품속으로 떨어지면서 지상과 재결합하려 한다.

대리석 덩어리를 깎으면서, 거기에 끔찍한 십자가 고행과 경악할 만한 부활의 그 무시무시한 존재를 재현하고자 형태를 부여하려 했을 때, 미켈란젤로의 감정과 사고는 어떠했을까?

친구들 가운데에서도 가장 독실했던 미켈란젤로는 그 모든 것보다 그리스도를 중시했다. 그의 신앙, 시련을 꿋꿋이 이겨냈던 신앙은 그리스도의 보혈이라는 구원의 능력에 의지하고 있었다. 그 피는 총독의 법정과 수난의 길 위에, 골고다 언덕 위에 뿌려졌었다. 그것은 이제 이 뜨겁고 붉은 생명의 액체가 다 빠져나간 채, 기적적인 껍질처럼, 물질에서 물질로 되돌아가는 무기력한 육신으로부터 흘러나온다.

그런데 이 별것 아닌 육신의 껍질이 바로 하느님의 아들을 담아내고 있었다. 그 축 처진 사지에서 모든 인간을 되살리고 신격화하는 피가 방울방울 솟아났다. 이 육신은 하느님과 인간의 모든 염원을 담고 있었다. 하지만, 이제 생명이 없는 껍질[주검]일 뿐이다. 부드러운 손길로 간신히 그 추락을 모면한 채로…. 바로 이런 장엄한 장면에서, 십자가에 매달렸지만 여전히 숨이 끊어지지 않은 그리스도의 비장한 모습 이상으로, 미켈란젤로는 강림한 하느님의 극단적인 수치를 보았고, 하늘에서 내려온 희생자가 보여준 가없는 사랑의 애절한 증거를 보았다.

교사로서의 그리스도, 의사로서의 그리스도, 부활한 그리스도, 심지어 신음하는 그리스도 속에서도, 선의를 이루었다는 기쁨과 정신과 생명이 여전하다. 그러나 죽어서, 넘어지고 말이 없고, 무감각한 그리스도에게서는 그것을 주시하며 지지하는 사람의 고통만이 있을 뿐이다. 이 유일한 순간에 그는 우리 자신의 시신과 소름끼치도록 닮은 피와 살덩어리로서만 존재하는 인간이다.

최후의 몇 해 동안, 미켈란젤로는 그 어느 때보다 죽음만 생각했다. 영혼이 던져버린 육신을 재현하면서 그는 자신도 몇 해 안에, 어쩌면 며칠 안에, 그렇게 될 것으로 생각하고 있었다. 그러나 그는 그리스도가 부활했었다는 확고한 믿음에 기대어, 새롭고 영광스러운 육신을 다시 얻게 되리라고 알고 있었다. 그 또한 그렇게 살아날 수 있을까? 최후의 피에타는 미켈란젤로의 갈구와 여망이 전율하는 조형적 과시다.

163
티베리오 칼카니

미켈란젤로의 마지막 제자 중에—가장 어리고, 그가 가장 정을 쏟은—
티베리오 칼카니가 있었다. 그는 1532년 피렌체 태생이다. 그가 로마
로 건너왔을 때, 도나토 잔노티와, 이 교황의 도시에서 금융과 도매업
으로 부자가 된, 메디치가를 반대했던 망명객 프란체스코 반디니가 그
의 뒤를 돌보아주었다. 이들의 중개로 칼카니는 데코르비 가의 집을 소
개받았고, 그곳에서 노대가가 그다지 재능이 출중하지도 않은 그를 보
살펴 관대하게 맡긴 작업을 해냈다.

어느 날, 티베리오는 하인 안토니오의 것이었던 군상 일부가 작업실
한구석에 내팽개쳐져 있었다는 것을 알고서 스승에게 왜 「십자가에서
내려서는 그리스도」를 부숴버렸는지〔현재 산타 마리아 델 피오레 대성
당에 있는 피에타를 말한다〕 이유를 물었다. 안토니오는 주인께 간청하
여 그 상을 부숴버리지 말아달라고 애원하고서 그것을 손에 넣었었다.

그토록 애를 썼지만 결과는 불만스럽던 이 작품에 질린 미켈란젤로
는 그것을 안토니오에게 조각난 상태로 선물했던 것이다. 티베리오는

스승의 입에서 이 피에타의 아쉬운 사연을 듣고서, 부유한 후견인 프란체스코 반디니에게 그 이야기를 전했다. 반디니는 오래전부터 거장의 작품을 갖고 싶어했지만, 그가 너무 늙은 데다가, 산 피에트로 공사에 정신이 없었으므로 그 소망을 이루지 못하고 있었다. 반디니는 즉시 서둘렀다. 그는 안토니오에게 금화 2백 에퀴를 주고서, '인색한' 주인이 그에게 주었던 이 단편을 샀고, 미켈란젤로에게 칼카니가 그 군상을 끝마칠 수 있도록 재구성하게 해달라고 청했다.

이를 통해서, 노대가가 어린 티베리오를 끔찍이 아꼈음을 알 수 있다. 자신의 작품을 다른 이가 손대는 것을 극히 꺼렸고, 그 군상을 깨트려 조각낸 다음 하인에게 주었지만, 그는 반디니와 칼카니의 요구를 들어주었기 때문이다. 칼카니는 당시 스물다섯 살로, 미술적 소질을 충분히 입증하지도 못한 처지였다. 미켈란젤로가 풋내기에게 이런 신뢰를 보이다니 매우 드문 일이다.

그 조각난 덩어리들은 몬테 카발로에 있는 반디니 소유의 포도밭으로 옮겨졌고, 티베리오는 또 다른 제자, 다니엘레 다 볼테라를 보러 종종 이곳을 찾곤 했던 부오나로티의 조언을 받으면서 작업에 착수했다. 티베리오는 지금 우리가 보듯이, 이 시도에서 흡족한 솜씨를 보여주진 못했다. 최근의 연구 결과, 군상의 재구성은 좋지 않았고, 누구나 왼쪽에 자리 잡은 상이 현저하게 칼카니의 작품임을 알아볼 수 있으며, 미켈란젤로의 남성적인 정력은 전혀 드러나지 않는다.

절반은 실패했지만 부오나로티는 제자에게 화를 내지 않았고, 브루투스의 두상을 완성하도록 맡기기도 했다. 미켈란젤로가 피렌체 공작과 그 주민의 소청에 따라, 피렌체의 산 조반니 새 성당 공사를 돕기로 했을 때, 그는 그 건물 평면도의 밑그림을 칼카니에게 주어 완성하도록 했고, 자신의 지휘 하에 점토 모형을 만들도록 했다. 1560년에, 부오나로티는 칼카니를 피렌체로 보내, 소묘와 서신을 코시모 대공에게 전했다. 미켈란젤로의 이 조수에 대한 후의는 여기에서 그치지 않았다. 그의 요청으로 산타 피오라 추기경, 아스카니오 스포르차는 칼카니에게 산타 마리아 마지오레 예배당을 맡겼고, 그 자신은 죽음으로 그 완공을 지켜보지는 못했지만 기회가 있을 때마다 조언을 아끼지 않았다.

칼카니는—바사리와 타데오 추카리〔1529~1566, 화가〕는 그를 높이 평가한다—리오나르도 부오나로티와도 친했고, 그에게 종종 편지를 띄워 삼촌의 건강과 생활에 대한 소식을 전해주었다.

칼카니는 미켈란젤로의 임종을 지키지 못했다. 그러나 1564년 2월의 기록에서, 그는 그 영예로운 스승이 유산을 맡긴 증인들 사이에 포함돼 있었다.

티베리오의 고통은 대단했을 듯하다. 그는 유감스럽게도 자신이 배웠던 것에 대한 증언을 후대에 남기지 못했다. 그는 미켈란젤로보다 약간 더 살았기 때문이다. 그는 로마에서, 서른세 살에, 1565년 12월 7일 요절했다.

164
'바지 재단사'

「최후의 심판」에 그려진 나체에 도덕군자처럼 바지를 덧칠해 넣었기 때문에 이 수치스러운 별명을 얻었던 사람은 미켈란젤로의 제자로서, 스승을 진정으로 존경했고, 그의 은혜를 가장 많이 받았던 인물이다.

다니엘레 리차렐리 다 볼테라[1509~1566]는 1509년 볼테라에서 태어났다. 하지만, 1527년부터 줄곧 로마에서 살았다. 처음에 그는 피에로 델 바가의 제자 겸 조수였다. 그 뒤 부오나로티와 프라 바스티아노의 미술에 매혹된 그는 전자의 힘찬 소묘와 후자의 화려한 채색을 결합해보려고 그들을 찾았다. 그는 트리니타 데이 몬티 예배당에, 「십자가에서 내려서는 그리스도」를 그리면서 이런 유대의 구체적 성과를 보여주려 했다. 그는 이 작품 위쪽에 미켈란젤로를 인물로서 재현한 스투코 저부조를 빚어놓았다. 그 하나에서는 미켈란젤로가 프라 바스티아노와 함께 사악한 사티로스 무리를 쫓아낸다. 두 번째 부조에서는, 거울을 들여다보는 모습이다. 바사리는 이 모습이 "뜻하는 바는 아주 분명하다"라고 말한다. 그러나 반드시 분명하지만은 않다. 다니엘레는 거울처럼 반사되는 모습 속에서 미켈란젤로가 자신의 예술을 되찾을 수 있었다는 점을 이해하려고 했을까? 여기에 스승에게 늘 겸손하게 굴던 제자의 몫으로 아주 엉큼한 자만심이 껴들어 있을지 모른다.

몇 해 뒤 1553년 다니엘레가 트리니타 데이 몬티에 그려놓은 다른 그림에 대해 거장의 고견을 듣고 싶어 졸라댔을 때, 시간이 없다는 핑계로 미켈란젤로는 아무런 말도 하지 않으려고 했다. 다니엘레가 그토록 건방지게 그토록 영예로운 후원 아래에 자신의 작품을 내세우려고 했다고 생각했기 때문일까?

이런 오해가 빚어질 수 있었지만, 부오나로티는 죽을 때까지 어떤 식으로든 다니엘레를 도왔다. 1556년, 다니엘레가 토스카나를 찾아갔을 때, 그는 다니엘레를 바사리에게 적극적으로 추천했다. 1557년 5월 8일, 다니엘레는 피렌체에서 미켈란젤로에게 정중하면서도 애정에 넘치는 편지를 올렸다. 그는 특히 몬차 가에 있는 미켈란젤로의 집〔생가〕을 방문했다면서 "여기에서 로마에 와 있다는 느낌이 들었습니다"라고 했다. 피렌체에 오래 머무는 동안 그는 메디치가 묘의 석상을 점토로 모작하면서 공부하고 즐겼다.

1559년, 프랑스 왕비 카트린 드 메디치가, 바로 그해에 사망한 앙리 2세의 기마상을 세우려고 하면서, 로베르토 스트로치의 권유를 받아들여 그 일을 미켈란젤로에게 부탁하기로 했다. 그토록 중요하고 거창한 작품에 착수하기에는 산 피에트로의 공사에 매달린 노인으로서는 너무 버거웠다. 그래서 그는 이 프랑스 왕의 기마상을 다니엘레에게 맡기자고 제안했고―1558년에 로마로 돌아오고서 특히 조각에 열중했다. 다니엘레는 미켈란젤로의 밑그림과 충고를 받아가면서, 이 기념비적 작품의 작은 모형을 제작했는데, 스트로치는 이것에 크게 만족했고, 왕비는 제자의 솜씨가 미켈란젤로의 안목에 따른 것인 줄 알아보고서 흔쾌하게 그에게 작품을 주문했다. 그러나 다니엘레의 작업은 지체되었고 기마상의 말 부분만 완성되어 파리로 보냈는데, 그 말 위에 앙리 2세의 모습은 영원히 올리지 못했다. 훨씬 뒤에, 루이 13세를 올리기는 했지만 프랑스 대혁명의 와중에 파괴되었다.

다니엘레가 기마상을 청동 주물로 뜨는 동안에, 미켈란젤로의 청탁을 받은 피우스 4세는 바티칸 중앙 홀 그림도 일부 그에게 맡겼다.

당시 『갈라테아』의 저자인 조반니 델라 카사는 장식미술론을 집필 중이었고, 그의 부탁에 따라, 다니엘레는 나중에 미켈란젤로의 것으로 오해받게 되는 다윗 상을 점토로 빚어주었다. 미켈란젤로는 다니엘레를 신임했기 때문에 1563년, 난니 디 바초 비지오가 말썽을 부리던 무렵에 다니엘레를 산 피에트로 공사 감독에 임명하는 데에 동의했다.

거장의 말년에, 다니엘레는 마르첼 데코르비의 집에 가장 자주 드나들었고 거장의 조카 리오나르도에게 노인의 소식을 전하곤 했다. 1563년 7월 11일, 그는 리오나르도에게 미켈란젤로의 조카에 대한 입장을 전달하고 스승의 건강이 좋다는 소식도 전했다.

"그 나이의 사람치고는 아주 잘 지내십니다. 다리가 가끔 붓는 것 외에 달리 아픈 곳은 없지요."

1564년 6월 11일자 편지는 부오나로티의 임종 전후의 날을 이야기하고 있다.

거장의 사망은 다니엘레에게 너무나 애통했다. 그가 1564년 3월 17일에 바사리에게 부친 편지를 보자.

"요즘, 침통한 나날입니다. 귀한 조언도 받을 길이 없고, 따뜻한 정도 느낄 곳이 없습니다. 스승과 아버지 같은 분의 죽음이란 누구에게나 깊은 고통일 테지만 제가 느끼는 것에 비할 바는 못 됩니다. 정말 아픈 상처입니다."

다니엘레 리차렐리 다 볼테라는 미켈란젤로의 임종을 지킨 몇 안 되는 사람 중 하나였고, 마르첼 데코르비의 자택에서 유산을 정리하는 증인이기도 했다.

그러나 그에게 심한 고통이던 거장이 사망하던 바로 그날, 그로서는 더욱 우울한 일을 맡았다. 미켈란젤로가 숨을 거두기 전이었던 1564년, 공의회 의장단은 트렌토 공의회의 칙령을 준수하고자, 「최후의 심판」의 추문을 일으킨 나체상을 덮어버리기로 의결했다. 미켈란젤로 본인은 이런 의결을 전혀 모르고 있었을 터였고, 심지어 다니엘레에게 음모陰毛로 덮인 수줍은 부분을 천으로 덮어 그리는 일을 맡겼다는 사실조차도 듣지 못했을 것이다.

다니엘레는 존경하는 스승을 모독하게 될 이런 작업을 마지못해 받아들였을 법하다. 그러나 미켈란젤로가 사망하고 나서일 듯한데, 그는 동시대인과 차세대인이 그다지 즐겁지 못한 이름인 '바지 재단사'라는 별명을 듣게 될 꺼림칙한 일을 하게 되고 말았다. 물론 온 힘을 다해 이 걸작을 존중하고 보존하려는 뜻에서 불순한 의도를 지닌 자나 거장과 무관한 사람이 아니라 그가 아끼던 제자에게 이 일을 맡겼다고들 한다.

다니엘레는 이 수치스럽고 힘겨운 사명을 조심스레 시작했다. 그리고 1566년 4월 4일에 마무리 지을 수 있었다. 미켈란젤로가 사망한 지 2년 뒤의 일이며, 그 자신 또한 젊은 나이로 숨을 거두었다. 미켈란젤로 사후의 불명예를 가져온 이와 같은 회한 때문에 이 성실한 제자가 때 이르게 사망하게 되었을 수도 있을 것이다. 어쨌든, 그는 이 치욕스러운 별명을 떨쳐버리지 못했다.

그런데 다니엘레는 이런 하느님을 모욕하는 개작 때문에 자신이 거장과 결부되기를 바라지는 않았다. 그는 리오나르도 부오나로티와 이 사라진 거장의 흉상 2점을 제작하기로 계약을 맺었다. 그는 이 흉상을 모형을 준비하지 않고서 직접 제작했는데, 이는 분명히 지금까지 전해지는 것으로는 늙은 미켈란젤로의 가장 충실한 이미지이다. 여기에서 그의 자부심에 넘치는 근엄한 인상을 찾아볼 수 있다.

다니엘레는 위대하거나 독창적인 예술가는 못 되었다. 그림에서도 조각에서도 그는 거장의 천재성과는 현저한 차이를 보였다. 그렇지만 거장은 그를 진정으로 사랑했다. 그의 정겨운 배려가 무색하지 않았던 그런 존중심으로….

165
암마난티

피렌체 조각가이자 건축가 바르톨로메오 암마난티는 애당초 절도범으로서 미켈란젤로의 삶과 연루되었다.

피렌체 함락에 뒤이은 1530년 혼란기에, 그의 유명한 보호자는 자신의 집이 적의 수중에 들어가 있는 동안 피신해야 했다. 청년 미술가 암마난티와 난니 디 바초 바지오는 그의 부재와 시중이 어지러운 때를 틈타, 작은 약탈물을 빼냈다. 그들은 미켈란젤로의 제자이자 '총아寵兒'인 안토니오 미니의 집으로 들어가, 거장의 소묘가 들어 있는 종이뭉치를 훔쳤다. 암마난티는 난니와 나란히 '8인 집정부'에 고발되었고, 모든 소묘를 되돌려주어야 했다. 그들은 절도범으로 유죄형을 받을 수도 있었다. 부오나로티는 친구 조반니 노르키아티—몬토르솔리의 삼촌이다—의 중재로 이에 반대했다.

여러 해가 흐르고 나서 1553년에 율리우스 3세는 몬토리오 소재의 산 피에트로 성당에 자기 조상, 안토니오와 파비아노 델 몬테의 묘를 지으려 생각하고서, 미켈란젤로와 바사리에게 그 일을 맡기려 했다. 그러나 바사리는 이 두 점의 대리석상을 암마난티에게 맡기자고 거장에 게 제안했다. 우선 미켈란젤로는 그 이름을 듣고는 과거의 비행이 떠올 라 반기지 않았다. 바사리는 웃으면서 그에게 이렇게 말했다.

"그 친구는 그런 비난에 어울리지 않을 듯합니다. 가치를 찾는 자들 을 아껴야 하고, 그들에게 보상해야 합니다. 그들을 단순히 타인의 돈 이나 귀중품을 훔치는 절도범 취급을 해서는 곤란합니다.—이런 농담 으로 일은 마무리되었다."

미켈란젤로는 그를 용서했지만 잊지는 않았다. 그는 자신이 어렸을 때, 기를란다요의 데생을 훔치고 싶었던 기억이 떠올랐을 것이다. 그래 서 그는 그와 같은 행각을 예술에 대한 사랑 때문에 저질렀을 것으로 이해하고서, 선한 기독교도로서 악을 선으로 갚고자 했으며, 결국 이 두 대리석상을 암마난티에게 맡기기로 했다. 비록 사소한 일화이지만, 이는 미켈란젤로의 선행을 다시금 입증한다. 언급할 만한 것이다. 어쨌 든 미켈란젤로는 암마난티와 난니의 음모와 결코 화해하지는 않았지 만, 이는 이렇게 앞에서 우리가 보았던 이유 때문이었지 옛일에 대한 원한 때문은 아니다.

부오나로티는 이렇게 우여곡절 끝에 암마난티를 알게 되어 그를 평 가하고 아꼈다. 1550년에 암마난티와 혼인한 처녀도 이런 우정을 모르 지 않았을 듯하다. 그녀는 우르비노 출신의 라우라 바티페로라는 훌륭 한 시인으로, 미켈란젤로를 예찬했다. 그 또한 다시 시를 짓기 시작했 으며, 자신이 시인 비토리아 콜론나의 친구였음을 잊지 않았다.

암마난티에게 부오나로티가 보여준 중요한 평가는 1555년 산 피에 트로 공사 건에 대해 이야기하는 편지에 들어 있다. 브라만테의 초안에 대해 칭송하고 있는, 그가 상당히 길게 예술에 대해 논한 드문 편지에 들어 있다.

이 편지는 "바르톨로메오 군, 내 소중한 친구"로 시작되어, 교황에게 자신의 생각을 이해하도록 하면서 경의를 전해달라는 요구로 끝난다.

"자네가 이 문제를 교황께 이해시킬 수 있다면, 대단히 기쁠 테지. 내 건강이 좋지 않은 듯하니 말일세."

건강이 좋지 않다는 것이 이렇게 중요한 일에 암마난티를 선택하게 했던 유일한 이유는 아닐 것이다. 당시 교황 파울루스 4세는 이전 교황과 다르게, 미켈란젤로에게 그다지 호의를 표하지 않았다. 어쨌든, 이 편지는 암마난티의 판단을 신뢰했으며 그의 외교적 수완도 높이 평가했다.

바로 이해 1555년에 암마난티가 코시모 대공에게 봉사하고자 피렌체에 정착했을 때, 그의 미켈란젤로와의 우정은 거리가 멀다고 소원해지지 않았다. 1558년 10월 10일, 암마난티는 자신이 미네르바 성당에 세워야 하는 묘의 초안에 대해 결정을 해달라고 조르기 위해 편지를 썼다.

암마난티는 코시모 대공과 미켈란젤로 사이에서 산 로렌초 도서관의 완공을 위한 중재역도 맡았다. 참을성이 많은 거장은 1558년 11월 16일, 조카 리오나르도에게 도서관 계단을 위한 모형을 보내니 그것을 암마난티에게 전해주라고 편지를 썼다. 암마난티는 1559년 1월 28일자로, 이 모형의 공개식에 참석하고 나서 그에 대해 열렬한 어조로 고하고 있다.

"천 년에 한 번 있을까 말까 할 기쁨으로 그것을 보았습니다. 이런 것을 받는다는 것은 저로서도 무한한 영광입니다."

1560년 암마난티는 시뇨리아 광장에 세울 해신, 넵투누스의 분수 공모에 도전했다. 여기에는 첼리니, 잠 볼로냐, 단티도 응모했다. 그는 즉시 해신의 도안을 그려서 바사리 편으로 미켈란젤로에게 전했다. 그리고 그의 고견을 묻는 편지도 동봉했다. 초안은 미켈란젤로의 마음에 그럭저럭 들었던 듯하다. 그가 암마난티를 작가로 추천했기 때문이다. 이즈음, 조각가 레오네 레오니가 로마에 들렀다. 그는 밀라노로 돌아가는 길에 피렌체에 들르게 마련이었고 미켈란젤로는 시뇨리아 광장에 새로 세울 거상을 위한 공모 소식을 자신에게 전해달라고 부탁했다. 그가 관심을 가졌던 데에는 상당한 이유가 있었다. 자신의 다윗 상 곁에, 일찍이 반디넬리의 끔찍한 「헤라클레스」가 들어섰었고 이 세 번째 거상이 자신의 영웅에 모욕이 되지 않기를 바랐기 때문이었다.

레오니는 1560년 10월 14일 피렌체에서 편지를 쓰면서, 넵투누스 상에 쓸 대리석이 이미 암마난티의 공방에 도착했다고 전할 수 있었다.

"암마난티가 주문을 따냈다고 합니다. 하지만, 그를 만나지는 못했습니다."

1561년 4월 5일에 미켈란젤로에게 쓴 편지에서 암마난티는 넵투누스의 작업에 대한 기별을 전하고 있다.

"한숨 돌릴 겨를도 없어 걱정 속에 작업하고 있습니다."

한편, 미켈란젤로는 암마난티의 색시 라우라가 자신에게 약속했던 시를 읽고 싶어했다. 그 시편들은 1560년에 출간되어 당시의 문단에서 큰 호평을 받았고, 라우라는 사포[고대 그리스의 여류 시인]에 비교될 정도였다. 바르톨로메오는 이렇게 썼다.

"마누라의 책을 선생님께 약속했던 대로 진작 보내드리지 못했습니다. 그녀가 영적인 주제로 다른 시를 더 쓸 때까지 기다렸지요. 물론 써냈습니다. 선생님과 다른 분들의 마음에 들었으면 합니다."

미켈란젤로에게 헌정했던 라우라 부인의 영적인 시편이 무엇인지는 알 수 없다. 그 뒤로 출간된 적이 없기 때문이다.

어쨌든, 말년에 미켈란젤로는 항상 암마난티에게 호의를 보여주었고 암마난티도 1559년 2월 18일에 코시모 대공에게 편지를 쓰면서, 스승이 자신에게 "모든 정을 보여주십니다"라고 했다.

암마난티는 부오나로티의 장례를 위해서도 애썼다. 이는 나중에 보게 될 것이다. 그 상황에서, 그는 떠나버린 스승을 칭송하는 시 한 수를 미켈레 카르리에게 부쳤다. 그 또한 부인에게서 시 쓰는 병에 감염되었던 듯하다.

미켈란젤로가 사망하고 여러 해 뒤까지 그는 항상 존경하던 스승을 깊이 그리워했다. 1582년 8월 22일, 데생 아카데미 회원들에게 편지를 쓰면서, 다시 한 번 자신의 충직함을 확신하는 문장을 끼워넣었다.

"미켈란젤로 부오나로티께서 어느 날 제게 하신 말씀이 생각납니다. 인체를 아름답고 건강하게 표현한 것은 선량한 기독교도라고."

166
미켈란젤로를 원하던 코시모 대공

조반니 달레 반데 네레의 아들은 청년 시절 미켈란젤로를 만날 기회가 없었다. 항상 베네치아에서 살았고 아니면 알레산드로 공작 곁에서 별장들을 오가며 살았기 때문이다. 그러나 1537년 열여덟 살에 그는 피렌체 공작이 되었고, 영민했던 만큼 즉시 예술을 장려하고 예술가를 후원하는 것이 대단히 유리하다는 점을 깨달았다. 가문〔메디치〕의 전통을 충실히 이어가고 자신의 영예와 정부의 인기를 다지려고 말이다.

코시모 대공 자신은 예술에 대한 세련된 취미도 진정한 열의도 없었다. 그의 교양은 미미했고 기껏해야 통치술을 다듬고자 살루스티우스, 탁시투스, 마키아벨리, 구치아르디니 등의 저서를 읽었을 뿐이다.

그럼에도 자신이 사실상 군주라는 것을 느끼게 되면서부터 그는 예술에 관심을 두게 되었고, 반디넬리, 코넬리, 트리볼로, 암마난티, 부온탈렌티, 그리고 특히 그의 예술 각료 격이던 바사리에게 도움을 청했다. 물론 그는 당대의 가장 거물 예술가로서 미켈란젤로를 생각하지 않을 수 없었고, 그에게 피렌체로 돌아와달라고 청했다. 미켈란젤로는 작가 초년 시절부터 코시모 대공의 조상이며 전임자의 도움을 받지 않았던가. 또 메디치 가문의 교황들을 위해 일했으니, 젊은 공작은 이 명장이 메디치의 그늘 안에서 그 이력을 마무리 지었으면 하고 바랐을 것이다. 코시모 공작은 주변에 늙은 공화주의자들을 그러모았고, 이 공화국 수호의 장로들을 공작의 궁정에 등장시킬 수 있다면 이는 대단히 위세를 보일 수 있는 호재였을 것이다. 그 밖에도 그는 산 로렌초 성당의 도서관과 제의실을 완공해야 했고, 코시모 공작은 미켈란젤로의 도안과 조언 없이 그것을 이루기 어렵다는 점을 이해하고 있었다.

능란한 코시모 공작이 미켈란젤로를 피렌체로 귀향시키려고 고집했던 진짜 이유는—정치적이며 왕정을 위한—바사리가 충신으로서, 공작이 부오나로티 개인의 천재성에 대한 '온후하며' 각별한 애정 때문이라고 생각하게 했던 것이 아니었다.

1546년—코시모 공작은 겨우 스물여섯이었지만 이미 집권 9년째를 맞이하고 있었다—토르나부오니 주교가 G. F. 로티니에게 부친 서한 속에서, 공작이 미켈란젤로의 귀향을 열망하고 있으며, 또 만약 그가 돌아온다면 8인 집정위원회 위원 자리를 주겠노라고 할 만큼 그의 욕심을 입증하는 첫 번째 기록을 본다. 로티니는 코시모 공작이 로마에 파견한 사신이었지만 우리가 보았다시피, 미켈란젤로는 그를 무시했고 그는 거부의 답을 들었을 뿐이다. 몇 개월 뒤에 거장은 산 피에트로 공사 책임을 수락했기 때문이다.

1552년, 코시모는 새로운 시도를 했다. 이번에 그는 예술가를 대사로 파견한다는 최상의 비책을 세웠다. 벤베누토 첼리니는 미켈란젤로에게 공작을 대신해서 아첨하는 제안을 내놓게 했지만, 어떤 답변도 들지 못했다. 그렇게 되자 그는 직접 로마로 달려가 스승이라고 치켜세우며, 군주의 약속을 육성으로 전하며 호소했으나, 벤베누토는 실망한 채 돌아가야 했다. 이는 앞에서 보았던 대로이다.

1554년 바사리는 코시모의 특명을 받아, 한 번 더 이 망명객을 귀환시키려 했다. 9월 20일에 미켈란젤로에게 그는 이렇게 편지를 썼다.

"공작은 오직 선생님과 대화를 나누고 조언을 듣고 싶어하십니다. 어려운 일을 맡기시려는 것도 아닙니다. 그러나 선생님께서는 폐하께서 베푸실 수많은 호의를 가족에게 돌릴 수 있을 테지요…."

소득이 없었다. 이번에도 미켈란젤로는 로마를 떠나 산 피에트로를 포기하라는 데에 넘어가지 않았다. 1556년 1월 30일, 공작의 비서 마리노티는 미켈란젤로에게 초대장을 보냈지만, 같은 해 부오나로티는 바사리에게 부친 편지에서 로마에 남아 있어야 할 사정을 설명했다.

어쨌든, 고집이 대단했던 코시모는 자기 의사를 접지 않고서 1557년 5월 8일, 직접 미켈란젤로에게 서한을 보냈다.

"현재의 사정이나 동지들의 관계가 선생께서 피렌체 여행을 하신다는 생각에 전적으로 어긋나지는 않는 만큼, 오랜 세월이 지나고 나서 선생의 조국과 재산을 한번쯤 볼 수 있도록 한다면 이는 우리로서 큰 즐거움이요 그토록 바라 마지않던 것이며, 이렇게 우리가 선생께 권하고 청해야 할 의무를 우리의 진심으로 권하고 청하는바, 우리가 커다란 즐거움으로 선생을 환대하리니 마음을 놓으십시오. 우리가 선생께 어떤 일로 짐을 지게 하지 않을까 염려하지 마시길 바랍니다. 선생의 연로함과 그 특출한 능력을 지극히 존중하는 만큼…. 그러니 편안하게 오시고, 머물고 싶은 만큼 마음 내키는 대로 시간을 보내실 줄 아시면 됩니다. 여기에서 선생을 뵙기만 하면 되고, 우리의 즐거움은 선생을 영접하고 편히 쉬게 해드릴수록 더 클 것이고, 우리는 선생께 명예와 행복을 어떻게 돌려드려야 하나 심려하고 있습니다."

이 편지는 정답고 특히 능란하다. 코시모 공작은 피렌체의 일시 체류도 좋으며 다시 돌아가는 것과 영예와 휴식과 자유를 보장하겠다고 하기 때문이다. 같은 달에, 미켈란젤로는 "공작 각하"께 정중한 서신을 올렸지만 어떤 식으로도 코시모가 표했던 것과 같은 감정을 보이지는 않았다. 건조하고 늑장을 부리는 답변이었다. 그는 로마를 떠날 수 없다고 했다.

"저는 그 어느 때보다 더 공사 현장 일 때문에 지쳐 있습니다."

그는 일 년쯤 자유를 원했고 피렌체로 돌아가 묻히기를 원했다. 그는 자신이 전달하게 했고 직접 썼음에도 또다시 초대장이 날아드는 데에 놀랐고, 그 행간에서 공작의 고집이 그를 지겹게 했음을 알 수 있다. 1557년 5월에 그는 바사리에게 편지를 내어, 산 피에트로를 떠날 수도 떠나고 싶지도 않다고 밝히고서, 로마에 할 일도 많을 뿐 아니라 심각한 불편이 없는 한 그곳을 포기할 수는 없다면서, 자신이 늙고 지치고, 병들었다고 강조했다. 이런 이유는 진실이지만, 부오나로티는 늘 해방을 원하고 꿈꾸었던 조국에서 메디치의 집권 아래에 살고 싶지 않다는 반감을 침묵으로 강하게 드러냈다. 공작이 파견한 대사의 위신에도, 그는 알레산드로의 이 후계자를 별로 좋아하지 않았다. 1558년 그가 조카에게 피렌체로 돌아가고 싶다는 심경을 전했지만, 그러나 어쩌다 한 말일 뿐이다. 요컨대 코시모 공작의 모든 아첨하는 제안과 그의 특사들은 모두 허사였다.

그로부터 2년 뒤 1559년 11월 1일, 미켈란젤로는 코시모 공작에게 새롭게 편지를 냈지만 피렌체 귀향에 대해서는 일체 언질하지 않았다. 그는 오직 피렌체의 산 조반니 성당을 위한 초안만 말하고서 그것을 코시모에게 보내어 그가 채택하도록 했다.

코시모 공작은 계속해서 완강한 거장을 달래보도록 바사리에게 부탁했고, 이 아레초 미술가는 로마로 찾아가 있는 힘을 다해보려 했다. 그는 1560년 4월에 코시모 공작에게 올린 편지에서 미켈란젤로와 대담했다고 전했다.

"도착하자마자 존경하는 미켈란젤로를 찾았습니다. (…) 하지만, 공의 뜻을 전할 때마다 그분은 정색을 하고 그렇게 하는 만큼, 그의 능력을 각하께 봉사하도록 할 수 없어 유감입니다. 그가 각하께 여러 해 동안 봉사할 만한 입장이 못 되었던 만큼 제가 그분의 자리를 대신해왔다며 주님께 감사하고 있습니다. 그는 제가 적격이라고 평가하면서, 저를 사랑하고 아들처럼 여기신다면서."

그는 부오나로티 편에 그 밖의 감사의 인사도 전했으나, 바사리가 이런 식의 미켈란젤로의 서임을 통해 공에게 자신의 주가를 높여보려고 했음은 너무나 뻔하다. 미켈란젤로가 정말 그렇게 말했다고 한다면, 이는 여든다섯 노인의 피곤함에서 나온 순진한 유약함의 증거일 **뿐**이다. 같은 해 1560년에, 공작은 부인 엘레모노라 디 톨레도를 대동하고서 로마로 행차해 미켈란젤로를 만나려 했다.

사람들이 전하는 바에 따르면, 두 사람은 피렌체에서 얼마 전 **완성된** 예술적인 사업을 주제로 오래 덕담을 나누었다는데, 아마 넵투누스 분수와 산타 트리니타 다리에 관한 것이었을 듯하다. 코시모는 이 경외하는 노인에게 군주의 예를 다 갖추어 대했으며, 만년을 고향에서 보내도록 재차 초대했을 법하다. 이것이 산 미니아토의 수호자와 피렌체 군주의 단 한 번의 만남이었다.

그 이듬해 1561년 10월, 젊은 프란체스코 공작이 스무 살의 나이로 로마의 대사로 파견되어 미켈란젤로를 만나보도록 했던 부친의 희망을 전하면서 경의를 표했다. 나중에 보게 되겠지만, 프란체스코는 **방탕하** 고 사악한 청년으로, 무식한 데다가 그 아버지의 성화에 떠밀려 거장을 만나기는 했지만 정신을 차리기보다는 지겨워했을 것이다.

이제 코시모 공작은 부오나로티를 피렌체로 끌어들이려는 모든 희망을 잃었다. 거듭된 좌절에도, 그는 앙심을 품지는 않았고 칭송을 그치지 않았으며, 종종 중상받은 그의 성격과 지혜를 명예롭게 했다. 그 증거로는 1562년 난니 디 바초 바지오가 교황에게 산 피에트로 건축가로서 미켈란젤로의 후임이 되도록 힘 써달라고 그의 지지를 청탁했을 때, 공작은 이렇게 답했다.

"그와 같은 처신은 결코 하지 않을 것이다. 미켈란젤로가 살아 있지 않던가. 그의 장점을 모욕한다는 인상을 줄 터이고, 그에 대한 우리의 애정을 그르칠지 모르니 말이요."

미켈란젤로가 사망하고 피렌체로 시신이 옮겨졌을 때, 공작은 장례식, 묘소 할 것 없이 모든 수단을 다해 아카데미를 동원했고, 아카데미 회원들에게 서신을 보내 그들이 정성을 다해야 다행스러울 것이라고 말했다.

"우리가 미켈란젤로 부오나로티의 귀중한 자질에 보내는 애정이 얼마나 큰지."

그는 이와 같은 내용을 바르키에게도 전하면서, 그에게 장례를 위한 추도사를 맡도록 했다. 그러나 1564년 7월 14일, 그는 산 로렌초로 이 추도사를 들으러 오지는 않았고 대신 바사리가 전한 보고에 만족했다. 이런 불참은 미켈란젤로의 반복된 거절에 대한 그의 유일한 복수가 아니었을까.

167
안니발 카로, 미켈란젤로의 변호인

1545년 2월, 산 피에트로 인 빈콜리 성당에서 율리우스 2세의 추모비가 세워지고 미켈란젤로는 그토록 긴 세월 자신을 괴롭히던 '영묘의 비극'이 마침내 종막에 다다르기를 바랄 수 있게 되었다. 그런데 비극은 몇 해를 더 끌게 된다. 율리우스 2세의 조카, 우르비노 공작, 귀도발도 델라 로베레가 어떤 요구인지는 불확실하지만, 마치 거장이 저 무시무시한 교황의 상속인에게 갚아야 할 것이 있었다는 듯이 부오나로티를 위협했기 때문이다.

다른 사정 때문에도 늘 근심과 회한에 시달리던 이 조각가는 홀로 방어에 나서야 했다. 이제—1553년 당시—그는 일흔여덟의 노인으로서 친구 안니발 카로 ●에게 자신의 방어를 맡겼다. 저명한 문인 안니발 카

● 1507~1566, 시인이자 라틴어 번역가. 본문에서 말하는 『시편』은 1569년에 펴낸 것이다. 특히 비르길리우스 서사시 『아이네아스』의 번역은 기념비적이며, 최근 탄생 5백주년을 맞아 재평가가 한창이다.

로는 미켈란젤로의 인생에서, 그의 이름이 대체로 빠진 통상적 전기에서 드러나지 않는 가장 중요한 역할을 해냈다. 바로 이 사람이 젊은 아스카니오 콘디비를 그에게 소개해준 장본인이자, 자기가 뒤를 보아주는 이 청년이 쓴 『전기』를 교정해주었다. 카로는 법학박사는 아니지만, 그토록 유명하고 끝이 없던 묘소의 사건과 관련해서, 율리우스 2세의 조카에 맞서 미켈란젤로를 헌신적으로 능란하게 옹호한 뛰어난 변호인이었다.

결말을 보지 못한 채로 6년이 지난 1553년에, 귀도발도 델라 로베레 공작은 알다시피 미켈란젤로에게 이를 갈고 있었다. 안니발 카로는 1547년부터, 알레산드로 파르네세 추기경의 비서로 일해왔고, 따라서 미켈란젤로에게 우호적이었던 교회재산 관리위원회의 고위공직계에 속해 있었으며, 1553년 8월 20일 붓을 들어 빼어난 문체로 우르비노 공작의 비서 안토니오 갈로에게 서한을 보냈다. 이 편지에서 그는 자기 주군과 이 거장을 중재해달라면서, 주군이 선의로써 이 늙고 영예로운 예술가를 용서하도록 해달라고 간청했다. 카로는 청년 시절부터 고위 성직자와 군주의 비서로 일해왔다. 이에 따라 자신의 업무에 정통했던 그가, 얼마나 능숙하고 점잖은 추론을 동원하여 공작의 분노를 가라앉히고 물리치려 노력했는지 알아야 한다. 그는 갈로에게 콘디비의 『전기』를 한 권 보내면서, 미켈란젤로가 정당하다는 점을 이해시키려 했고 그를 우리와 마찬가지 인간이라는 점을 증명하려 했다. 자서전에 가까운 이 책에서—그렇게 하면서도 그는 미켈란젤로가 잘못을 저질렀을 수도 있음을 인정한다. 그는 이렇게 말을 이어갔다.

"저로서는 그 원인을 오로지 정의에 기대지만은 않겠습니다. 엄격히 말하자면, 상당수 그에 반하는 것도 있다고 할 수 있기 때문입니다. (그도 그렇게 고백했듯이) 저도 한편으로는 그의 잘못을 인정하는 편입니다. 교황께서 그렇게 할 수 없도록 장애가 되기는 했지만 이 작품을 제작할 의무에도, 다른 주문을 수용했던 잘못 말입니다. 그분께 부탁하고 싶은 점은 이러한 잘못에 대한 용서와 인간 세상에서 위대한 분께서 종종 그렇게 하듯이 미켈란젤로라는 희귀한 장점을 지닌 사람에게도 관대함을 베푸셔서 그분에 대한 애정을 보여주셨으면 하는 바입니다."

이 용서를 구하려고 안니발 카로는 자비와 허무의 감정에 호소했다. 그는 미켈란젤로라는 사람이 모든 이에게 소중하다고 주장하면서도, 이 거장은 "각하의 노여움을 살까봐 괴로워하고 있어, 일찍 죽게 되지나 않을까 걱정입니다"라고 밝혔다. 그러니 귀도발도는 만약 자신의 실수로 미켈란젤로가 이 새로운 시련을 겪고 나서 제 명을 다하지 못하고 죽는다면 세상이 자신에게 물을 책임을 생각하지 않을 수 없었다.

그는 내친김에 거장이 공작의 신하로 봉사하고 싶다는 뜻이 있다고 덧붙인다. 다시 말해서 자신의 말년을 우르비노에서 보내고 싶다고. 이는 오래전부터 바라던 바였다면서.—이는 공작에게도 명예로운 일일 것이다. 그에게 잘하면 이 거장의 작품을 다시금 손에 넣을 희망도 생길 테니까.

갈로의 답변이 어떠했는지는 알 수 없다. 그렇지만 같은 해 11월 17일에 카로가 그에게 부친 두 번째 편지에서, 변호인으로서 귀도발도에게 대의를 빌었던 이 위대한 문인의 논조는 설득력이 있었다. 이번에 카로는 이제 거의 용서받은, 비난받는 사람의 이름으로 썼다.

"미켈란젤로는 선생께서 공작 각하 곁에서 그를 방어해야 했던 어려움에 대해 크게 빚을 졌나이다. 그는 서한을 쓰는 습관이 없는 만큼, 그를 대신하여 선생께 감사하려 합니다. 앞으로도 그를 옹호해주십사 하고… 이 꽤 늙은 이를 위로할 수 있도록…."

미켈란젤로의 위대함과 우르비노 공작의 형편없는 수준을 아는 우리로서 이 비굴한 애원은 안타깝기만 하다. 카로는 분명히 탁월한 서한문을 쓸 줄 알았으며, 비르길리우스와 또 소피시트, 롱구스의 아주 훌륭한 번역자였다. 그는 머지않아 카스텔베트로에 맞서는 『변론』에서 세련된 논객이 되겠지만 그래도 우리는 미켈란젤로를 '꽤 늙은이'라고 지칭한 말은 듣기에 거북하다. "피케이데●"의 변태적이고 초라한 표현으로서….

미켈란젤로는 율리우스 2세의 묘소에 걸작 「모세」를 세웠다. 이 작품 한 점만으로도 델라 로베레 가문이 그에게 주었던 것을 훨씬 능가하는 수천 에퀴의 가치가 나간다. 그런데 갈로에게 부친 이 두 번째 편지에서 이런 사실을 알 수 있다. 즉, 용서를 빌었음에도 귀도발도는 완전히 만족하지 못하고서 자신의 관용을 대가로 이 늙은 예술가가 직접 제작한

● 풍자적이며 번역하기 어려운 시.

작품을 내놓으라고 요구했다. 미켈란젤로의 대변인으로서 카로는 이 새로운 주장을 무시하려고 극도로 신중한 세련됨으로 그를 방어한다.

"그의 손으로 신작을 만들어야 한다면, 과거의 의무 때문에 그토록 낭패를 보았던 그였기에, 그는 그와 같은 계약을 맺기에 정말이지 난처할 듯합니다. 게다가 그토록 나약해진 체력으로 계약하기를 극히 꺼리므로, 그는 자신의 사정에 완전히 거슬리는 그 같은 처신에 동의하지 않을 것입니다. 그는 자신에게 그러한 의무를 부과하실 각하와 그 은총을 전적으로 따르려는 입장이 분명하지만, 자신의 나이가 허락할 모든 것을 덜어버릴 수 없을 터이므로, 아무쪼록 제 뜻은 자유롭게, 각하께서 선의로써 제안하신 것으로 충분하지 않을까 합니다…. 이렇게 말씀드리는 것은 제가 아는 한, 그의 성격과 이 문제에 관한 그의 겸손을 알고 있기 때문입니다…."

그는 이렇게 다시금, 갈로에게 미켈란젤로가 우르비노에 정착하고 싶어한다는 점을 상기시켰다.

공작은 이런 모호한 약속에 만족했던 듯하다. 왜냐하면 카로의 다른 청원의 기록이 없을뿐더러, 미켈란젤로가 귀도발도에게 아무것도 보내지 않고서 로마에서 죽는 날까지 살았기 때문이다. 어쨌든 이 저명한 변호인의 고객이 사망했을 때, 카로는 당시 지은 것 가운데 가장 의미가 화려하게 함축된 아름다운 묘비명을 썼다.

나는 그리며 내 그림은 진실과 동등하네,

나는 그것에 형태를 주었고, 생명과 운동을 주었네,
나는 그것에 감정을 주었네. 부오나로티가
오직 나를 통해서만
다른 모든 이에게 가르쳐준 대로

평범한 시를 많이 남긴 『시편』의 저자는 이런 상황에 고취되어, 위대
한 천재의 예술을 통해서 그 자신을 능가할 수 있었던 것이다.

168
성 이냐스 드 로욜라

1538년, 성 이냐스가 자신의 첫 번째 추종자들을 거느리고 교황의 교회에 봉사하려고 로마에 왔을 때, 그는 캄피돌리오 부근의 산타 마리아 델라 스트라다라는 작은 성당을 받았다. 이곳에 그는 나중에 산탄드레 델라 프라타 성당을 덧붙였다. 어쨌든 최초의 예수회가 로마에서 펼친 활동은 아주 빠르게 퍼져, 특히 1544년에 파울루스 3세는 그것을 승인하기에 이르고, 1550년에 율리우스 3세는 그 총회당과 동시에 대성당의 신축 계획을 인가했다. 바로 그 신성당이 훗날의 '일 제수[예수]' 성당이다. 피렌체 출신 난니 디 바초 비지오가 설계를 맡았고, 중년기까지도 주로 조각가로 활동했던 그는—그는 산타 마리아 소프라 미네르바의 묘에 클레멘스 7세의 상을 세웠다—나중에 안토니오 다 상갈로 2세에 고무되어 건축에 전념하게 되었으나, 이 분야에서도 여전히 다른 예술에서와 마찬가지로 평범한 수준을 보여주었다. 난니는 평면도를 그렸지만, 여러 가지 사정으로, 그렇게 빨리 끝내지 못했다. 1554년 거부巨富 바르톨로메오 델라 쿠에바 추기경이 예수회 후견인으로서,

자신의 비용으로 새 성당을 지으려는 계약을 맺으면서, 그는 난니의 설계안을 물리쳤고—그의 장엄 취미로 미루어 너무나 소박하고 초라해 보였던 듯하다—, 당시 이탈리아에 생존 작가로서는 최고봉이었던 미켈란젤로에게 맡길 생각을 했다.

여든넷이라는 고령에, 산 피에트로 공사에 매진하고 있었지만 미켈란젤로는 이 추기경의 초대를 물리치지 못하고서, 이 새 교단의 창시자가 예수에게 바치려 했던 장엄한 성전의 초안을 열성으로 그려나갔다.

예수회 신부들은 여기에 크게 기뻐했고 즉시 사방으로 이 반가운 소식을 전했다. 1554년 6월 10일, 성 이냐스의 충직한 비서 폴랑코는 살메론에게 이렇게 썼다.

"우리 성당에 관한 한 조각가인 거장 미켈란젤로께서 현장을 답사하고 모형을 만들겠노라고 하셨소. 이제 머지않아 하느님의 가호로 착공되겠지요."

폴랑코는 6월 15일에 똑같은 소식을 나달에게도 전했다.

"결국, 건축가로 미켈란젤로를 지명했습니다. 비록 지금은 연로하다고 하나 이 나라에서 당대 최고의 거장 아닙니까."

살메론은 6월 21일에 다시 한 번 나달에게 이 소식을 전했다.

성 이냐스 자신도 부오나로티가 이 일을 맡았다는 것을 알고서 만족했고 디에고 우르타도 데 멘도사에게 1554년 7월 21일 편지를 썼다.

"성당은 이제 큰 진보를 이룰 것입니다…. 여기에서 가장 유명한 인물이 그 일을 맡았는데, 미켈란젤로라고 합니다(이 사람은 산 피에트로도 맡고 있다오). 그는 이 일을 오직 헌신적 신심으로 맡고 있고 어떤 보수도 받지 않고 있습니다."

이 위대한 성자의 마지막 구절에서 늙은 미켈란젤로의 자애와 애덕의 증거를 목격한다. "어떤 보수도 받지 않고 오직 헌신적 신심으로…"라고. 거장은 성 이냐스에게도 일에 대한 보수를 바라지 않는다고 말했다. 이것도 하느님에 대한 사랑으로서 성취하려 했다.

이 무렵, 미켈란젤로는 이냐스 드 로욜라를 만날 기회가 있었을 것이고 그와 함께 대화도 나누었을 것이다. 이 두 거물이 무슨 화제를 나누었을까? 그리스도와 죽음에 대한 생각에 꽉 차 있던 팔십대의 피렌체 노인은 하느님이 지고의 영광을 위한 열정과 신념에 불타는 과거 바스크 지방의 기사에게 어떤 인상을 주었을까?

두 사람은 서로 달랐고 어떤 점에서는 정반대였다. 한 사람은 상업도시 부르주아지 출신이었고, 신플라톤주의를 숭배하는 학교에서 성장해 미에 봉사하고 있었다. 반면 다른 한 사람은 여전히 중세적 정신에 물든 지방인 귀푸스코아의 군벌 출신으로, 그 고장에서는 기사의 무용담과 성자의 삶을 기록한 『아마디스』*와 『성인전』이 가톨릭 왕과 천국의 여왕에 충성을 바치려는 전사들의 열렬한 상상 속에 녹아들어 있었다.

• 1508년 가르시 로드리게스 데 몬탈보가 발표한 무용담의 이본이다.

그러나 부오나로티와 로욜라는 다른 점에서 그렇게 보일 법한 모습과 다르게 아주 비슷했다. 미켈란젤로는 초기 예수회원의 설교를 들었을 터이고—그 성당은 마르첼 데코르비 자택에서 멀지 않았다—그들의 맹렬하고 엄격한 웅변에서, 자신이 존경했던 사보나롤라가 일찍이, 소년기에 가슴속을 뒤흔들어놓으면서 들려주었던, 내적 개혁과 참회의 호소가 메아리치는 것을 알았을 듯하다. 시간이 가면서, 미켈란젤로는 더욱 비극적으로, 세례와 구원의 필요성에 담긴 무서운 약속을 느껴왔다. 그의 노년기 시들은 이냐스의 독실한 믿음의 가장 깊은 관념에 충실했다.

성 프란체스코와 마찬가지가 되고, 성묘성당〔예루살렘에 있는 예수의 묘가 있는 성당〕을 되찾고, 이단에 위협받는 교회에 용감한 민병대를 제공하려는 꿈에만 사로잡힌 성 이냐스는 예술에 무관심했다. 그는 화가가 자신의 초상을 그리는 것을 결코 원하지 않았다. 그의 영혼은 예술가와 같았고 때로는 시인 같았다. 그의 영적 시험은 상상에 호소하고 있었으며, 거의 회화적이며 조형적인 수법으로 구세주라는 인간과 존재를 환기하곤 했다. 그런 시험은 한때는 정신적인 영상처럼, 구체적이며 생생하게 살아 있는 이미지 같은 것이었다.

따라서 미켈란젤로가 이미 로마에서 영혼의 각성자로 유명했던 성 이냐스에게 자신의 종교적 고뇌를 털어놓았거나, 성 이냐스가 미켈란젤로에게 그의 예술에 관해 이야기했을 수 있다. 1538년 성 이냐스가 베네치아에서 로마로 건너왔을 때, 부오나로티는 최후의 심판을 그리고 있었다. 이 예수회 창립자도 1541년 벽화가 개막되었을 때 그것을 보고 감탄했을 것이다.

어쨌든, 영원한 가치에 봉사하던 이 두 정신적 거물은 새로운 성당에 대해 의논했을 것이다. 미켈란젤로는 도안과 모형을 신속하게 제작했고, 1554년 10월 6일, 성 이냐스는 쿠에바 추기경 등을 대동하고서 일 제수 성당의 초석을 놓았다. 이 행사에 참석했던 폴랑코에 따르면, 건축가는 자신의 손으로 직접 초석을 놓으려고 구덩이로 내려갔다고 한다. "그는 돌을 내려놓으려고 바닥으로 내려섰다." 이 건축가는 미켈란젤로일 수밖에 없다. 설계자이자, 단순한 십장은 아닐 테니까. 그는 '신심으로만' 이 작업을 성취했고, 나이가 부담이었지만, 보통은 석공에게 맡기는 이런 경건한 몸짓을 스스로 맡아 했다.

일 제수 성당이 미켈란젤로의 원형에 따라 지어지지 못해 유감이다. 이웃한 궁전의 귀족 영주 상당수가 반대하는 난관에 부딪혀—알티에리와 무티—로욜라는 자신의 사후 몇 년 뒤에야 비뇰라의 설계도에 따라 완공될 이 공사를 포기했다. 미켈란젤로의 초안은 지금까지도 어디에 있는지 발견되지 않는다.

이것 또한 미켈란젤로의 수많은 작품처럼 유실되었다. 이 건축가의 창조적 재능을 이해한다면 상상 속에서 재구성해보기도 어렵지는 않다. 그것은 분명히 화려하지 않고 엄숙한 단순성에 따랐을 것이고, 대리석과 장식을 덜 동원했을 것이며, 지금 우리가 보는 바로크 건축의 걸작과 달랐을 테지만, 그렇다고 해서 예수회 초대 총회장의 성격이었던 금욕적 청빈에 따른 소박한 정신에 충실하지는 않았을 것이다.

성 이냐스와 미켈란젤로를 이어준 또 한 사람도 있다. 피렌체 화가인, 자코피노 델 콘테가 그다. 그는 우리가 앞에서 무엄한 중상모략을 일삼은 자로서 이야기했었다.

1556년 7월 31일 성 이냐스가 영면했을 때, 그의 수행자들은 황급하게 자코피노 델 콘테를 불러 매장에 앞서 이 성자의 초상을 그리도록 했다. 이렇게 로욜라의 유일한 초상은 미켈란젤로의 초상을 그렸던 사람의 손으로 그려졌다.

169
다섯 번째 도피

늙은 카라파—1555년 교황 파울루스 4세에 등극했다—의 카를 5세 황
제와 에스파냐 사람에 대한 반감 때문에 미켈란젤로는 마지막으로 도
피하게 되었다.

엄격하며, 개신교도의 거대한 적이었던 파울루스 4세는 카를 5세가
이교도에 너무 무지하다고 생각했다. 또 이런 생각에서 그를 교회의 적
이자 반反그리스도파로 간주했다. 그는 팔십 줄에 들어섰던 나이였지
만(미켈란젤로보다 한 살 어린 1476년생이다), 황제와 전쟁에 돌입했
고 프랑스와 동맹을 맺었다. 군대가 패하고 나서 평화를 되찾으려 하던
교황은 물러날 수 없었다. 그런데 갑자기 펠리페 2세는 루뱅 대학 신학
자들의 설득에 넘어가 유명한 알베 공작, 즉 나폴리의 부왕副王에게 로
마로 진격하라고 명했다. 그 가톨릭 왕 이상으로 독실한 신자로서 알베
공작은 이 명령을 즉각 따르지 않았다. 펠리페 2세는 그에게 두 번씩이
나 반복해서 불복종을 경고했으므로, 공작은 1556년 9월 1일 만이천의
군사를 이끌고 불가분 나폴리를 떠나야 했다.

로마에서, 교황과 특히 그의 조카 카라파 추기경은 에스파냐 군대에 저항할 궁리를 하고 있었다. 교황군은 일만칠천 명에 달했으나 서류상의 숫자였을 뿐이다. 그들은 팔천가량이었고, 그나마 분산되어 있었다. 알베 공작은 교황국으로 속히 입성했고, 프로시노네와 베롤리를 점령했으며, 9월 15일에는 강력한 보루였던 아냐니 시도 함락되었다.

이 소식을 들은 로마 민중은 1527년 사변 당시의 끔찍한 사태를 잊을리 없었으므로, 공포에 질려, 귀중품을 숨기고 도망치기 시작했다. 여자들을 도시 밖으로 빠져나가게 했고, 모든 가능성을 헤아려볼 때, 수많은 남자도 그녀들을 따라나섰을 것이다.

1527년에 적의 수중에 들어간 도시를 기적적으로 벗어나 한동안 피렌체에서 지냈던 미켈란젤로는 이런 상황에서 자신의 운명을 생각해야했다. 그는 여든이 넘었고, 에스파냐 사람에게 치욕을 당하고 싶은 마음은 전혀 없었다.

아냐니는 9월 15일에 함락되었다. 20일에 미켈란젤로는 산 피에트로 공사현장 감독 세바스티아노 말레노티, 그리고 하인 두 명(그중 하나는 안토니오)과 함께 로마를 떠나 북쪽으로 향해 로레토로 갈 생각이었다. 그러나 그는 이 유명한 성모 마리아의 성소에 도착하지 못했다〔특히 15세기에 번창한 순례지였다〕. 그는 스폴레토에 도착하고서 그곳에서 35일가량 머물다가, 호출 명령을 받고서 로마로 귀환했다. 이제 평화 협상 끝에 위험이 어느 정도는 사라졌기 때문이었다.

미켈란젤로는 이 뜻밖의 여행에 대해서 조카 리오나르도와 바사리에게 편지로 알렸지만, 황급하게 떠나야 했던 진짜 이유는 함구했다.

"한 달 이상이나 산 피에트로 공사가 지체되었으니, 나는 로레토로 가서 기도나 드릴 요량이다."

리오나르도는 이 글을 읽고 놀라서 눈을 크게 떴다. 삼촌이 불과 얼마 전, 1556년 9월에 자기에게 소망을 이루고자, 다시 말해서 성소를 찾아나서는 여행을 만류했기 때문이다.

"네가 말하는 소원 성취에 대해서라면, 길을 떠나기에 좋은 때는 아닌 듯싶구나."

이렇게 서른일곱 청년에게도 위험천만한 일을—즉 기도하려고 '길을 떠나는'—얼마 뒤에는 여든 노인이 당연하게 여겨야 했다는 말이다. 이 편지에서 미켈란젤로는 곧이곧대로 진실을 밝히지 않고 있다. 사실 그가 로레토로 경건한 순례를 떠나고 싶다는 욕심은 그다지 절박한 동기는 아니었다. 그는 중도에서 포기했기 때문이다. 리오나르도에게 쓴 위의 편지에서 그는 계속해서 이렇게 말한다.

"스폴레토에 도착하니 약간 피곤하구나. 며칠 쉬어갈 생각이다. 이런 조건에서 내 뜻을 이룰 수 없구나. 사실 로마로 어서 돌아오라고 사람을 보내왔더라. (…) 작금의 상황보다 이곳이 하느님의 마음에 들 듯하다."

어쨌든, 이 마지막 도피는 미켈란젤로의 시와 정신에 관한 한 그다지 완전한 손해만은 아니었다. 그는 스폴레토에 죽치지 않았다. 그와 같은 거장의 도피에 어울리는 동행은 아니지만 그는 신앙심이 깊은 피렌체 사람인, 훌륭한 목수 말레노치와 함께 그곳에 가 있었다. 스폴레토는 숲이 우거진 산허리에 자리 잡고 있었고, 이웃 계곡에는 초기 프란체스코 수도회의 역사에서 매우 중요한 몬텔루코와 폰데콜롬보 수도원이 숨어 있었다.

미켈란젤로는 이 산을 오르고 계곡의 성소들을 찾아다녔다. 1556년 12월 18일, 그는 바사리에게 편지로 이런 사실을 알렸다.

"요즘 어렵고 힘들기는 하네만, 스폴레토 산중의 은자隱者들을 찾는 것이 큰 즐거움이네. 로마에 돌아갈 때쯤이면 반쪽이 되겠지. 숲속은 참으로 평화롭네."

부오나로티의 서한문에서 이처럼 두 가지 뜻이 함축된 내면적 고백은 보기 드문 일이다. 미켈란젤로는 고독한 자연의 벗을 자처하곤 했다. 그는 카프레세와 세티가노에서 보낸 아주 어린 시절을 제외하면 항상 대도시에서 살았다. 피렌체, 로마, 그리고 짧기는 했지만, 볼로냐와 베네치아에서.

그의 예술에서도 자연은 결코 나타나지 않거나 아니면, 겨우 스케치풍으로만 모습을 보인다—헐벗은 산과 고목, 먼 산촌 따위로—시스티나와 파올리나 벽화에서 보이듯이. 이제 스폴레토 주변의 야생적인 산간에서, 미켈란젤로는 처음으로 고독한 숲과 소박한 생활의 순수한 매혹을 발견한다. 그 또한 여든의 나이에 마치 시인처럼 '나 또한 낙원에

382

있네'라고 말할 수 있다. 그 인상이 대단히 강렬했던지, 로마에 돌아온 그는 콰트로첸토 시인들이 즐겼던 농촌 생활을 칭송하는 단장短章을 지었다. 이런 작시풍은 바로 돈 키호테가 염소 지기에게 했던 연설에서 그 최후의 메아리를 들을 수 있다. 이런 단장에서 미켈란젤로는 바사리에게 이야기했던 은자들을 환기하지는 않아도, 움브리아 산길을 순례하던 중에 마주친 가난한 목동과 시골뜨기들을 환기시킨다. 이 운문이 스폴레토에서 돌아오고 나서 지은 것이라면, 프레이를 비롯한 여러 사람이 그렇게 확신하듯이, 이 전원이 불러일으키는 상상력과 시각적 힘과 활달한 표현은 감탄을 자아낼 뿐이다.

새로운 즐거움이요 큰 기쁨이로다.
바위를 타는 대담한 염소들이 보이니
이놈은 저 위로, 저놈은 이 위로 오르며 풀을 뜯고
그 주인은 밑에서 높은 음정의
기막힌 노래로 마음을 터놓고
피리 불며, 멈추거나 천천히 걷거나
고집 센 그의 온화한 친구는
체리 나무 밑에서 당당하게 돼지들을 지키누나.

그는 이처럼 가난하면서도 느긋한 생활에 감탄하고, 아무것도 가진 것이 없고 아무것도 바라지 않는 일꾼들의 순진한 행복에 감탄한다.

한때, 미켈란젤로는 군대의 위협 때문에 로마를 도망치게 했던 막강한 황제를 직접 겨냥한 글도 썼었다.

내 이야기 좀 들어보소
세계를 통치하고 그토록 위대해서
아직도 욕심을 보이고 평화를 즐길 줄 모르는 자여,
그래도 들판의 사내는 황소들과 어울려 평화를 즐기건만

차츰 시는 정신적 맹세가 된다. 거기에서 행복한 촌 생활상이 상징적인 신으로 변신하고 또다시 식어버리곤 한다. 시인 자신은 그것을 느끼고 8행시의 첫 3소절에서 자문한다. 여기에서 자전적 이미지를 볼 수 있다.

그런데 만족한 늙은이는
문턱에 주저앉아 해바라기를 즐기네. 거의 말이 없네.

부러운 농가의 문지방에서 쉬어가는 이 노인에게서 과묵해지고, 처음으로 농촌과 숲의 고독에서 커다란 평화를 맛보고 주시하는 팔십대의 미켈란젤로를 볼 수 있다. 부오나로티 또한 피렌체와 로마의 시민으로서 죽기 전에, 한순간이나마 목동과 은자의 기쁨으로 가득한, 고행을 숭상하는 낙원에서 쉬고 싶었을 것이다.

170
마지막 여인

우리가 앞에서 보았다시피, 미켈란젤로의 삶에서 여자는 불과 몇 명만 등장한다. 그가 로렌초 대군의 딸, 콘테시나를 연모해서 아픔을 겪었는지는 알 수 없다. '아름다운 볼로냐 처녀'가 누구인지 이름조차 확인되지 않는다. 비토리아 콜론나와의 우정은 유명하다. 이보다 덜 알려졌다고 해서 덜 진지하지는 않았던, 아끼던 우르비노의 과부 코르넬리아 콜로넬리에 대한 정도 있었다. 나중에, 그는 암마난티의 아내인 라우라 바티펠리의 시를 음미하게 된다.

전기작가들이 늙은 미켈란젤로의 가슴을 뛰게 했던 마지막 여자에 대해서 무시하고 무지하다는 사실은 매우 놀랍다. 이번에는 여류화가로서 '동료'라거나, 처음이자 마지막 제자라고 하는 편이 좋을 듯하다. 즉 소포니스바 안귀솔라 *는 16세기 미술사에서 전혀 무명은 아니다.

---

* 1531-2~1625. 에스파냐 통치 지역에서 유명했다. 귀족 출신 초상화가. 1545년경에 베르나르디노의 제자였다. 그녀의 자매들도 화가였다.

안귀솔라는 1528년 크레모나에서 태어나 베르나르디노 캄피한테 그림을 배웠다. 그의 아버지 아밀카레는 이 장녀의 재능을 자랑스러워해서 그녀를 로마로 보냈다. 그곳에서 그녀는 1556년쯤 미술에 정진했던 듯하다. 로마에서 그녀는 바사리와 살비아티를 알게 되었고, 이들은 그녀를 높이 평가하고 안토니오 안셀미라는 사람을 통해 미켈란젤로에게 소개해주었다. 당시 여든이었던 노대가는 여전히 사랑할 능력이 있었다. 그는 아직 서른도 안 된 소포니스바에게 강한 애착을 보였다. 이 처녀의 아버지는 1557년 5월 7일 크레모나에서 부오나로티에게 감사의 서한을 올렸다. '소포니스바에게 보여준 과분한 정에 대해' 가족을 대신해서. 이런 '과분한 정'은 말과 조언만이 아니었다. 왜냐하면 그 아버지는 같은 편지에서 "그 애가 유화를 그릴 수 있도록 친히 소묘를 보내주셨다지요. 다 그리고 나서는 되돌려달라고 하셨다지요"라면서 거장에게 깊은 사의를 표하고 있기 때문이다.

이는 확실히 가벼운 정은 아니다. 그는 다른 상황에서도 채색할 수 있도록 밑그림을 제공하곤 했지만, 오직 세바스티아노 델 피옴보나 폰토르모처럼 미술계에서 상당히 이름 있던 남자들에게만 그렇게 했기 때문이다. 누구도 미켈란젤로의 소묘를 바탕으로 그린 안귀솔라의 작품을 찾아내려 하지 않는 것은 특이하다. 내가 보기에는, 지금 밀라노 브레라 미술관에 있는 「피에타」를 그녀가 그린 듯싶다. 거기에서 부오나로티 작품 특유의 주제를 볼 수 있다. 근사한 단순성으로 다뤄진⋯ 길게 처진 그리스도는 그가 조각했던 최후의 「론다니니의 피에타」를 연상시킨다.

소포니스바의 아버지는 자기 딸에 대한 이런 큰 관심의 표현에 감동하여, 앞의 편지에서 "선생님께 소포니스바를 바치겠습니다. 그 아이를 딸이나 하녀처럼 여기십시오"라면서 과장하기도 한다.

그런데 더 놀라운 사실은 미켈란젤로가 이 아버지에게 그 딸의 공부에 대한 소식을 직접 전했다는 사실이다. 이 편지는 안타깝게도 유실되었지만 우리는 1558년 5월 15일자인 소포니스바 아버지의 답장을 통해서 그 사실을 확인한다.

"친절하신 선생님의 서신은 우리의 국왕 폐하께서 제게 총애를 보이시고자 쓰셨던 것보다 더욱 소중합니다."

1558년 미켈란젤로는 여든두 살로 아무에게도 편지를 쓰지 않는 편이었다. 오직 조카 리오나르도만 제외한다면. 그것도 아주 간략하게만. 그가 소포니스바의 아버지에게 한 통 이상의 편지를 부쳤다는 사실은 이 처녀 화가에 대한 반박할 수 없는 애정의 증거인 셈이다. 같은 편지에서, 그 아버지는 격식을 차리고 있지만 거장에 대한 뜨거운 존경을 숨기지 않는다.

"저의 딸 소포니스바의 그림을 인정하고 칭찬하셨다지요."

미켈란젤로가 젊은 소포니스바를 얼마나 칭찬하고 조언을 해주었는지는 다른 믿을 만한 증언으로도 알 수 있다. 즉 부오나로티와 친했던 바사리와 토마소 데 카발리에리도 증언을 남겼다.

1562년 1월 20일—절친한 거장이 여전히 살아 있을 때—토마소 데 카발리에리는 클레오파트라를 그린 미켈란젤로의 소묘를 선물로 동봉한 편지를 코시모 1세에게 보냈다.〔토마소가 이 그림을 선사하면서 마치 자식을 하나 잃는 듯 가슴 아파했다고 같은 편지에 적혀 있었다고 해서도 유명한 일화이다.〕 그는 이렇게 적었다.

"요즘 에스파냐 왕녀 같은 명예를 얻는 소포니스바 안귀솔라라는 크레모나의 귀족 여인이 그린 소묘가 있으니, 그것을 이것(클레오파트라)과 함께 보냅니다. 다른 것과 비교될 것입니다. 아름다울 뿐 아니라, 의미심장하기 때문입니다. 사실 신과 같은 미켈란젤로는 미소 짓는 소녀를 그린 이 화가의 소묘를 보고 나서 더욱 힘겨운, 우는 아이를 보고 싶다고 했습니다. 그렇게 그 여인은 갑자기 남동생을 울리고서 초상을 그렸습니다."

바사리도 이와 똑같은 일화를 전하고 있는데, 소포니스바의 아름다운 소묘가 미켈란젤로가 제시했던 주제에 고취된 것으로 밝힌다.

팔순 거장의 서른 살 제자에 대한 이런 애정은 소포니스바의 그림에 대한 재능 때문만이었을까? 아니면 그녀가 미인이기 때문이기도 했을까? 그녀가 그린 수많은 자화상을 통해서 우리는 이 크레모네의 처녀 화가가 젊어서도 상당히 특이한 우아미를 보여준다는 것을 알 수 있다. 그녀의 얼굴은 약간 둥글넓적하고, 전체적 표정은 애교를 떨며 미소를 짓기보다는 편안함을 자아낸다. 어쨌든, 그 초상화들이 그녀를 닮았다 하더라도, 정신과 인격을 드러내지는 않는다. 소포니스바는 롬바르디아 처녀답게 그 눈빛과 달콤한 관능성으로, 그녀의 출현만으로도 영원한 플라톤주의자였던 아름다운 형태를 좋아하는 노인에게 상당한 기쁨을 주었을 듯하다.

미켈란젤로의 호의가 소포니스바를 행복하게 해주었음은 확실하다. 1559년, 그녀는 에스파냐 왕의 초대를 받아 마드리드로 와 마치 두 번째 여왕처럼 환대받았다. 그녀는 그곳에서, 군주들을 위해 유명해진 초상들을 그렸다. 그 뒤 그녀는 혼인하고서 자식도 낳았다. 1585년 불행하게 그녀는 눈이 멀어 과부가 되어 팔레르모로 돌아와, 거의 백 살까지, 즉 1625년까지 살았다. 사망하기 전에, 어쨌든 그녀는 새로운 영예를 얻었다. 1624년 시칠리아 여행 중이던 유명한 반 디크[네덜란드 화가]가 그녀의 초상을 그리고 싶어했고, 이 늙고 유명한 여류화가를 그린 소묘가 그녀의 예술에 대한 찬사와 함께 남았다.

이 재능이 뛰어난 여인의 운명은 평범치 않았다. 젊어서는 15세기가 낳은 이탈리아의 가장 위대한 인물의 가르침과 정을 받았고, 숨을 거두기 전에는 위대한 17세기 플랑드르 화가의 찬사를 받았기 때문이다.

171
성 카를로 보로메오

16세기 로마는 단순히 조신朝臣과 예술의 중심이자, 도둑의 소굴이자 성물聖職 매매자의 시장만은 아니었다. 로마는 또한, 특히 파울루스 3세 이후로, 개혁 성자의 도피처이자 근거지였다. 미켈란젤로의 어떤 전기작가도 그와 성자들과의 관계를 검토하지 않았다. 비록 사보나롤라의 청중으로서 감동받은 이 노인이 교회의 부패를 탄식하고 그 내부의 개혁을 열망했지만 말이다.

우리는 이미 1554년에 그와 이냐스 드 로욜라의 관계를 보았다. 그로부터 몇 해 뒤, 1560년에 그의 인생에 또 다른 미래의 성자인 카를로 보로메오*가 나타난다. 밀라노 메디치가의 피우스 4세는 교황에 즉위하자마자, 자신의 조카로 이미 신부로 봉사 중이던 카를로를 로마로 불러들였고 불과 스물한 살이었지만 그를 추기경에 앉히고(1560년 1월 3일의 일이다), 교회를 통치하는 데에 오른팔로 삼았으며 결국 그는 총리

• 1538~1584. 이탈리아 고위성직자. 시성되었다.

격이 되었다. 피우스 4세는 산 피에트로의 공사가 진행되길 원했고, 항상 그가 노년이라는 점을 핑계로 이 위대한 성소의 총감독직을 박탈하려 했던 부오나로티의 적들을 물리쳤다.

이 위대한 롬바르디아 성인의 이름이 등장하는 기록을 찾았다고 해서 놀랍지 않다—지금까지의 전기작가들은 놓쳤다.

"현명하고 경애하는 보로메오 추기경께서 1560년 7월 15일자의 우리 교황 성하를 대신한 위임장으로, 비밀금고 책임자인 프란체스코 포르멘토 씨로 하여금 미켈란젤로 부오나로티 씨에게, 매달 금화 50에퀴를 지급하도록 명하노라. 그 첫 번째 지급은 6월부터이다."

이 서류에 따라 그 지급은 11월까지 계속된다.

물론 이 두 거인의 관계는 이런 사무적인 기록에만 국한되지 않는다. 미켈란젤로가 종종 바티칸에 들렀을 때 '교황의 조카' 추기경은 그를 융숭하게 챙기곤 했다. 따라서 이 피렌체의 시인과 아로나의 성자가 여러 차례 만났을 것이다. 부오나로티에 대한 보로메오의 환대를 입증하는 다른 자료도 갖고 있다.

우리는 앞에서 시피오네 사우롤로가 바로 보로메오 추기경에게 「최후의 심판」의 나체에 반대하는 서신을 보냈다고 알고 있다. 1561년 9월 6일자의 편지에서, 성 카를로는 이 극성맞은 신학자의 제안에 아랑곳하지 않았음을 알 수 있다. 왜냐하면 1564년 1월이 되어서야 공의회는 나체를 가리도록 공시했기 때문이다. 이런 지체는 필자가 보기에, 보로메오가 존경하는 화가의 비탄을 일으킬까 걱정했기 때문인 듯하다. 앞으로 보게 되겠지만 바로 성 카를로는 이런 해괴한 사법적 제약에서 미켈란젤로를 벗어나게 하려고 개입한다.

보로메오는 부오나로티와 종종 갈등을 빚었던 사치스럽고 방탕한 고위성직자들과는 전혀 달랐다. 이 사람은 기도하는 이로서 독실하며, 미켈란젤로와 마찬가지로 교회의 개혁을 실현하려고 열망했다. 이 추기경은 축제나, 희극이나, 고대 골동품보다는 풍습을 정화하고 영혼을 구제하는 데에 전념했다. 그가 이 엄격한 노인의 마음을 끌었을 것은 틀림없다. 그리스도와 죽음에 대한 생각에만 사로잡혀 있던 보로메오는 예술을 후원한 추기경은 아니었다—그는 그의 방대한 서한문 가운데 단 한 차례 그림에 대해서 말한 적이 있다. 자신을 그린 초상화에 대해서—. 그러나 부오나로티는 이제, 오랜 생애 동안 자신을 괴롭혀왔던 후견인 추기경들이 저지른 화려하지만, 추악한 자취를 잘 알고 있었다.

성 카를로가 자신의 초상 한 점을 선물도 받았다는 이야기가 있다. 죽음을 상징하는 해골이 손에 낫을 드는 모습인데 그는 즉각 이렇게 외쳤다고 한다.

"낫을 치우고 대신 황금열쇠를 집어넣읍시다."

죽음을 노래하던 시인으로서 미켈란젤로의 생각도 이와 다르지 않았을 것이다. 그는 편지에서 "나는 오직 죽음의 조각상을 드는 생각뿐이오"라고 하면서, 또 다른 시에서는,

내 영혼은 죽음과 대화하면서
그 자신의 (죽음)문제에 조언을 구하네.
(…)

육신은 나날이 영혼을 떠나려 하네.

  이 무렵에 미켈란젤로는 또 한 사람의 성자도 만났을지 모른다. 그보다 조금 뒤였던 1535년경에 로마에 정착했던 필리프 네리*를. 두 사람 모두 피렌체 사람이고, 시스토 다리 근방을 자주 드나들었으며, 미남 청년과 시와 음악과 플라톤을 좋아했고, 특히 사보나롤라의 신자였다. 성 필리프는 전기작가들을 통해 알 수 있듯이, 로마 거리를 산책하면서 만나는 사람마다 붙잡고 질문을 하곤 했다고 한다. 그런 그가 이 유명한 거장의 말을 들어보려 하지 않을 수 있었을까? 성 필리프 네리 또한 시를 지었고, 부오나로티에게 바친 것도 있다(오직 이것만이 전해진다). 그런데 이 시는 그 사상과 작풍에서 부오나로티의 것을 연상시킨다. 이 고상한 두 사람의 감정과 특징의 유사성을 인식하자면 그 시 몇 행만 인용해도 된다.

  희망, 욕망, 기쁨, 고통이
  영혼을 그토록 방황하게 하네.
  누가 그 영혼을 즐겁게 해줄꼬.
  나는 모르네.—그러나 영혼은 항상 내 앞에 있건만
  (…)
  여기 그토록 영혼을 가두는 감옥은 대체 무엇인가

• 1515~1595. 오라토리오 수도회 창립자.

영혼은 떠날 수 없고, 별들의 발에 짓밟히네.
항상 하느님 품에서 살고 또 자신(영혼)을 따라 죽을까?

성 필리프 또한 카를로 보로메오나 미켈란젤로와 마찬가지로 죽음을
사랑했다.

"진정 하느님을 사랑하는 자는, 삶보다 더 버겁고 지겨운 것도 없다
고 말하는 법이다. 성자들이 인생을 견디고 죽음을 원한다고 말하는
것은 항상 정당하다."

미켈란젤로가 1554년 바사리에게 쓴 편지에서도 이와 비슷한 생각
을 보여준다. 리오나르도가 아들의 생일잔치를 마련했다는 바사리의
전언을 들은 그는 조카를 이렇게 나무랐다.

"리오나르도가 신생아를 위해 그런 잔치를 벌이는 것을 보니 몰상식
해 보이네. 이런 잔치는 잘 살다 떠난 사람에게나 해줄 일이네."

부오나로티의 생각은 이렇게 당시 로마에서 만났을 성자들의 것과
아주 가까웠다. 그들과 더불어 예술보다 하느님에 대한 이야기를 더욱
많이 나누었을 것이다. 이런 만남이 유익했다면 다행일 것이다—성 필
리프가 성 카를로와 친구였다고 상상하면서—하지만, 이런 상상은 애
틋한 욕구일 수밖에 없다.

172
제자 신부님

아직 미켈란젤로의 친구였거나 친구를 자처했던 사람들의 목록은 불확실하다. 그러나 그런 사람들 가운데, 부오나로티의 전기작가들이 몰랐던 훌륭한 파도바 출신의 신부가 있었다. 코시모 바르톨리가 바로 그 사람인데, 그가 1569년 6월 12일에 베네치아에서 바사리에게 부친 편지에서 이런 사실이 밝혀졌다.

"조르조, 요 며칠 누구도 알 수 없고, 할 수도 없던 것으로 생각했던 일을 겪었습니다. 파도바 근교에 잠바티스타 자바코라는 내 또래의 신부가 살고 있습니다. 그는 자신이 로마에서 미켈란젤로의 제자였다고 말합니다. 그는 1발 반이나 2발 크기의 연필화를 그렸습니다. 미켈란젤로풍으로 그린 「최후의 심판」이었습니다, 뭐 완전히 딴판이기는 하지만, (…) 아름다운 나신, 멋진 자세와 축약법, 남자와 여자, 어린이와 청년과 노인과 천사, 악마, 성자 등 이 모든 것이 나로서는, 너무나 훌륭해서 할 말을 잃었습니다. 그는 페돈이 마차에서 떨어진 모습도 그렸습니다. 창세기를 그린 것도 있습니다. 거역한 천사들이 천국에서 쫓겨나는 장면인데, 너무나 훌륭하고 다채로워서, 이토록 아름다운 것은 본 적이 있다고 할 수 없었지요."

바르톨리의 놀라움과 열광은 명백하며, 자바코가 단지 미켈란젤로의 제자였을 뿐 아니라 그의 정신에 바짝 근접했다고 짐작하게 한다.

코시모 바르톨리는 초심자는 아니었다. 그는 신부였고—비록 피치나라는 여자와 동거했지만—교양이 풍부한 데다 취미는 고상했으며, 피렌체 아카데미의 영향력 있는 회원이었고, 베네치아에서 코시모 데 메디치의 사신이자, 수많은 박학한 저술을 쓰기도 했다. 당시 그는 이미 예순다섯 살이었는데 미켈란젤로와 그의 작품들을 알고 있었다. 바로 이 사람을 통해서 우리는 미켈란젤로가 오르카나 주랑〔산타 마리아 노벨라 성당〕의 벽화를 그리고 싶어했다는 사실을 알고 있다.

바르톨리는 1504년에 태어났으며, 그의 말에 따르면, 자바코 신부는 그와 동년배였다. 따라서 그가 1541년에 미켈란젤로의 제자였을 가능성이 크다. 즉, 시스티나의 「최후의 심판」을 개막하고 나서. 그런데 한편 자바코와 그의 작품을 시사하는 자료는 전혀 찾을 수 없다. 바사리가 바르톨리에게 보낸 답장도 남아 있지 않아 그가 이 사람에게 어떤 말을 했는지도 알 수 없다.

이 늙은 파도바 신부가 자신이 미켈란젤로의 제자였다고, 저명한 미술사가인 피렌체 친구〔바사리〕에게 거짓말을 했을 턱은 없을 듯하다. 그 자신의 소묘도 그토록 유명한 거장에게 경의를 표하려고 그렸던 것이니만큼.

같은 편지에서 바르톨리는 자바코가 자신의 소묘를 판화로 찍을 계획이었다고 덧붙이고 있다. 이 계획이 실현되었을까? 바르톨리는 이렇게 끝을 맺는다.

"사람들은 이 친구가 솜씨도 채색도 대단치 않다고들 합니다. 하지만, 이 소품에서 그의 가치는 평범하지는 않습니다."

편지를 쓴 사람만 자바코의 소묘에 놀라지는 않았음을 주목해야 한다. 트렌토 출신의 알레산드로 비토리아라는 유명한 조각가도 있었다. 그는 자코포 산소비노의 제자로 베네치아와 파도바에 값진 작품들을 남겼던 데생 아카데미 회원이었다.

이 수수하고 무명인 미켈란젤로의 제자의 작품은 어떻게 되었을까? 이 늙은 파도바 신부는 현명했고 완숙한 데생 솜씨를 보였지만 자신이 결코 거장의 수준에 이를 수는 없다는 것을 잘 이해했다. 또 오래전에 로마, 시스티나의 결코 흉내 낼 수 없는 화가 곁에서 보냈던 날들을 기억하면서, 고독 속에서 청명한 농촌의 고요함에 둘러싸인 채 데생하는 자족을 즐겼을 듯하다. 그는 미켈란젤로에게서 위대한 주제에 대한 사랑을 빌렸다—최후의 심판, 천사의 타락—. 여기에서 그 정신적 자취를 찾을 수 있지만, 그는 이 거인적 주제를 작은 공간 속에 작은 인물들로 구성하는 데에 그쳤을 뿐이다. 그것이 그렇게 완벽했을지 모르지만, 그는 예술가 같은 야심을 물리칠 줄 알았던 것이다. 소묘에 대한 사랑과 거장의 개념에 대한 믿음만으로도 그는 미켈란젤로의 삶에서 언급될 만하다.

173
플라톤주의자 제자

미켈란젤로의 제자 가운데 코시모 토리의 아들 아폴로도 언급해야 한다. 그는 브론치노라는 별명으로 더욱 유명하다. 그 자신 부오나로티에게 바친 소네트에서 이렇게 인정한다.

"순수하게 진정으로
제 초년을 당신께 바쳤나이다
나의 전부이자 완전한 믿음인 무서운 신으로서
당신께 내 손과 지성을 바칩니다."

이런 말을 편지에서 찾아내야 할까? 우리가 알다시피 브론치노는 폰토르모의 애제자였고, 폰토르모는 미켈란젤로를 가장 존경했던 사람이다. 하지만, 그의 만년의 작품을 제외하면, 우리는 그의 작품에서 부오나로티의 영향을 보기 어렵다.

브론치노가 언제 부오나로티를 알게 되었는지 알 수 없다. 1534년 거장이 피렌체를 완전히 떠나기 전이었을 듯하다. 하지만, 훨씬 뒤에 브론치노가 코시모 공작의 친서를 휴대하고서 로마로 거장을 찾아갔던 1546년 말에서 1548년 4월 사이였을 가능성이 크다. 로마를 찾은 피렌체 미술가들은 특히 마르첼 데코르비 가의 집을 찾곤 했다. 이 노대가에게 경의를 표하고자 1561년 5월 3일, 브론치노가 미켈란젤로에게 부친 단 한 통의 편지도 이런 사실을 증명한다. 여기에서 조카 리오나르도 편에 거장이 아뇰로의 안부를 묻고 있음을 알 수 있는데, 이는 그가 개인적으로 그를 몰랐다면 있을 수 없는 일이다.

이런 배려에 감격한 브론치노는 서둘러 그에게 감사의 서한을 올리면서 자신이 항상 그의 제자였음을 다시 한 번 확인한다.

"제가 행하고 해야 할 모든 것에서 선생님께 진 빚에 대해 항상 감사합니다. 제 불찰로 여전히 별것 아닐지라도… 제 모든 것이 선생님 것인 제자라고 생각합니다."

그는 계속해서 미켈란젤로에게 "부디 제 언행을 어긋나지 않도록 할 기회를 주시기 바랍니다"라고 요구한다.

이런 언명과 요청은 미켈란젤로가 여든여섯, 브론치노가 쉰여덟이 되던 해의 일이다. 아뇰로의 작품에서 부오나로티가 베티니를 위해 소묘를 그렸고, 폰토르모가 채색화를 그렸던 「에로스에게 놀란 베누스」만 제외한다면 미켈란젤로 예술의 영향은 그렇게 깊지 않다. 어쨌든, 브론치노의 소묘는 그가 메디치가의 묘소 석상을 어떻게 연구했는지를 분명하게 보여주며, 그의 종교화에서 보이는 극적 자세는 존경했던 스승의 작품을 모사하고 관조했던 것이 헛되지 않았다는 증거이다. 브론치노가 미켈란젤로에 대해 얼마나 감탄했는지는, 그가 스승에게 바친 소네트에서 다시 한 번 드러난다.

오 고상한 정신, 드높은 영혼과 손이여!
다른 모든 이보다 행복하게도, 우리의 작업이 아름답고 훌륭한 것은
그대 덕이니.

이런 경배는 모두가 알았던 만큼, 타르시아는 자신의 미켈란젤로 추도사를 브론치노에게 바쳤다는 증거가 있다. 당시 그는 이 사라진 거장의 장례식을 위해 아카데미가 초대했던 인사에 속해 있었다.

부오나로티와 마찬가지로, 브론치노는 운각을 즐겼으나 기질은 상당히 다르다. 그는 베르니의 육체와 꼬마에 고취된 시를 지은 희극적인 시인이었다. 그러나 그 소네트의 인용에서 볼 수 있듯이, 그의 시는 진지한 논지를 다루고자 할 때면 서툰 모습을 드러낸다.

1546년 브론치노는 바르키에게 편지를 내어, 조각보다 회화가 우월하다고 했다. 이는 물론 미켈란젤로가 표명해온 의견에 공개적으로 반대하는 태도이다. 미켈란젤로는 바르키에게 답신하면서 자신의 의견에 맞선 유일한 인물이던 브론치노를 암시한 뒤 이렇게 말했다.

"회화가 조각보다 더 고상하다고 했던 사람이 자신이 쓴 것과는 다른 것을 이해한다면, 내 하인도 그보다는 더 잘 이해할 수 있을 거요."

다시 말해서, 브론치노는 하인보다 생각이 더 서툴렀다는 말이다. 부오나로티가 그의 제자가 했던 말에 대해 글로 밝힌 견해는 이뿐이다.

로마에 체류했지만, 훌륭한 초상화가로서 브론치노는 한 번도 미켈란젤로의 초상을 그릴 생각을 하지 않았다. 반면에 평범한 바초 반디넬리는 그렸건만….

브론치노와 미켈란젤로의 성격은 아주 판이했다. 일생 브론치노는 코시모 공작과 그 가문의 충복이었지만, 이 늙은 공화주의자는 공작의 끈질긴 압력에도, 피렌체로 귀향해 메디치의 식객이 되려고 하지 않았다. 평생 친구였던 바사리가 묘사한 브론치노의 성격은 미켈란젤로와는 엄청난 거리가 있었다. 그는 "브론치노는 항상 온화하고 조용한 성격이었다"라고 했다. 이런 말을 부오나로티에게 할 수는 없을 것이다.

브론치노가 쏟아낸 글을 우리가 믿는다면, 그가 부오나로티의 제자였을 테지만, 그는 좇고 사랑할 수 없었던 스승을 칭송한 때늦고, 먼 제자였다.

174
혈육에 대한 믿음

미켈란젤로가 가톨릭이자 실천하는 신자였음은 의심의 여지가 없다. 소년기부터 그는 기도와 예배를 소홀히 하지 않았다. 볼로냐에 머물 적에, 그는 아버지와 가족의 가호를 빌었다. 그들의 기도며 독실한 행실을 통해서, 그들이 자신이 일했던 율리우스 2세의 상을 성공적으로 마무리 지을 수 있도록 해달라고. 「최후의 심판」에서, 그는 갱생하는 자를 끌어내는 거대한 묵주를 그렸다. 그런가 하면 비토리아 콜론나와 함께 산 실베스트로 성당에 가서, 성 바울에 대해 설교했던 박사의 강론을 들었다. 우리는 이 막역한 친구의 편지 속에서 그가 얼마나 하느님에 대해 웅변적으로 말했는지 알고 있다. 1550년의 희년禧年에, 일흔다섯의 나이로, 거장이 모든 대성당을 경건하게 순례하고 싶어했다고 바사리는 전한다. 교황은 그의 나이를 고려해서, 다른 순례 때와 마찬가지로 도보가 아니라 말을 타고 갈 수 있게 배려했다.

산토 스피리토 성당의 십자고상부터, 미네르바의 그리스도, 산 피에트로의 피에타 등에서, 그는 죽은 그리스도에게 영광을 바쳤다.

그를 프란체스코회의 평신도였다고 하는 사람도 있지만, 그가 로마에서 성 세례 요한 수도회에 소속되었던 것은 확실하다. 그는 어려서부터 신부나 수사들과 밀접했다. 주교와 추기경과 교황들이 그를 아끼고 보호했다. 산 피에트로 공사 책임자가 되었을 때, 그는 그 일을 자기 영혼의 구원을 위해서 봉사하겠노라고 공언했다. 일 제수 성당의 설계를 성 이냐스 드 로욜라에게 약속했을 때에도, 그는 오직 '순수한 신앙심'으로 그 일을 맡겠노라고 공언했다. 만년에는, 산타 마리아 디 로레토에서 산티아고 데 콤포스텔라까지 순례의 길을 떠나고 싶어했다. 미켈란젤로의 모습은 이렇게 독실한 신앙을 실천하는, 거의 '완고한 신자'로 볼 수 있을 듯하다.

이런 증거가 어떻든 간에—다른 많은 증거를 추가할 수 있으리라—미켈란젤로는 그 영혼의 비밀 속에서, 외견상 대단히 교조적으로 보일 만큼 정통적인 가톨릭 신자는 아니었을지 모른다. 그는 걱정하고 회의하는 성격이었고, 자신의 대담한 생각을 항상 드러내지도 못했으며, 그렇게 할 수도 없었지만, 그의 글은 물론이고 발언에서도 개신교도적 여망에 가까운 이상과 원리로 기울었음이 분명히 드러난다.

청년기에 그의 위대한 신앙의 스승은 단테와 사보나롤라였고, 그의 평생, 최후의 순간까지, 그는 이 피렌체 시인과 페라라의 도미니쿠스회 수사의 청교도적이며 반항적인 정신을 마음속 깊이 간직했었다. 그런 이유로 그는 알렉산데르 6세와 율리우스 2세, 레오 10세와 클레멘스 7세의 로마의 부패에 분노하고 역겨워했을 것이고, 교회의 개혁을 진심으로 바랐음이 분명하다.

모호하고 서투르게 쓴 것일지라도, 그가 맨 처음 지은 소네트에서,

그는 문자 그대로 『신곡』과 바빌론의 타락을 조롱한 페트라르카 소네트의 반反교부 사상을 되찾는다.

성배와 함께 투구와 검을 만드는 여기에서
그리스도의 피를 한 움큼 손에 적셔 팔고 있네
(…)
로마에서 그의 살점을 팔고 있느니만큼
거리에 선한 것은 전혀 없네

그는 부유하고 음탕한 로마의 고위성직자들에게 "천국에서 가난이 사랑받는다"라고 상기시킨다. 율리우스 2세가 시스티나 예배당 궁륭을 황금으로 장식하려 했을 때, 그는 교황에게 과감하게 "이 벽 위에 그려진 자들이 가난했듯이, 이것도 청빈해야 합니다"라고 했다.

비토리아 콜론나, 레지날드 포울 추기경과 베르니에 대한 그의 존경—이들 모두가 프로테스탄트에 공감했다는 혐의를 받았다—으로 미루어, 그 또한 이들처럼, 부패한 교회의 사제와 영적 개혁을 바랐었다고 확증할 수 있다. 바사리는 다음과 같은 일화를 전한다.

"베네치아 사람 세바스티아노[델 피옴보]가 몬토리오에 있는 산 피에트로 예배당 장식화를 그리게 되었다는 소식에, 그는 그가 그 성소를 망칠 것이라고 했다. 그 이유를 묻자, 그는 수사들이 이 세상을 이렇게 망쳐놓았으니, 이렇게 작은 예배당을 망가뜨리는 것을 보아도 놀랄 일은 아니라고 했다."

이 훌륭한 밀라노 사람은 "미켈란젤로가 루터 수사를 암시하려 했던 것이 틀림없다"라는 말까지 인용한다. 그러나 필자가 보기에, 그가 그 유명한 수사[루터]를 염두에 두었는지는 불확실하다. 몬토리오 예배당을 위한 세바스티아노의 작업은 1516년에 시작되었으니, 이해에 루터는 면죄부를 문제시하면서 종교개혁의 횃불을 높이 들었고, 그것이 로마 교황청의 조용한 회의론자를 뒤흔든 것은 한참 뒤의 일이었기 때문이다. 미켈란젤로는 그저 일반적인 모든 종교인을 시사했을 뿐이다.

선량한 가톨릭 신자라면, 교회의 개혁을 정직하게 바라 마지않았겠지만, 어쨌든 정통교리에서 벗어나지 않는 정도였고, 사실상 미켈란젤로의 첫 번째 스승이던, 즉 단테와 사보나롤라도 이와 같았다. 성직자의 퇴폐와 타락에 가장 분개했던 사람들은 그와 동시에 가장 진지하고 열렬한 가톨릭이었다.

좋다. 하지만, 미켈란젤로에게는 또 다른 일이 있다. 그의 만년의 영적 시편에서, 그가 루터의 이론에 바짝 다가갔다는 자명한 증거와 자취가 있다. 즉 루터에 따르면 인간은 스스로 구원받을 수 없으며, 오직 그리스도의 보혈만이 그 죄를 씻어줄 수 있다는….

보혈을 환기하는 주제는 이상한 집착으로 만년의 부오나로티의 시에서 다시 나타난다. 그보다 더 분명히 밝힐 수 없게 다음과 같이….

그대, 주님께 말씀드립니다. 왜냐하면 어떤 시련도
당신의 피를 벗어나서는, 인간을 구원에 이르게 할 수 없습니다.

그 이전의 운문에서도 그는 아무것도 '당신의 피를 벗어나서는' 속죄할 수 없다고 확신하면서 원죄에 대해 노래했다. 같은 무렵의 소네트 한 편에서도 그는 더욱 두드러진 입장을 보인다.

당신께서 당신의 피를 아끼지 않으신 만큼
당신은 얼마나 인자하십니까, 그런 선물 다음에,
어떤 열쇠로 천국의 문을 열 수 있겠나이까?

여기에서 오직 그리스도 보혈의 능력에 의한 개신교적 구원의 교리가 다시금 선명하다. 즉 천국은 기도와 선행의 덕목 덕분이 아니라, 오로지 그리스도 보혈이라는 무상의 선물을 통해서만 열린다. 다음의 소네트를 잃고서 누가 그 점을 의심할 것인가.

오직 당신의 보혈만이 저의 잘못을 씻어주고 어루만지기에,
그리고 제가 더 늙어감에 따라 더욱 넘치기에,
구원과 완전한 용서가 성큼 눈앞에 닥쳤나이다.

이것으로 전부가 아니다. 즉

왜냐고요, 당신의 약속을 기다림에도
감히 바라건대, 주님,
저희의 지나친 잘못까지도 다시 한 번 용서해주시옵소서

하지만, 당신의 보혈로써

당신의 순교가 저희에게 무한하다면
저희는 당신의 한없이 소중한 선물을 바라렵니다.

프레이에 따르면, 1555년의 또 한 편의 소네트에서, 구원을 얻기 위한 의지에서 비롯된 우리의 헛된 일을 분명하게 시사한다.

왜냐하면 저 자신의 가치란 아무짝에도 쓸모가 없으니까요

그다음 소네트에서 계속 반복하건대,

… 문은 닫혀 있고
천국과 지상에서, 당신의 보혈로만 그 문은 인간에게 열리나이다.

또 다른 미완의 소네트에서도 같은 개념이 등장한다.

고귀하신 주님, 오직 당신만이 보고, 벗기는
당신의 보혈로써 영혼을 순화하고 치료하시니
무한한 잘못과 인간적 움직임으로부터….

이처럼 원죄에 대한 유일한 대속자이자 순화자로서 신성한 보혈에 대한 관념은 이탈리아 개혁자들 사이에 널리 퍼져 있었다. 특히 주앙 데 발데스의 주장을 수용했던 사람들 사이에서. 발데스는 비토리아 콜론나의 친구였다. 『십자가에 못 박힌 그리스도의 은총』이라는 익명의

저자가 쓴 소책자가 당시 널리 보급되었고, 16세기에 대성공을 거두었는데, 미켈란젤로 또한 이 책을 읽었을 듯하다. 이 책에서도 보혈의 주제가 반복된다. 부오나로티는 결코 이단자가 아니었지만, 루터파도 아니었다. 하지만, 만년에 그는 로마 교회가 가르치는 것과 다른 데에서 정당성을 찾는 이론에 끌리고 감화되었다고 할 수 있다.

이단적 신념이라면 미켈란젤로도 단테와 마찬가지로, 요아키노 다 피오레˚가 예고했던 것과 같은 제3의 지배(통치)에 희망을 걸었다고 생각하게 한다. 그의 유명한 소네트의 제3행은 "주님, 제가 원치 않는 것을 원할까 합니다"라고 시작한다. 이 시는 광명으로 가는 길의 장애를 거두어달라고 하느님의 전지전능함에 호소하는 회개의 시이다. 그 끝은 이렇게 마무리된다.

오고야 말 약속의 빛을 저희에게 비춰주소서
주저 없이 제 가슴을 태우게 하고 오직 당신의 모습만을 느끼게 할,
그 아름다운 빛을 밝혀주소서,

해설자들 모두가 이 '오고야 말, 약속의 빛'을 간과했다. 그것은 바로 성령이지만, 늙은 구아스티가 순진하게 영혼이라고 해석했던 그 아름다운 빛은 성령의 아내로서 수 세기 동안 불렸던 교회이다. 그리고

˚ 1132~1202. 시토회 은둔 수사.

이 '약속한 빛'은 즉 예언했던 빛은 지상으로 되돌아온 그리스도요, 초기 기독교도의 재림 그리스도인 것이다. 왜냐하면 빛이란 찬란한 영광과 '위안'*을 의미할 뿐이기 때문이다. 이것이 미켈란젤로의 시에서 유일하게 제삼자를 암시하는 것이지만, 그의 극단적인 겸손과 신중한 성격을 고려할 때, 더구나 모든 이단적 의지에 대해 검열하던 당시의 종교재판소의 분위기마저 고려한다면, 기질적으로는 당연히 그렇게 생각했을, 부오나로티가 이런 위험천만한 사상을 찾지 않았다면 놀랄 일도 아니다. 어쨌든, 제삼자까지 등장시킨 그의 구상은 적어도 그 자신으로서는, 그와 단테의 종교사상의 긴밀한 유사성을 보여준다.

● 신약에서 말하는 위안.

175
예술의 부인否認

서한문에서 미켈란젤로는 자신의 예술에 대해서 거의 언급하지 않는다. 그런데 친구와 제자들과 종종 그에 관해 이야기했다. 그는 시를 쓰면서도 자신이 조각가라는 사실을 잊지 않는다. 왜냐하면 불가피하게 부과된 성급한 산문보다는 간결한 운문으로써 자신의 감정을 쏟아내는 것이 더욱 쉬웠기 때문이다. 예술의 모범과 찬미를 드러내는 그의 시에서, 무엇보다도 조각이 최우선이다.

완전하고 건장한 취미를 지닌 그가 사랑하는
모든 예술 가운데 으뜸인 예술은
밀랍이나 흙이나 돌로써 인체를 빚어내려는
살아 있는 얼굴과 사지와 몸짓을 닮았네

대리석 속에 숨겨진 여인의 모습을 끌어내려는 예술가를 환기하는 것으로 시작되는 연시戀詩를 보자.

여인을 쪼아내려고 돌진하는 사람처럼
알프스의 단단한 돌로
거기에서 살아 있는 인물을 끌어내려는 사람처럼
돌이 줄어들면 들수록 더욱 그렇게 믿는 사람처럼

　그는 자신만만하게, 아름다운 작품을 만들려고 이 세상에 왔다고 주
장하기도 한다.

　내 소명에 충실한 모범이 있어야 하기에
하느님은 내가 태어날 때 아름다움을 내게 주셨네.
아름다움은 이런저런 예술을 위한 광채와 거울이었네.

　이와 달리 생각한다면 이는 그릇되리
오직 아름다움만이
내가 그리고 조각하는 그 높은 곳으로
내 눈길을 고상하게 하네

　이렇듯 그는 아무런 주저 없이 세상에서 자신의 진정한 사명을 확인
한다. 즉 하느님이 태어날 때 주신 아름다움의 이러한 뜻에 충실하게
조각하는 것이다. 어쨌든, 세월이 가면서, 이런 확고한 믿음이 부오나
로티의 가슴에서 시들해져갔다. 농담과 우울한 기분이 뒤섞인 1546년
에 쓴 시 한 수에서—칠십에 막 접어들었을 때—미켈란젤로는 갑자기
절망적인 냉소의 고백을 토해낸다.

꼭두각시 짓을 이렇게 한들 다 무엇인고
결국 별것도 아닌 짓을 하려고 바다를 뛰어넘은 자와 같은 꼴인데
한때 명성을 안겨준 그토록 평가받은 예술이
나를 이 지경으로 만들었으니
가난하고, 늙고 타인의 종이 되어야 하고
나는 이제 끝장난 사람이니, 어서 죽기나 해야지

이 시는, 농담조라고는 하더라고 놀랍고 슬프다. 이 당시 최고의 거
장은 모든 이가 그렇게 인정하는, 파산선고를 받은 듯한 모습 아닌가.
피에타의 그리스도, 다윗, 모세, 노예 같은 빼어난 인간성을 지닌 인물
상을 '꼭두각시'라고 하면서 자진해서 경멸의 말을 뱉는다. 어떤 예술
가도 이런 정도로 자신의 창작을 천시하지는 않았다. 오직 톨스토이만
이 칠십이 다 되어, 『예술이란 무엇인가』라는 유명한 책에서, 성숙기의
자기 걸작을 부인했다는 점을 상기해보자.

미켈란젤로로서, 자신의 '멜랑콜리'라거나 '광기'라고 했던 것에 대
한 씁쓸한 유머에 접근했다고 짐작할 수 있겠다. 그가 늙었다고 해서,
그것이 그 예술의 잘못은 결코 아니며, 그가 가난했었다고도 할 수 없
는 노릇이다. 그러나 그는 타인의 종일 수밖에 없었다. 이는 항상 사실
이며 자유를 희구하는 그의 정신은 이 때문에 고통받았음이 분명하다.

앞에서 본 시보다 나중에 썼을 삼행시에서, 그는 자신의 '꼭두각시'
들이 '신성한 작품'이었다고 인정하면서도 그것이 고통스러운 분위기
속에서 태어났다고 되풀이한다.

그 많은 복종과 권태로

그릇된 생각과 커다란 위험으로

내 영혼을 위해, 나는 여기 신성한 것을 조각했네.

이렇게 시로써 자문하고 있지만, 여기에서 회한과 기도로 가득한 최후의 시편에서 다시 주제가 나타난다. 즉 예술은 자기 영혼을 구원하는 데는 위험했다고.

미켈란젤로는 소년기부터 언제나 진심으로 기독교도이고자 했고, 이 교도적 형태의 찬미를 시도하고 고민했지만, 결코 인간의 지고한 목적과 그 자신의 개인적 구원을 망각하거나 잊지 않았다. 죽음이 다가오면서 그의 정신에 의심이 솟아났고 거기에 사로잡혔다. 즉 구원을 받을 만하지 못했다는 끔찍한 걱정이었다. 그는 그리스도 보혈의 전능한 미덕을 기대하지만, 다른 한편 죄를 지었다는 점을 깨닫고서, 예술조차 하느님에게서 자신을 멀어지게 했다는 근심과, 예술이 적의 시도였고, 타락의 위험이었을지 모른다는 근심에 빠져들었다.

1555년에 지은 유명한 소네트(「내 삶이 다했네」)에서 예술을 부인하는 모습이 뚜렷하다.

그뿐만 아니라 열렬한 환상은

예술을 우상과 주군으로 삼게 했네.

그 환상이 얼마나 오류로 충만했던가.

모든 인간이 자신의 악행을 원하는 것이 분명히 보이네.

(…)

그림도 조각도
십자가 위의 팔로 우리를 끌어안으려고 벌리는
하느님의 사랑을 바라는 영혼을 가라앉힐 수 없네*

    여기에서 진정 영적인 전환을 본다. 예술은 더는 미를 위해 타고난 사명이 아니다. 그렇다고 자유를 쟁취하는 데 장애물도 아니다. 영원한 구원을 가로막는 진정한 장애인 것이다. 예술은 그에게 우상이자 주군이었다.

    다시 말해 거짓 신이었고 위험한 왕이었다. 모든 것이 잘못으로 채워진 것이니만큼… 영혼은 더는 회화와 조각의 창작에서 안심하지 못한다. 영혼은 우리의 구원을 위해 십자가에 매달린 하느님의 사랑을 지향하기 때문이다.

    이 시편에서 우리는 가장 위대한 예술가에 고유한, 단테가 천국의 마지막 장면에서 표현했던, 예술의 부족과 무능이라는 종국적 감정을 본다. 예술은 여기에서 마치 치명적인 환상으로, 구원의 장애물로 간주된다. 니콜로 마르텔리에게 부친 편지에서, 그는 예술만이 오직 죽음에 저항할 수 있고, '삶을 연장하는' 유일한 방법이라고 했다. 하지만, 이제 그는 정반대로, 치명적 위험이라고 생각한다. 즉 또 한 번의 죽음의 선고를 받을 위험에 처했다는 생각이다. 그의 이런 불안은 또 다른 소네트에서 확인된다.

• 로맹 롤랑의 번역

이 세상의 거짓말이 내게서
하느님을 묵상할 시간을 앗아갔네.
그 은총을 잊었을뿐더러
은총을 받든 아니든 그 이상으로 죄에 빠트렸네.

미켈란젤로가 세속적 명예나 감각과 사치의 무질서를 결코 추구하지 않았던 만큼, '이 세상의 거짓말'이란 우선 예술일 것이고 그다음은 명예욕일 것이다. 이런 '터무니없는 이야기' 때문에 그는 '죄'를 지었다. 다시 말해서, 하느님을 응시하지 않게 했고 은총의 기쁨을 무시하게 했다. 이런 이야기를 믿었고 거기에 충실했고 잘못이었을 뿐인 그것을 경작했기에, 이 늙은 예술가는 그것을 원통해하고 회개하고 공개적으로 부인한다. 모든 시대를 통틀어 가장 위대한 예술가인 이 사람이 예술을 비난하면서 삶을 끝맺은 것이다.

이 때늦고 당혹스러운 부정을 어떻게 설명해야 할까? 노쇠의 무거운 그림자가 그것을 부추겼을 수도 있고, 시로써 말하듯이, '묘에 대한 성숙한 생각'으로 사람들이 끌리듯이, 말하자면 죽음에 대한 명상 탓이었을 수도 있다. 기독교도로서 이런 생각은 의식에 대한 엄격한 시험일 뿐이다. 과연 구원받을 것인가?

미켈란젤로는 자신이 '죄가 크다'고 인정했다. 사람으로서 그는 전적으로 예술에 자신을 바쳤지만, 그의 정신에서는 예술을 원죄 관념에 결부시켰기 때문이다.

그는 항상 사랑을 사랑했고 늙어서도 이런 불꽃은 꺼지지도 식지도 않았다. 정열로 부푼 그의 가슴속에서. 오직 늙음만이 사랑을 비극적으로 만들었다. 왜냐하면 미켈란젤로는 더는 사랑을 찾을 희망을 품을 수 없었고, 그것을 말로 표현할 염치가 없었기 때문이다. 사실과, 사건과, 세상 사람의 습관에 대한 부오나로티의 해묵고 영원한 염세주의를 항상 염두에 두어야 한다. 이런 염세주의는 세월이 갈수록 완화되기는커녕, 더욱 깊어지기만 했다.

세상은 맹목이고, 비극은 여전하네.
모든 풍습은 참패하고 침몰하네.
빛은 스러지고 모든 기쁨도 지네.
거짓이 승리하고 진실은 더는 보이지 않네.

이런 보편적 비관에서, 예술도 벗어날 수 없다. 어떤 점에서, 예술은 세상의 악의와 비극을 벗어나지만, 예술 또한 감각의 환락이자 허위의 도구로 보일 수 있기 때문이다. 선량한 플라톤주의자로서 미켈란젤로는 지상 세력의 왜곡을 넘어 신성한 빛을 빚어내려 했으며, 이제 대속자 앞에서, 죽음과 심판 속에서, 자신의 피를 토하는 고통 속에서, 그리스도를 훨씬 더 확실하게 직시할 수 있으리라 생각했을지 모른다.

이런 이유에서, 당대의 최고 예술가는 이렇게 예술을 부인하기에 이르렀다. 그의 위로였고, 소명이었으며, 부패와 광기로 넘치는 세계 속에서 승리의 확증이었던 예술을….

그러나 예술은 너무나 완전하게 그 자신과 그의 삶과 하나였기 때문에, 그는 운문으로써, 무자비한 기독교적인 엄격성으로 부인하는 식으로만 부인할 수 있었을 듯하다. 그는 예술을 결코 포기하지 않았고, 그

416

것과 떨어지려고도 하지 않았다. 다니엘레 다 볼테라를 통해서 우리는
이 늙은 예술가가, 눈을 감기 이틀 전에도, 기력이 다한 손으로 최후의
피에타 상의 그리스도를 쪼았다는 사실을 알고 있다.

176
심판관 앞의 미켈란젤로

사망하기 불과 몇 달 전에 늙은 미켈란젤로는 마지막으로, 아무 죄목도 없이 정의의 심판대에 섰다.

1563년 여름에, 산 비탈레 근처의 오라초 무티라는 사람의 포도원에서 밭을 갈던 일꾼이 금화와 동전을 발견했다. 이 사람은 자기 손에서 반짝이는 물건들을 보고서, 마침내 가난을 탈피할 수 있다는 유혹을 뿌리치지 못했다. 주인에게 고하는 대신, 그는 이 보물을 갖고 베네치아로 도망쳤다. 그런데 황급히 도망치는 바람에 그는 밭 구덩이에 동전 일부를 그냥 놓아두었고, 무티는 밭에 나갔다가, 이것을 발견하고 일꾼이 사라졌음을 알게 되었다. 그는 무슨 일이 있었는지 이해하고서 즉시 로마의 모든 은행과 환전소와 금은세공사에게 이 사실을 알렸고, 고대 금화를 팔려는 자라면 누구든 즉시 체포하라고 당부했다.

며칠 뒤에, 은행에 한 사람이 유통되지 않는 금화를 교환하러 나타났다. 은행원은 무티의 신고를 기억하고서 이 사람을 체포했다. 심문을 받은 이 사람은 금화를 준 사람이 주인 미켈란젤로라고 밝혔다. 판사는 따라서 사태를 해명하려고, 수사관을 미켈란젤로에게 보내 데려오도록 했다. 예술가는 여든여덟의 고령인데도 판사 앞에 끌려왔다. 거장은 무슨 일인지 확신했으므로, 지나치게 불쾌해하지 않으려고, 심문관의 요구에 피렌체 사람다운 낭랑한 어조로 답했다. 심문관은 그에게 특히 그가 무티 가를 아는지 물었다〔'무티'라는 말은 벙어리라는 뜻이기도 하다〕. 그러니 이런 답을 들었을 수밖에,

"말하는 자도 모를 텐데, 내가 어찌 벙어리를 알겠소?"

다행히 그가 집에서 끌려가는 것을 보았던 미켈란젤로의 친지 한 사람이, 친구인 추기경에게 이 사실을 알렸고, 추기경은 바로 부하를 판사에게 보내 그가 부오나로티이니 조용히 방면하라고 지시했다. 사실상, 이 존경받는 노인은 귀가했지만, 그 하인은—피에르 루이지 가에타—사법당국에 묶여 있게 되었다.

이 재미있는 일화는 단 한 사람만이 전했다. 조각가 플라미니오 바카가 그 주인공이다. 그는 로마의 여기저기에서 발견된 고대 유물을 주제로 『회고록』을 쓰면서 이 이야기를 전했다. 이 회고록은 1704년까지 출간되지 않았으나, 바카는 미켈란젤로와 동시대인으로 1548년생이다. 따라서 그 사건 당시에는 열다섯 살이었다. 그는 장수하면서, 부오나로티를 알았던 예술가와 학자들을 두루 만났는데, 그래서 그가 이런 이야기를 지어낸 것이 아니라 분명히 전해들었을 듯하다. 일부 부정확한 면이 있지만—그는 파울루스 4세를 피우스 4세와 착각했고, 우르비노를 피에르 루이지 가에타로 착각했다, 무티와 그 일꾼의 파란에 관한 상보는 완전히 사실이다. 그 밖에도 이 사건을 반박할 수 없게 하는 간접적인 확증도 있다. 조각가 티베리오 칼카니가—이 무렵, 마르첼 데코르비

419

의 집을 열심히 드나들었다―1563년 8월 8일에 조카 리오나르도 부오나로티에게 부친 편지가 있다. 이 편지에서 그는 통용되지 않는 옛 금화 6두카토를 바꾸러 갔다가 체포된 피에르 루이지에 대해 이야기하고 있다.

이런 일화는 그다지 중요하지 않고 신빙성이 없는 것도 아니지만, 슈타인만이 『수많은 전설』에서 한 이야기는 올바르지 않다. 그런데 사건의 주인공이 미켈란젤로라면 사소한 사실도 기록해둘 만하다. 이 노옹의 반문은 최소한, 교황청 사법당국 종사자의 무지와 거칠음을 증언하기 때문이다. 이 판사는 미켈란젤로의 위대함과 영광을 몰랐던 듯하다. 그를 그런 식으로 괴롭히지 않을 수도 있었을 것이고, 부하를 보내는 대신 자신이 직접 찾아가서 심문할 수도 있었을 것이다.

이미 청년기에, 1494년에 미켈란젤로는 볼로냐에서 사법당국에 붙잡힌 적이 있었지만 알도브란디 덕분에 풀려났었다. 이제 여든여덟의 노구를 이끌고서 그는 추기경의 호의적 개입으로 석방될 수 있었다. 이 추기경은 1563년 당시 로마에서 가장 막강한 인물이자, 총리였던 '교황의 조카' 추기경이었다. 이런 사정으로, 장차 성 카를로 보로메오가 될 사람이 그를 인정하고 존경했기에 미켈란젤로를 구했던 것이다.

177
살인자 미켈란젤로

이렇게 방금 미켈란젤로가 절도범의 혐의를 받았듯이, 이 자리에서 그를 더도 덜도 아닌 바로 살인자라고 하는 해묵은 전설에 대해 한마디 하지 않을 수 없다.

푸슈킨의 비극「모차르트와 살리에리」의 종막에 이런 말이 나온다.

"천재와 범죄는 양립할 수 없을까? 아니다, 그렇지 않다. 그렇다면, 미켈란젤로는? 사람들이 생각하듯이 당치 않게 지어낸 우연한 일일까? 이 바티칸의 창작가는 살인자 아니었을까?"

우리는 여기 위대한 낭만파 작품에서, 미켈란젤로를 예술에 대한 사랑 때문에 살인을 저지른 자라고 비난하는 오래된 전설의 최후의 울림을 듣는다.

내가 찾아낸 가장 오랜 증언은 17세기 영국의 책자였다. 1642년 런던에서 출간된 리처드 카펜터의 『경험, 역사, 신성화』라는 책이다. 카펜터는 십자고상을 그리려고 청년을 모델로 쓰고자 자기 집으로 데려왔고, 그 청년을 커다란 십자가에 묶어놓고서는, 그 고통으로 일그러진 얼굴 표정을 그리려고 단검으로 가슴을 찔렀다고 한다. 또 다른 18세기 초의 영국인, 조나단 리처드슨은 이 십자고상을 로마 보르게세 별장에서 볼 수 있었다고 썼다.

어쨌든, 이 전설은 이탈리아에서 시작되었을 것이다. 왜냐하면 비세글리의 제자, 폼페오 사르넬리는 『성직자 서한집』이라는 1686년 베네치아에서 출간된 저서에서, 어떤 신부가 설교하면서, 미켈란젤로가 자기 손으로 직접 십자가에 매달린 그리스도를 자연스럽게 그리려고 어떤 인부를 죽였다고 했다는 것이다. 안톤 프란체스코 고리는 콘디비가 쓴 전기에 붙인 『비망록』(1746)에서 이런 비난에 분개해서 부인했지만, 전설은 전 유럽으로 퍼져나갔다. 안토니오 스코치(1761년), I. G. 멘셀(1781년), 아우구스티투스회 신학자이자 1788년 익명으로 출간한 『궁인의 회상』의 저자 테오필 스피첼도 마찬가지로 그 전설을 퍼트렸다. 드 장리스 부인은 『회상록』에서 나폴리에서 미켈란젤로가 살인을 하고서 그린 그 십자고상을 보았다고 주장했다. 빈의 해부학자, 요셉 히르틀은 『고대 해부학』(1835)에서, 같은 일화를 상기했다. 어쨌든, 이뿐만이 아니다. 모데나, 데스테 저택의 도서실에 소장된 수사본 중 16~17세기 시편에서, 17세기 익명의 필자가 쓴 소네트는 미켈란젤로가 죽였다는 인부를 예수와 비교하고 있다.

만약 예수가 하느님으로서 영생을 얻고자 죽는다면
나는 화폭 위에서 영생을 얻으려고 죽는다네.

두 사람 모두 십자가에 자신의 가죽(유해)을 남겨놓지만
그리스도를 죽인 자들은 수치스러운 이름을 얻고
내 망나니는 영광을 거두네.

이렇게 전설은 최소한 17세기 초부터 19세기 초까지 두 세기 동안 생생하게 퍼졌다. 그것은 도대체 어디에서 유래했을까?

중세와 르네상스 시대에 그런 일이 심심치 않게 벌어졌듯이, 학자들이 고대인 특유의 사건과 행동을 현대인에게 부여하는 관습에서 나왔을 것이다. 그리스의 유명한 화가, 파라시오스가 저지른 살인에 대한 비난은 세네카가 『논쟁』(34)에 수록했고, 카를로 루베르토 다티는 그것을 자신의 『고대 화가 열전』(1667)에 인용했다.

"고통에 신음하는 프로메테우스를 그려 실제처럼 보고 싶어했던 파라시오스는 마침 마케도니아 왕, 필리프가 올룬토스〔그리스 북부〕의 죄수들을 판매한다는 것을 알고서, 늙은이 한 명을 사들여 아테네로 데려왔다. 그곳에서, 그 노인을 잔인하게 고문하면서 그는 프로메테우스를 그려냈다. 죄수는 고문의 와중에 사망했다."

이와 같은 잔인한 이야기를 미켈란젤로에게 뒤집어씌우기에 앞서 우선 조각가 산소비노가 뒤집어썼다. 그는 바쿠스 조각상을 실물대로 만들려고, 제자 피포를 술에 취하게 해서 미쳐 죽어버리도록 했다는 혐의를 받았다.

유명한 해부학자들도 비난받았다. 예컨대 베살레와 카르피의 베렌가

리오는 살아 있는 사람의 배를 가르고 살가죽을 벗겼다고 비난받았다. 또 팔로피오는 망나니에게서 사형수들을 얻어 실험했다고도 한다.

이와 비슷한 전설이 17세기 초에 미켈란젤로를 주인공으로 삼았다고 해서 놀랄 필요는 없다. 그가 평생 열심히 해부학을 연구했다는 것은 잘 알려진 사실이다. 그의 작품에서, 기적적인 힘찬 표현을 볼 수 있는데, 이는 직접 대상을 앞에 놓고서 작업했고, 고통과 괴로움을 표현할 때에도 마찬가지 아니었을까 생각하게 한다. 더구나 르네상스 예술가들이 살인에 의존하기를 두려워하지 않았다는 점도 잘 알려졌다. 지금은 안드레아 델 카스타뇨의 살인 혐의가 허구로 판명이 났지만, 첼리니가 사람을 죽인 것은 사실이며, 미켈란젤로의 친구이자 조각가 레오네 레오니, 또 화가 카라바조도 살인을 저질렀다.〔바로크 최고의 거장 카라바조는 살인을 저지른 후 도피 생활 끝에 사망했다.〕부오나로티도 분개해서거나 복수심으로 그렇게 하지는 않았을 테지만, 예술에 대한 엄청난 사랑 때문에, 걸작을 그리려고 천민을 희생시켰을지는 알 수 없다.

그러나 이런 관념과 의혹은 17세기 사람의 머릿속에서 만들어졌다. 엉뚱한 상상력으로, 수수께끼 같은 범죄와 비극적 역사에 탐닉했던, 잔혹과 죽음에 대한 극단적인 취향이 빚어낸 것이다. 주검의 전설〔주검의 춤〕이 낭만주의 시대에 푸슈킨까지 존속되었던 것도 놀랍지 않다.

하지만, 우리 시대의 유명한 시인—순수한 합리주의자로서—폴 발레리가 미켈란젤로가 살인을 했을 수도 있다고 보았던 것에 놀라지 않을 수 없다. 『렁스』에서, 그는 "만약 그가 대담했다면, 독살을 했을지 모른다. 레오나르도에게 그렇게 했던 장면을, 그 장면이 암시한다"라고 썼다. 발레리는 1502년 산타 트리니타 광장에서 미켈란젤로가 레오나르도에게 던졌던 경멸을 염두에 두었다. 부오나로티가 다 빈치를 좋아하지 않았던 것은 사실이고 그럴 만한 이유도 충분하지만, 그의 거친 언사가 자신의 경쟁자를 독살하려는 욕구를 함축한다고 하는 것은 지나친 추측이자 오류일 뿐이다. 발레리는 이탈리아 이민의 자손이면서도, 미켈란젤로의 피렌체 사람다운 직설적 성격을 간파하지 못했다.

세니의 이야기에 따라서, 니콜로 카포니의 돌연사까지도 그와 연관시킬 수 있겠지만, 여기에 살인의 고의성은 없었고, 기껏해야 우연한 사건이었다. 미켈란젤로는 항상 살해당할까 불안해했다. 그러나 그의 감정과 생활에 대해서 우리가 아는 한, 우리는 사람을 죽인다는 것이 그에게서 결코 일어날 수 없을 것이라 확신하게 된다.

178
죽음의 전조

1561년은 미켈란젤로에게 큰일과 심각한 위험이 있던 해였다. 피우스 4세는 피아 가街 쪽에서 로마로 들어서는 입구를 확장하고 성문을 세우려 했다. 그곳에서 도로를(오늘날 벤티 세템브레 가) 키리날레로 곧장 이으려고 했다. 당연히 이 일을 미켈란젤로에게 맡겼다.

이 문을 위해서 그는 이미 1550년부터 수차례 밑그림을 그렸었다. 하지만, 이제 피우스 4세가 그것을 정말로 세우려 했기 때문에 또다시 밑그림을 그려야 했다. 유감스럽게도, 이 도안을 제자 자코포 델 두카에게 맡겼으나, 장식의 과잉으로 미켈란젤로의 애당초 원시적이면서도 장엄한 모습을 해쳤다. 바사리는 나중에 '포르타 피아'라고 불리게 되는 이 새로운 문을 위해서, '기상천외하고 멋진 도안 석 점'을 그렸다고 했다. 그의 말대로 이 도안이 어떤 점에서 '기상천외한'지를 이해하기 어렵다. 아마 부오나로티가 여든여섯의 나이였지만, 일종의 밝고 자유로운 공상을, 비상식적인 구조에, 대담한 형태와 낡지 않은 선으로 오래전부터 되풀이되었던 취향에서 벗어나는 새로운 건축 형식을 추구했기 때문일지 모른다. 이런 '기상천외 한' 도안에서 이미 바로크라고 할 때 이른 취향과 분위기를 볼 수 있다. 그러나 교황은 멋진 도안 대신 비용이 적게 드는 경제적인 도안을 선택했다. 그렇지만 결코 완공을 보지는 못했다. 옛것을 헐어내고 기반 공사가 1561년에 시작되어 7월 18일에 피우스 4세가 새 문의 초석을 놓았다. 이 자리에서 미켈란젤로는 석공 작업을 자신이 '길러낸' 성실한 피에르 루이지 가에타에게 맡겼다. 이 새 문의 여러 부분에 맞추어 거장은 도안을 내놓았고 7월 2일에 교황청이 석공들과 새 계약을 체결했으므로 작업을 서둘러야 했다. 그밖의 고민도 있었다. 같은 해에, 고대 디오클레티아누스 황제 시대의 폐허가 된 온천장 터에 신축할 산타 마리아 델리 안젤리 성당 설계도 약속했기 때문이다. 하지만, 이제 그는 늙고 피곤한 채로 죽음이 다가옴을 느꼈다. 그는 이해에 리오나르도가 부활절 뒤에 로마로 자신을 찾아오기를 바랐고, 그렇게 그에게 유언을 남기려고 했다. 그는 이 조카가 곧 상속자가 되어야 한다고 생각했기 때문이다. 3월 22일, 그는 부활절이 끝나자마자, 기다릴 테니 각별한 친지 몇 사람만 데리고 오라는 편지를 썼다.

"우리 집에 손님이 묵을 자리가 별로 없으니 여러 사람을 데려오지는 말거라. 집 안도 어수선하고 하인도 몇 없다. 이삼일 묵고 나서 피렌체로 돌아가는 편이 좋지 않겠느냐. 네게 할 말이 그렇게 많지는 않을 테니 말이다."

이렇게 리오나르도는 4월에 로마로 건너왔을 것이다. 왜냐하면 부활절 축제는 바로 이해에, 같은 달 6일부터 시작되었고, 미켈란젤로는 필요한 시간을 얻을 수 있었기 때문이다. 리오나르도로서는, 그가 가족의 유일한 상속자가 되고 싶었지만 그렇게 되지는 못했다.

여름 내내 그는 상태가 좋지 않았다. 죽음을 예감하면서, 가난한 사람을 위해 애덕의 작품을 하려는 욕구가 강하게 일었다. 그는 복음서에 대한 자신의 믿음을 이와 다른 방식으로 증명할 수 없었기 때문이다. 미켈란젤로는 로마에서 꾸준히 자선을 해왔지만, 자신이 피렌체 사람이라는 점을 잊은 적이 없었고 고향의 가난한 사람도 배려하려 했기 때문이다. 그는 7월 18일 리오나르도에게 이렇게 썼다.

"너도 알다시피 이제 내가 늙었으니, 내 영혼을 구제하기 위해 피렌체에 약간의 선행을 하려고 한다. 하지만, 내가 할 수 있고 할 줄 아는 것이라고는 자선밖에 더 있겠느냐. 그러니 피렌체에 금일봉을 내놓을 테니 네가 그 지출을 책임지고 가장 긴요한 사람에게 주도록 하려무나."

이런 기독교도적 예감은 이 노대가가 위기가 닥쳐온다고, 자기 삶의 최후의 시간이 다가온다고 느낀 데서 비롯했을 것이다. 사실상, 8월 초에, 미켈란젤로는 영원히 죽을지도 모른다는 불안감을 심어주었던 돌연한 병으로 쓰러졌었다. 1561년 8월 29일, 티베리오 칼카니가 리오나르도에게 다음과 같은 편지를 부쳤다.

"사건이 나던 날 아침에도 평소와 다름없이 일어나 신도 신지 않고서, 거의 세 시간가량 그림을 그리셨습니다. 오한을 느끼셨던 것 같고 거의 기절했을 때, 얼굴과 전신이 이상하게 오그라들었습니다."

하인, 안토니오가 황급히 달려와 그가 인사불성임을 알았고 이런 소란 때문에 미켈란젤로가 '돌아가셨다' 라는 소문이 퍼졌다. 거장의 친구, 토마소 데 카발리에리와 프란체스코 반디니도 마르첼 데코르비로 달려왔고 또 칼카니도 여기 합세했다. 안토니오는 계속 이렇게 썼다.

"우리가 도착했을 때 선생님께서는 의식을 되찾았다. 그분은 차분히 그냥 계시도록 하고서 쉬기를 원하셨습니다."

이튿날, 그는 훨씬 좋아졌지만 충격은 심각해서 노인은 여러 날을 누워 지냈다. '약간 이상한 이유로' 그의 정신이 약간 혼미했던 듯하다. 끊임없이 엉뚱한 이야기를 늘어놓기도 했다. 이 갑작스러운 충혈의 원인은 무엇이었을까? 칼카니는 오한이라고 했지만, 당시 로마는 8월이었다. 한나절 동안 열이 올랐던 미켈란젤로가 그림을 그리려는 욕심과 불면증에 시달리면서 밤새, 촛불 아래에서 일을 했고, 잠옷도 양말도 챙겨 신지 않았을 것이다. 이는 사실상 '작업의 사고'였다. 그의 강고한 기질과 정신력이 다시 한 번 나약한 육신을 이겨냈고 며칠 동안 그는 말짱한 정신으로 판단하고 작업하려고 했다. 칼카니는 이렇게 말한다.

"이제 그는 말에도 올라타고, 포르타 피아를 위한 밑그림을 그리고 있습니다. 아직 끝내지 못했던 바깥 부분을 말입니다."

이 지칠 줄 모르는 예술의 일꾼은 낙담하지도 않고 자신을 속이려 들지도 않는다. 그는 여든여섯이었고, 목숨을 앗아갈 수도 있는 뇌출혈에서 기적적으로 살아남아, 원기를 회복하고서, 나귀를 타고서 산 피에트로를 찾아가고, 손에 연필을 쥐고서 포르타 피아와 산타 마리아 델리 안젤리 성당의 밑그림을 계속 그려나갔다. 그가 오락가락하는 며칠 동안, 그는 얼마 전에 그가 금화를 기부했던 피렌체 빈민의 기도 덕분에 소생했다고 생각했을지 모른다.

179
죽음에 대한 생각

이렇게 갑작스러운 경고를 받은 다음, 미켈란젤로는 죽음이 성큼 다가왔다고 느꼈으리라. 그러나 그는 죽음을 두려워하지 않았다. 그는 항상 죽음을 생각했고, 젊은 날에도, 시신으로 해부학을 공부했으며, 묘를 조각했고 망자의 부활을 그렸었다.

우리가 보았듯이, 그의 자택에서, 그는 죽음의 이미지를 그렸고, 그 밑에 장송곡을 써넣었다. 그의 시편에서, 죽음에 대한 사고는 항상 사랑의 열정과 결부되었고, 하느님의 욕망과 연결된다. 그는 모든 기독교도처럼 이런 지배적 사고의 영적 가치를 알고 있었다.

잔노티는 『대화』에서 그 진실성을 의심하기 어려운 미켈란젤로의 말을 전하고 있다.

"만약 자기 자신을 찾고 싶다면 그토록 즐거움이나 기쁨을 얻어야 할 필요는 없을 거네. 되레 죽음을 생각해야 하지. 이런 생각만이 우리 자신을 인식하게 한다네. 완전한 통일 속에서 우리를 보존하고, 부모와 친구와 거물과 야심과 인색함이나 또 사람에게서 사람을 훔치는 다른 사악과 죄에 짓눌리지 않게 하지 않고서… 인간을 당혹과 방심에 빠트리고, 자신을 되찾고 자신과 재결합하지 않게 하는… 죽음에 대한 생각은 놀라운 효과가 있네. 그 사고의 본질 자체로써 모든 것을 파괴하고, 죽음을 생각하는 사람을 보존하고 유지하고, 모든 인간 열정을 물리치게 하네."

죽음 앞에서 매 순간 되풀이되는 이런 절실한 요구는 미켈란젤로에게서, 이론이나 자세나 수사학적 태도의 결과라기보다 일상적 사건이었고 바로 그렇게 때문에 그는 어느 날 바사리에게 이런 편지를 썼다.

"죽음의 이미지를 담지 않은 생각이란 할 수조차 없네."

바사리도 어느 날 저녁에 그를 찾아갔다가,

"미켈란젤로가 작업하다가 고치려던 중이었던 그리스도 상의 다리에 눈길을 던졌다. 그는 내가 그것을 보지 못하도록 하려고 하다가 촛대를 놓치고 말았고, 그렇게 깜깜한 어둠 속에서, 그는 우르비노를 불러 등불을 가져오게 했다. 바로 그 순간에 좌대 위에서 그 다리를 보게 되었다. 그는 이렇게 말했다. '난 이제 너무 늙어서 종종 죽음이 내 두건을 잡아채는 듯하니 말이야, 나를 이 촛대처럼 끌고 가서 내 삶의 등불을 꺼트려버리려고 하는 듯해.'"

1557년에, 그가 이미 팔순에 접어들었을 때, 이런 죽음에 대한 집착은 종종 그의 머리만 붙잡은 것이 아니라 그의 붓까지 붙잡았다. 이해 5월에 미켈란젤로는 코시모 1세에게 편지를 써서 피렌체로 되돌아가겠노라고 했다.

"죽어 그곳에 영면하고 싶습니다. 그렇게 밤낮으로, 저는 죽음과 익숙해지려 하고 있습니다. 다른 늙은이보다 더 못되게 죽음이 저를 다루지 않도록 말입니다."

이 무렵에, 바사리에게 부친 편지에서 그는 "죽음에 관한 것밖에 아무 관심도 없어"라고 했다. 8월에도 바사리에게, 그는 자신에게 가장 생생한 것은 이제 죽음뿐이라는 점을 이해하려고 했다. "기억과 두뇌는 다른 데에서(저승에서) 나를 기다리려고 떠났지." 또 다음의 운문도 같은 해에 썼을 텐데,

"이미 패배했으니, 어서 죽기만 바랄 뿐"

그런데 그의 시편에서, 죽음이라는 말과 기다림은 거의 매 쪽 등장하고 특히 만년에 쓴 것이 그렇다.

"세월이 날아오르게 하는 것이란
지치고 최후의 숨에 다가선 자에게서
죽음과 하나가 된

눈도 귀도 막아버린 욕망"

어느 날, 그는 「죽음의 승리」라는 시를 짓기도 했다.

"죽음이 다가오는데 무엇인가 태어나네.
시간의 도주와 더불어, 태양은
아무것도 살려두지 않네.
부드러움은 이제 막 사라지고 고통에 신음하게 하는 것은
우리의 정신과 말을,
과거에 우리가 낳은 모든 것은
태양의 그림자요, 바람에 흩어지는 연기일세.
그대처럼, 우리도 인간이었을 테지.
그대처럼 즐거워하고 슬퍼하는,
그런데 지금 우리는 그대가 보듯이,
태양 아래 먼지로서 생명이 없네.
(…)
옛날에 우리 눈은
그 거울 같은 빛으로 가득했네
하지만, 이제 그것은 텅 비고 끔찍하고 컴컴하네.
시간이 가져다준 것이 이것이네."

이 시는 피사의 캄포 산토의 유명한 프레스코에 새겨 넣으려고 지었
다고 하며, 프랑수아 비용〔프랑스 시인〕의 '주검의 춤'의 중세적 시의

동기와 주제가 반영된다고 본다. 나중에 16세기 말과 17세기 초에 시에서 되살아나는 주제요 동기이다. 그것에 대해 존 돈*의 시와 맹세에서 가장 고상한 표현을 찾게 된다.

미켈란젤로는 어쨌든, 자신의 죽음을 항상 더 많이 생각했다.

"내 일생의 경주는 이미 끝났네.
폭풍 치는 바다 위로, 뒤뚱거리는 조각배 갑판 위에서,
우리의 모든 선행과 악행을 따지고 결산하려고 부려놓는 부두에서."

다시금 그는 한숨짓는다.

"죽음을 확신하지만, 그 때를 모르니
인생은 짧고 남은 것은 거의 없네."

그는 육신의 죽음만이 아니라 그가 숭배하던 시인 단테가 제2의 죽음이라고 했던 영혼의 죽음도 두려워하지 않았다.

"바로 내 곁에 이런저런 죽음이 바짝 와 있네.
내 심장은 독이 올라 있네.
(…)

• 영국 시인. 1572~1631. 형이상학파를 주도했다.

한 가지 죽음은 확신하지만, 또 다른 죽음은 위협이네."

바짝 다가와, 대기 중이고 번번이 경고하는 죽음에 대한 생각은 구원이 불확실한 만큼 더욱 무서웠을 것이다.

미켈란젤로의 정신에서, 다른 모든 기독교도처럼, 죽음의 얼굴은 둘이었다. 하나는 무시무시하고 다른 하나는 위로하는 얼굴이다.

어떤 화가도 입을 크게 벌린 해골 같은 모습으로 죽음을 소름끼치도록 무서운 이미지로 그리지는 않았을 듯하다. 절망과 경악에 따른 것인지 알 수는 없지만 「최후의 심판」에서 보듯이 말이다. 거기에서 우리는 정말이지 어둠과 추악함 속에서의 죽음, 자신에 대한 공포에 질린 망자를 본다.

그런데 미켈란젤로는 하느님 자신이, 그 틀림없는 지혜로써, 성 바울이 말했던 대로 원죄의 대가일 뿐만 아니라 모든 인간에 대한 당연하고 명백한 단죄로서 죽음을 원한다고 생각했다. 왜냐하면 그것은 새로운 사람의 시작일 뿐이며, 부활의 전조이기 때문이다.

어느 날 그는 기독교도 고행자처럼 차분한 태도로 다음과 같은 관념을 표명했다고 바사리는 썼다.

"우리가 그에게 그의 한 친구의 사망 소식을 전하면서 너무 상심이 크겠다고 하자, 왜냐하면 그는 예술 분야에서 쉬지도 않고 끊임없이 작업하고 있었으므로, 그는 이렇게 답했다. '물론 아무렇지 않은 것은 아니지만 우리가 사람을 사랑하는 것과 마찬가지로 죽음도 같은 하나님의 작품인 만큼, 죽음 또한 사랑하지 않을 수 없네…'"

미켈란젤로는 이렇게 성자에게서나 보는 차분함으로 죽음을 기다릴 수 있었다. 그는 마치 성녀 테레사 다빌라처럼 "나는 죽지 않고자 죽는다"라고 쓰지 않았던가. 하지만, 종말에 대한 생각이 너무나 익숙해진 나머지, 친구가 죽게 되자, 그는 이미 청년기에도 "죽어본 자는 결코 죽지 않는다"라고 썼다.

삶은 그에게 가장 소중하고 값진 것을 주었다. 즉 창작의 즐거움과 고생, 영광, 사랑, 고통, 하느님과 또 그 자애에 대한 믿음을, 이제 늙어서 작업조차 힘겨운 나이가 되었는데 삶에서 무엇을 더 바랄 것인가?

"예술과 죽음은 서로 잘 어울리지 않는다네."

오직 단 하나 그를 두려움에 떨게 할 수 있었던 것은 자기 사후에, 그리스도의 사랑으로 구원받는 사람들 측에 끼지 못할까 하는 것뿐이었다. 그러나 그의 원죄적 인간으로서의 탄식 그 자체는 그의 지친 심장에서 그토록 강하게 솟구쳐 나왔고, 그리스도의 보혈을 한 방울이라도 받을 수 있다며 자신을 다독이게 했을 것이다.

180
죽음

늙었다는 불운만이 미켈란젤로의 종말을 앞당기지 않았다. 적의 마지막 공격이 그를 흔들고 충격을 가했다.

1564년 2월 초, 그는 상당히 건강이 좋지 않다고 느꼈다. 그러나 그는 일손을 놓지 않고서 고집스럽게 평소대로 생활해나갔다. 그의 상태가 심각하다는 소식은 도시에 널리 퍼질 수밖에 없었다. 늘 그렇듯이 사실보다 더 먼저.

2월 14일, 제자 티베리오 칼카니는 리오나르도 부오나로티에게 이런 편지를 부쳤다.

"오늘 로마 시내에 다녀왔는데, 많은 사람이 미켈란젤로 선생님이 매우 편찮으시다고 했습니다. 그래서 곧장 선생님 댁으로 달려갔습니다. 그런데 비가 오고 있었는데도 그분이 집 밖에 맨발로 나와 계셨습니다. 그래서 제가 이런 날씨에 나와 계시면 어떡하냐고 했지요. '내가 무얼 했으면 좋겠냐. 기분이 좋지 않고 어디에서도 쉴 수가 없

438

구나' 라고 하셨습니다. 이번처럼 그분의 목숨이 위태롭다고 걱정하게 될 만큼 그렇게 안색이 나쁜 적은 없었습니다. 이제 얼마 안 가서 돌아가시지 않을까 너무나 무섭습니다."

이튿날 디오메데 레오니가 쓴 편지에서도 거장의 마지막 날에 대한 상보를 들을 수 있다.

"지금 선생님의 상태를 알려드리자면, 그분의 감정이나 의식은 말짱하지만, 계속 비몽사몽하고 계십니다. 거기에서 벗어나려고, 그분은 오늘 22시와 23시 사이에, 말을 타보려고도 하셨지요. 날씨가 좋은 날 저녁에 산책하듯이 말입니다. 하지만, 추운 계절에 머리도 다리도 약하시니 우리가 만류했습니다. 그래서 의자에 앉혀드렸더니 침대에 누워 계실 때보다 훨씬 더 좋아하시는 듯했습니다."

과거에, 산맥과 견주었던 사람으로서 그는 노쇠에 굴복하지 않으려 했고, 말을 타고서 비바람을 맞으며 산책을 하려고도 했다. 커다란 검정 깃털 모자를 쓰고서… 우울한 방에서 침대에 누워 있느니….

하지만, 친구와 제자와 하인들이 그를 보살폈다. 의사들은—이 최후의 병구완을 했던 사람은 페데리코 도나디와 게라르도 피넬리시모였다—이 노인에게 침대에서 요양하도록 하는 데 애를 먹었다. 그는 분명히 그토록 자주 죽음과 마주쳤지만, 이번에는 죽음이 자신을 덮칠 것을 감지했으면서도 동요하지 않았다. 그는 자신이 사랑했던 사람 몇을 곁에 두고 싶어했다. 그는 단지 친자식처럼 정을 주었고 도와주었지만 정보다는 재물에 더 집착했던 조카 리오나르도만 생각했던 것은 아니었다. 그는 그토록 정을 주었던 토마소 데 카발리에리와 다니엘레 다 볼테라도 보고 싶어했다.

다니엘레는 1564년 3월 17일자의 편지에서, 바사리에게 스승의 마지막 며칠을 전했다.

"사육제 주간의 월요일에 병이 드셨을 때 그분이 편찮을 때마다 그러시듯이 나를 찾으셨습니다. 나는 페데리코 디 카르피 선생님께도 어서 오시도록 기별을 넣었습니다. 우연히 들르신 것처럼 해주십사 하고서, 그리고 선생님 댁으로 갔습니다. 저를 보시고서 선생님은 아, 다니엘레, 이제 다된 것 같다, 하지만, 나를 버리지는 말아다오. 그리고 나서 조카 리오나르도 씨께 편지를 쓰도록 하셨습니다. 어서 오라고 하라면서 저더러 곁에서 조카를 기다려달라고 하시니 어떤 핑계로도 자리를 뜰 수 없었습니다. 그분의 뜻에 따랐지요. 저 또한 보통 때와 달리 몸이 좋지 않았습니다. 어쨌든, 선생님은 닷새 동안 앓으셨지요. 첫 이틀간은 자리에서 일어나 화롯가에서, 나머지 사흘은 침상에서 지내셨습니다. 그렇게 금요일 저녁에 숨을 거두셨지요. 우리가 바라던 대로 아주 평화롭게 떠나셨습니다."

그가 종부 성사를 받았는지 아닌지 누구도 이야기한 사람이 없다. 아마 조용히 치렀을 듯하다. 임종을 지켰던 다니엘레도 G. B. 로티니에게 이렇게 썼다.

"누구도 이렇게 지극한 감정과 넘치는 자비와 더불어 세상을 떠나지 못했을 겁니다."

그가 사망하기 직전에 남긴 몇 마디 맹세도 그의 신앙심을 증명한다. 그는 희미하면서도 확고한 목소리로 이렇게 말했다.

"이제 이 사람은 하느님의 손에 영혼을 맡깁니다. 그의 육신은 이 땅에, 그의 재산은 친척 어르신께, 맡깁니다. 이승을 뜨는 순간에 예술의 고통을 기억하자고 가족에게 청하면서."

그의 임종을, 그와 함께 그를 위해 기도하면서, 2월 18일 저녁에, 다니엘레 다 볼테라, 토마소 데 카발리에리, 디오메데 레오니, 그리고 우르비노 자리를 대신한 하인 안토니오가 지켰다. 그의 요구대로, 이 최후의 시간에, 그에게서 그리스도의 수난을 상기했던 '가족'은 바로 이 네 사람이었다.

아마 토마소가 미켈란젤로가 본 마지막 인간이었을 것이다. 그의 손을 붙잡고 최후의 순간에, 30년 전에 자신을 신과 같이 숭배했던 그 아이의. 그러나 토마소에게 이제 더는 '우상'도 '주군'도 없게 되었다. 그도 친구가 되었고, 동업자로서 늙어가고 있었다. 잘생긴 얼굴을 사랑한다는 것조차 정말 죄일까? 그러나 미켈란젤로의 가슴은 더는 사람들과 함께하지 않았다. 그는 혼자였다, 모든 죽어가는 사람과 모든 망자와 다름없이….

이 위독한 병자는 어떤 상념을 떠올렸을까? 태양이 한순간도 반짝이지 않았고, 밤은 평소와 다르게 칠흑 같던 이 음산한 2월의 그날에!

물론 패배한 이 노인은 자신이 남긴 작품과 젊어서부터 자신을 따라

다닌 영예만 생각하지 않았을 것이다. 자신이 사랑했던 사람들, 자신의 팔에 안겨 숨을 거두었던 부오나로토, 아버지, 친구, 하인 우르비노까지 차례로 기억했을 것이다.

아마 그는 까마득한 젖먹이 시절의 빛 속에서 돌아가신 어머니의 모습을 보았을지 모른다. 돌아가실 때 두려워서 감히 얼굴에 입을 맞추지도 못했던 어머니를. 그러나 그는 거의 죽어가면서 이런 망자를 보지 않았고, 자신이 「최후의 심판」에서 그토록 무시무시하게 그렸던 끔찍한 얼굴을 차마 똑바로 주시하지 못하고서….

그는 죽어가면서 오직 그리스도와만 함께하는 살아 계신 하느님과, 그리스도의 고뇌와 비통과 하나가 되려고 했을 듯하다. 그리스도는 그에게 언제나 자신의 믿음을 지켜주는 존재였고 그분의 보혈로써 혼을 되찾았던 존재였다. 이런 비전에서, 그는 안심하고 자기를 포기했고, 이런 비전에서 그는 사보나롤라의 충직한 제자로서, 그리스도를 자기 작품의 중심에 두었던 창작가로서 영혼을 던졌을 것이다.

네 사람은 무릎을 꿇고서 눈물을 흘리며 위대한 라틴 기도문을 중얼거렸다. 그렇게 초라한 작은 침상에서, 거인과 거물의 조각가는 비쩍 마르고 움직일 줄 모르는 시신에 불과했다. 너무나 가뿐해서 수의 위로 백발과, 슬픈 입과, 주름진 이마와, 특히 앙상하게 뼈만 남고 신경질적이며 약간 부푼 손을 보지 않는다면 어린애와 같지 않았을까. 그 커다란 두 손은 전설적인 창조자이자 늙은 장인의 강인한 손이자, 민족을 일으켰으며 세계를 부활시켰던 지친 손이다. 이제 무기력하게 늘어진 그 손은 영원히 안식할 수 있게 되었다.

181
참회의 복장

미켈란젤로가 숨을 거두었을 때, 그의 영혼은 그의 작품 속에만 남았어도 그 속에서 우리 사이에 여전히 살아 있다.

그는 위대한 망명객으로서의 의지대로 '성가시고 무거운 유해'로서 자기 고향에 묻혔다. 이렇게 90년을 살았던 시신에 대한 사후의 긴 여정이 시작된다.

시신은 우선 산티 아포스톨리[성 사도] 성당을 거쳐 피렌체로 운구되었다. 우선 산 피에트로 마지오레의 성모승천회 예배당과, 산타 크로체 성당과 산 로렌초 성당을 차례로 거쳐, 마침내 다시 산타 크로체로 되돌아와 지금까지 그곳에 남아 있는 영구적인 묘에 안장되기에 앞서 임시로 조성된 작은 지하매장 터에 안치되었다.

이렇게 묘에 안치되기 전에 들렀던 네 곳의 성당은 매우 우연스럽게도 그의 작품을 연상시킨다. 즉 산타 마리아 델 피오레에 약속했던 사도상, 최후의 심판에 그린 승천도, 그의 최후의 비극이었던 산 피에트로 대성당, 시스티나 벽의 맨 꼭대기에 구름 사이로 자리 잡은 십자가,

또 같은 벽화에서 그리스도에게 자신의 고문 도구〔십자가〕를 보여주는 모습으로 표현된 성 로렌초가 있다.

이 모든 성당은 그에게 친숙했었다. 그의 집 근처에 있는 산티 아포스톨리에서 거의 매일 미사에 참석하곤 했다. 산타 크로체는 그의 어린 시절과 또 그의 조상의 성당이었다. 성 로렌초 성당은 그 신제의실에서 여러 해 동안 일했었다.

어쨌든, 그가 죽어서 피렌체로 가는 귀향은 이상하고 예기치 못한 여행이었다. 조카 리오나르도는 삼촌이 사망한 직후 로마에 도착했는데, 로마 주재 피렌체 대사에게 전할 코시모 1세의 친서를 지니고 있었다. 조카는 금은을 수습하고 유산 정리를 마친 다음 시신을 미켈란젤로 자신이 끝까지 원했던 대로 피렌체로 가져가려 했다. 이런저런 이유로 로마 사람들이 여기에 반대할까봐 걱정이 많았다고 하지만, 그런 이의 제기의 어떤 자취도 없으니 그렇게 믿음직한 이야기는 못 된다.

사실, 이 영광스러운 유해는 도둑질한 물건이라도 된다는 듯이 몰래 운구되었다. 리오나르도이거나 그를 대신한 누군가가 이런 기이한 발상을 내놓았다. 관을 천으로 덮어 둘둘 말아 싼 다음에, 작은 고리짝들과 함께 수레에 싣고서 토스카나로 향했던 것이다. 나귀의 굼뜬 발걸음으로 수레는 카시나 거리를 지나야 했다. 관은 자갈길에서 뒤뚱거렸다. 밤에는 외딴 오두막 마구간에서 멈추었고, 마침내 1564년 3월 11일에 사망 후 3주 만에, 피렌체 세관에 도착했다.

삼십 년 전에 힘차게 말을 타고 로마를 향해 이곳을 떠났던 가장 위대하고 유명한 피렌체 사람이 마침내 마치 면세품처럼 면포에 포장되어 슬그머니 고향으로 돌아온 것이다.

그 시민을 돕고, 자신의 걸작을 남겨놓았던 피렌체가 그를 이런 식으로 맞이할 일은 아니었으리라. 그러나 이런 겸손과, 이 고상하지 못한 최후의 여행은 의미심장하고 교훈적이다. 영혼이 내팽개친 육신이라는 것이 누더기에 둘러싸인 또 다른 누더기가 아니라면 대체 무엇이겠는가? 열정과 고뇌에 취했던 미켈란젤로의 영혼은 더는 그것에 없었다. 못 박힌 판자들과, 장사꾼의 수레 사이에 있지 않았다. 그러나 그의 영혼은 그의 작품과 화폭과 대리석상 속에서 찬란하게 되살아나고, 사람의 광명 속에서도 여전했다. 이제 더는 감출 수도 묻어둘 수도 없는 그의 삶과 인간이라는 것을 사람들에게 가르치고자….

182
장례

미켈란젤로가 사망하던 해에 장례는 세 차례 치러졌다. 첫 번째는 로마에서, 산티 아포스톨리 성당에 시신이 안치되었을 때(2월 19일)이다. 두 번째는 피렌체에서, 산 피에트로에서 산타 크로체로 옮겨졌을 때이고(3월 11일), 세 번째는 화려한 의례와 더불어 산 로렌초 바실리카에서 거행되었다(7월 14일).

오직 첫 두 장례에서만 가족과 민중의 진정한 정에 고취되었었다. 산티 아포스톨리에서, 관을 둘러싸고서 가장 사랑받던 친구들, 충실한 제자와 친척, 하인과 조수들이 모였다. 슬픔에 겨워 울던 사람들이다.

피렌체에서, 디자인 아카데미 회원은 이 거인의 사망을 독점하려 했기 때문에, 관을 밤중에 은밀히 산타 크로체로 옮기려 했다. 그러나 민중은 이상한 동태에 흥미를 쏟게 마련인 데다가 특히 피렌체 사람들은 더욱 그와 같이 호기심이 많았던 만큼 무엇인가 이상한 일이 벌어지고 있음을 눈치 챘다.

금세 소식이 퍼졌고, 성당으로 사람들이 밀려들고 거리에도 사람들이 넘쳤다. 손에 횃불을 든 청년들에 둘러싸여 어깨에 관을 짊어진 예술가들은 산타 크로체까지 당도하는 데 큰 애를 먹었다. 사람들을 물리치며 길을 빠져나가느라고. 귀환한 동포에게 피렌체 사람들이 따뜻하고 진심에서 우러난 인사를 올리지 않는가. 예술에 대해 별반 아는 것이 없는 가난하고 무식한 사람들이지만 그들은 세속 전통 덕분에, 천재를 예찬하는 경의를 보냈다. 그렇지만 진정한 의미의 민중은 이 세 번째 장례에서 배제되었다. 창기병들이 거드름을 피우는 귀족과 향수 냄새를 풍기는 부인들과 아카데미 회원들만 들어설 수 있도록 산 로렌초 문을 지켰다.

산타 크로체에 관이 안치되었을 때, 아카데미 수호대가 오른쪽에 늘어섰다. 이 데생예술 아카데미는 1563년에 창립되었고, 미켈란젤로는 비록 부재중이었으나 그 수장이자 아버지로서 공표되었다. 실제로 그 회장은 코시모 공작이 맡았다가 공작은 다시 돈 빈첸초 보르기니에게 그 자리를 인계했다. 보르기니는 이 거장의 사망을 계기로 아카데미의 위신을 높일 절호의 기회로 삼으려 했고, 이미 바사리를 비롯한 영향력 있는 회원들과 얼마 뒤 개최될 호사스러운 장례를 구상했다.

산타 크로체 성당에서 어쨌든, 보르기니는 훌륭한 생각을 해냈다. 여러 해 동안 그를 보지 못했던 사람들과 또 결코 그를 본 적이 없었던 청년 작가들에게 미켈란젤로를 보여주고자 그 관을 열어둔다는 것이었다. 바사리는 이렇게 썼다.

"참석자 전원은 시신이 이미 부패하고 해체되었다고 생각했다. 시신은 이미 사후 25일이나 지난 뒤의 상태였다. 관 속에서 22일간이나 누워 있었기 때문이다. 그런데도 신체 부위는 완전히 말짱했고 악취도 전혀 없었다. 그는 부드럽고 조용히 잠든 모습이었다. 얼굴 표정만 정확하게 그의 생전 모습과 비슷했을 뿐만이 아니라(다만, 주검이었기 때문에 색깔을 달랐지만), 그의 사지는 전혀 흐트러지지 않았고 부패하지도 않았다. 머리와 뺨은, 만져보았을 때, 불과 몇 시간 전에 숨을 거두었다는 인상을 줄 정도였다."

18세기에 미켈란젤로의 먼 후손, 상원의원 필리포 부오나로티는 묘를 복개할 허가를 받았고, 이번에 다시 한 번—거의 두 세기 뒤에—미켈란젤로의 시신이 온전하게 발견되었다. 고대풍의 녹색 비로드 '루코' 〔옛 피렌체 의상〕를 입고 조용히 잠든 모습을 여전히 알아볼 수 있었다. 그가 성스러운 향기 속에서 죽었다면, 시신이 이렇게 온전하다는 것은 기적이라는 소리를 들었을 것이다. 그의 사망을 전후해서 이탈리아 사람들이 그를 '신성한' 사람, 다시 말해서 인간 이상의 본질을 갖춘 사람이라고 믿었다는 것도 괜한 일은 아니다.

디자인 아카데미는 곧 그 뒤에 보게 되었듯이 너무나 인간적인 사람들 다시 말해서 허영심이 많고 저급한 인사로 구성되었다. 이 무렵부터 그들은 이 사망한 거인의 절대적 거장들로 행세했으며, 형편없는 자기 측 인사에게 유리하도록 이런 영예를 이용할 궁리뿐이었다. 3월 12일 아카데미 총회가 열렸고, 예술가 4인에게 집행위원 임무를 부여했다. 화가 브론치노와 바사리, 조각가 첼리니와 암마난티였다. 장례위원장은 차노비 라스트리카티가 맡았다. 이 사람은 심심풀이로 조각을 하곤 했던 향수 제조업자 치아노라는 사람의 도움을 받지 않고서는 혼자 제작할 수도 없었던 청동 메르쿠리우스 상을 제작했던 기묘한 조각가였다.

보르기니와 바사리의 도움으로 라스트리카티는 장례의 거대한 행사용 운구 및 전시 장치를 화가와 조각가들에게 맡겼다. 장례일자가 성요한 축일 이튿날인 6월 25일로 확정되었으나, 준비가 미비했기 때문에 7월 14일에야 거행되었다.

쾌적하고 조화로운 산 로렌초 성당은 브루넬레스코가 건축했는데 이당시에 더는 주목받지 못하고 있었다. 그 실내에는 거대한 그림과 조상과 모형과 상징과 성배들이 걸려 있었다. 그 한복판에 거대한 영구대가 서 있었는데, 그것을 보았던 사람의 설명에 따르면 바로크를 예고하는 것이었다. 높이가 28브라스에 달했으며, 단색조 테라코타 장식으로 꾸며진 받침이 두 개였다. 피라미드 형태로 마무리된 그 꼭대기에는 둥근 공을 올렸고, 그 공 위에 세 개의 입으로 트럼펫을 부는 '명성'의 우상이 서 있었다.

이는 미켈란젤로가 세 가지 예술에서 유명했다는 상징이다. 예배당의 둥근 반원형〔문〕에는 미켈란젤로의 일생과 상징물을 재현한 그림들로 채워졌다. 예컨대, 샹젤리제에 도착하는 미켈란젤로가 과거와 현대의 가장 저명한 예술가들의 영접을 받는 장면 같은 것이다. 자기들의 작품을 보여주는 청년 작가들 사이에 미켈란젤로가 서 있고, 그의 곁에 메디치의 식구들, 로렌초 대공과 클레멘스 7세와 코시모와 프란체스코가 보인다.

이런 아카데미적 우상화에서 강물은 찬란한 역할을 한다. 아르노 같이 테베레 강으로 보물을 쏟아 붓는 모습이 보인다. 그런가 하면 이 세상의 거대한 강들, 즉 나일, 갠지스, 유프라테스 강은, 그 훌륭한 자식을 잃은 아르노 강에 조의를 표한다.

매우 특이한 우의적 상들도 많다. 무지의 우상을 발길질로 쫓아내는 천재의 우상, 선망의 우상을 동정하는 예술의 우상, 나태의 우상을 지배하는 탐구의 우상 같은 식이다. 각 상징에 걸맞은 죽음의 표상도 그것들을 둘러싸고 있다. 그렇지만 영원의 우상에게 땅바닥에 팽개쳐진 어떤 죽음의 우상은 죽음이 미켈란젤로를 죽게 하지는 못했다는 의미를 겨냥한다.

물론 부오나로티가 개발한 네 가지 예술의 상을 잊을 수는 없었고, 무사이 여신들 사이에서 소네트와 마드리갈을 짓는 그의 모습을 재현한 그림도 잊을 수는 없었다.

이러한 회화와 조각 작품 대부분은 극히 몇 사람을 제외하고는 거의 무명 작가들이 제작했다. 당시 아카데미에서 그 장래에 큰 기대를 걸었던 청년들이었으나 지금은 완전히 잊혔고 오직 미켈란젤로의 명예로, 그리고 조각했던 작가로서만 기억될 뿐이다.

이렇게 극적이며 상당히 기이한 영구대 앞에 으스대는 예술위원들과 데생 아카데미 회원들이 그 한가운데 더 높은 자리의 보르기니와 함께 착석했다. 성당은 예복 차림의 신사숙녀로 넘쳤다. 여느 세속적 의식에나 보듯이, 국가 공무원과 대공의 장군들도 참석했다. 사람들은 미켈란젤로의 영광을 존중했지만 그 정신과 위대성을 이해하지는 못했다. 그러나 특히 군주들의 불참이 눈에 띄었다. 코시모 1세는 수차례 미켈란젤로를 피렌체로 불러오려 하기도 했고, 아카데미에 이 거창한 장례식을 위해 경비를 조달해주었으나, 7월 14일에 그는 피렌체 바로 옆의 카

파지올로 별장에서 사냥을 즐기느라고 자기 가문을 위해 좋든 싫든 그
토록 열심히 일했던 사람의 마지막 가는 길에 경의를 표하지 않았다.
젊은 공작 프란체스코도, 몇 해 전에 미켈란젤로를 찾아갔었지만 산 로
렌초에 나타나지 않았다. 이미 17세기를 예고하는 화려하고 인위적인
장식과 기상천외한 취향의 수사학적 상징물로 둘러싸인 채, 장례식은
음악과 뒤이어 유명한 플라톤파 남색男色, 베네데토 바르키가 강단에
올라 그 추도사를 올렸다.

이날 산 로렌초 성당을 가득 채운 작품들 가운데 밑그림 일부가 전해
지지만, 바르키의 추도사는 지운티 출판사에서 인쇄해내 지금도 읽을
수 있다. 이미 상당한 나이였던 바르키는 추도사를 기꺼이 맡았고 또
자신의 이 애도의 노래가 걸작이라는 환상을 버리지 못했다. 그는 자신
이 쓴 『피렌체 역사』 몇 페이지에서 보여주었듯이, 언어에 대한 이해나
웅변가의 재주도 없지 않았다. 하지만, 이 추도사는 그가 지은 글 가운
데 가장 경직되고 관례적이다. 그 연설은 조신의 후의와 과장된 표현과
최상급으로 가미되고, '탁월한, 유명한, 경배로운, 미덕에 넘치는' 등
역겨운 최상급 형용사로 넘친다. 그는 각 파벌의 규칙에 따라, 조각, 회
화, 건축, 시와 그 인간과 그 덕목과 우정을 별대로 다루며 칭송했으나,
이 예술가의 경이로운 인물을 해명하기에 적당한 정확한 사고를 찾아
내지 못했고 이 고상하며 고뇌하던 사람에 대해 소박하고 진지한 애정
의 말은 한마디도 없었다. 그 메스꺼운 연설을 읽고 나서는, 다행히 문
인은 아니지만 미켈란젤로가 자신의 빠르고 건조하지만, 친숙하고 생
생한 언어로 곧장 본론으로 들어가는 바로 그 언어로써, 탁월한 문인
바르키의 잘난 척하며 기교에 젖은 장황한 추도사를 훌쩍 뛰어넘는 언

어를 구사하는 편지를 읽어볼 만하다. 찬양하는 수사로 넘치고, 허풍과 권태로운 부분을 폭포처럼 쏟아내는, 아카데미 웅변술의 걸작일 뿐이다. 거의 어디에서도 부오나로티의 전기에 쓸 만한 것이 없다.

고상하고 특출한 청중이라면, 추도사는 길고 지루했을 듯하다. 하지만, 결국 연설은 끝났다. 아카데미 회원들은 신제의실로 되돌아가 메디치가의 묘를 참배하고, 우아한 일반 참석자들은 서둘러 식당을 찾으려고 성당을 빠져나갔다. 바사리는 집으로 돌아가 서둘러 신성한 미켈란젤로에게 바친 이 훌륭한 장례에 대해 공작에게 보고서를 쓰게 된다.

이렇게 유명한 장례식은 끝이 났다. 17세기 취향의 개선식 같은 모습으로, 석고상과 화려한 색채와 문장으로 꾸며져, 미켈란젤로의 수법과 완전히 반대되게 상상하는 것으로서…. 아카데미는 대만족이었다. 그 이튿날, 아카데미회원들은 어제 일했던 모든 청년을 초대해 공작이 경비를 댄 성대한 피로연을 개최했다. 공작은 비서더러 바사리에게 감사의 뜻을 표하라고 했다.

유력한 아카데미 회원 두 사람이 장례에 불참한 것이 두드러졌다. 프란체스코 다 상갈로와 벤베누토 첼리니였다. 바사리는 첼리니의 불참을 '사람들이 수군댔다'고 썼다.

미켈란젤로의 제자이자 숭배자로서 늘 그를 치켜세우던 첼리니의 불참은 사실상 아주 이상하다. 그는 아프지도 않았다. 그랬다면 사람들이 놀라지도 않았을 것이다. 반대로, 미켈란젤로의 남성적이며 건강한 재능이라고는 거의 없는, 이 호사스럽고 유난스러운 인물의 처신은 마치 그가 우리를 불쾌하게 하듯이, 생전에 바사리를 좋아하지 않았던 예술가를 불쾌하게 했을 것이다.

183
묘

로마의 산티 아포스톨리 성당 어두운 복도에 오랫동안, 미켈란젤로가 사후에 잠시 이 성당으로 옮겨졌었기 때문에 많은 사람이 임시 묘라고 생각했던 장례기념물이 있다. 그런데 한눈에 보기에도 이것은 그의 것이 아님을 알 수 있다. 석관 위에 누운 예순이나 일흔쯤 되어 보이는 수염 난 노인은 포동포동한 천동 한 쌍을 거느리고 누워 있다. 얼굴은 평범한 인상으로, 부오나로티의 특징을 전혀 상기시키지 않는다. 더구나, 조각가 자코포 델 두카는 고인故人 곁에, 그가 의사였음을 밝혀주는 물건을 조각해놓았다. 이 묘는 따라서 로마 대학의 의과대학 교수였던 페르디난도 유차치오의 묘일 것이다.

바사리에 따르면, 피우스 4세는 산 피에트로 대성당에 미켈란젤로의 추모비를 건립하려고 생각했다고 한다. 이 대성당을 위해서 그토록 수고했던 사람에 대한 정당한 인정의 증언이었다. 하지만, 아무것도 실현되지 않고 말았다. 바티칸에서, 시신의 이전에 대해 발끈했거나, 더 가능성이 크지만 교황의 관대한 조치가 즉시 실행되지 못한 채 잊히고 말았을 것이다. 로마에서 종종 벌어지는 일이듯이. 어떤 교황도 거의 사반세기 동안 산 피에트로에서 미켈란젤로를 추념하려고 생각하지 않았다. 그런데 이 성당에서 열등한 인물에게만 추도비를 바치고 있지 않던가. 오늘날까지도 여전히, 로마 전역에서, 모세의 조각가, 시스티나의 화가이자, 원개의 건축가를 기억할 기념비는 전혀 찾아볼 수 없다.

코시모 1세도—바사리의 증언이다—피렌체 대성당에 이 위대한 피렌체 예술가를 기리려는 비석과 흉상을 세우고 싶다는 뜻을 밝혔다. 그런데 이런 뜻은 항상 말뿐이었고 19세기 중반쯤 되어서야 우피치 현관 주랑의 벽감에 산타렐리라는 형편없는 작가의 형편없는 입상이 세워졌을 뿐이다.

미켈란젤로는 언제나 산타 크로체 성당에 묻히기를 바랐다. 그는 어느 날, 이 프란체스코회 대성당 일꾼에게, 자비를 들여 자기가 직접 설계한 소성당을 짓자고 하면서, 그림과 조각 장식을 맡겠다고도 했다. 자애로운 니고데모 사제의 모습으로 자신을 표현한 「피에타」—지금은 산타 마리아 델 피오레에 있다—는 바로 이 묘를 염두에 둔 것이었다. 유감스럽게도 수도사들은 미켈란젤로의 제안을 수락하려 들지도, 수락할 수도 없었던 모양이다. 산타 크로체 대성당에 이 위대한 예술가가 구상하고 빼어난 장식이 들어설 수도 있었을 그 소성당을 갖지 못했다.

어쨌든, 산타 크로체의 옛 신자의 소청은 적어도 부분적으로는 이루어졌다. 사실상 그는 '이탈리아의 영웅들'이 묻힌 이 성전에 잠들었다. 그의 묘는 오른쪽 동랑에 세워졌는데, 그의 위신에는 걸맞지 않다.

예술 아카데미는 다시금 이 문제를 해결하려고 했고 특히 비밀결사 대원 같았던 빈첸초 보르기니와 조르조 바사리는 분주하게 뛰어다녔다. 이 두 사람이 나눈 편지는 매우 유익하며, 일과 취향이 어떻게 진정한 장점에 따르지 않고, 감정적으로 처리되는지를 보여준다. 이 묘를 짓는 데 코시모 공작은 대리석을 증여했다. 그 나머지 경비는 당연히 부오나로티의 조카, 리오나르도의 몫이었다.

모두 평범한 예술가 다섯 사람이 이 일에 손을 내밀었다. 그들의 작품이 그 졸작의 수준을 말해준다. 바사리는 건축설계를, 바티스타 로렌치는 「회화의 우상」과 미켈란젤로의 흉상을, 발레리오 치올로는 「조각의 우상」을, 조반니 반디니는 「건축의 우상」을 맡았다. 그 위에 바티스타 날디니가 피에타 상을 그렸다.

바사리를 제외하면 이들은 오늘날 모두 잊혔다. 당연한 망각이다. 오직 16세기 미술을 극성스럽게 연구하는 사가만이 그들을 언급하지만, 이는 주로 피렌체에서 퇴폐적 경향이 시작되는 과정을 증명하려고 하기 때문이다. 이들은 청년이었고—가장 연장자인 로렌치는 서른일곱 살이었고, 치올로는 서른다섯, 반디니는 스물일곱, 날디니는 스물넷이었다. 하지만, 이들은 당시 이미 아카데미 회원이었다. 매너리즘과 초기 바로크 스타일의 작가들이다.

기념상은 미켈란젤로 사후 10년이 지난 1574년에 세워졌다. 그 작가들에게 시간은 충분했지만, 상들은 차갑고 관례적이며 우아하지만 나른한 솜씨를 보여준다. 기념상은 미켈란젤로 조각의 거친 자유와 독창성이라고는 전혀 상기시키지 못한다. 자로 잰 듯한 대리석 인형처럼 거인과 신과 같은 창조자를 상기하려 한다. 날디니의 프레스코는 공교롭게도, 이 으스대는 화가의 가장 시시한 작품이다. 그곳에 갇힌 유해에 혼을 불어넣는, 위대한 천재에 걸맞은 추도비라고 상상하기 어렵다.

우리가 알다시피, 미켈란젤로는 근대의 거대한 석관(묘 조각)을 구상하고 착수했었다. 산 로렌초에서 르네상스 최고 거물들의 묘를 세운 그였는데, 이보다 더 썰렁하고, 역겹고, 부오나로티의 위신에 부적합할 수 없는 묘에 묻힐 운명이었던 것이다.

그러나 어쩌랴, 이 묘 앞에 서는 사람은 그 형식과 상을 주시하지 않는다. 하느님의 가장 막강한 모방자의 가엾은 유해가 들어 있다는 생각에만 감동할 뿐이다.

184
후손

부오나로티 가계는 미켈란젤로에게서 끝나지 않고 19세기까지 이어졌다. 그 후손 가운데 오직 두 사람만이 상당한 평판을 누렸다. 그 성격과 운명에서 미켈란젤로와 그토록 다른 이 사람들을 간략하게나마 살펴보자. 어떤 가계의 정신 속에서 서로 다른 수 세기 차이에서 빚어진 이상한 변모의 사례로서.

첫 번째 인물은 미켈란젤로 부오나로티 2세인데, 실제로 그의 작품을 보면 미켈란젤로보다 훨씬 옛사람 같아 보인다. 그는 부오나로티가 사망하고 나서 4년 뒤에 태어났다. 그러나 지성이나 작품에서 그와 그토록 닮지 않은 사람을 보기도 어렵다.

미켈란젤로가 아카데미 회원이 된 것은 1563년 1월 31일의 일이다. 즉 그의 나이 여든여덟이었을 때였다. 그의 종손은 반대로 불과 열일곱 살에 피렌체 아카데미에 들어갔다. 그는 1647년에 죽는 날까지 평생 아카데미 회원이자, 회장이자 여러 다른 아카데미 창립자로서 취미와 의무를 다하려고 일하고 작업하고 글을 썼을 뿐이다. 젊었을 때 그는

'크루스카*' 아카데미 회원이었는데 이에 만족하지 않고, 그는 자기 집에서 피렌체의 추억과 특히 이 도시 가문의 족보를 연구하기 위한 또 다른 아카데미를 결성했다.

'크루스카 아카데미' 회원이었던 만큼, 그는 '임파스타토〔반죽〕— 문장紋章으로 반죽 통을 긁어내는 긁는 도구(일종의 끌)이라는 별명으로 통했다 즉 '잔재를 긁어낸다' 라는 뜻이리라. 하지만, 그는 자신의 지적 역량이 부족한지도 몰랐다. 사실 그에게 미켈란젤로의 재능 같은 것은 거의 남아 있지 않았기 때문이다. 그는 크루스카 사전의 초판과 제2판에 열심히 참여했다. 1641년의 제3판의 개정 작업도 주도했다. 그의 주요 저작 세 편도 아카데미 사전의 명예를 위한 『탄치아』, 『시장』, 『마스카라드』이다. 농촌의 희극 『탄치아』에서 그는 농부들이 쓰는 말과 억양을 활용했다. 『시장』은 25막의 희극인데, 모든 사회계층이 다채롭게 만개한 언어를 늘어놓았다. 『마스카라드』는 일종의 도회의 저녁 파티가 펼쳐지고, 여기에서 그는 오락과, 놀이와 외설적인 유한계층의 험구를 활용한 표현을 소개했다.

이 세 작품은 진정한 극적인 영감이나 당대 생활을 재현하려는 욕구에서 나온 것이 아니라 완전히 아카데미의 의도로서, 당시 통용되던 토스카나 방언의 말과 표현을 열거함으로써, 인쇄된 책자에 의존하여, 크루스카 사전에서, 그것을 인용하도록 하려는 의도에서 나왔다.

• 크루스카 또는 '음성' 아카데미는 피렌체에서 16세기에 창립되었다. 껄끄러운 소리를 불순하게 가려내고, 이탈리아 언어의 순수성을 지키려는 목적이었다.

그의 또 다른 작문은—수수께끼, 시, 만담, 송가 등—아카데미만을 위한 것이고, 그 모임에서 읽고 낭송하는 것이었다. 그의 종조부[미켈란젤로] 또한 풍자시를 즐겨 짓곤 했지만, 그가 살아 있었다면 자신을 전혀 닮지 않은 이 종조카가 지은 『꾀보 예찬』이나 『8월 15일 축제에 대한 만담』을 어떻게 음미했을지 알 수 없다.

미켈란젤로 2세는 왕가의 혼인 때 극적인 전원시를 짓거나, 참기 어려운 만연체로, 마리 데 메디치의 행복한 결혼을 묘사하거나, 지나친 아첨으로 형편없는 코시모 2세에 대한 찬가를 늘어놓으면서, 조신적 성격에 지나지 않은 아카데미 사업을 가꾸는 것만을 즐겼다.

그는 작시에 열광했고, 산문을 쓰면서, 공상적인 우화, '아조네' 같은 것만이 아니라, 풍자극과 막간극, 가족사, 그때그때 형편에 맞춘 수많은 찬가와 교훈적 글을 지었다. 요컨대, 그는 아버지의 영예로운 삼촌의 위대성을 이해하지 못하고서, 17세기 초반의 작시와 미문에 사로잡혔던 아카데미 문인의 전형이다.

그렇다고 그가 그토록 훌륭한 조상을 자랑할 줄 모르지는 않았다. 바로 그가—이 점만은 그에게 감사할 만한데—수사와 장식을 동원해서 기벨리나 가街의 조상의 집을 부오나로티 미술관으로 꾸몄다. 그곳에 지금도 미켈란젤로의 청년기 작품과 소묘가 소장되어 있다. 그는 이런 일을 하는 데에 22 또는 25두카토를 들였는데, 이는 저급 화가들에게 자기 가문에서 가장 뛰어난 영웅의 삶을 일화로 그리도록 했기 때문이었다.

게다가! 그는 결국 미켈란젤로 할아버지의 명예를 훼손시킨 몹쓸 짓이라는 최악의 사태도 가져왔다. 그는 1623년에 할아버지의 시를 출간하려는 의도에서, 인쇄를 하는 대신에 어떤 존경받는 수도사와 원고 상태의 시를, 자신이 애호하는 아카데미 어조로, 자신의 생각과 취미에 맞추어 저 위대한 사람의 시를 뜯어고쳤다. 그는 삭제는 물론이고, 대부분 수정하고 운과 억양을 다시 써넣고, 4행시와 3행시도 곁들이면서, 자신의 머릿속으로는, 라틴어를 모르던 15세기 조상의 거친 운문을 완벽한 형태로 만들었다고 상상했다. 그는 그 감탄할 만한 유물을 전혀 존중하지 않았다. 그는 상당수 시를 지워버렸다. 한 인간이 명예를 걸고 썼던 것을 그는 여자를 위한 것으로 착각했다. 그는 서투르게 망쳐놓으면서도 그것을 미화한다는 핑계를 내세웠다. 이 시편은 따라서 진정한 배신행위이자, 다른 의미로는, 진정한 문학적 사기인 셈이다. 왜냐하면 이 종손자 아카데미 작가의 학살을 피한 미켈란젤로의 시는 극소수이기 때문이다. 이렇듯, 거의 2세기 동안—1863년까지—할아버지 미켈란젤로의 시는 종손 미켈란젤로의 무엄한 위조를 통해서만 알려졌을 뿐이다.

경직되고 교정할 수도 없는 이 아카데미 회원이 사망한 지 한 세기 조금 더 지난, 1761년에 피사에서 미켈란젤로의 또 다른 자손이 태어났다. 이 인물 또한 그 할아버지나 손자와도 전혀 달랐지만, 돌이켜볼 만은 하다. 그는 겉으로는 평범한 듯하지만 대담한 빛을 숨긴 듯 보이기 때문이다.

필리포 부오나로티 집안은 로렌의 왕가에 헌신했다. 그러나 청년은 일찍이 프랑스의 신사상에 경도되었고 프리메이슨 활동을 펼치게 되었다. 1789년에, 그는 코르시카로 도피했다. 1791년에는, 리보르노에서 반란을 선동하다가 다시금 추방당했다. 1793년, 그는 프랑스 국적을 얻었다. 그러나 그의 비중과 명성은 그라쿠스 바뵈프와 친구였기 때문에 생겨났다. 바뵈프는 "평등단"의 창시자로서, 최초의 진정한 공산주의 이론가였다. 부오나로티는 그가 나중에 그 역사를 쓰기도 했던 이 단체의 선전과 활동에 참여했다. 1796년에, 그는 바뵈프와 함께 체포되어 수용소에 갇혔다. 그렇지만 제국과 왕정복고기에도 그는 스승의 사상을 지키면서 지하 활동을 펼쳤다. 1830년, 그는 마치니와 연대하고 그 신문에 기고하기로 했으나, 1834년에 그는 이 제노아 사제와 결별하고, 자기만의 혁명 활동을 재개했다. 그는 사유재산의 포기를 시도했고, 노동의 소득과 땅의 재분배를 통한 절대적 평등을 시도했다. 그의 만년에 불과 몇 명이던 제자들은 블랑키와 바르베스를 추종하면서 그를 버렸다. 그는 늙고 가난한 몸으로 1837년 사인도 알려지지 않은 채 파리에서 사망했다.

이렇게 그는 예술가는 아니었다. 하지만, 적어도 더 정의롭고 행복한 사회를 꿈꾼 선한 믿음을 지닌 미래지향적인 인물이었다. 그는 초기 이탈리아 공산주의 투사의 역사에 속하고 『평등한 인간의 협동』이라는 저작은 모국어로 쓰지 않았지만〔불어로 썼다〕 명쾌하며 생기에 넘친다. 그에게서 극단적으로 밀어붙여진, 저 유명한 할아버지의 가슴속에서 타오르던 독재자에 대한 미움이 다시 나타난다.

이렇게 두 사람이 오늘까지도 상당히 알려진 미켈란젤로의 유일한 후손이다.

천재의 역량으로 모든 아카데미 전통을 뛰어넘은 예술가이자 또 시에서도, 베르니가 썼다시피, 말을 꾸미려는 것이 아니라 사실을 말하려 했던 예술가로부터, 직계는 아니더라도, 아카데미의 기둥이자, 메디치

의 거물들에 아첨하면서 부풀린 말로 모든 것을 채우는 재능 없는 시인
이 나왔다.

그런데 자유의 수호자 사보나롤라의 제자로서 미켈란젤로의 피가 몇
방울 후손에 전해졌다면, 이는 필리포 부오나로티라는 고난을 겪은 이
상주의자에게서 찾아볼 수 있다. 물론 거칠기는 했지만, 모든 형태의
굴종과 불의로부터 모든 사람의 해방을 꿈꾸었던….

185
선고와 무죄석방

우리는 지금까지 한 발, 한 발씩 미켈란젤로의 인간적이며 신과 같은 삶을 찾아왔다. 난쟁이들 사이의 거인의 삶이자, 막강한 자들에 갇혀버린 삶이자, 인간들 사이에서 숭고하고 불행한 삶이었다…. 우리는 그의 약점과 오점, 공포와 분노, 비극과 출세, 망언과 들뜬 기쁨을 모두 들춰보았다. 이 초상에 무슨 빛을 더 비추고 무슨 색을 더 칠할 수 있을까?

그런데 그를 추종하거나 공격하는 사람들의 그늘 속에 이 '위대한 친구'를 놓아두기에 앞서, 그의 '조건'과 운명을 마지막으로 주시해보자. 필자는 그를 그토록 사랑했고 그에게서 큰 자애를 받았으므로, 내가 그를 어느 정도 이해했으며 어느 깊이까지 알아보았는지 그에게 작별을 고하지 않고서는 그를 떠날 수 없다.

필자는 그의 예술가로서의 삶의 '비극'을 차례로 이야기했다. 제단과 정면과 묘와 대성당의 비극을. 그러나 진정으로 그 자신이야말로 하나의 완전한 비극이다. 처음부터 끝까지, 인간과 사건과 시대와 운명 그리고 그 자신의 자질과 능력의 모든 잘못 때문에 빚어진….

463

그의 천성은 불같았다. 사랑은 밝히고 파괴한다. 그는 항상 사랑에 굶주리고 사랑을 두려워했다. 그는 너무 사랑했거나 너무 사랑받지 못했다. 남자는 물론 여자로부터도. 사랑은 불꽃이었으나 그는 얼음만을, 최악에는 미지근한 물만 만났다. 그는 칭송과 존경과 숭배를 받았지만 진정으로 사랑받지는 못했다. 그는 지옥의 화염을 천국의 불꽃처럼 들이마셨고, 주위에 영광의 안개와 때때로 부드러운 우정에 둘러싸여 있었다.

그는 아름다움을 사랑했다. 모든 아름다움, 특히 인체의 순결하고 관능적인 아름다움을 사랑했다. 그는 아름다운 얼굴이 발산하는 빛에 홀려 열광했다. 그런데 자연은 천재의 빛으로도 변형시킬 수 없을 만큼 그의 얼굴에 아름다움을 주지 않았다. 그의 추한 얼굴은 불타는 가슴과 그가 원하던 대상을 가로막는 가장 잔인한 차단막이었다. 그의 넘치는 사랑은 봉헌과 탄식으로 넘쳤지만 그는 결코 한 여인을 자기 것으로 삼지 않았다. 그는 돈에 팔리는 포옹이나 덧없는 경련을 일으키거나 상상적인 노력이나 시로써 읊은 절망에 체념해야 했다.

그의 내면에는 헤라클레이토스와 데모크리토스 같은 그 무엇이 재빠르게 교대하곤 했다. 즉 두 개의 얼굴이 교차한다. 한편으로 입술에 미소를 지으며 다른 한편으로는 이마 위에 깊은 주름으로 찡그리고 있었다. 그는 간간이 사케티[14세기 시인]의 피렌체 사람처럼 즐기고 돌아다니기도 했다. 그러나 대체로 그는 셰익스피어의 티몬[희극『아테네의 티몬』의 주인공]처럼 세상의 악취에 질색하며 홀로 떨어져 있어야 했다. 풀치와 베르니풍으로 명랑한 시를 즐겨 짓기도 했으나 만년의 페트라르카나 문인이 되기 전의 레오파르디[상징파 시인]처럼 종이 위에 눈물을 떨구기도 했다. 종종, 베르니풍의 그의 풍자시는 냉소적인 기질로 어둡기도 했지만 그의 송가는 해맑은 미소의 위안이 되지는 못했다.

모든 시인과 마찬가지로 그는 이국에 대한 향수에 젖었으나, 모든 죄수와 마찬가지로 도피의 신기루를 알았다. 어느 날, 그는 파리로 달려갈 생각이었다. 또 한 번은 신비스러운 오리엔트로 피신할 생각도 했고 대서양 연안의 산티아고 데 콤포스텔라까지 순례를 갈망했다. 이런 것과 더불어서, 그는 일생을 오직 두 도시, 피렌체와 로마에서 처박혀 지냈다. 그가 로마를 탈출했을 때, 그는 피렌체로 되돌아가거나 카라라 지방 너머까지 가지는 않았고 기껏해야 베네치아까지 갔을 뿐이다. 하늘의 불씨를 훔친 이 예술의 프로메테우스는 항상 대리석 덩어리에 붙어 있었다, 천재의 욕심에 사로잡힌 채.

미켈란젤로는 모든 거인과 마찬가지로 자유를 사랑했다. 자기 개인과 조국의 자유를. 이런 사랑은 그의 작품에서 위대한 해방자의 모습에 영광을 주었다. 펠리시테 사람의 속박에서 이스라엘을 해방한 다윗, 이집트의 노예에서 자기 민족을 구해낸 모세, 페르시아의 박해에서 유대민족을 해방한 에스더, 카이사르의 독재에서 로마를 구하려 한 브루투스, 야만족에서 이탈리아를 구하려 한 율리우스 2세.

그런데 자신의 열망을 모욕하려고나 하듯이 미켈란젤로는 항상 자신에게 호의적이지도 않고 이해하지도 못하던 사람에게 종사해야 하는 선고를 받았다. 억압적이고 변덕스러운 주인에게 예속되어. 그는 1512년과 1530년 두 차례나 자기 민족에게서 나온 폭군들에게 자기 나라가 예속되는 것을 보았다. 소데리니와 페루치의 시대에, 불행에 빠진 그는 두 번씩이나 소중한 공화국을 숨죽이게 한 자들에게 예술가로서 종사하고 또 명예롭게 해야 했다. 메디치는 피렌체의 자유를 제거했던 것 못지않게 미켈란젤로의 자유도 빼앗았다. 그 가문의 한 사람은 그가 겨우 열다섯 살인 그를 자기 집에 붙잡아두었다. 또 다른 한 사람은 여든 살도 넘은 그를 조롱하고 괴롭혔다. 미켈란젤로는 레오나르도 다 빈치가 『코덱스 아틀란티쿠스』라는 비망록에 은밀히 적었던 것과 같은 쓰디쓴 말을 했을지 모른다. 즉 '메디치가 나를 만들고 또 파괴했다'라고.

미켈란젤로는 시인이었다. 운문과 기타 작품에서 모든 진정한 시인처럼, 그는 어두운 사상의 세계까지, 정열에 불타는 세계로 도피하고 올라가곤 했다. 그러면서도 그는 선량한 토스카나 시민이었다. 착실히 돈을 벌고, 자기 몫을 잘 챙기고, 금전을 저축하고, 알맞게 지출하고, 이자를 잘 챙겼다…. 정다운 친구로서 그는 왕과 같이 위신에 맞는 선물을 할 줄 알았고, 기독교도로서 시주하는 데에 인색하지 않았고, 아들과 형제로서 아무 조건 없이 가족을 도왔다.

그는 플라톤주의자와 페트라르카 같은 시인이면서도 자신의 유산에 신중한 행정가라는 당혹스러운 대조를 보여준다. 「최후의 심판」과 영묘의 초인적 시각을 지닌 사람이자, 토지와 집을 사들이는 매우 인간적인 구입자였다. 어떤 때는 그는 거의 하느님에 맞설 정도로 신에 가까웠으나 또 어떤 때에는, 시인이라기보다 부유한 상인 같았다. 미켈란젤로는 독실한 기독교도였다. 그는 그리스도를 가슴속에 담고 살았고 가톨릭이었으며, 성당과 예배와 기도에 충실했다. 그렇지만 그의 기독정신은 단테와 사보나롤라의 것이었고 그렇게 때문에 미켈란젤로는 평생을, 당시 가톨릭교회의 행태를 고통스럽게 지켜본다는 벌을 받았다. 여자와 동거하는 교황, 지상의 영광과 지배를 탐하는 자, 쾌락의 노예, 아이들과 조카와 신하들의 노예, 교황에 못지않은 고위성직자들. 침해하고 말썽을 일으키는 수도사, 불순하고 비열한 신부 등. 그는 일생 동안 가톨릭 정신의 개혁과 갱생을 원했다. 그러나 트렌토 공의회에서 내놓은 개혁(즉 반종교개혁)은 만족스럽지 못했다. 우리가 알다시피, 그는 그 몇 해 전에 친구들이 염원했듯이, 그리스도의 보혈로써 정당화한 이론에 따른 더 큰 자유를 원했다.

그의 기독정신은 엄격하고 심오했으나 고민하고, 당혹해하는, 내면적 갈등이 있었다. 도스토예프스키처럼, 그의 신앙은 의심의 도가니에서 끓어올랐다. 그러나 이런 의심은 극복하고 나서도 다시금 되살아났다. 도메니코 지룰리오티*가 간파했듯이, 대속으로도 진정으로 인간을 구원하지 못했을지 모른다고 두려워했다. 불운하게도 잘못 숨긴 염세주의 때문에 그는 이런 의심의 경향을 갖게 되었고, 이런 의심은 당대인의 사악하고 극렬한 존재로서 정당화된다.

그의 기독정신은 또 다른 함정에도 저항해야 했다. 이는 그의 예술가로서 복합적 재능에 유리했던 만큼이나 위험했다. 즉 완벽한 형태와, 인체의 눈부신 아름다움에 대한 찬미 말이다. 요컨대 본질적으로 기독교적이기보다 이교도적인 찬미이자, 조각가인 그로서 억제할 수 없는 것이었다. 한때, 그는 사보나롤라의 정신에 취한, 그토록 가책하는 페이디아스의 화신처럼 보이기도 했다.

• 1879~1956. 저자 파피니와 절친했던 문인. 사후 저작들이 출간되고 있다.

이런 모든 이유로 미켈란젤로의 신앙은 불안했으며, 쓸쓸함과 고뇌로 가득했었다. 마침내 만년에 안도감으로 이겨내게 될 때까지는….

이와 같은 대립과 충돌은 누구나 겪기 마련이겠다. 완전히 맹목적이거나 천박한 인간이 아니라면 말이다. 그렇지만 이런 모순과 이율배반과, 내적 비극은 미켈란젤로처럼 복잡하고 심오하며, 예민하며 양심적인 사람에게서 더욱 잔인하고 격렬했으리라. 다른 이들에게서 미풍이거나 잔물결일 수도 있는 것이 그에게서는 돌풍이자 태풍이었다.

미켈란젤로는 무엇보다도 예술가였고 오늘날 그가 가장 기적적인 예술가였으리라는 사실이 더는 기억되지 못할지 모른다. 오직 예술 속에서만 그의 승리와 평화를 되찾을 수 있다.

하지만, 이는 진정한 승리였을까? 진정한 평화였을까? 반대로 지독하게 괴로운 진실이 있다, 즉 미켈란젤로는 불행에 시달렸다. 심지어 예술의 세계에서도…. 이미 우리는 그의 '비극'을 특별히 살펴보았지만 그 기본은 이렇다. 즉 미켈란젤로는 자신을 조각가로 여겼고 오직 조각을 빚고 깎기만을 바랐다. 휴식과 여가에 물론 책을 읽고 시를 지었을 것이다. 그러나 타인의 의지가 그로 하여금, 한 번만이 아니라 여러 차례, 화가, 건축가, 요새기술자 심지어 공사장 십장 노릇까지 하지 않을 수 없게 했다.

그 이상의 것도 있다. 그가 제작한 작품은 자신이 원했던 것 같은 단편도 아니고 가장 위대한 것도 아닐지 모른다. 그의 삶 전체는 잃어버린 꿈의 묘지이다. 그는 헤라클레스도, 거인 삼손도, 카라라 산의 거인도, 산타 마리아 델 피오레의 열두 사도도, 산 로렌초의 장엄한 정면도, 피사의 전투화도, 산 조반니 성당도, 일 제수 성당과, 오르카냐 주랑의 벽화도, 단테의 묘도, 산타 크로체에 자신의 석관도 실현하지 못했다. 또 이런 미완의 작품도 그가 구상했던 것으로 알려졌을 뿐이다. 하느님과 미켈란젤로만이, 더욱 대담하고 훌륭한 얼마나 많은 작품이 그의 정신을 스쳐갔으며, 그의 상상 속에서 살아 움직였을지 알 것이다.

그가 실현할 수 있었던 작품 중에서 여러 점이 미완이다. 그의 사망이나 기타 장애 때문이었다. 피콜로미니 제단과 율리우스 2세의 영묘를 위한 노예상들, 브루투스 흉상, 산 로렌초의 도서관, 캄피돌리오 궁전, 산 피에트로의 원개, 니고데모가 등장하는 피에타, 「론다니니의 피에타」 등만 들어보아도 된다. 그런데 미완성작 또한 미켈란젤로로서는 쓰라림과 후회와 슬픔이 계기였다. 그에게 '미완'이라는 것은 세련된 탐미파의 계략이 아니라, 사정이 여의치 못했던 운명적인 결과였다.

이보다 더욱 잔인한 불행도 있었다. 그가 제작한 작품들이 줄곧 유실되었다. 헤라클레스 대리석상은 영원히 사라졌다, 청동상 다윗, 유화 레다, 율리우스 2세의 청동 좌상, 소묘 카시나 전투, 시스티나 벽화를 위한 밑그림, 산 마르코 정원에 세운 목신, 유화, 성 안토니우스, 몬토리오 산 피에트로 성당의 성 프란체스코, 피에타, 비토리아 콜론나를 위한 사마리텐 사람과 십자고상, 토마소 데 카발리에리의 초상, 신곡을 위한 삽화, 그리고 기타 불확실하고 중요성이 덜한 것까지….

결국 우리가 가진 것은 일부 걸작과 이 천재가 구상하고 그의 손으로 만든 것의 몇몇 기호와 단편뿐이다. 그가 원하고 꿈꾸었던 것의 아주 작은 부분일 뿐이다. 이는 그는 물론 우리 모두에게도 불행이다.

미켈란젤로는 제자와 조수에도 운이 없었다. 피에트로 우르바노는 그를 배신했고, 안토니오 미니는 그를 떠나 일찍 죽었고, 몬토르솔리는 그를 버렸으며, 산소비노는 그를 모욕했고 나중에 그에게 원한을 품었으며, 자코피노 델 콘테는 그를 모략했고, 굴리엘모 델라 포르타는 그의 선의를 미움으로 갚았으며, 그를 진정 사랑했던 아스카니오 콘디비는 강에 빠져 익사했고, 라파엘로 몬테폴코는 그의 믿음을 기만했고, 우르비노는 요절해 그를 절망에 빠뜨렸으며, 체사레 디 카스텔 두란테는 암살당했고, 칼카니는 너무 일찍 세상을 떠났고, 다니엘레 다 볼테라는 그의 가장 유명한 걸작 때문에 비난을 받았다.

또 소위 제자로서 자처하던 바사리와 브론치노와 동료 아카데미 작가들이 얼마나 엉뚱하고 바로크적인 수법으로 장례식을 조직했으며, 그에게 어떤 묘를 세워주었는지 알고 있다. 요컨대 그를 따르고 돕고 모방하고 기념한 수많은 예술가 가운데 아무도, 정신적으로 말해서, 이 거장에 어울리지 않았고 또 그토록 위대한 유파를 명예롭게 할 만한 작품을 남기지 못했다.

미켈란젤로는 예술에서, 자신과 견줄 만한 경쟁자와 적이 있었다. 레오나르도 다 빈치, 브라만테, 라파엘로라는. 그렇지만 독설을 뱉던, 악의로 가득한 반디넬리와 난니 디 바초 바지오처럼 아주 형편없는 경쟁자요 적도 있었다.

곰곰이 생각해보면, 미켈란젤로는 예술계에서도 너무나 불운했다.

그는 분명히 원하던 명성과 평판과 영광을 얻었다. 그는 신 같다는 말을 들었다. 사람들은 그를 거의 신처럼 간주했다. 그렇지만 미켈란젤로처럼 그토록 고상한 인간에게, 아무리 진지한들 이런 칭송이 무슨 가치가 있을까, 신성이든 인간성이든 제대로 이해하지 못하는 무리에게서 듣는. 그에게 환호하고, 그 예술의 비밀을 정말로 안다고 하는 사람들 가운데 미켈란젤로의 탁월성과 초월성을 제대로 이해한 사람이 얼마나 될까?

그의 삶은 보통 생각하듯이 그렇게 고독하지는 않았다, 하지만 그는 혼자였고, 끊임없고 황량하고 고독했다. 오직 두 사람만이—비토리아 콜론나, 토마소 데 카발리에리—, 마치 환기창을 통해서 보듯이, 이 고뇌하는 영혼의 깊은 곳에서 찬란한 빛과 불을 알아보았다.

그는 심지어 하느님 앞에서조차, 자신의 확신과 고뇌와 열망과 더불어 혼자였다. 그는 또한 알프레드 드 비니[시인]의 모세처럼, 하느님으로서 '강하고 고독' 했으며, 오직 하느님에게만, 그는 고독이 얼마나 두려운지, 자신이 얼마나 무력한지, 요컨대 자신의 힘을 맡길 수 있었다. 미켈란젤로는 다른 예술가들보다 위대했기 때문에, 인간의 손으로 하느님이 신성한 자식들에게만 고취하는, 신성한 그 작품을 완전하고 철저하게 창조할 수 없을 것이라고 생각했다. 한 사람의 예술가가 유능하면 할수록, 그는 자신의 작품이 패배로 끝나고 만다는 점을 더 잘 알게 되며, 부지런하고 운이 좋은 삶조차도 파탄에 이를 뿐이라는 점을 이해했다. 그가 그린 식스투스 4세 교황의 예배당은 그 영적 물적 위대함에도, 미켈란젤로에게 자신의 상상으로 빚어낸 무한한 경이에 비교할 때, 힘겹고 싱겁게 채색된 돌로 만든 상자 속 같아 보였을 것이다.

'신 같은' 거장이지만 인간으로서 살아남는 데에 실패한 거장이다. 그토록 수없이 탐구하고 괴로워했던 인간이자, 그토록 사랑하고 동정한 인간이자, 그토록 찬미하고 분노한 인간. 그리스도의 심부름꾼[교황]과 대등하게 이야기를 나눌 수 있었던 수고와 연민으로 충만한 인간이자 또 선행을 하고, 석공과 서투른 화가를 허물없이 대했던 사람이다. 지상의 권력자에 도전했고 가난하고 비천한 자를 돕던 기독교도였다. 미켈란젤로는 어쩌면, 절반은 짐승인 인간의 정신과 피를 통해서 하느님을 닮으려고 노력하던 사람들을 위해서, 신성한 인물들의 민족을 창조하려 했던 익명의 조물주였을지도 모른다. 미켈란젤로라는 예술가를 우리는 존경할 수밖에 없다. 미켈란젤로라는 인간은 우리의 측은한 감정을 깨우고, 우리 가슴에 정을 샘솟게 한다.

필자는 어려서 그를 알았다. 산 미니아토의 허물어진 비탈에서, 또 그의 다윗 상은 오래전부터 선생님들에게 수도 없이 들어왔다. 나는 그의 불행과 우울과 패배 속에서도 항상 그를 사랑했다. 이제 그의 삶과, 나의 삶의 종말에서 나는 그를 자주 조명이 어두운 그의 로마의 방으로, 밤에, 촛불을 들고서 찾아간다. 그는 자신이 만든 최후의 그리스도를 주시하고 있지만—기도하는 중이 아닐까—핏빛의 굳은 그리스도는 어둠 속의 허공에 걸린 채, 메마른 목을 맨 사람 같다. 이 늙은 일꾼은 반쯤 눈을 감고서 주시하고 탄식한다. 나는 그의 주름진 이마에 입을 맞추고 그 어깨를 부드럽게 감싸고 싶어진다. 내가 아무것도 아니라는 부끄러움과 이 쓸쓸한 거인에 대한 두려움에 사로잡혀….

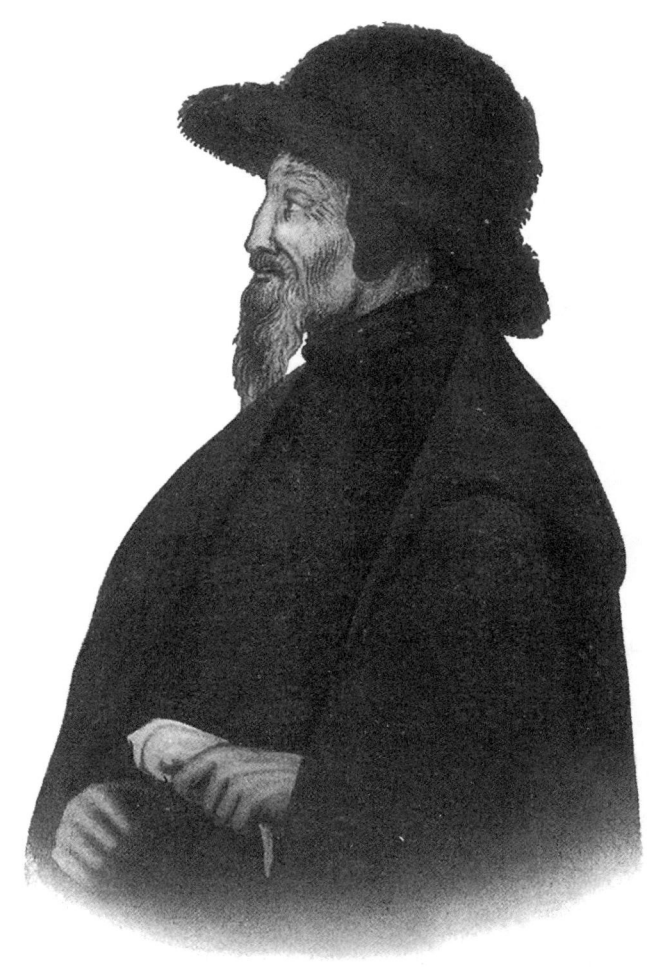

포르투갈 화가, 프란시스쿠 돌란다는 청년기에 로마를 찾았을 때 미켈란젤로를 만났다.
그 뒤 귀국해서 회고록 형태를 빌은 『회화론』이라는 책을 내놓으면서 거장의 모습을 판화로
수록했다. 이 판화는 1910년 오노레 샹피옹 출판사에서 퍼낸 불어판에 실린 것이다.

역자 후기

　이 책은 이탈리아 문인 조반니 파피니가 1949년에 발표한 『미켈란젤로Michelangelo』의 한글 완역판이다. 원전은 페르낭 에바르가 번역하고 플라마리옹 출판사에서 펴낸 불어판이다.

　조반니 파피니는 여러 문학 장르에서 활동했다. 또 '라체르바'를 비롯해서 주로 민족주의, 가톨릭 계열의 입장을 대변했다. 그러나 그는 무엇보다 전기작가로서 큰 족적을 남겼다. 여러 나라 언어로 번역되어 널리 읽힌 『그리스도의 일생』이 대표적이다. 그의 삶은 굴곡이 심했다. 파피니는 정치적 신념에서 좌충우돌하던 끝에 말년에 가톨릭 수도원에 칩거하면서 이 책을 집필했고, 이것은 그의 기념비적인 작품이 되었다.

　파피니는 피렌체 사람으로서 동향의 예술가 미켈란젤로에 남다른 관심을 쏟을 만했다. 그가 책머리와 본문 곳곳에서 밝히고 있듯이, 이 거장의 수많은 전기들에서 허구와 오해가 너무 많다고 생각했기 때문이다.

　미켈란젤로의 전기는 그 당대인들인 조르조 바사리와 아스카니오 콘디비가 쓴 것과 또 당대 문인과 추기경들이 남긴 회고록 등이 항상 원칙적인 소재일 수밖에 없다. 미켈란젤로 사후에 쏟아져 나온 많은 전기들이 주로 거장이 남긴 예술의 이미지에 그의 개인적 삶의 이미지를 끼워 맞추려는 경향을 보였다.

방대한 자료를 섭렵하고, 동향인으로서 거장의 기질과 성격과 그 인간 됨됨이를 샅샅이 훑으면서, 파피니는 닿을 수 없을 만큼 높게, 극적인 무대 위로 올라가버린 거장을 다시 저잣거리로 끌어내려 우리들 곁으로 돌아오게 했다.

거장의 전기는 복잡 미묘하기 마련인 그 내면생활은 물론이고 그만큼 얽히고설킨 대인관계를 조명한다는 점에서 작품을 이해하는 데에도 도움이 된다. 개성 넘치는 위대한 인간의 삶을 다루는 문제에서 좀 더 극화하려는 유혹을 뿌리치기는 늘 어려운데, 대중의 열광에 부응하려 할 경우 이런 유혹은 더욱 강렬해지곤 한다. 그런데 이런 허구적 문학에 가려진 왜곡된 사실이나 진실은 늘 더디게 밝혀진다. 이 책에서도 몇 가지 부정확한 사실이 발견되지만, 역사적인 기록과 자료는 늘 다시 발굴되고 보완되며, 갱신되는 법이라는 점을 고려하면 흠 잡을 일은 못 된다.

거장의 사후에 수백 년간 쏟아져 나온 전기 가운데, 현대의 것이면서 또 전면적으로 거장 주변 인물과 증언을 재검토하면서 쓴 것으로서, 최근의 작가들과 미술사가들이 참고한다는 점에서도 파피니의 이 전기는 극히 인상적이고 값지다. 전기작가가 시시콜콜한 것까지 파고 들어가 알아내고 싶어하는 욕망을 갖는 이유는, 거장의 위대한 예술이 저절로 세상에 나오지 않았다는 점, 작품이란 무엇보다도 "그것을 만든 사람의 것"이며, "그것에 공감하는 사람의 것"이기도 하다는 점을 역설하고 싶었기 때문일 것이다.

반대로, 작품 또한 그것을 만든 사람과 삶을 이해하는 데 불가결하다. 따라서 원전에는 없지만 본문에 언급되는 거장의 대표작들을 원색 도판으로 싣기로 했다.

본문에 삽입된 미켈란젤로 초상 도판들은 1913년에 파리, 퐁트무앵 출판사에서 펴낸 『미켈란젤로 초상』에 수록된 것이다. 일차대전의 와중에 그 저자인 미술사가 폴 가르노는 이탈리아와 서유럽을 누비면서 거장의 초상을 찾아내고 확인하는 열정에 사로잡혔던 인물이다. 그는 수수께끼처럼 사라지고 그 책 또한 매우 귀중한 희귀본이 되었다. 따라서 이 초상들은 단순히 독자의 이해를 돕는 차원 이상의 의미가 있다.

사람들이 책을 안 읽는다는 문제가 심각하기도 할 것이다. 이런 현상은 우리 사회를 경박하고 천박하게 만든다기보다는, 야만적인 상태로 무섭게 몰아가고 있다고 보아야 할 것이다. 자연에 어울리는 거칠고 순박한 야만성이 아니라 세련되게 가꾸어진 번지르르한 야만성이다. 이런 어려움 속에서 역자의 뜻을 헤아리고, 자칫 고리타분해 보일 수도 있는 몇백 년 전 사람의 이야기를 펴내기로 결정하고, 고유명사의 골치 아픈 표기와 거장의 전기에 어울리는 디자인을 찾아내려고 번잡과 수고를 마다하지 않으신 글항아리 여러분께 깊은 감사를 드린다.

2008년 가을이 다하던 날, 옮긴이

지은이 조반니 파피니

이탈리아의 시인이자 문학평론가, 전기작가. 20세기 초 미래파의 역동적 시기에 활동했다. 한때 무솔리니에 동조했던 이력으로 전후에 가톨릭으로 개종해 수도원에서 생활했다. 그가 쓴 『예수 일대기』는 당대의 베스트셀러였으며, 『살아 있는 단테』, 『아우구스티누스』 등의 전기도 남겼다. 또한 『끝장난 인간』 등 여러 소설이 여러 언어로 번역되어 있으며, 최근 유럽과 영미권에서 새롭게 발굴하며 재평가하고 있는 작가다.

옮긴이 정진국

서울과 파리에서 공부하였다. 에밀 말의 『서양미술사』, 앙리 포시용의 『로마네스크와 고딕』, 빅토르 타피에의 『바로크와 고전주의』 등 프랑스 미술사가들의 저작과 존 리월드의 『인상주의』, 『후기인상주의의 역사』, 마테오 마랑고니의 『보기 배우기』, 드니 리우의 『현대미술이란 무엇인가』 등 수많은 미술사와 비평서를 번역했다. 서구 화가들의 애정관에 바탕한 미학을 파헤친 『사랑의 이미지』와, 농촌문화운동을 추적한 『유럽의 책마을을 가다』를 비롯한 저서들도 내놓았다. 현재는 서울과 파리를 오가며 사진으로 기록하고, 집필하며 번역하는 일에 종사하고 있다.

미켈란젤로 부오나로티 2

초판인쇄 2008년 11월 26일
초판발행 2008년 12월 3일

지은이 조반니 파피니 | 옮긴이 정진국 | 펴낸이 강병선

편집인 강성민 | 편집장 이은혜 | 편집 신헌창
마케팅 장으뜸 방미연 정민호 신정민 | 제작 안정숙 차동현 김정후

펴낸곳 (주)문학동네 | 출판등록 1993년 10월 22일 제406-2003-000045호
임프린트 글항아리

주소 413-756 경기도 파주시 교하읍 문발리 파주출판도시 513-8
전자우편 bookpot@hanmail.net
전화번호 031-955-8888(관리부) 031-955-8898(편집부)
팩스 031-955-2557

ISBN 978-89-546-0721-6 04990
978-89-546-0719-3 (세트)

이 도서의 국립중앙도서관 출판시도서목록(CIP)은 e-CIP홈페이지(http://www.nl.go.kr/ecip)에서 이용하실 수 있습니다.
(CIP제어번호 : CIP2008003433)

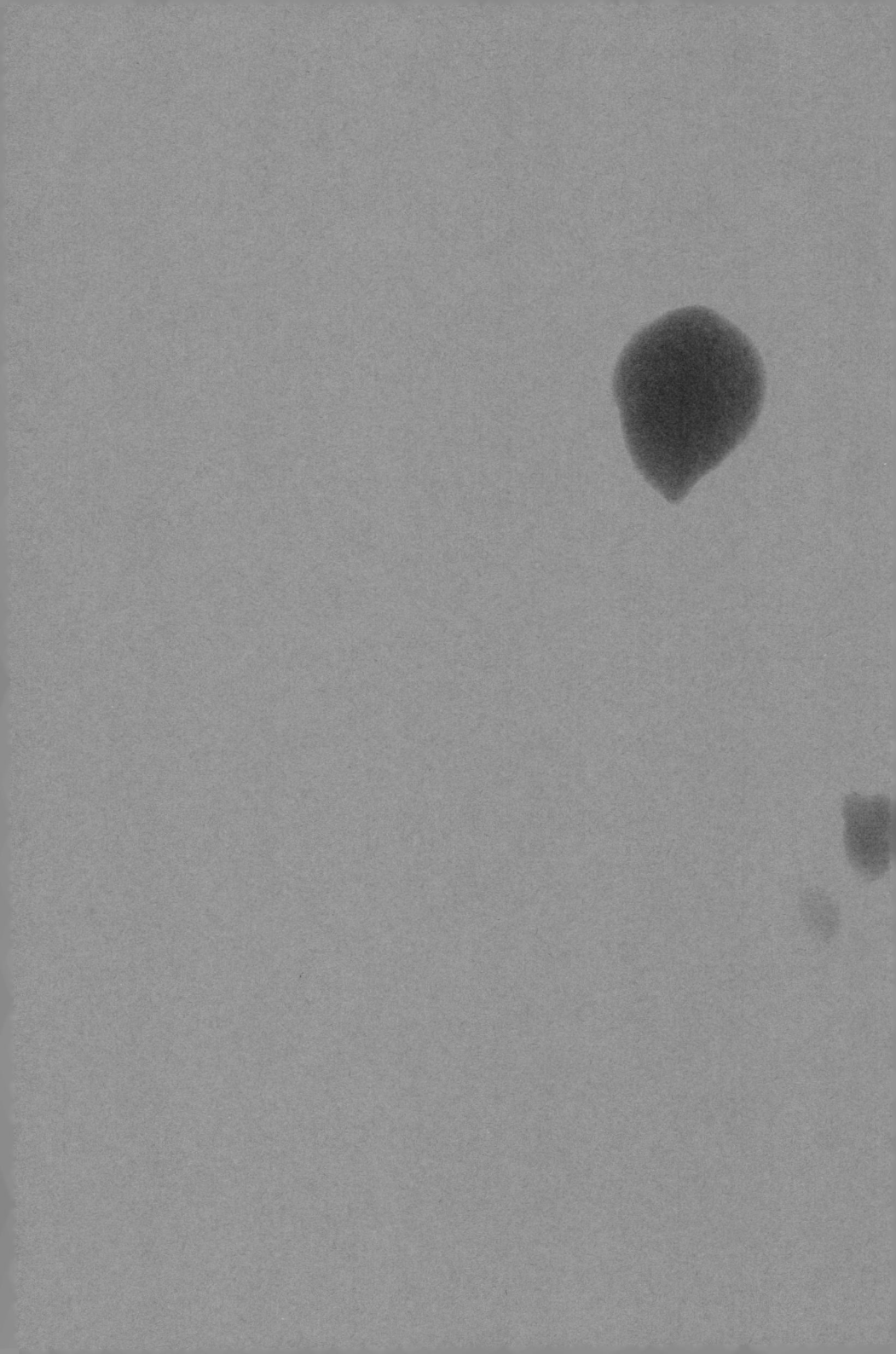

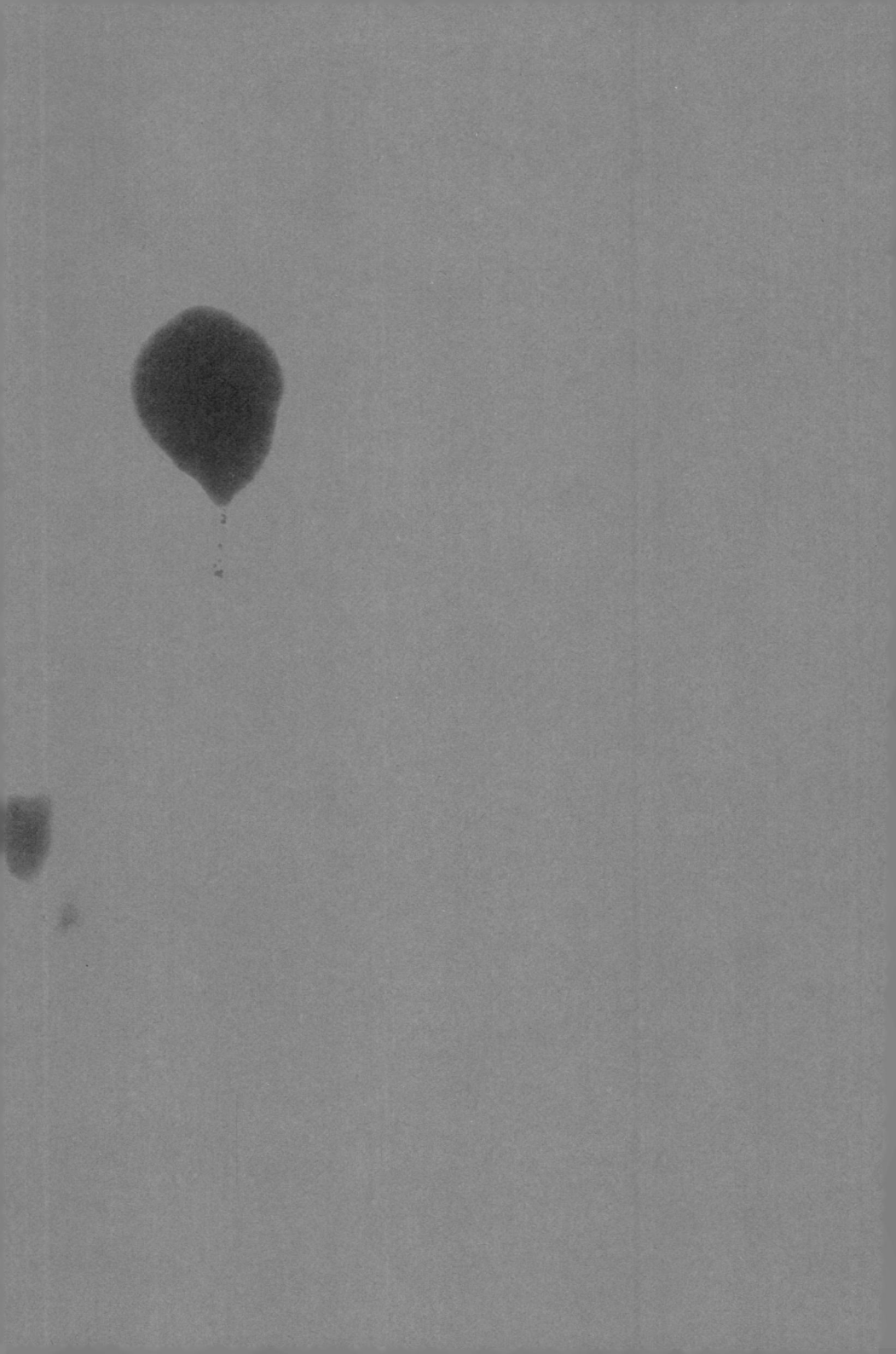